中国民营文化资本跨界研究

Study on the Crossover of
Chinese Civil Cultural Capital

崔波 著

中国社会科学出版社

图书在版编目（CIP）数据

中国民营文化资本跨界研究/崔波著.—北京：中国社会科学出版社，2018.12
ISBN 978-7-5203-3108-1

Ⅰ.①中… Ⅱ.①崔… Ⅲ.①民营企业—企业文化—研究—中国 Ⅳ.①F279.245

中国版本图书馆 CIP 数据核字（2018）第 204665 号

出 版 人	赵剑英
责任编辑	郭晓鸿
特约编辑	席建海
责任校对	闫　萃
责任印制	王　超

出　　版	中国社会科学出版社
社　　址	北京鼓楼西大街甲 158 号
邮　　编	100720
网　　址	http://www.csspw.cn
发 行 部	010-84083685
门 市 部	010-84029450
经　　销	新华书店及其他书店
印　　刷	北京君升印刷有限公司
装　　订	廊坊市广阳区广增装订厂
版　　次	2018 年 12 月第 1 版
印　　次	2018 年 12 月第 1 次印刷
开　　本	710×1000　1/16
印　　张	21
插　　页	2
字　　数	377 千字
定　　价	88.00 元

凡购买中国社会科学出版社图书，如有质量问题请与本社营销中心联系调换
电话：010-84083683
版权所有　侵权必究

国家社科基金后期资助项目

出版说明

后期资助项目是国家社科基金设立的一类重要项目，旨在鼓励广大社科研究者潜心治学，支持基础研究多出优秀成果。它是经过严格评审，从接近完成的科研成果中遴选立项的。为扩大后期资助项目的影响，更好地推动学术发展，促进成果转化，全国哲学社会科学工作办公室按照"统一设计、统一标识、统一版式、形成系列"的总体要求，组织出版国家社科基金后期资助项目成果。

全国哲学社会科学工作办公室

目 录

绪 论 ………………………………………………………………… 1

第一章　民营文化资本演变轨迹 ……………………………… 25

第一节　民营文化资本演变的阶段 ……………………………… 25

第二节　民营文化资本演变路径 ………………………………… 30

第三节　民营文化资本的现状与地位 …………………………… 59

第二章　民营文化资本的跨界类型 ……………………………… 69

第一节　文化产业及相关产业 …………………………………… 69

第二节　民营文化资本的版权跨界 ……………………………… 75

第三节　民营文化资本所有制跨界 ……………………………… 84

第四节　民营文化资本的地域跨界 ……………………………… 91

第三章　民营文化资本跨界的 SWOT 分析 …………………… 105

第一节　民营文化资本跨界的优势 ……………………………… 105

第二节　民营文化资本跨界的劣势 ……………………………… 121

第三节　民营文化资本跨界的机遇 ……………………………… 125

第四节　民营文化资本跨界的挑战 ……………………………… 130

第四章 民营文化资本跨界的 PEST 分析 ………………… 134
第一节 民营文化资本跨界的政治环境 ………………… 134
第二节 民营文化资本跨界的经济环境 ………………… 141
第三节 民营文化资本跨界的社会环境 ………………… 147
第四节 民营文化资本跨界的技术环境 ………………… 151

第五章 民营文化资本的集聚效应 ……………………… 158
第一节 民营文化资本的空间分布 ……………………… 158
第二节 文化产业资本集聚机制 ………………………… 169
第三节 民营文化资本的空间拓展 ……………………… 187

第六章 民营文化资本跨界进路 ………………………… 197
第一节 内涵式跨界 ……………………………………… 198
第二节 外向式跨界 ……………………………………… 205
第三节 民营文化资本跨界的个案分析 ………………… 215

第七章 民营文化资本跨界宏观管理 …………………… 224
第一节 国内文化产业政策的演变 ……………………… 225
第二节 国外文化产业强国管理经验 …………………… 240
第三节 中国民营文化产业政策建议 …………………… 250

第八章 民营文化资本跨界中观管理 …………………… 256
第一节 民营文化资本的分类管理 ……………………… 256

  第二节 民营文化产业链管理 …………………………… 264

  第三节 民营文化资本投融资个案分析 ………………… 278

第九章 民营文化资本跨界微观管理 ……………………… 284

  第一节 版权信息管理 …………………………………… 284

  第二节 版权风险防范 …………………………………… 290

  第三节 版权利益动态管理 ……………………………… 297

结 语 ………………………………………………………… 306

图表附录 ………………………………………………………… 309

参考文献 ………………………………………………………… 312

绪　　论

在经历了前现代的农业社会、现代的工业社会之后，世界上许多国家和地区正在迈向后现代的文化社会。文化社会是在现代性推动下的物质现代性和文化现代性的协同发展和互动，其结果是实现国家经济结构转型和增长方式的改变。按照文化社会实现的要求，优化文化空间生产结构，合理开发和利用文化生产空间中的各种资本、资源和资产，提高它们在国内、国外两个文化市场的配置效率，强化文化空间生产优化收益的大量溢出，寻求一种积极的空间张力，以此来破解各国文化产业中各利益主体的协同发展难题，解决文化产业价值链延伸等问题，是由全球、国家和区域等不同空间范畴主导的谋取发展的新课题。

一　民营文化资本跨界的背景及意义

我国政府和企业深刻认识到文化资本空间结构的重要性，"跨界"一词在我国党的文件和政府文件中频频出现。首次将跨界融合的理念植入文化产业规划中的文件是《中共中央关于深化文化体制改革、推动社会主义文化大发展大繁荣若干重大问题的决定》。随后的《文化部"十二五"时期文化产业倍增计划》，首次从文化产业主管部门的角度提出促进文化产业跨界融合。之后，在党的一系列文件和报告中都加强了文化产业跨界融合的具体措施，如党的十八大报告提出了文化与科技的融合，提高文化产业集约化水平；党的十八届三中全会提出"鼓励金融资本、社会资本、文化资源相结合"，把文化与金融的融合纳入全面深化改革的格局中。各级行政主管部门相继推出了落实文化产业跨界融合的文件：2014年文化部、中国人民银行、财政部联合印发了《关于深入推进文化金融合作的意见》，以文化金融合作激发文化创造活力；2014年《国务院关于推进文化创意和设计服务与相关产业融合发展的若干意见》中将文化创意产业与实体产业的融合提高到"中国制造"向"中国创造"转变的高度；2015年李克强在政府工作报告中提出政府工作重点——"'互联网'+行动计划"和"大众创业，万众创新"。

从世界范围来看，曾经一度边缘化的文化相关产业逐渐成为产业经济的主角。文化要素在产业中的植入，不仅带动国家经济的增长，而且能彰显一个国家的政治与文化形象。中国作为世界上最大的发展中国家，从2004—2013年实现全球文化贸易迅速增长，世界瞩目，特别是在2010年取代美国成为世界上第一大文化产品出口国，引领全球文化产品贸易，跻身世界文化产品生产和进口前20强的国家。中国在世界文化产业中的地位，得益于国内文化产业的迅速发展。根据国家统计局公布的数据，2016年全国文化及相关产业增加值为30785亿元，比上年增长13.0%（未扣除价格因素，下同），比同期GDP名义增速高4.4个百分点；占GDP的比重为4.14%，比上年提高0.17个百分点。中国如何继续领跑文化市场，调动各种社会资本参与文化产业发展，实现文化产业资源要素的优化，促进中国经济转变发展方式，将成为未来中国文化和经济发展迫在眉睫的重要课题。

（一）民营文化资本跨界问题的提出

文化产业在中国国民经济中所占比重逐年上升，孕育着无限可能性的文化产业市场吸引着更多资本的介入，其中民营资本正在成长为一支主要的力量。通过制度创新和管理创新，调动民营企业家的积极性，促进民营资本在文化产业所有制中的跨界融合，优化文化产业各部类结构，推进民营资本在海内外文化贸易与服务的增长，是目前研究民营资本进入文化产业的核心内容。这些内容归结起来就是如何促使民营资本与国有资本形成一个历时态与共时态的关联机制，更好地配置文化产业各种空间资源，促进生产要素在更大的自由程度上跨空间流动、在特定地域集聚，实现资本跨地域、跨所有者、跨行业的最佳组合，进而达到民营资本的空间收益最大化。这既是一个古老的话题，又是一个具有创新性、挑战性的文化产业管理的课题，其复杂性要求研究者必须采用一种历史的、具体的逻辑分析，否则就无法从现象探究实质。

坦率地讲，民营资本是中国创造的具有"中国特色"的经济学词汇和经济形态。无论是在东方还是在西方，传统的经济学词典里很难找到对民营资本的准确解释。国外对于资本的区分常用国有（state owned）和非国有（non-state owned）的概念，而没有国有和民营的对比，这是因为在市场经济成熟的国家中，企业经营的方式均是以市场为导向的，国家很少直接经营企业，也就无所谓民营资本的说法了。

纵观近代以来中国资本的发展史，民营资本在中国资本空间中的地位经历了缓慢发展、受排挤和受限制三个阶段后，正在进入与国有资本共同发展的新阶段，民营资本从过去的"辅助部分"逐步成为我国市场经济中的重要组成部分。民营资本的历史演变，除了受到技术、社会等因素的影响外，体制环境的变化与民营资本的发展如影相随，起到主导性作用。换句话说，中国民营资本的活跃具有体制依赖性。随着中国经济和文化体制改革的不断深化，作为推进中国文化产业发展的一支重要力量，民营资本在中国文化产业中的作用越来越受到人们的关注。研究民营资本进入文化产业，首先要考虑它在中国资本格局中的演化规律，既要观照它的过去，也要立足于现实，更要面向未来。正如米尔斯所言："如果我们想理解当代社会结构中的动态变化，就必须尽力洞察它的长期发展，并根据这些发展设问：这些趋势发生的机制是什么，该社会结构变迁的机制是什么？正是在诸如此类的问题中，我们才能深入涉及这些趋势。"[①] 既要剖析经济制度和文化制度历时态变化如何推动民营资本进入与国有资本的竞合领域，又要研究在某一现实体制环境下民营资本在海内外文化产业市场上的运行状况。前者需要研究民营资本在文化产业中跨所有制的规律，后者则要立足当下、面向未来，提出民营资本促进中国文化产业繁荣、提升中国文化产业海外影响力的路径。

（二）民营文化资本跨界研究的意义

近年来，文化产业中的跨界融合已经成为我国文化产业理论和实践的热门词汇。民营资本在文化产业跨界与融合中出现的新情况、新思路、新做法和新问题，都促使理论研究者认真梳理和面对这个具有挑战性的课题。研究民营资本在文化产业跨界融合的路径以及管理创新，其理论意义在于突破以往学界就文化产业论文化产业的惯性思维，强调不断壮大的民营资本要素在国内和国际文化产业发展中的地位、作用，提出民营资本在文化国际化中的运行机制，丰富文化产业管理学的内涵。

民营资本在文化产业的跨界融合研究，有助于我们正确认识民营资本在文化产业跨界与融合中的地位和作用。具体而言，中国文化产业的制度创新之一就是突破所有制的规定性，积极引导民营资本进入文化企业，形成多元

[①] [美] 米尔斯：《社会学的想象力》，陈强、张永强译，生活·读书·新知三联书店2005年版，第163页。

资本公平竞争的格局。多元文化资本博弈可能与原有文化利益发生冲突，从而形成新的文化利益需求，新的文化利益需求又对建设文化中国提出新的诉求。

对民营资本在文化产业的跨界融合的研究，有助于我们认识政府在文化产业管理中的角色转换，实现文化权力从文化集权向文化分权的转变。这是体现公民文化权力的重要举措，并不意味着政府放弃文化权力，而是提升其文化权力的质量。

对民营资本在文化产业的跨界融合的研究，有助于我们认识文化产业生产方式的转变，即从粗放型向集约型转变。这是文化生产力全面提升质量、优化结构的转变，它有利于提升政府的文化执政能力，形成社会、民间和政府共同发展文化产业的新格局。

二　民营文化资本的研究现状

迄今为止，国内外尚无完整、系统的关于民营资本在文化产业跨界的理论体系，即使有这方面的成果，也散落于文化产业集聚、城市文化经济、区域文化经济学、经济地理与制度经济学等不同研究领域。笔者基于空间理论视角，较为系统地对文化产业跨界问题的研究文献进行梳理，理出研究脉络与发展走势，指出有价值的研究发展方向，为深化其研究奠定理论基础。

（一）跨界：基于空间经济学视角的框架

文化资本跨界研究的核心任务是研究在文化产业中如何调度不同空间主体与利益组织的发展冲突问题，形成一个历时与共时空间良好的关联机制，更好地合理配置文化资本跨界资源，促进文化生产各要素在更大的自由程度上跨空间流动和在特定地域集聚，实现文化资本跨地域、跨行业的最佳组合，进而达到探究空间收益最大化的内在联系条件与机理的目的。这是具有创新性、挑战性的文化产业经济管理研究。

然而，文化产业经济学中，学者们大多关注三个问题，即"What to produce?""For whom to produce?"和"How to produce?"却忽略了另一个问题，即"Where to produce?"这是一个关乎文化生产活动的空间的问题。尽管不少学者意识到空间对于文化产业的重要性，但是却在相当一段时间里，由于缺少必要的研究方法而止步于对文化产业空间的简单描述上。空间经济学的出现为我们解决这第四个问题，即"在哪里生产"的问题提供了一个视角。

1999年，藤田昌久、保罗·克鲁格曼和安东尼·J.维纳伯尔斯合著的《空间经济学：城市、区域与国际贸易》一书奠定了空间经济学的基础，成为解释贸易自由化、经济全球化和区域经济一体化条件下生产要素自由流动与经济活动地方化特征的有效分析工具。空间经济学将"生产的空间区位"提炼为一个解释经济活动发生在何地或为什么在此地发生的经济增长命题，打通了文化产业集群、文化产业带与国际文化贸易之间分隔研究的边界，强调不同尺度的空间组织与利益主体在空间资源配置效率方面的重要性。

在以知识经济、信息经济为特征的当代，空间已经不仅仅是地理空间意义上的概念，文化、制度、技术、知识、政治、信息网络等元素也介入到空间的建构中，如陈秀山认为在考虑空间经济时，需要考虑以上元素在空间范围内的动态配置过程。[①] 为此，基于广义意义上的空间经济学，根据文化产业资本不均衡分布的现实，本书设法建立一个既能突破文化产业集群和文化贸易理论束缚，又能兼容两者的整合框架，将民营文化资本的生产性区位化约为"跨界"这一概念，由此构造出中心—外围式的空间结构。需要注意的是，本书形成的地域维度（或可称为地理区间）、行业维度、制度维度的分析架构，分别对应着本书聚焦的研究对象——国际贸易跨界、版权跨界和所有制跨界。为此，围绕理论假设与理论形成，确立了初始命题、拓展性命题、深化性命题、整合性命题四个阶梯式推进的研究梳理架构，对已有的空间理论研究成果进行系统的梳理与简要的归类，形成一个理论形成、演化、深化、拓展与创新的脉络，并对可能掌握的文献进行初步的评论，进而明确其在本研究的位置，以及可能产生的理论创新价值。本研究建立了一个比较系统的文献综述的整体框架，旨在厘清凌乱的研究分析，整合分散的研究成果，为本研究提供一个基准点（见图0-1）。

（二）理论溯源：两种空间趋利理论

利益追逐是剖析人类经济社会发展最生动景象与内在联系、本质特征的研究视角，早被亚当·斯密、李嘉图和马克思等经典经济学家所认识。不同的组织和个人追逐不同的利益，包括经济利益、政治利益、安全利益和文化利益在内的多种利益分布在空间中。组织或个人通过不同层次的规则与约

---

① 参见陈秀山、李逸飞、左言庆《论狭义与广义的空间经济学》，《区域经济评论》2015年第4期。

6　中国民营文化资本跨界研究

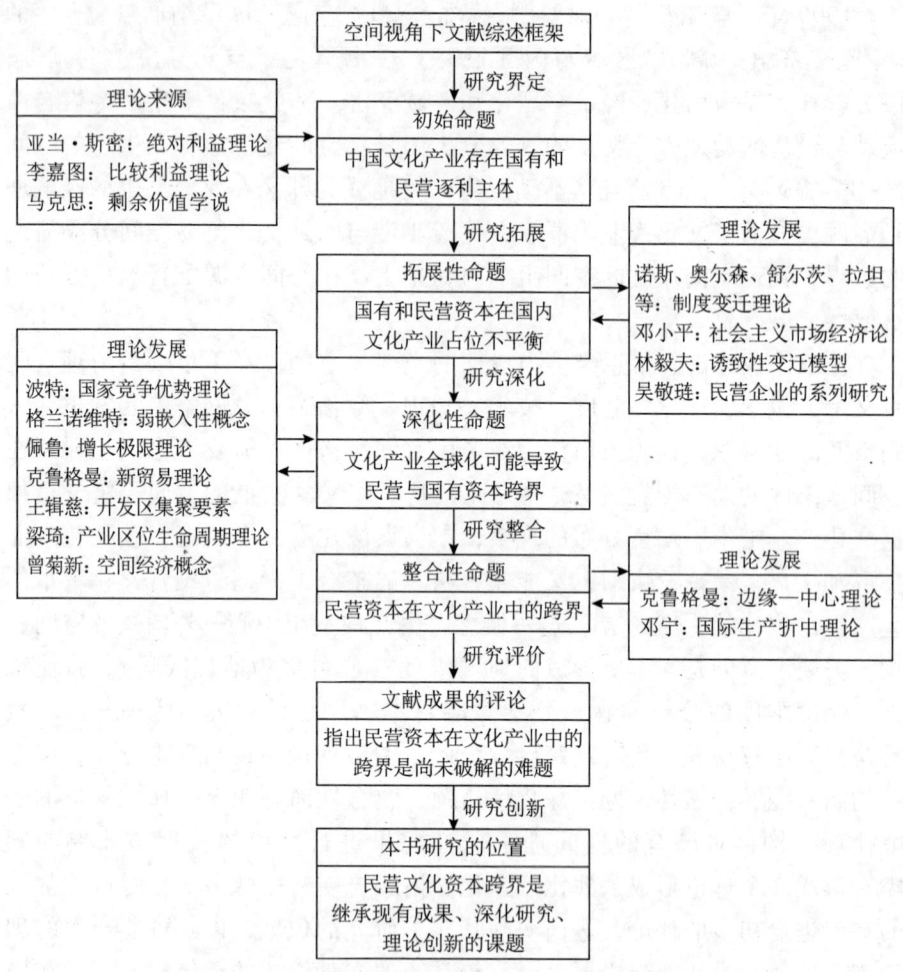

图0-1　民营文化资本跨界研究文献梳理的逻辑框架

定，形成了利益共享空间占位，并以初始的空间利益占位为起点，拓展其在全球、国家、区域、组织、个体范围内的利益。根据主体属性，空间趋利理论可以分为私人趋利理论和公共趋利理论。

私人趋利理论认为，在经济自由化活动制度供给充足的条件下，竞争机制对配置文化产业各种资源是极端重要的。该机制一方面加速了人类社会财富的积累；另一方面为了攫取物质财富，人类对自然资源将会过度开采和使用，强势资本会对发展收益分配产生过度主导，从而形成不可调和的利益冲突。公共趋利理论则认为，空间资源作为21世纪人类社会发展进步的稀缺性、战略性资源，特别是空间资源配置在文化产业集群与中心城市中呈现良性互动关系，导致报酬递增，空间受益由单纯的平面区位受益转向了立体层面的空间综合受益。但是由于公权配置公共资源缺乏强有力的不同空间组织与利益主体发展诉求磋商的机制，过度分散化决策与利益相关者非合作博弈将进入"囚徒困境"①。

公共逐利机制与私人逐利机制经过对抗、冲突，转向融合、互动，即使"两个机制"出现功能的失效，借助志愿者力量——"第三方"力量，空间组织与利益主体通过自组织功能进行行为的矫正与纠偏。空间生产结构优化机制主要依靠制度创新（system innovation）、技术创新（technological innovation）和文化创新（cultural innovation）加速其演化（evolution），反过来以强有力的创新充分体现空间生产结构优化问题。②

（三）制度创新：民营文化资本变迁

制度创新（institutional innovation）是指在人们现有的社会条件下，通过创设激励人们行为的制度和规范从而促进社会持续发展和变革。诺斯将制度变迁定义为"制度创立与变更及随着时间变化而被打破的方式"。伴随着社会经济环境的改变以及人类知识、认知水平的提高，原有的社会制度将不再适应社会经济的发展。在这种情况下，社会主体将能动地做出选择，推动某项具体的制度安排乃至整体社会制度结构发生变化。制度创新包含着两方面的内容：一方面是新的制度安排如何产生，另一方面是新旧制度如何转轨。诺斯、奥尔森、舒尔茨、拉坦等国外学者将引发制度创新的原因归结为要素相对价格的变化、技术的不断创新、利益集团间的博弈与经济增长。在渐进式创新和激进式创新两种制度创新方式中，众多学者认为我国制度创新为渐进式制度创新，是与我国经济发展存在着内在的联系的创新方式。③ 林毅夫进一步认为，经济转型都会促使经济制度结构改变，一般而言，与制度和产权相关的转型只可能是渐进性的而非激进性的，因此，解释中国制度转型与经济发展过程最为适用的理论框架是诱致性内生制度变迁理论。在我国，

---

① 囚徒困境（prisoner's dilemma）：两个被捕的囚徒展开的一种特殊博弈，说明即使合作对双方都有利时，保持合作也是困难的。详见［美］曼昆《经济学原理》，梁小民、梁砾译，北京大学出版社2009年版。
② 参见李清均《空间生产结构优化问题研究》，经济管理出版社2011年版，第3页。
③ 参见 D. H. Perkins, "Reforming China's Economic System", *Management World*, Vol. 26, No. 2, 1988; J. L. Lin, Lessons of China's Transition from a Planned Economy to a Market Economy, The Chinese University of Hong Kong Press, 1996; J. Mcmillan and B. Naughton, "How to Reform a Planned Economy: Lessons from China", *Oxford Review of Economic Policy*, Vol. 8, No. 1, 1992.

"民营资本"一词十分特殊,它不仅与我国民营经济和民营企业相关,更重要的是与人们对其所有制的认识相关。① 因此,对于我国所有制改革变迁的梳理,则成为理解民营资本在中国资本空间地位的切入口。

(四)空间结构:民营文化资本的增值机制

民营资本在文化产业的空间结构,涉及两方面的内容,一是国内的文化产业集群及文化产业间的空间结构;二是文化产业结构产生的溢出效益,即文化产品的跨地区和跨国流动。由于尚未形成学理性较强的民营资本在文化产业的空间结构研究文献,而有限的文献掩藏在我国文化产业集群研究中,因此本书仅以我国文化产业的空间结构作为参照进行综述。

1. 民营文化资本集群及国内跨界

随着我国市场经济制度的全面建立,我国东部民营资本发达的地区获得了明显的累积性优势,出现了民营文化产业集群。一方面,这些区域是外资进入中国的主要地区,"外资通过特殊的加工贸易和出口带动中国区域产业结构升级和贸易结构优化,尤其是对我国先行开放地区的产业链条与产业集群的发展发挥显著的推动作用。"② 另一方面,这些区域在社队企业中生发出属于私人产权的企业制度和组织形式,相比由政府控制的企业产权方式,效率更高,促进了经济转型期中国地方经济的快速发展。③

(1)民营文化资本集群

国外对产业集群的研究积累了丰硕的成果。马歇尔发现产业集聚与外部规模经济关系密切,并从知识溢出、熟练劳动力市场的形成并与本地大市场相联系解释之。韦伯最早提出聚集经济,并引入"工业区位"这一概念,认为交通运输成本和劳动力成本是影响工业区位的主要变量。波特将企业战略与竞争环境、要素条件、需求条件、相关与支撑产业四个方面的产业集聚要素进行有机融合,构造出"钻石模型",认为国家竞争优势产业是先在本土建立起"本垒",从而向国际拓展。空间经济学家克鲁格曼对产业集聚成因作了这样的解释:假设存在着"垄断竞争"和"规模经济"的前提,利用由一般均衡的分析方法建立起来的"CP 模型"(Core - Periphery Model),可以对经济活动进行区位或者空间分析。当贸易成本下降时,初始对称均衡的

---

① 参见张筱《制度环境——民营企业家资本与企业战略选择》,硕士学位论文,华南理工大学,2014年。
② 张炜:《FDI 对中国制度变迁的影响机制分析》,博士学位论文,南开大学,2013年。
③ 参见钱滔《地方政府、制度变迁与民营经济发展——比较历史制度分析的视角》,博士学位论文,浙江大学,2005年。

区域会在某一时间点突然发生变化,从而奠定了"工业核心区"和"农业边缘区"这一较为稳定的"核心—边缘"型空间结构。

国内对产业集群的研究是伴随着国外区域经济学和空间经济学引入而展开的,且研究成果主要集中于制造业领域、生产性服务业领域。王缉慈认为中国产业集聚是技术创新和制度创新互动所导致的规模报酬递增结果。[①] 曾菊新在我国首次提出"空间经济"概念,并指出"空间经济活动中客观存在着集聚,适度集聚能产生空间集聚效应"[②]。梁琦认为产业集聚分为三个层次,分别是产业的区位、城市和区域。她认为"如果规模经济效益大于成本节约效应,制造业会区域集中而不是分散"[③]。刘友金从中小企业集群式创新角度研究了生成机制,即在产业集聚条件和竞争条件适度情况下,在创新要素和创新优势驱动中,交易费用节约、价值链共享、资产互补、知识外部性和规模经济形成互动机制。安虎森论证了产业集聚与外包、垂直联系的关系,指出了我国技术创新与产业集群升级的路径。此外,还有其他学者分别从专业化分工、创新网络、知识溢出、聚集经济、竞争力与经济增长等方面对产业集群进行分析。

除了关注产业资本要素集聚外,国外研究者对文化产业集群更关注促进文化产品生成的文化资源和知识产权对文化产业集群的影响,富集文化资源和知识产权资源的大城市因而进入研究者的视野。不仅如此,大城市还是具有技能的劳动力、信息以及知识等要素聚集的空间。围绕大城市,研究者展开了文化产业集群的研究,代表性的观点有:国际化都市与文化生产共生,它们可以促进文化产业集聚区的创意行为,[④] 并对就业的贡献率很大;[⑤] 本土文化产业集群与全球产业集群有强关联性;[⑥] 在大城市中制度的设计和安

---

① 参见王缉慈等《创新的空间——企业集群与区域发展》,北京大学出版社2001年版,第70页。
② 曾菊新:《空间经济:系统与结构》,武汉出版社1996年版,第24页。
③ 梁琦:《产业集聚论》,商务印书馆2004年版,第25页。
④ 参见 A. J. Scott, "Capitalism and Urbanization in a New Key? The Cognitive – cultural Dimension", *Social Forces*, Vol. 85, No. 4, 2007; K. Bassett, R. Griffiths and I. Smith, "Cultural Industries, Cultural Clusters and The City: the Example of Natural History Film – making in Bristol", *Geoforum*, Vol. 33, No. 2, 2002。
⑤ 参见 D. Power, "'Cultural Industries' in Sweden: An Assessment of Their Place in the Swedish Economy", Economic Geography, Vol. 78, No. 2, 2002。
⑥ 参见 C. Chaminade, "Cultural Clusters, Global – local Linkages and Spillovers: Theoretical and Empirical Insights from an Exploratory Study of Toronto's Film Cluster", *Indusrty Innovation*, Vol. 14, No. 4, 2007。

排也是影响文化产业集群的变量，如洛伦佐·米饶（Lorenzo Mizzau）和法布里齐奥·蒙塔纳里（Fabrizio Montanari）就针对公共政策与音乐产业集群展开过研究；① 玛丽·路易丝（Marie Louise）论证了文化企业兼并和收购行为受宏观经济和文化公司资本结构的影响。国外学者安东尼·方（Anthony Y. H. Fung）等人发现了中国文化产业集群中经济利益、地区的政府势力和国家的软实力可能高于文化利益或地方利益。②

国内对于产业集群的研究集中在文化产业集群的形成机制、影响因素与发展模式三个方面。对于形成机制，分别有市场说、政府说和混合机制说三种观点。以胡惠林和吕挺琳为代表的学者认为集群形成的重要条件是文化经济活动的不可分性，市场力量是形成文化产业集群的主要推动力；顾江则认为政府主导作用是文化产业集群发展的主要因素；刘奕认为政府引导和市场诱致是促进文化产业集群形成的两种机制；周政、仇向洋等人认为促使文化产业集群形成的三种机制分别是政府引导、市场自发形成、政府引导和市场自发形成协同作用。对于影响因素，主要聚焦在外部经济、文化历史因素、人才队伍、市场、知识共享等几个方面，比如，顾江认为文化历史因素、经济结构、人才队伍、外部环境是主要变量；雷振宏和于鹏的研究则认为知识贡献、知识流动和溢出效应是影响文化产业集群升级的主要因素。关于发展模式，向勇提出形象、空间、意象三位一体的复合文化空间模式，陈少峰提出全产业模式，花建提出园区创新网络模式，谭丹提出蚁窝式和丛林式集群模式。

（2）民营文化资本国内跨界

文化产业内部的跨界，目前学界的研究主要集中在内容的跨界、技术手段的跨界和组织方式的跨界以及多要素的跨界等方面。

内容的跨界主要指在文化产业内部，文化产品的内容在各门类间进行优化重组，旨在通过延伸产业链来提高行业核心竞争力和产品附加值，满足市场需求。这种跨界融合表现在以下两方面。第一，同一内容融合于文化产业内的某一类型平台，以不同的渠道传播。例如，"澎湃新闻"是2014年上海报业集团改革后推出的新媒体平台，它融网页、WAP、APP 客户端于一身，

---

① 参见 F. Montanari and L. Mizzau，"The Influence of Embeddedness and Social Mechanisms on Organizational Performance in the Music Industry: The Case of Mescal Music"，*International Journal of Arts Management*，Vol. 10，No. 1，2007。

② 参见 A. Y. H. Fung and J. N. Erni，"Cultural Clusters and Cultural Industries in China"，*Inter-Asia Cultural Studies*，Vol. 14，No. 4，2013。

致力于聚合和生产优质时政思想类内容。① 张先国在《以"新闻+服务"打开跨界融合的新兴市场——湖北日报传媒集团媒体融合发展的实践与思考》一文中提出："当今媒体融合已经脱离了以往依靠外部的力量使媒体结合成一个共同体的初级阶段，而迈向全方位融合阶段，其中一种融合便是渠道的融合，即电视、报纸、网络等媒体整合渠道资源实现内容共享。"② 第二，同一文化内容向文化产业之外的产业延伸和渗透。比如通过引入"体验经济"概念，将文化旅游服务与传统种植业、制造业结合，形成生态农业、观光农业、工业旅游等新兴旅游业态。③

技术手段的跨界是指传统文化产品生产的技术手段与以互联网为代表的新型技术手段进行的无边界、无障碍的信息传播、转换与修改，使传统的文化产品的内容与新媒体产品的内容融合为一体，区隔不再明显。文化产品生产技术上的融合直接导致了文化产品内容的交叉汇流，特别是"三网融合"更是对文化产业业态具有较大影响，此外各种移动设备将音视频、数据和语音通信服务融合，模糊了广播电视、互联网与电信业的界限。不少学者都提到技术的介入或者新型技术之间的融合，将导致文化产业发生重大变化，如文艳霞在《跨界融合：传统纸媒的电商之路》中谈到，在新媒体强势崛起和传统媒体主营业务增长乏力的背景下，纸媒进入电商行业跨界经营成为其自救和发展的突围方向之一。④ 张先国认为大数据、云计算、移动互联网、微博、微信等信息网络技术的融合，导致传媒业向现代信息服务业转化。⑤

组织方式的跨界有两层意义，第一层意义是指国内范围内文化产业的跨界融合表现形式是打破所有制界限，国有和民营在文化产品生产中的组织方式实现了融合。早在1992年中共中央国务院《关于加快发展第三产业的决定》中就将部分现有的文化产业列入发展重点，如旅游业、咨询业（包括科技、法律、会计、审计等咨询业）、信息业和各类技术服务业等，并提出要"积极推进集团化经营，打破部门、地区、行业和所有制界限，组建全国性

---

① 参见喻国明、李慧娟《大数据时代传媒业的转型进路——试析定制内容、众包生产与跨界融合的实践模式》，《现代传播·中国传媒大学学报》2014年第12期。
② 张先国：《以"新闻+服务"打开跨界融合的新兴市场——湖北日报传媒集团媒体融合发展的实践与思考》，《新闻与写作》2014年第10期。
③ 参见李凤亮、宗祖盼《跨界融合：文化产业的创新发展之路》，《天津社会科学》2015年第3期。
④ 参见文艳霞《跨界融合：传统纸媒的电商之路》，《出版发行研究》2015年第1期。
⑤ 参见张先国《以"新闻+服务"打开跨界融合的新兴市场——湖北日报传媒集团媒体融合发展的实践与思考》，《新闻与写作》2014年第10期。

和区域性第三产业企业集团",同时提出"鼓励第三产业企业跨部门、跨行业、跨地区兼并应关停并转的工业企业,在资产转让、债务清理部门、跨行业、跨地区兼并应关停并转的工业企业,在资产转让、债务清理、信贷和税收等方面给予优惠和支持",最早将兼并作为加快调整当时文化类产业结构的一项重要措施。① 张先国从媒体融合的角度说明组织的融合,应当是各媒体间人员、管理、文化的互相渗透、深度融合。② 李凤亮和宗祖盼则指出国内文化企业资本的组织方式大致有控股合并(A+B=A+B)、吸收合并(A+B=A)、新设合并(A+B=C)三种。③

组织方式的跨界的第二层含义是指从国际范围内看,文化产业的跨界融合的表现形式是通过国内外两个文化市场,实现文化产业资源的配置在全球范围内的重组。经济全球化和信息化技术促使大型文化集团掀起跨地区连锁经营和兼并浪潮。比如美国迪士尼乐园在全球拓展业务,我国互联网巨头并购大战正酣;再如美国好莱坞影片为打入中国市场频频增加"中国元素",降低了文化及相关产品或服务进入中国市场的文化折扣。④

内容、平台、技术、产品等多个核心要素不断地排列组合,加剧了文化产业的跨界融合。代表性的多要素跨界融合例子有:腾讯的"用户平台+内容"、苹果的"应用平台+产品"、华强与水晶石的"硬件技术+文化内容"。李凤亮、宗祖盼认为,随着技术的发展和企业的升级,国家统计局所界定的"文化及相关产业"的分类,即核心层、外围层和相关层的界限正变得原来越模糊。他们还以深圳雅图数字视频技术有限公司为例加以说明。这个在21世纪初我国投影设备制造的领航者,按照产业分类应属于文化产业的相关层,但是经过十几年的发展,其从设备制造商向服务提供商、内容生产商华丽转身,形成了一个庞大的产业链,跨越了核心层、外围层和相关层。尤其当文化、科技、金融三者将触角伸向对方领域,"文化+科技+金融""科技+内容+金融"的模式能够催生大量有交叉融合性质的新兴业态,它们既卖产品,又卖专利技术,既提供平台,又提供内容和服务。⑤

---

① 李思屈:《中国文化产业政策研究》,浙江大学出版社2012年版,第78页。
② 参见张先国《以"新闻+服务"打开跨界融合的新兴市场——湖北日报传媒集团媒体融合发展的实践与思考》,《新闻与写作》2014年第10期。
③ 参见李凤亮、宗祖盼《科技背景下文化产业业态裂变与跨界融合》,《学术研究》2015年第1期。
④ "文化折扣"又称"文化贴现",是指因文化背景差异,国际市场中的文化产品不被其他地区受众认同或理解而导致其价值减少的现象。
⑤ 参见李凤亮、宗祖盼《科技背景下文化产业业态裂变与跨界融合》,《学术研究》2015年第1期。

文化产业内部的跨界的动力，大多数学者认为是文化产业的自身动力和科技发展的外部动力形成的合力。就内在动力而言，有学者认为，文化创意产业的特质在一定程度上决定了文化产业不可避免要进行跨界融合，厉无畏的观点就具有代表性。"创意产业的根本观念是通过'跨界'促成跨行跨领域的重组与合作，是一个全新的产业概念。"[①] 胡彬也认为，创意产业只有在一定的文化背景下，才能通过重塑传统产业结构实现价值，大力推动以信息和网络技术为主的技术创新，有助于产业间的跨界融合。[②]

至于外部动力，科学技术的发展是一个十分重要的动力源。正是随着科学技术不断发展，文化产业中的部分行业已经开始逐渐突破传统的限制，将产业功能延伸至其他产业中，促进其他产业与文化产业中创意的融合，为文化产业中的创意价值链整合创造了条件。蔡雯、高福安撰文指出，由于科技的快速发展，使得我们被媒介融合所包围，未来的发展趋势是融合与合作，这是任何机构和人都无法回避的现实。[③] 胡正荣、柯妍也发现，由技术推进的融合导致媒体、传播产品和市场的区隔变得模糊。[④] 张铮、熊澄宇也发现媒介技术存在着相互依存性，媒体人将媒介技术和媒介形态或者功能有效整合为一体，促使他们的工作方式的转变，实现媒体机构的经营跨界。[⑤]

还有部分学者注意到中国文化产业的跨界融合的一个外部动力是市场。如刘玉珠指出："文化产业和相关产业融合发展的动力是市场。当前，在发展过程中，市场需求、消费需求、企业需求、资本需求、跨界需求都推动着文化产业与相关产业的融合。"[⑥]

还有学者注意到商业模式的创新也是导致跨界融合的动力之一。"商业模式创新作为一种新的创新形态，其重要性不亚于技术创新对文化产业业态的影响。当技术不再成为企业发展的瓶颈时，决定企业成败最重要的因素往往是它的商业模式。"[⑦]

---

① 厉无畏：《创意产业导论》，学林出版社 2006 年版，第 56—70 页。
② 参见胡彬《创意产业价值创造的内在机理与政策导向》，《中国工业经济》2007 年第 5 期。
③ 参见蔡雯、黄金《规制变革：媒介融合发展的必要前提——对世界多国媒介管理现状的比较与思考》，《国际新闻界》2007 年第 3 期；高福安、刘荣、刘亮《网络与通信技术对公共文化服务的影响》，《现代传播·中国传媒大学学报》2012 年第 6 期。
④ 参见胡正荣、柯妍《媒介融合背景下的电视新媒体所有权变化及其对文化创意产业的启示》，《电视研究》2010 年第 6 期。
⑤ 参见张铮、熊澄宇《媒介整合的未来——以电子出版为例》，《河南社会科学》2007 年第 4 期。
⑥ 刘玉珠：《文化产业的跨界融合》，《中国广播》2014 年第 6 期。
⑦ 李凤亮、宗祖盼：《科技背景下文化产业业态裂变与跨界融合》，《学术研究》2015 年第 1 期。

2. 民营文化资本的国际跨界

瑞典经济学家俄林（Bertil Ohlin）以《区际贸易与国际贸易》一书首次突破古典经济家关于国内贸易与国际贸易有区别的铁律，认为它们并无实质上的区别，仅仅是表现形式不同而已。地区是进行贸易的最基本的单位，不同的地区具有不同的生产要素禀赋，区际贸易就是在这种基础上展开的。以克鲁格曼、布兰德、斯宾塞、内文、菲利普斯利为代表的空间经济学者在俄林研究基础上进一步发展了国际贸易理论，认为产业和企业在某一地域的集中，从而产生集聚经济，这是企业之所以能够走向世界的驱动力之一。英国经济学家邓宁则从企业的角度发现，当企业同时具备所有权优势、内部化优势和某一东道国区位优势时，就具备了对外直接投资的充分必要条件，因而对外直接投资就成为企业的最佳选择。中国的众多外向型企业的经验也印证了这一点。[1] 在诸多影响企业出口的因素中，出口企业集聚溢出效应不容忽视。格林威（Greenaway）、尼勒（Kneller）和克雷瑞斯（Clerides）等人的研究发现，行业内或是行业间的企业集聚均会对企业出口可能性有所贡献，从而证实了出口溢出效应是由地方性经济和城市化经济引发的。[2] 潘峰华等人与邱斌等人的研究也发现中国存在着产业集聚所导致的出口溢出效应的证据。[3] 对于文化产业集群的溢出效益研究，国内学者还未提高到国际文化与服务贸易的层面，有限的研究集中在国内文化产业集群的知识溢出效益，[4]

---

[1] 参见贺灿飞、魏后凯《新贸易理论与外商在华制造企业的出口决定》，《管理世界》2014年第1期；刘志彪、张杰《从融入全球价值链到构建国家价值链：中国产业升级的战略思考》，《学术月刊》2009年第9期；易靖韬、傅佳莎《企业生产率与出口：浙江省企业层面的证据》，《世界经济》2011年第5期；宣烨、宣思源《产业集聚、技术创新途径与高新技术企业出口的实证研究》，《国际贸易问题》2012年第5期。

[2] 参见 S. K. Clerides, S. Lach and J. R. Tybout, "Is Learning by Exporting Important? Micro-Dynamic Evidence from Colombia, Mexico, and Morocco", *Quarterly Journal of Economics*, Vol. 113, No. 3, 1998; D. Greenaway and R. Kneller, "Firm Heterogeneity, Exporting and Foreign Direct Investment", *Economic Journal*, Vol. 117, No. 517, 2007; D. Greenaway and R. Kneller, "Exporting, Productivity and Agglomeration", *European Economic Review*, Vol. 52, No. 5, 2008; D. Greenaway, N. Sousa and K. Wakelin, "Do Domestic Firms Learn to Export from Multinationals? *European Journal of Political Economy*, Vol. 20, No. 4, 2004。

[3] 参见潘峰华《经济全球化和中国制造业空间格局演变——基于企业行为的研究》，博士学位论文，北京大学，2011年；赵婷、金祥荣《出口集聚之溢出效应研究——基于中国企业层面数据的实证分析》，《浙江社会科学》2011年第6期；邱斌、周荣军《集聚与企业的出口决定——基于中国制造业企业层面数据的实证分析》，《东南大学学报》（哲学社会科学版）2011年第6期。

[4] 参见潘瑾等《创意产业集群的知识溢出探析》，《科学管理研究》2007年第4期；陈清华《文化创意产业知识溢出效应研究》，《南京社会科学》2010年第5期。

而对文化贸易的研究集中在"文化走出去"主题上,研究成果主要体现在以下几方面。

其一,对中国文化"走出去"的研究应政府相关决策而生,主要围绕文化"走出去"的必要性和可能性进行探讨,旨在提高人们对中国文化"走出去"战略的重要性的认识。如骆玉安的观点就比较有代表性,他认为,在重要战略机遇期内,中国文化"走出去"的战略的实施途径有对外文化宣传、交流和贸易,这些途径有助于增强中国国家文化产业竞争力,提升文化软实力。黄向阳认为,中国文化与西方文化中的历史基础、政治基础和价值基础不同,这种差异化恰恰为中国文化"走出去"提供了可能。然而,目前中国存在着对中国文化"走出去"的艰巨性心理准备不足、对前景的预测过于乐观等问题。

其二,针对中国文化"走出去"战略实践层面存在的主要问题展开探讨,代表性的观点有:中国还未建立起有效的国际文化贸易体系或确立国家文化贸易战略,未培育出能够"走出去"参与国际竞争的大型跨国文化企业和文化产业群;[1] 文化产业人才不足、资金投入不足制约着文化企业发展和文化产品的出口。此外,文化生产方式与文化传播方式还受到相对落后的组织管理机制和运行机制的制约;我国在进行国际交流方面不注重内外有别;[2] 文化创新力薄弱,文化体制改革滞后,制约着中国文化走出去;[3] 文化产品结构存在问题,文化服务类项目出口依然是薄弱环节。[4] 因此,只有推动文化体制和机制创新,才能将文化产业纳入国家整体发展战略,引导文化产业在国内的增长,最终参与国际文化产业竞争。[5] 虽然诸多研究者已经意识到文化产品是中国文化"走出去"战略的主要依托对象,文化产业不应该作为一种纯粹的事业来经营,它是一个充分国际化的产业,只有在对外和对内两个全方位开放的环境中,充分整合社会的参与意愿,动员民营资本和民间力量,实施国有文化资产重组和扩张,才能迎来中国对外文化事业的繁荣。遗憾的是,描述性研究居多,深层分析极少,一厢情愿的主观性认识居多,学科交叉融合缺乏,研究取向上也存在一定的非理性。尽管有的学者意识到文

---

[1] 参见朱春阳《中国文化"走出去"为何困难重重?——以文化产业国际贸易政策为视角的考察》,《中国文化产业评论》2012年第2期。
[2] 参见陶国相《科学发展观与新时期文化建设》,人民出版社2008年版,第154—158页。
[3] 参见陈正良《中国"软实力"发展战略研究》,人民出版社2008年版,第129—132页。
[4] 参见殷凤《中国服务贸易比较优势测度及其稳定性分析》,《财贸经济》2010年第6期。
[5] 参见迟莹、齐晓安《发达国家文化产业"走出去"模式及启示》,《税务与经济》2014年第6期。

化产业是文化"走出去"战略的依托对象,也注意到资本要素在文化"走出去"战略中的价值,但是对于中国不断发展壮大的民营资本在中国文化"走出去"战略中的地位和作用认识不够清晰,更谈不上深度的探究。

其三,针对中国文化"走出去"战略的实施进行对策性研究。代表性的观点为:培养跨文化传播人才,使之成为中国文化对外交流的载体;① 在支持文化产品出口方面,上级行政部门要简化出口手续,放宽审批权,鼓励多种文化力量按照国际惯例开展文化贸易;② 借鉴类似经贸合作区、工业园的成功模式,直接在海外建立文化产业基地;③ 在传媒行业要做强具有国际传播力的传媒实体,向全球传播中华文化的普世价值。④ 具体到文化产业的某些行业,比如出版业,可以实施"三步走"的国际合作战略:一是"借船出海",实现产品走出去;二是"造船出海",实现实体走出去;三是"买船出海",实现资本走出去。⑤ 上述对策研究的不足之处是对策过于宏观,缺乏充分联系实际的针对性;由于对资本要素在文化"走出去"战略的作用缺乏深度认识,因此,在战略具体实施上存在着过度依赖政府的思想,对资本要素,特别是民营资本参与国际文化产品和服务竞争方面的对策性研究几近空白。

上述关于民营资本进入文化产业的相关研究,尽管比较杂乱,但是都将成为本书的研究基础。鉴于运用空间理论,特别是空间经济学理论考察中国民营资本在国内外两个文化市场联动运行机制的研究目前还没有,而经济全球化带来的文化全球化的现实则要求我们既要关注国内市场,还要关注国际市场,更重要的是关注这两个市场的联动关系,空间经济学正好为对该问题进行整合性的研究提供了路径。

三 民营文化资本相关概念解析

(一)民营资本与民营经济

虽然笼统地讲,民营资本包括个体、私营、合伙私营、乡镇、集体、股

---

① 参见马相武《2007:中国文化走出去》,《艺术评论》2007年第1期。
② 参见胡惠林《文化产业发展与国家安全》,广东人民出版社2005年版,第44页。
③ 参见蔡尚伟、王理《开启中国文化产业国际化时代》,《西南民族大学学报》(人文社会科学版)2010年第5期。
④ 参见陈忱主编《中国民族文化产业的现状与未来:走出去战略》,国际文化出版社2006年版,第96页。
⑤ 参见黄志坚等《创新文化走出去的模式》,《时事报告》2010年第2期。

份私营（联合）、混合型集团股份企业以及外商投资企业所有的资产，但是要厘清民营资本的内涵，还得从其产生的来源——民营经济上寻找答案。

民营经济从字面上可以理解为一种与国有经济既有区别又有联系的经济形式。目前学界存在着三种对民营经济的定义。第一种定义是以公有制为参照框架，将民营经济定义为非公有制经济，即个体经济和私营经济，具体而言就是狭义上的民营经济是由个体经济、私营经济和集体经济三部分组成的。第二种定义是从经营的角度，以政府和国家为参照，将民营经济定义为非政府非国家控股的民营经济，包括集体、个体、私营、联营的非国有控股企业，这是一种广义上的民营经济的定义。第三种定义是把国有经济形式以外的其他经济形式都算作民营经济，这也是一个广义的定义，包括集体、个体、私营、联营、非国有控股、三资企业等。陈明淑和王元京曾结合我国历史和现状评述上述三种定义，他们认为第一种定义的范围过小，第三种定义则范围过广，只有第二种定义相对现实和客观地反映了大众对民营经济的理解。① 本书所出现的民营经济是第二种定义支持下的民营经济。

换句话讲，中国民营资本得以存在的参照物是国有资本。民营资本是以增值为目的的、在民间积累而成的资本，非国有或非政府所有，外商投资资本不包括其中。民营资本从一般意义上讲包括两层含义，第一层是民有，第二层是民营。这两层决定了民营资本是由民间行使所有权和占有权构成的。

如果民有资本由国家经营，则被称作民有国营资本或国营化资本。因此，我国全民所有资本就是这类资本，因为该资本由国家或政府行使运营权，负责保值、增值。同理，国营资本也可分为国有国营和国有民营资本两种形态，后者也可称为民营化资本。

本书所讨论的民营资本是严格意义上的"民有民营资本"，即所有权与占有权，包括各种运营权利统一的民营资本形态。

（二）民营资本与国有资本

民营资本是与国有资本相对应的，而非与私营资本相对应的资本形态。换句话说，民营资本中的"民"是与国有资本中的"国"相对而言，而非与公私之"公"相对而言的。"民营"是与"国有"相对应的两个并列互补概念。因而，民营资本与国营资本也是两种相互平等的、相互依存、互为补充的资本形态，共同构成国民经济或一国的"国家资本"。民营资本在意义

---

① 参见陈明淑、王元京《民营经济：发展的新机制、新动力和新机遇》，云南人民出版社2004年版，第23页。

层面上与国营资本形态一样,具有双重含义。第一重含义是所有权和运营权相结合的民有民营资本;第二重含义是单纯运营权上与民有资本相对应的"民营资本",即所有权与经营权相分离的非统一的形式,如国有民营资本,亦称其为民营化资本。狭义上看,民有资本也有民有民营和民有国营之别。

(三)民营资本与公有制经济

有人认为,新中国的土地上曾消灭过民营资本,改革开放就是重新发现和发展民营资本的历程,是"私有化"的过程。这种认识不准确是因为未将我国民有民营和民有国营这两种形态与西方资本主义私人资本相区别,将所有制、所有权和产权(经济所有权)混为一谈。事实上,私有制和公有制属于所有制范畴,企业产权组织和制度本身并不能完全反映所有制性质。中国民营资本还采取特殊的社会组织形态,即社会化的、集中的组织形态,即前文已经讨论过的民有国营资本。它的所有者是全体人民,而非国家或政府。国家或政府只是全民所有资本的资产管理者、经营者,是全民资产的代理人、受托人,行使着民有资本运营权的各项权力,掌握着实际的产权,即通过国有企业形成和体现的民有资本,即民有国营资本。

由于资本运营制度和资本管理方式的不足,致使上述国营资本与真正意义上的国有资本相联系,从而造成了两者合一和职能不分,导致国家政府部门职能的错位,具体表现在"政资不分""政经不分""政企不分"。此外,也致使政府出现了"越位"和"缺位"并存的窘境。这就是要实现国有资本与全民所有资产的真正分离,最终使政府职能转变,实现政企分开的原因。传统意义上的公有制经济包含三大块:一是原本意义上的国有资本,二是全民资本,三是集体所有资本。后两者是中国民有资本的特殊形态,即中国的民有资本。因此,全民所有资本采取了民有国营的经济形式,集体所有资本采取的则是民有民营的经济形式。

(四)民营资本与私有制经济

中国民营资本是由私营经济、个体经济的企业资产组成的,很容易让人将民营经济与个体、私营经济画等号——民营资本就是指个体经济和私营经济的企业资产,这种观点形成有历史背景。在改革开放初期,个体、私营经济复兴之时,"民营经济"一词被用来指代个体、私营经济,尤其是私营经济,以此来规避制度和政策风险,回避姓"资"姓"社"、属"公"属"私"的问题,因为个体经济不存在剥削,而私营经济存在雇佣剥削关系。在实践中,人们常采用挂集体、乡镇企业牌子的做法进行工商登记注册,而理论上则把民营经济或民营资本这一不相称的概念冠在私营经济这个子属概念的头上。

人们对民营资本的理解与私营经济的释义有关。有一种传统观点认为民营资本范畴是跨所有制经济和企业的资产形态，它包括个体经济，私营经济，乡镇、集体经济等的资产范围。从资本形态分析，这一认识基本正确，只是未包含全民所有资产部分；但从资本社会组织形态看，却带有传统思维的路径依存和所有制观念的刚性束缚。事实上，民营资本不是跨所有制的，而是跨所有权的。从产权的角度看，它们只是不同的产权组织形式，即个体资本形态、企业组织形态、股份合作形态等的区别。另一种传统观点则认为，民营资本只是经营权形式和意义上的，它们不涉及所有制和所有权。后一种观点在我国比较流行，其目的和出发点在于试图彻底绕过所有制框架，将民营资本的所有权内容排斥在外，也就同时否认了民有民营资本作为民营资本概念的核心要义，这样民营资本就转化成了一个纯经营权范畴。

上述两种观点显然没有与民营资本的理论概念相吻合，也不符合现实实践发展的要求。民营资本的所指应是民有民营资本，从广义上讲，也包括民营化资本。个体、私营经济，以及乡镇、集体企业与其自身的企业资产也都属于民营资本的范畴。我国个体、私营经济所有的资本，生长于社会主义公有制的土壤，是劳动者个人所有的资本，在本质上不同于资本主义的私人资本。但是正是由于其是在社会主义公有制大环境下成长的私有资本，使它陷入两难境地：以个体、私营资本为主体的民营资本既不能与国有资本相比，处在不公平的、"非国民"待遇的地位，也不能与外资相比，亦有不公平的"非公民"之分，外商投资者所能享受的优惠政策，民营资本一概不能享受，这种两难处境导致民营资本发展艰难。当然私营企业自身产权结构单一，所有权与占有权、经营权集于一身，生产劳动资料与生活资料合一，不尊重劳动力资本地位而存在一定的劳资矛盾，都是私营企业产权制度上存在的问题。个体、私营企业必须首先进行产权制度的社会化改造，尊重劳动力资本的地位，实现从个人企业向组织企业的跨越，从家族式企业向股份制企业转变，由传统企业向现代企业转化，最终成为中国民营资本的合格成员之一。

（五）民营文化资本

甄别民营资本与国营资本、公有制经济、私有制经济的区别，旨在厘清民营资本的概念。如果说以上内容是从经济的角度上谈的，那么现在转入另一个视角，即文化的视角，界定本书的关键概念"民营文化资本"。

迈克尔·费尔班克斯曾给文化资本下定义为"不仅指文化的有形表现，如音乐、语言和礼仪传统，而且指与创新有关联的态度和价值观"。类似的表达还有马克斯·韦伯的"文化财富"、阿瑟·刘易斯的"文化资本"、格雷夫的"文化信念"(cultural beliefs),科尔曼的"社会资本"①。不过,对"文化资本"作出最为经典描述的当属法国社会学家布尔迪厄,在《资本的形式》一文中,他提出了文化资本是与经济资本和社会资本并列的一种资本基本形态。② 其中经济资本是对经济资源(钱、财物)的拥有;社会资本是指"拥有相识和认可等多少有些制度性关系的坚固网络,这些实际或潜在资源的总和";文化资本是指人们所掌握的知识、技能和教育,帮助人们获得较高的社会地位。文化资本与经济资本同样可以作为资本进行投资并取得相应回报。文化资本有三种存在形式,第一种是身体化的存在方式,它体现在人们的性情倾向中;第二种存在方式是客观化的形态,存在于诸如典籍等文化产品中;第三种存在方式是制度化的形态,体现在诸如教育的资格认定等特定的制度安排上。布尔迪厄采用了"文化资本"这一概念,是为了说明不同社会经济出身的学生在学业成就方面存在着差异,他试图说明由于文化资本在不同社会阶层分配不均等,来自不同社会阶层的学生在学术市场上所获得的利润(即学业成就)也是不均等的。他还发现,在资本的积累上,文化资本比经济资本更顽固,一个人拥有的文化资本越多,就越容易越快速地积累和更新文化资本。

与布尔迪厄的"文化资本"不完全相同的是,本书所指的文化资本是含有经济意味的"文化资本"和免除强烈国家意识形态"文化资本"。就前者而言,经济意味的"文化资本",指的是"文化产业资本",民营文化资本是指投入文化产业的民营资本,它是一种产业资本。当然,布尔迪厄在分析文化资本时,其中一个目的是阐释文化资本对文化有效需求的作用。布尔迪厄的"文化资本"超越了对文化的狭隘理解,将一种带有全新面貌和内涵的文化概念带入了人们的物质生活中,纳入日常衣食住行中,去掉了人们赋予文化的"非功利"和"神圣"的光环。在这点意义上,它与本书所界定的"文化资本"有相同之处,因为在民营文化产业中,存在着空间生产结构的经济社会资源的记忆与复制的发展要素,这些资源是一种隐形的资源,不像一个文本那样容易获得,它可能存在于从事某种转化工作的人的头脑之中,或者内嵌于一个特定的组织环境中。此外,此类资源的流动则被限制在一个

---

① 哈佛大学社会学家科尔曼把所有可以给人们带来好处的社会结构统称为"社会资本"。
② 参见[法]布尔迪厄《资本的形式》,薛晓源、曹荣湘主编《全球化与文化资本》,社会科学文献出版社2005年版,第6页。

特定的网络或社会关系之中，也正因为如此，此类资源是不容易获得的。[1]但是此类资源是文化产业特殊的空间资源禀赋条件，决定着文化产业空间资源初始结构分布与空间生产结构演化的差异性，它既传承历史文化的时空因子，又包容当代思想文化思潮的共时要素，本书将其称为文化资源资本。

就后者而言，主要将民营文化资本与它的参照资本进行比对，民营文化资本更接近布尔迪厄意义上的文化资本。相对于国家文化资本，民营文化资本有其独特之处。在国家文化交流和贸易的多年实践中，我国民营文化企业开始积累文化资本，并扮演着促进文化"走出去"的角色。民营文化资本在国际市场上的流动，遵循市场和文化双重逻辑。在这两条逻辑的支配下，可以避免打上显而易见的国家意识形态的烙印。相比国家文化资本，由民营文化资本运作的文化交流活动和文化商贸活动，更容易被世界各国人民容纳和接受。因此，各国都在巧妙地利用民营文化资本，比如好莱坞的影片，凭借其先进的影视传播技术和成熟的电影市场营销经验，向全世界传播美国的价值观和文化理念。再如德国的歌德学院，虽然背后有政府支撑，但是在文化传播活动中，尽量采取民间基金的形式，避免国家间的意识形态冲突。民营文化资本也如同布尔迪厄所言的"文化资本"，具有累积性和承继性的特点。累积性指民营文化资本是通过相互交流和实践所积累起来的，占有特定的文化资本（如华谊占据影视行业，万达占据院线资源，华策占据电视业等），并具有相对稳定的态势，表现于文化产业实践中，对其他民营文化企业的成长起至关重要的指引、促进或阻碍作用；承继性是指文化产品的内容在流通和传播中，其所传达的主流价值观和态度，使得民营文化企业在文化内容的创作方面得到熏陶和潜移默化的承继，进而化约为民营文化企业参与国内外文化产业竞争的资格。我们将此类资本称为象征符号资本。

根据上述分析，本书将民营文化资本归为四个层次：文化产业资本是文化资本的第一层次，这个层次上的文化资本与平常意义上的资本的内涵是一致的，即具有经济价值和财产价值的生产要素。在资本的循环运动中，依次采取货币资本、生产资本和商品资本形式，接着又放弃这些形式，并在每一种形式中完成着相应职能。产业资本是企业实现利润最大化的资本，因此，产业资本必然打上逐利性的烙印。

文化资源资本是文化资本的第二层次，它是经过长期文化生产实践积累

---

[1] 参见［英］迈克尔·吉本斯等《知识生产的新模式：当代社会科学与研究的动力学》，陈洪捷、沈文钦译，北京大学出版社2011年版，第21页。

起来的、具有人文价值和传统价值的资源。民营文化资源可以分为三类，分别是区域历史文化资源、本土文化资源和嵌入性文化资源等。所谓历史文化资源是指历史古迹、历史传说、历史人文故里、古籍史料等能够参与要素配置的软资源。所谓本土文化资源是指具有鲜明地域特点，并能够对要素配置产生积极影响的地域文化。所谓嵌入性文化资源是指可以改变本土文化并对要素配置产生一定作用的外来文化。文化资源可以为文化产业带来扩散性、传导性与递增性效益。文化资源资本在形成中，将文化内化于民间物理形体、民间手工技艺中，其审美价值通过接受者体悟获得，并且民营文化资源资本与民间的历史传统息息相关，使其具有累积性的特征。文化资源资本处在一种制度化的社会网络中，既可以直接转化成社会资本，也可以借助社会资本，扩大经济资本。

　　文化资产资本是文化资本的第三层次，主要指知识产权资产。因为文化产业是内容产业，而内容产业主要运营对象是知识产权资产，它是无形文化资产，包括诸如商标、专利、版权、设计等知识产权以及品牌、声誉、商业秘密等，它是企业参与文化产业市场竞争的核心要素。此类资产资本具有可切分、组合和衍生等特征，此外部分知识产权可以多次开发和利用，在运营中提升其价值。因此，知识产权自身基本的特性表现在两方面：一是具有流动性，二是在流动中实现价值增值。

　　文化象征资本是文化资本的第四层次，是特权、名声、神圣性或荣誉的累积程度，建立在知识、认知和认可的评价基础上。[①] 它连接着上述三个层次的资本，因为上述三种资本形式均可以象征资本的形式表达。相比其他资本，象征资本可以独立存在，而其他资本形式则需要相互依存。此外，一旦呈现为象征资本，资本的再生产和流动能力就会增强，生产和定义出新的资本形式。象征资本所具有的上述两个特点，决定了它对其他资本形式具有基础性的作用。

　　文化产业是文化属性和产业属性相结合的统一体，上述文化资本的四个层面会在文化产品的生产中嵌入其中。根据对产业属性和文化属性的贡献，可以将文化资本的四个层面置于如下坐标系进行区隔。文化产业资本的产业属性高，但是文化属性低；文化资产资本属于文化属性和产业属性"双高"的资本，文化资源资本则属于文化属性和产业属性"双低"的资本，文化象征资本的产业属性较低，但是文化属性较高（见图0-2）。

[①] 参见向勇《文化产业导论》，北京大学出版社2015年版，第170页。

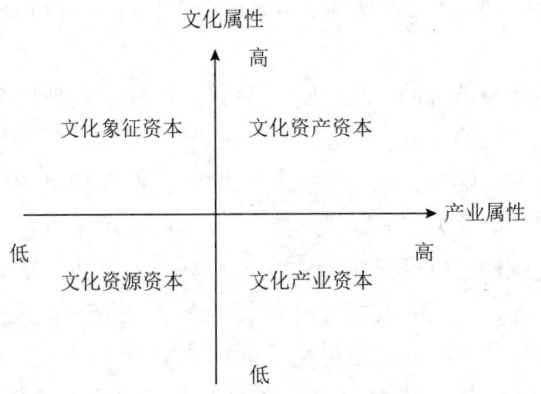

图 0-2 民营文化资本四个层次的区隔

四 研究思路与方法

(一) 研究思路

本书按照理论分析 (theoretical analysis) —实证研究 (empirical study) —案例探讨 (case study) —管理设计 (administration design) 的技术路线 (technology road-map) 展开, 针对民营文化资本在国内外市场的空间配置这一主题, 研究民营文化资本通过所有制跨界、版权跨界和区位跨界获得空间收益最大化的内在联系与特定规律, 着力解决民营文化资本跨界的影响要素、跨界的推动力、跨界的进路等问题, 最后在宏观、中观和微观层面给出民营文化资本跨界管理方面的建议 (见图 0-3)。

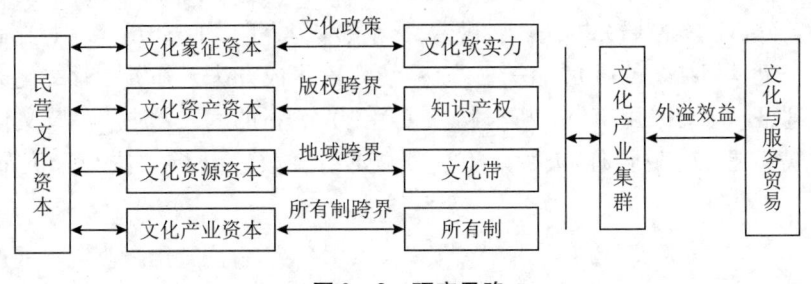

图 0-3 研究思路

(二) 研究方法

知识生产模式正在由"模式一"向"模式二"转型, 即由纯粹的科学知识的生产转向针对某个具体的应用目标的生产。"模式二"的知识生产独立于任何事先准备好的知识体系,具有明显的跨学科特征和自我反省的机能。①

作为文化与产业结合的文化产业,对其的研究需要协同多学科的学术资源,这是因为跨学科的研究有助于建立一个发展的、独特的研究框架。发展性框架可以引导问题解决,独特性框架有助于我们在特定的应用情境中生成独特的理论结构、研究方法和实践模式。个人或心理学维度、知识或科学哲学维度、共同体或社会维度三个维度是英国科学家齐曼(J. M. Ziman)提出的科学研究的维度,这三者的相互作用导致科学研究呈现复杂景观。② 文化产业研究是由人文学科与社会学科交叉而形成的跨学科、复杂性的研究,与美学、经济学、管理学、艺术学、社会学和人类学等学科都有密切的关系。"跨学科研究根据视角的不同,可概要地分为方法交叉、理论借鉴、问题拉动与文化交融四个大的层次。"跨学科表现为研究方法、知识层次、问题综合与文化渗透的互动,"通常表现为新兴学科向已成熟学科的求借和靠近,或成熟学科向新兴学科的渗透与扩张"。文化产业研究要有跨学科的学术视野、开放包容的研究心态,不断吸纳相关学科的研究方法和理论成果。③

除此之外,文化产业研究还是一种整合性研究。由于文化产业活动具有社会性和连续性,需要以整合性思维观照文化资助体系、文化生产体系和文化评价体系,符合文化产业活动的本体特征。④

本书是综合性研究成果,涉及多种研究方法。对民营文化资本跨界全局现状的把握,以及对民营文化资本跨界各方面的深入研究,都离不开对已有文献的研读,需要采用文献研究方法。针对民营文化资本的历史地位和民营资本进入文化产业的历程的考察,以及对民营文化资本的优势分析,主要采用历史分析、案例研究方法。对民营文化资本跨界的 PEST 分析,主要采用定性与定量相结合的研究方法,以及系统要素集成方法。分析民营文化资本跨界进路,主要采用历史分析与逻辑(理论)分析的集成方法。民营文化资本宏观管理、中观管理和微观管理,主要结合政策分析方法与个案研究方法。

---

① 参见彭锋《文化产业与模式二知识》,《新美术》2013 年第 11 期。
② 参见[英]约翰·齐曼《元科学导论》,刘珺珺、张平等译,湖南人民出版社 1988 年版。
③ 参见向勇《文化产业导论》,北京大学出版社 2015 年版,第 15 页。
④ 同上。

第一章 民营文化资本演变轨迹

当西方经济学学者正把文化产业集聚理论作为时尚的理论创新而投入极大热情的时候，国内大多数经济学学者则将目光盯在文化体制转轨的研究上，投入非常大的精力研究国有经济与非公有制经济的绩效与增长贡献、国有资本退出与民营资本进入、混合所有制建立等热门话题。事实上，国内不少学者也注意到国内研究与国外研究的差异，然而对于中国这一制度驱动下的民营文化资本而言，制度的变迁是勾勒民营文化资本演化轨迹无法回避的话题。

第一节 民营文化资本演变的阶段

从历史制度主义的分析范式来看，我国民营文化资本的发展呈现制度路径依赖特征。尽管随着中国经济体制和文化体制改革的推进，民营文化资本被一次次松绑，获得了强大的生命力，然而，我国的经济体制和文化体制改革并非"人为设计"的结果，亦无法按照人们的主观愿望设计与建构。根据哈耶克提出的制度演化论，我们知道制度是一个自然演化的过程，它离不开特定的社会历史与社会环境。人为的制度建构可以在短时间内改变其演化的轨迹，但是长期来看，无效率的制度安排终究会被历史所淘汰。

回溯中国民营文化资本的逻辑起点非常重要。在1949年前，民营是中国文化企业的基本存在形式。然而由于多年战乱，民营文化资本无法在动荡的市场环境中逐步壮大，虽然也诞生一些不错的作品，但数量较少。新中国成立后，决定民营文化资本性质的文化产业资本一直是被社会主义改造的对象。1952年后中国实行的社会主义改造，将以民营形式存在的民营文化公司作为改造对象，逐步将其纳入国营文化公司。民营经济作为资本主义的代名词，一经出现就被消灭在萌芽状态。我国对民营经济的支持，则是伴随着对所有制的认识的进步和改革开放的进程展开的，民营文化资本真正获得松绑进而得到解放则是起始于改革开放之后。

一 起步阶段（1978—1991）

这一阶段，个人主义和个体自由逐步从"文化大革命"的沉重压力下解放出来，伴随着新型市民阶层的若隐若现而得到了自 1949 年以后最大限度的发展。一度为国家政治捆绑的中国人开始全面质疑很多被预设为合理的事物，并在思维方式上从伤感与彷徨走向憧憬与批判。一方面大众文化繁荣发展；另一方面个性解放与批判思维一触即发，两者之结合，就决定了中国民营文化资本萌发的历史境遇。

1978 年我国开始实行对外开放政策，海外的文化消费品涌入中国市场，引发消费者对新兴文化产品的热捧，从而带动中国民营文化资本的起步。20 世纪 70 年代末，国外盒式录音带和录音机一出现在中国，立即受到消费者的欢迎，随即出现与之相关的文化消费产业：1979 年广州首现营业性音乐茶座，之后歌舞娱乐业悄然兴起；1984 年起相继出现的营业性的卡拉 OK 厅、音乐茶座、营业性舞厅、文化演出公司等文化消费场所和机构，使群众文化消费市场逐渐恢复。国家相应的政策也随之出台：营业性舞会等文化娱乐经营活动得到了 1987 年由文化部、公安部、国家工商行政管理局联合发布的《关于改进舞会管理问题的通知》的认可；随着"文化市场"在《关于加强文化市场管理工作的通知》首次提出，"文化市场"的合法性地位得以确立。1989 年文化部设立市场管理局，这表明国家文化管理部门在实践中发展文化市场、管理文化市场的思路。[①] 人们的思想观念也发生了深刻变革，意识到"文化不仅仅只是政治宣传，只具有教化的功能，而且也是一种娱乐品，更是一个经济门类；文化行业不只会花钱，而且还会赚钱"[②]。

在这个时期，整个国家核心层的文化生产和服务部门都被列为事业部门或者事业单位，成为国家意识形态的一个主要部门，由国家负责养起来。文化部门在组织体制上属于政府文化主管部门；文化事业单位所需的经费由政府部门拨款，文化从业人员均为国家干部。1985—1992 年，我国文化单位摸索"以文补文""多业助文"等多种经营模式，尝试克服普遍存在的政企不分、政文不分、效率低下等顽症，文化生产力进一步得到解放，群众文化消

[①] 参见郑良泽《我国文化产业发展阶段划分初探》，《辽宁行政学院学报》2012 年第 8 期。
[②] 陈立旭：《当代中国文化产业发展历程审视》，《中共宁波市委党校学报》2003 年第 3 期。

费市场出现了空前繁荣的景象，民营文化资本萌发。但是限于当时政企不分的文化管理体制，谨慎的民营企业家不敢在不公平的竞争环境中运营资本，"政策风险"也是许多民营文化资本始终游离在文化事业之外的重要原因。此外，文化企业投资大、回收慢、风险高也迫使民营文化资本不敢轻易进入，只能在风险小的行业，比如图书发行业中运营，等候时机成熟。

二 探索阶段（1992—2001）

1992年年初邓小平的南方讲话，使人们走出"姓资""姓社"的樊篱，确立了"三个有利于"是判断改革开放成功与否的标准。党的"十四大"决定实行"社会主义市场经济"后，1993年的宪法修正案明确了非公有制经济的地位和作用。1997年党的十五大指出，非公经济是社会主义初级阶段的基本经济制度的组成部分，非公有制经济的地位得到了前所未有的重视和肯定。随着市场经济体制改革目标的确立，文化体制改革的重点聚焦在政府职能的转变上，即从"直接管理"向"间接管理"转化，从"办文化"向"管文化"、从"小文化"向"大文化"转变。一些省市探索合作文化生产新模式，比如上海市在1997—2000年的改革中，将市属艺术院团分为政府重点投入院团、政府部分资助院团、社会办团、民间职业剧团四个层次。在文化体制改革的促进下，民营资本已经在以各种形式进入文化市场。率先进入的行业是影视业。1994年11月，嘉实广告文化发展有限公司在北京开张，标志着首家民间电视机构的诞生。1995年国家广播电影电视部作出规定："个人、私营企业原则上不设立影视制作经营机构。境外组织和个人不得单独或与境内组织和个人在我国境内合作设立、经营影视制作经营机构。"[1]然而，随着人民的文化需求不断增长，监管力度逐步放松。尽管政策规定并没有松绑，但是对民营文化企业的态度从"禁止"到"限制"的转变，客观上促进了民营文化企业的发展。在文化市场上的民营企业家敏锐发现了这一态度改变为文化产业带来的商机。先行者首先进入民营影视行业，随后，出版界的民营资本与国有资本合作也进入探索阶段。以教辅图书出版为例，当时由民营公司策划编写的冠以名校之名的品牌在全国风靡，尤以"黄冈名校"影响最大。从策划编写教辅做起，一批一线教师逐渐转型发展成全国性的教辅策划商。

在对民营经济的松绑中，民营文化企业在文化经济单位中的占比不断增

---

[1] 国家广播电影电视部：《影视制作经营机构管理暂行规定》，1995年。

高。数据表明，1997年非公有文化部分创办的文化经营单位占比已达88.6%，而国有文化部门创办的文化经营单位占比降低至10%左右。民营企业与国有文化单位竞争的案例比比皆是。20世纪90年代末，在上海、深圳、北京聚集着一批为艺术梦想而漂流的人群，仅北京一个城市就有20万人之多，文化市场的繁荣可谓盛况空前，为民营文化资本探索各种运作模式提供了良好的氛围。

2000年10月，《中共中央关于制定国民经济和社会发展第十五个计划的建议》明确提出发展文化产业，这是"文化产业"首次被写入中央文件，对于民营文化资本进一步发展具有标志性意义。如果说在起步期民营文化资本在文化经济的外围行业积蓄力量的话，那么从探索阶段起，文化经济的核心领域开始有民营文化资本的进入，在文化产品市场、文化服务市场、文化要素市场均有涉猎。

三 促进阶段（2002—2008）

2001年年底，我国加入世界贸易组织，按照中国对世界贸易组织的承诺，从2002年起要逐步加大对西方影片的引进，各类文化发行市场也要在入世后开放。如国家广电总局先后批准了华娱、星空、凤凰卫视中文台、MTV等境外卫星电视频道在中国内地有限落地。这些国际文化企业，无论经济实力还是节目内容，都对起步晚、规模小、资金少的民营文化资本形成挑战。面对国际文化资本的进入，我国被迫培植民营文化资本，与国有文化资本合作与之对抗，破冰之路则是由为应对国外影片冲击而颁布的《电影管理条例》开启的。此条例首开民营文化资本进入文化市场的先河，意味着民营影视机构可以获得电影单片许可证，并享受与国内电影制片厂同等待遇，电影产业的多元化格局日趋形成。

随着中国对外文化政策在2003—2007年的密集出台，对国内民营文化资本的政策也逐步制定。从2004年起，我国文化产业进入政策逐步开放、民营文化产业快速发展的阶段。这个时期民营文化资本的地位的改善依赖的是国家产业法规和政策的调整，如2003年《国务院办公厅关于印发文化体制改革试点中支持文化产业发展和经营性文化事业单位转制为企业的两个规定的通知》，指出对以股份制、民营等形式兴办影视制作、放映、演艺、娱乐、会展、中介服务等的文化企业要鼓励、支持和引导，它们在待遇上与国有文化企业同等。2004年国家广电总局颁发实施的《广播电视节目制作经营管理规定》规定："国家鼓励境内社会组织、企事业机构（不含在境内设立的外商独资企业或中外合资、合作企业）设立广播电视节目制作经营机构或从事广播电视节目制作经营活动。"这导致这一阶段国产电影发行权基本上全面开放。《关于非公有资本进入文化产业的若干决定》2005年由国务院颁布，进一步引导和规范非公有资本进入文化产业，逐步形成以公有制为主体、多种所有制共同发展的文化产业格局，进一步强调提高我国文化产业整体实力和竞争力。就在同年，文化部、财政部、人事部等联合下发了《关于鼓励发展民营文艺表演团体的意见》。大力推进文化领域所有制结构调整，鼓励和支持非公有资本以多种形式进入政策许可的文化产业领域等内容在2005年中共中央、国务院的《关于深化文化体制改革的若干意见》又一次得到强调。时隔一年，《国家"十一五"时期文化发展规划纲要》也提出要通过创造良好的政策环境和平等机会，鼓励支持非公有经济进入政策许可的文化产业领域，支持非公有制文化企业的发展。2006年11月，财政部、新闻出版总署等八部委联合发布《关于鼓励和支持文化产品和服务出口的若干政策》的通知，出台了一系列鼓励和支持文化企业"走出去"的政策。

此外，中国加入世贸组织后国际文化资本涌入中国，也是引发国家对民营文化资本重视的重要原因。相比国际文化资本，民营文化资本对国有文化资本的威胁少，且两者可以形成民族文化资本，共同抗击国际文化资本的侵入。民营文化资本充分利用这一时期的政策红利，按照市场规律有效地运作，取得了卓越的成绩，中国民营文化企业进入快速发展阶段。

四 快速发展阶段（2009至今）

2009年是民营文化资本发展史上具有转折性的一年，《文化产业振兴规划》进一步降低民营文化资本准入门槛，提出要积极吸收社会资本和外资进入政策允许的文化产业领域，形成以公有制为主体、多种所有制共同发展的文化产业格局。之后，文化产业管理部门制定一系列规定。文化部制定了《文化部关于加快文化产业发展的指导意见》和《文化部文化产业投资指导目录》，引导、扶持、规范非公有资本进入文化产业，积极鼓励非公有资本参与文化事业单位转企改制；在项目审批、政府采购、资金扶持等方面，非公有制文化企业与国有文化企业待遇相同。"鼓励民间资本参与发展文化、旅游和体育产业，鼓励民间资本从事广告、印刷、演艺、娱乐、文化创意、文化会展、影视制作、网络文化、动漫游戏、出版物发行、文化产品数字制作与相关服务等活动，建设博物馆、图书馆、文化馆、电影院等文化设施"，在2010年5月国务院颁布的《关于鼓励和引导民间投资健康发展的若干意见》中得以体现。

2010年10月，党的十七届五中全会通过了《中共中央关于制定国民经济和社会发展第十二个五年规划的建议》，提出要"推动文化产业成为国民经济支柱性产业"，这是中国最高决策领导机关第一次正式提出支持文化产业发展的建议，表明国家已将文化产业发展置于社会经济发展的重要战略位置。"十二五"时期国家产业发展出现重要的转型，文化产业得到持续、快速的发展，并逐渐成为中国经济发展的支柱性产业。两年后商务部印发的《关于鼓励和引导民间资本进入商贸流通领域的实施意见》、新闻出版总署发布的《关于支持民间资本参与出版经营活动的实施细则》都相继提出支持民间文化资本参与出版"走出去"，业务覆盖图书、报纸、期刊、音像制品、电子出版物等出版物，甚至可以到境外开展办报办刊、开厂开店等出版发行业务；对面向境外市场生产销售外语出版物的民营企业，国家配置专项出版权；支持民间资本投资版权中介机构，开展版权贸易活动。

2014年更是民营文化资本享受文化政策的政策年。这一年国家层面共推出13项文化政策，贯穿一根主线——逐步发挥市场在资源配置中的决定性作用，扩大非公有制文化企业的准入文化产业的范围，加大向社会资本全面开放的力度，积极扶持小微文化企业发展，充分利用金融杠杆撬动文化产业发展。

上述政策协同作用，使中国民营文化资本取得了惊人的发展。目前在国家文化部门管理的文化产业中，非公有制经济所创造的文化产业增加值已经占到全部文化产业增加值的50%以上，就业人数占到2/3。仅以影视为例，国产电影的票房收入有近80%是民营公司参与发行贡献的。

第二节 民营文化资本演变路径

作为一个高投入和高产出的行业，民营文化产业发展需要一定数量的资金的支持。随着文化产业投融资体系的完善，我国对文化产业的投资已经从单一的财政投资转向政府投资、民间投资和外资投资并举。[①] 特别是2003年开启的文化体制改革，为引入多种生产要素松绑。从中国文化产业的历时态演化看，这是解放生产要素、释放生产力、按市场方式配置文化资源的过

---

① 参见颜海、苏娴、熊晓亮《文化产业概论》，北京大学出版社2014年版，第42页。

程；从共时态看，这是国有文化资本、民营文化资本和国际文化资本开展博弈、形成竞争性市场的过程。

中国文化资本的演化是在"内部规则"和"外部规则"双重作用下的过程。按照哈耶克的说法，内部规则由演化自发生成，外部规则由组织供给。这两种规则相互影响，推动了中国文化资本的发展，而贯彻其中的行动主体——国有文化资本、民营文化资本和国外文化资本三者之间博弈决定了这个演化的形式。

一 民营文化资本 vs 国际文化资本

随着中国改革开放，国际文化资本渗入中国，采取渐进式策略，遵循先边缘后中心的演化逻辑，首先进入我国文化相关产业的外围行业，然后从文化与文化产业的下游回溯到上游。自从 2001 年随着中国加入世界贸易组织以来，国际文化资本进入中国的进程逐步加快，中国入世所做的诸多承诺要逐步兑现。这些承诺覆盖文化产业的各个领域，这导致了国际文化资本引入制度的强制性变迁。按照世界贸易组织精神，各加入国的国际贸易制度、法律体系和政策系统都要与 WTO 基本原则吻合，凡不符合世贸组织基本原则的产业政策均要依据世贸基本规定进行调整、修改甚至废除。从 2001—2004 年，中国政府根据 WTO 承诺修订相关的法律、法规和政策，重建和完善中国文化产业投资政策，相继出台了一系列与入世承诺有关的政策。可以说入世后的前三年，国际文化资本在华经历了强制性变迁。之后我国又根据实际情况修订或微调了已有的政策，国际文化资本进入渐进性变迁。

（一）国际文化资本准入条件

鉴于文化产业是与意识形态和国家安全高度相关的产业，为了防止国际文化资本挤占文化产业资源、抢占国内文化市场、影响国内文化企业全球化发展战略，[1] 我国对引进国际文化资本比较慎重，采取的原则是"在政治上抓紧，在经济上放开"。所谓"在政治上抓紧"，就是通过一系列文化政策，对意识形态属性强的行业实行禁入，而对市场经营的领域实行限制，如国际文化资本不能参与电视产业新闻类节目的制作，也不能从事图书出版活动。所谓"在经济上放开"，就是中国政府履行 2001 年 12 月加入世界贸易组织

---

[1] 文化产业利用外资的变动对文化产业国际竞争力变动的解释作用非常之弱，这说明文化产业利用外资的增加可能会削弱文化产业国际竞争力，但是却不是导致文化产业削弱的主要决定因素。参见欧秋源《产业开放对我国文化产业国际竞争力的影响研究》，硕士学位论文，湖南大学，2014 年。

的承诺，放开承诺的文化行业。

根据我国入世承诺，我国相关政府部门发布了一系列配套政策。2002年新闻出版总署、对外贸易经济合作部出台的《设立外商投资印刷企业暂行规定》，允许设立从事包装装潢印刷品印刷经营活动的外资印刷企业和中外合资企业；2003年国家广电总局、文化部、商务部联合颁布的《外商投资电影院暂行规定》，准许外资进入中国电影的发行领域，参与电影放映场所的改造；2004年国家广电总局和商务部联合发布的《电影企业经营资格准入暂行规定》、商务部和文化部联合发布的《中外合作音像制品分销企业管理办法》，把中国入世的承诺更具体化，对相关文化产业外资准入作出更为明确的规定；《中外合资、合作广播电视节目制作经营企业管理暂行规定》《中外合作摄制电影片管理规定》《中外合作制作电视剧管理规定》也相继发布。2005年7月，文化部、广播电影电视总局、新闻出版总署、国家发展和改革委员会、商务部联合发出《关于文化领域引进外资的若干意见》，对外资进入文化产业做出明确规定。2007年发展和改革委员会、商务部发布的《外商投资产业指导目录》（2007年修订），对外商投资的产业有明确的界限；2008年新闻出版总署、商务部颁布的《关于〈设立外商投资印刷企业暂行规定〉的补充规定》和2009年新闻出版总署、商务部颁布的《关于〈中外合作音像制品分销企业管理办法〉的补充规定》，对中国世贸承诺中的外资进入分销企业作出明确的规定。适用于广东、天津、上海、福建四个自由贸易试验区的《自由贸易试验区外商投资准入特别管理措施（负面清单）》在2016年由国务院公布，列明了不符合国民待遇等原则的外商投资准入特别管理措施。

上述政策的推行使得大量国际文化资本进入文化产业中图书发行、音像制品、电影、电视等行业，不但缓解了中国文化产业发展的资金压力，同时也给民营文化资本带了挑战和机遇，两者间的博弈有利于打破文化产业公有制的一统天下的格局。

（二）国际文化资本的地位

国际文化资本进入中国市场几乎跟中国民营文化资本同步，我们可以从两者的政策支持力度和历年来资本的变化了解国际文化资本在中国文化产业中的发展状况和取得的地位。其中政策的支持力度是国际文化资本在华政治地位和文化地位的主要指标（见表1-1），而资本变化则表征着国际文化资本在华的经济地位。

表 1-1　民营文化资本和国际文化资本政策支持力度对比①

文化及相关产业分类	民　营	外　资
第一部分　文化产品的生产		
一　新闻出版发行服务（12 小类）		
（一）新闻服务		
新闻业	禁止	禁止
（二）出版服务		
图书出版	禁止	禁止
报纸出版	禁止	禁止
期刊出版	禁止	禁止
音像制品出版	限制	禁止
电子出版物出版	限制	禁止
其他出版业	禁止	禁止
（三）发行服务		
图书批发	鼓励	允许
报刊批发	鼓励	允许
音像制品及电子出版物批发	鼓励	允许
图书、报刊零售	鼓励	允许
音像制品及电子出版物零售	鼓励	允许

---

① 依据国家统计局颁布的《文化及相关产业分类》（2012）、《外商投资产业指导目录》（2017）、《文化部文化产业投资指导目录》（2009），结合《出版物市场管理规定》制作。

续表

文化及相关产业分类	民　营	外　资
二　广播电视电影服务(6小类)		
(一)广播电视服务		
广播	禁止	禁止
电视	禁止	禁止
(二)电影和影视录音服务		
电影和影视节目制作	鼓励	限制
电影和影视节目发行	鼓励	限制
电影放映	鼓励	限制
录音制作	允许	允许
三　文化艺术服务(13小类)		
(一)文艺创作与表演服务		
文艺创作与表演	鼓励	鼓励
艺术表演场馆	鼓励	鼓励
(二)图书馆与档案馆服务		
图书馆	鼓励(网络)	禁止
档案馆	禁止	禁止
(三)文化遗产保护服务		
文物及非物质文化遗产保护	鼓励	允许

续 表

文化及相关产业分类	民 营	外 资
博物馆	鼓励	禁止
烈士陵园、纪念馆	禁止	禁止
(四)群众文化服务		
群众文化活动	鼓励	允许
(五)文化研究和社团服务		
社会人文科学研究	鼓励	禁止
专业性团体(的服务)*	允许	允许
—学术理论社会团体的服务		
—文化团体的服务		
(六)文化艺术培训服务		
文化艺术培训	鼓励	允许
其他未列明教育*	鼓励	允许
—美术、舞蹈、音乐辅导服务		
(七)其他文化艺术服务		
其他文化艺术业	允许	允许
四 文化信息传输服务(5 小类)		
(一)互联网信息服务		
互联网信息服务	允许	禁止

续　表

文化及相关产业分类	民　营	外　资
(二)增值电信服务(文化部分)		
其他电信服务*	允许	限制
—增值电信服务(文化部分)		
(三)广播电视传输服务		
有线广播电视传输服务	限制	禁止
无线广播电视传输服务	禁止	禁止
卫星传输服务*	禁止	禁止
—传输、覆盖与接收服务		
—设计、安装、调试、测试、监测等服务		
五　文化创意和设计服务(5小类)		
(一)广告服务		
广告业	允许	允许
(二)文化软件服务		
软件开发*	鼓励	禁止
—多媒体、动漫游戏软件开发		
数字内容服务*	鼓励	禁止
—数字动漫、游戏设计制作		

续 表

文化及相关产业分类	民　营	外　资
(三)建筑设计服务		
工程勘察设计*	鼓励	允许
—房屋建筑工程设计服务		
—室内装饰设计服务		
—风景园林工程专项设计服务		
(四)专业设计服务		
专业化设计服务	鼓励	允许
六　文化休闲娱乐服务(11小类)		
(一)景区游览服务		
公园管理	鼓励	允许
游览景区管理	鼓励	允许
野生动物保护*	鼓励	限制
—动物园和海洋馆、水族馆管理服务		
野生植物保护*	鼓励	限制
—植物园管理服务		
(二)娱乐休闲服务		
歌舞厅娱乐活动	鼓励	限制
电子游艺厅娱乐活动	限制	禁止

续　表

文化及相关产业分类	民　营	外　资
网吧活动	限制	禁止
其他室内娱乐活动	鼓励	禁止
游乐园	限制	限制
其他娱乐业	限制	限制
(三)摄影扩印服务		
摄影扩印服务	鼓励	限制
七　工艺美术品的生产(13小类)		
(一)工艺美术品的制造		
雕塑工艺品制造	鼓励	限制
金属工艺品制造	鼓励	允许
漆器工艺品制造	鼓励	限制
花画工艺品制造	鼓励	允许
天然植物纤维编织工艺品制造	鼓励	鼓励
抽纱刺绣工艺品制造	鼓励	鼓励
地毯、挂毯制造	鼓励	鼓励
珠宝首饰及有关物品制造	鼓励	允许
其他工艺美术品制造	鼓励	允许

续表

文化及相关产业分类	民 营	外 资
(二)园林、陈设艺术及其他陶瓷制品的制造		
园林、陈设艺术及其他陶瓷制品制造*	鼓励	允许
—陈设艺术陶瓷制品制造		
(三)工艺美术品的销售		
首饰、工艺品及收藏品批发	允许	允许
珠宝首饰零售	允许	允许
工艺美术品及收藏品零售	允许	禁止
第二部分 文化相关产品的生产		
八 文化产品生产的辅助生产(15小类)		
(一)版权服务		
知识产权服务*	允许	鼓励
—版权和文化软件服务		
(二)印刷复制服务		
书、报刊印刷	允许	限制
本册印制	允许	限制
包装装潢及其他印刷	鼓励	限制
装订及印刷相关服务	鼓励	限制
记录媒介复制	允许	限制

续 表

文化及相关产业分类	民 营	外 资
(三)文化经纪代理服务		
文化娱乐经纪人	允许	允许
其他文化艺术经纪代理	允许	允许
(四)文化贸易代理与拍卖服务		
贸易代理*	鼓励	鼓励
—文化贸易代理服务		
拍卖*	允许	禁止
—艺(美)术品、文物、古董、字画拍卖服务		
(五)文化出租服务		
娱乐及体育设备出租*	允许	鼓励
—视频设备、照相器材和娱乐设备的出租服务		
图书出租	允许	允许
音像制品出租	允许	允许
(六)会展服务		
会议及展览服务	鼓励	允许
(七)其他文化辅助生产		
其他未列明商务服务业*	鼓励	允许
—公司礼仪和模特服务		

续表

文化及相关产业分类	民　营	外　资
—大型活动组织服务		
—票务服务		
九　文化用品的生产(30小类)		
(一)办公用品的制造		
文具制造	鼓励	允许
笔的制造	鼓励	允许
墨水、墨汁制造	鼓励	禁止
(二)乐器的制造		
中乐器制造	鼓励	允许
西乐器制造	鼓励	允许
电子乐器制造	鼓励	允许
其他乐器及零件制造	鼓励	允许
(三)玩具的制造		
玩具制造	鼓励	允许
(四)游艺器材及娱乐用品的制造		
露天游乐场所游乐设备制造	鼓励	允许
游艺用品及室内游艺器材制造	鼓励	允许
其他娱乐用品制造	鼓励	允许

续 表

文化及相关产业分类	民　营	外　资
(五)视听设备的制造		
电视机制造	鼓励	允许
音响设备制造	鼓励	允许
影视录放设备制造	鼓励	鼓励
(六)焰火、鞭炮产品的制造		
焰火、鞭炮产品制造	鼓励	禁止
(七)文化用纸的制造		
机制纸及纸板制造*	鼓励	鼓励
—文化用机制纸及纸板制造		
手工纸制造	鼓励	禁止
(八)文化用油墨颜料的制造		
油墨及类似产品制造	鼓励	鼓励
颜料制造*	鼓励	限制
—文化用颜料制造		
(九)文化用化学品的制造		
信息化学品制造*	鼓励	限制
—文化用信息化学品的制造		

续　表

文化及相关产业分类	民　营	外　资
(十)其他文化用品的制造		
照明灯具制造*	鼓励	允许
—装饰用灯和影视舞台灯制造		
其他电子设备制造*	鼓励	允许
—电子快译通、电子记事本、电子词典等制造		
(十一)文具乐器照相器材的销售		
文具用品批发	鼓励	允许
文具用品零售	鼓励	允许
乐器零售	鼓励	允许
照相器材零售	鼓励	允许
(十二)文化用家电的销售		
家用电器批发*	鼓励	允许
—文化用家用电器批发		
家用视听设备零售	鼓励	允许
(十三)其他文化用品的销售		
其他文化用品批发	鼓励	允许
其他文化用品零售	鼓励	允许

续 表

文化及相关产业分类	民 营	外 资
十　文化专用设备的生产(10小类)		
(一)印刷专用设备的制造		
印刷专用设备制造	鼓励	鼓励
(二)广播电视电影专用设备的制造		
广播电视节目制作及发射设备制造	允许	鼓励
广播电视接收设备及器材制造	限制	限制
应用电视设备及其他广播电视设备制造	允许	鼓励
电影机械制造	允许	允许
(三)其他文化专用设备的制造		
幻灯及投影设备制造	鼓励	允许
照相机及器材制造	鼓励	允许
复印和胶印设备制造	鼓励	鼓励
(四)广播电视电影专用设备的批发		
通讯及广播电视设备批发*	允许	限制
—广播电视电影专用设备批发		
(五)舞台照明设备的批发		
电气设备批发*	允许	允许
—舞台照明设备的批发		

在文化与相关产业的 120 个小类中，随着核心层向外围层过渡，投资政策对于民营文化资本和国际文化资本都呈现放松态势，所不同的是，投资政策对于民营文化资本更加宽松，其中对民营文化资本持鼓励态度的占到 77 项，占总数的 64.2%；允许的 24 项，占 20%；限制的 8 项，占 6.67%；禁止的 11 项，占到 9.17%。可见文化产业政策对民营文化资本持有积极的、正面的态度。对国际文化资本持鼓励态度的有 15 项，占总数的 12.5%；允许的 56 项，占 46.7%；限制的 21 项，占到 17.5%；禁止的 28 项，占 23.3%。可见文化产业政策对国际文化资本持比较理性的、谨慎的态度。对比禁止的领域，两者大都集中在新闻出版发行服务和广播电视电影服务行业。

从国际文化资本大面积进入中国的 2004 年起到 2015 年，进入我国文化产业的外资企业投入项目数量整体呈下降趋势，2009 年甚至降到历史最低点，仅有 125 项，之后又有缓慢的回升，但是没有超过 250 项（图 1-1）。

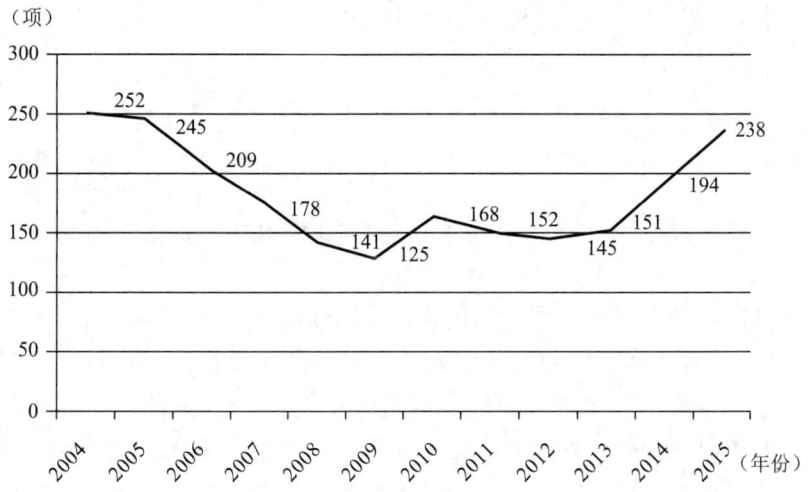

图 1-1　2004—2015 年我国外资投入项目数量①

尽管外资投入我国文化产业的项目数量并未增加，但是实际使用外资的金额却在提高。我国文化产业实际使用外资呈明显的波动，大约每隔两年有

---

① 根据商务部网站提供的数据整理绘制而成，参见 http://www.fdi.gov.cn/。

一个波峰（图1-2）。这个波峰形成与我国文化产业政策波动有关。由于我国对外利用政策试图在限制与鼓励之间保持平衡，常出现同一政策发布单位政策表述自相矛盾，或者不同部门发布的政策有冲突之处。2004年国家广电总局发布《电影企业经营资格准入暂行规定》（第43号令），电影制作业得以开放，外资被允许在中国合资建立电影制作公司，随后《中外合资、合作广播电视节目制作经营企业管理暂行规定》（第44号令）首次允许外资以持股49%的比例在国内合资组建电视节目制作公司。然而仅仅一年之后，在2005年公布的《关于文化领域引进外资的若干意见》又明确禁止放开电影和电视节目制作这两个领域。

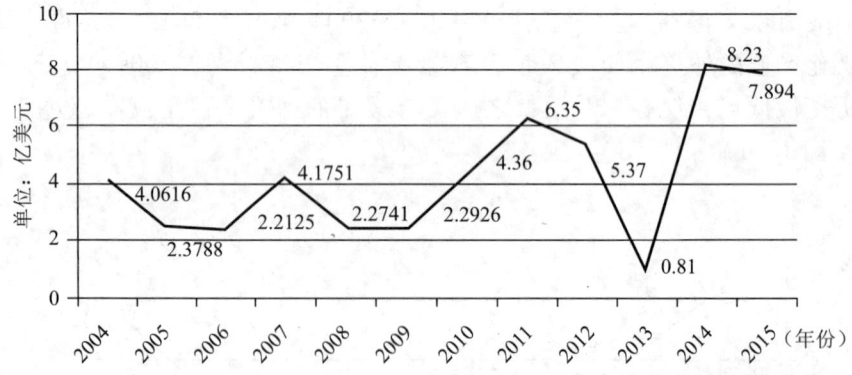

图1-2　2004—2015年我国文化产业实际使用外资情况

　　虽然按发展中国家特别待遇条款，新闻媒体被列入《免除最惠国义务清单》，但是与新闻媒体相关的国外杂志如《商业周刊》《时代》《经济学人》纷纷以合作形式或者亚洲地区版进入中国；另外按照世贸协议规定，我国在四年内允许外资在所有电信领域持股比例最高可以达到49%，并承诺此后将逐渐全面放开，允许外资注册ICP（互联网内容提供商）。国际文化资本看似未能进入新闻出版的内容领域，但是已经通过外围突破的方式，渗透其中了，这也是外资实际利用金额整体呈上升趋势的一个重要原因。

　　从2004年开始，外资投入文化产业在整体外资投入中的比重一直呈现下降趋势，直到2009年才呈现缓慢的攀升，到2013年占比为0.66%，基本与2004年持平，之后又呈现下降趋势（图1-3）。

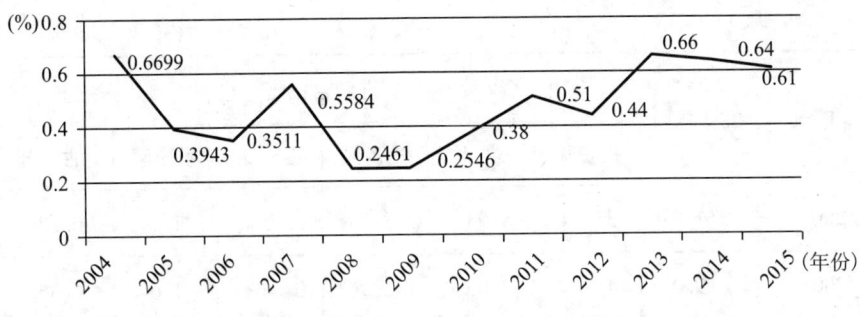

图 1-3 2004—2015 年文化产业外资在华总投入所占比重

文化产业具有意识形态属性，这是区别于其他产业的特殊属性。如果不能保持正确的文化产业发展方向，不仅会影响国家的价值和意识形态取向，而且也会威胁国家文化安全。为此，中国的文化体制改革的每一个制度安排都是审时度势的，尤其是对文化产业外资准入规则和政策保持高度谨慎，对其多有限制，这种做法也符合 2005 年 10 月联合国教科文组织第 33 届大会通过的《保护和促进文化表现形式多样性公约》。该公约指出，国家有保留、通过和实施对保护其境内文化表现形式多样性有益的政策和措施的主权权利。因此，国际文化资本在我国整体投资的占比很低，从 2004 年至今尚未超过 1%。

另从我国意识形态控制比较松的文化艺术业来看，内资投资在我国文化市场中占到绝对优势，均超过 98%，外资和港澳台投资相加后在各年均没有超过 2% 的占比（表 1-2）。

表 1-2　　　　　中国文化艺术业投资情况比较①　　　　单位：亿元

年份	投资总额	内资 投资额	占比	港澳台投资 投资额	占比	外商投资 投资额	占比
2004	154.8	153.3	99.03%	0.9	0.58%	0.6	0.39%
2005	216.8	215.2	99.24%	0.8	0.35%	0.9	0.40%
2006	224.6	220.4	98.09%	1.8	0.79%	2.5	1.12%

① 根据《中国统计年鉴》制作而成。

续表

年份	投资总额	内资 投资额	占比	港澳台投资 投资额	占比	外商投资 投资额	占比
2007	361.2	357.4	98.93%	2.7	0.75%	1.2	0.32%
2008	459.2	454.7	99.00%	2.9	0.64%	1.6	0.36%
2009	718.9	712.2	99.07%	5.4	0.75%	1.3	0.18%
2010	900.3	893.4	99.24%	5.7	0.63%	1.2	0.13%
2011	1216.1	1201.2	98.77%	9.7	0.80%	5.3	0.43%
2012	1972.2	1958.4	99.30%	8.9	0.45%	4.9	0.25%
2013	2381.7	2359.5	99.07%	9.3	0.39%	12.9	0.54%
2014	2705.3	2690.8	99.46%	12.3	0.45%	2.2	0.08%
2015	3077.8	3057.6	99.34%	17.4	0.57%	2.8	0.09%
2016	3407.9	3384.9	99.33%	20.5	0.67%	2.4	0.07%

（三）国际文化资本的作用

虽然有学者经过研究发现：由于国际文化资本进入的主要形式是项目合作形式，这种形式的国际文化资本不能给国内文化产业带来明显的资源的效应，对当地人才的培养和国际人才流动规模影响有限，因此国际文化资本带来优秀资源对我国文化产业国际竞争力产生的积极影响有限。加之小规模的国际文化资本尚构不成对强大的国有文化资本的威胁，因而无法刺激国有文化企业自我创新和自身改革的步伐。但是，就同样处在夹缝中生产的民营文化资本而言，国外文化资本的进入所带来的影响还是明显的。就正面作用而言，一是国际文化资本进入有助于提高民营文化资本在中国文化产业中的地位；二是国际文化资本的进入加剧了文化产业的竞争，刺激了国内文化企业的创新与进步；三是国际文化资本进入带来了溢出效益，涵盖技术、人力、资本，为民营文化企业的升级改造做出示范。

长期以来民营文化资本一直作为国有文化资本的补充而存在，在很多行业与领域受到政策限制与准入限制，待遇不平等。国际文化资本进入，使得民营文化资本作为非公有制经济的组成部分得到重视与关注。自从中国加入世界贸易组织后，政府在对外招商引资上也放宽对民营企业的限制。2001年全国人大发布的《国民经济和社会发展第十个五年计划纲要》指出："凡是对外资开放的领域，内资均可进入。依法保护各种所有制企业的合法权益。"2005年国务院颁布的《关于鼓励支持和引导个体私营等非公有制经济发展的若干意见》重点强调了内外资企业平等准入和具有公平待遇的原则，明确提出允许外资进入的行业或领域，民营资本也应允许进入，并对民营企业持股比例予以放宽。这样民营企业在准入渠道上取得了与外资企业平等的地位。

中国加入世界贸易组织后，民营文化资本刚刚建立的地位受到国际文化资本的极大挑战，威胁到民营文化企业在中国入世前争取文化产业政策支持下所建立起来的竞争优势，更加剧了国内文化产业的竞争程度，使得民营文化资本产生提升经营水平与管理效率的忧患意识，这样才能在国际文化资本和国有文化资本的夹缝中找到自己的生存之路。作为自主灵活的民营文化公司开始向国外竞争对手学习，增加自己的创新能力。有学者分析了民营书店通过灵活的市场策略和超强的逐利能力，在捕捉到国家规制政策松动时即把经营触角向产业链的上下游延伸。[1] 有学者曾通过将"创新投入""创新函数"和"生产函数"三个要素组成结构方程，比较我国外资企业、国有企业和民营企业的创新表现。研究表明，民营企业研发投入增长迅速，年平均增长率高达52.38%。在技术引进、购买国内技术和消化吸收三项技术支出中，民营企业投入成本最多，在创新投入和专利创新效率上处于领先地位。[2]

国际文化资本的进入带来的溢出效应主要有技术效应、人力资源效应与资本效应。其中技术效应既指各种生产硬技术带来的效益，也指文化企业的运营管理方式、多元化融资手段、产品与服务创新方式等软技术带来的效益。负载着国际文化资本的国际文化企业进入中国后，在诸多领域为民营文化企业起到示范作用：先进的技术手段加快了文化内容生产、流通与传播的速度；产业链得到整合与延伸，最大化地发挥了文化产品与服务的文化价值；股权融资、夹层融资、预售融资等新型融资方式与传统融资方式综合运用，为文化产业发展提供了充裕资金，在一定程度上降低了文化产业投资的

---

[1] 参见史征《民营资本准入文化产业领域的规制变革——以改革开放后我国民营图书业发展为例》，《学术论坛》2010年第12期。
[2] 参见吴延兵《中国哪种所有制类型企业最具创新性?》，《世界经济》2012年第6期。

高风险；先进的市场调研手段，准确地预测文化产品的市场接受程度；各种专业技能职业培训，使得员工具备先进的技术与管理理念。以上国际文化企业行为均对我国民营文化企业产生了正面效应——通过示范作用促进我国文化企业积极地去模仿、吸收、创新，提升自身的技术创新能力；通过合资、合作或者入股等方式进入我国文化产业，使民营文化资本直接获得国际文化企业的技术转让或者提供的技术培训；国际文化企业的专业技术员工在我国文化产业间的不断流动，促进了民营文化企业的技术升级。

二 民营文化资本 vs 国有文化资本

(一) 制度创新推进博弈

所有制的每一次变革，便是给民营文化资本更多的机遇。在 1978 年改革开放之前，民营文化资本是社会主义改造的主要对象；中国所有制发展的重心是建立符合传统的所有制理论，并通过国有化和大规模工业化建立起比较完整的国民经济体系和工业体系。对民营文化资本地位的确立，贯穿于 1982 年后与国有文化资本互动的五个阶段的所有制创新中。当然，相比国有文化资本与国际文化资本的博弈，国有文化资本与民营文化资本的博弈更为激烈，牵涉我国经济、政治、文化体制改革和政企分开等制度创新。

第一阶段为 1982—1989 年，所有制创新的突破在于承认民营资本的合法地位。党的十二大提出："在很长的时期内需要多种经济形式的同时并存……在农村和城市，都要鼓励劳动者个体经济在国家规定的范围内和工商行政管理下适当发展，作为公有制经济的必要的、有益的补充。"这是中共党代会工作报告第一次明确提出要鼓励个体经济发展。首次肯定民营企业的合法地位的是党的十三大有关社会主义初级阶段的理论，而民营企业又跟民营资本密切相关。第二阶段为 1992—1996 年，所有制变革的突破在于跳出民营文化资本"姓资姓社"的怪圈，鼓励企业民营化。1992 年邓小平南方讲话廓清了对社会主义本质的认识，消除了人们对经济体制改革的疑虑。以姚洋、刘小玄、吴延兵等为代表的学者对比了民营企业和国有企业的效率，发现民营企业具有更高的效率且能促进中国市场经济的快速发展。这是民营文化资本增长的黄金时代。第三阶段为 1997—2001 年，所有制创新聚焦于"抓大放小"和"国退民进"，通过转让、出售、改组等形式，一大批由地方政府管理的小型国有企业转化为民营企业，这一改革举措后来扩展至省属和部属的大中型国有企业中。以吴敬琏为代表的经济学家提出应当以民营中小企业作为分流国企下岗职工、解决我国就业问题的主渠道。第四阶段为

2002—2006年，制度创新协调国有企业和民营企业应该保持的比例结构，抑制"国退民进"的过快发展势头。这个时期学术界开始深入反思国有资本民营化的问题。第五阶段为2007年到现今，制度创新聚焦于混合所有制，党的十七大和十八大报告都提出发展混合所有制经济，开放包括垄断性产业在内的过去民营资本没有进入的某些产业。民营和国有控股既不是让民资侵蚀国有资本，也不是让国有资本侵蚀民营资本。经过30多年的争论和发展，在我国经济已经摆脱了"国有经济是公有制的高级形式、集体经济是公有制的低级形式，低级形式要向高级形式过渡"和"非公有制经济是产生资本主义的土壤"等传统理论的束缚，建立了"以公有制为主体、多种所有制共同发展"的社会主义初级阶段所有制理论，为建立和完善社会主义文化产业经济体制的新模式奠定了所有制的理论基础。

根据国家统计局颁布的各年度统计年鉴，我国从2004年才开始对文化资本的隶属性质进行统计，不过从中我们可以看出所有制变革对国有文化资本和民营文化资本的影响，两者呈现胶着的走势（图1-4）。

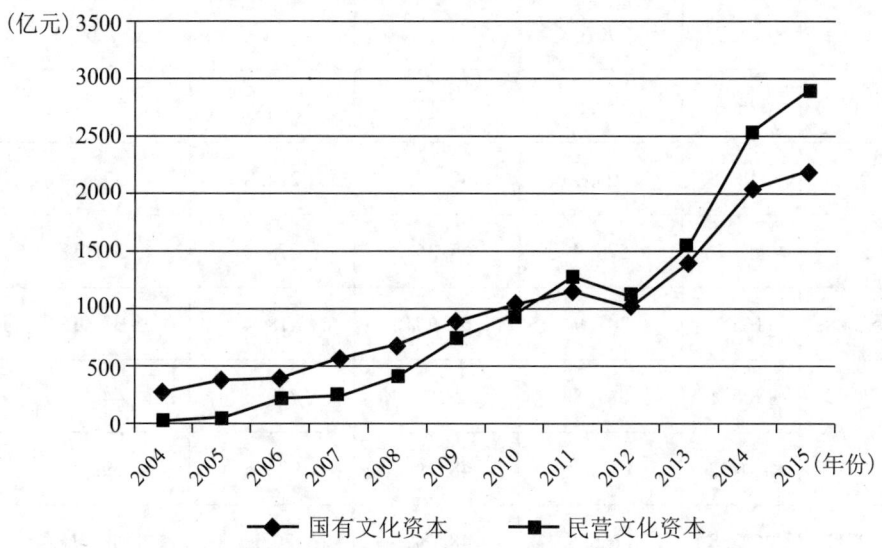

图1-4　2004—2015年民营与国有文化资本固定投入比较①

---

① 从2005年起，在国家统计局颁布的年度统计年鉴中，"各行业按隶属关系、登记注册类型和控股情况分固定资产投资"一览表里的行业"文化、体育和娱乐业"大体对应着文化产业，内含新闻出版业、广播、电视、电影和音像业、文化艺术业、体育和娱乐业。本图在统计时，去掉了体育固定资产投资。

从图 1-4 中可以看出，国有文化资本固定投资和民营文化资本固定投资总体都呈现上涨趋势，但从 2006 年开始，民营文化资本固定投入增速较国有文化资本更为明显。从表 1-3 中，可以更清楚地看出两者呈现此消彼长的态势，民营文化资本固定投入占比逐年上升：2004 年国有文化资本与民营文化资本固定投资占比差距为 65.5%，到 2011 年国有文化资本固定投入与民营文化资本差距缩小至 2.2%。2012 年民营文化资本固定投入超过国有文化资本，2015 年民营文化资本固定投入反超国有文化资本 12%。2016 年民营文化资本固定投入与国有文化资本固定投入保持平衡，国有文化资本略超民营文化资本 1%。

表 1-3　　2004—2016 年民营和国有文化资本固定投资占比[①]　　单位：亿元

年份	投资总额	国有文化资本	国有文化资本占比	民营文化资本	民营文化资本占比
2004	405.7	296.6	73.1%	33	7.6%
2005	526.6	358.5	68.1%	62.2	11.8%
2006	648.2	405.9	62.6%	214.8	33.1%
2007	882.1	575.9	65.3%	278.5	31.6%
2008	1165.8	701.9	60.2%	418.4	35.9%
2009	1706.1	887.8	52%	759.5	44.5%
2010	2104.2	1030.3	48.1%	975.5	39.1%
2011	2692.8	1166.8	48.6%	1298.3	46.4%
2012	2316.6	1029.6	44.4%	1092.3	47.2%
2013	3227.1	1414.2	43.8%	1540.8	47.7%

---

① 根据《中国统计年鉴》整理而成。

续 表

年份	投资总额	国有文化资本	国有文化资本占比	民营文化资本	民营文化资本占比
2014	5132.5	2058.4	40.1%	2516	49%
2015	5692.3	2209	38.8%	2892.2	50.8%
2016	6408.8	2956.7	46.1%	2890.4	45.1%

（二）国有、民营文化资本的差异

经过三十多年的博弈，民营文化资本与国有文化资本差距依然明显，主要表现在三方面，即进入行业的差距、运营形式的差距和投融资地位的差距。

首先，进入行业的差距。我国文化产业的体制结构是，广义的民营文化企业占文化产业的85%以上，国有文化企业只占15%。然而由于历史和政策的原因，我国文化产业的资源分配却是数量少的国有文化企业占据大部分资源，而民营文化企业资源相对贫乏。从文化产业生态系统来看，平台核心企业、节点支配企业、缝隙企业和其他利益相关者组成了这一生态系统。其中，平台核心企业在文化产业的细分市场具有核心竞争力并位居领导地位，在资源占有和价值分配上占有优势；节点支配企业发挥各节点连接平台核心企业和缝隙企业的优势，在创造价值的同时获取超额利润；缝隙企业是文化产业生态系统的大多数，它们通过差异化战略专注细分市场求得生存，它们使消费者、平台核心企业、节点企业实现价值的无缝链接，离开缝隙企业，文化产业生态系统中的其他企业价值就无法实现。学者宋湘宁通过实证分析得出在中国文化产业生态系统中，国有文化企业占有平台企业位置和部分节点企业位置，民营文化企业只能处在缝隙企业位置，其他组织如协会、质监部门等是利益相关者。[1]

从文化产业的分层来看，其大致可以分为核心层、外围层和相关层。根据历年统计年鉴中文化、体育和娱乐行业的固定资产投资，可将新闻出版

---

[1] 参见宋湘宁《商业生态系统视角下的文化产业成长模式研究》，博士学位论文，武汉大学，2011年。

业、广播电视电影和音像业、文化艺术业大致对应核心层；娱乐业，印刷和记录媒介复制业，电信、广播电视和卫星传输服务大致对应外围层；造纸及纸制品业，文教、工美、体育和娱乐用品制造业对应相关层。国有文化资本大多集中在核心层和部分外围层，特别在核心层具有绝对的优势，虽然从2012年起比重有所降低。国有文化资本在外围层所占比重逐渐下降，2011年民营文化资本首次超过国有文化资本。民营文化资本主要聚集在相关层，且在外围层所占比重逐渐上升（表1-4）。

表1-4　　2004—2016年国有、民营文化资本在文化产业各层的分布①

单位：亿元

年份	核心层 国有文化资本	核心层 民营文化资本	外围层 国有文化资本	外围层 民营文化资本	相关层 国有文化资本	相关层 民营文化资本
2004	53.1	5.7	1383.4	75.6	159	69.4
2005	296.5	11.3	1272.1	123.5	120.5	149.9
2006	326.8	173.2	1254.1	553.1	90.1	501.2
2007	477.1	65.8	1282.6	678.2	118	599.1
2008	566.8	622.7	1461.3	926.2	103.6	771.8
2009	736.5	191.4	1979.5	1155.3	99.6	1088.6
2010	816.3	348.4	1805.1	1315.3	80.9	1198.9
2011	904.9	503.5	1575.9	1643	137.3	1773.0
2012	1254.6	883.9	1549.3	1628.8	137	2627.1

① 根据《中国统计年鉴》整理而成。

续表

年份	核心层		外围层		相关层	
	国有文化资本	民营文化资本	国有文化资本	民营文化资本	国有文化资本	民营文化资本
2013	1254.6	883.9	1657.4	1927.7	146.9	3174.4
2014	1653.2	347.4	2518.5	3804.3	144.2	2305.3
2015	1778	1408.5	3160.1	4840	87.6	4247.5
2016	2347.2	1430.2	3501.6	5564.2	153.4	4679.2

国家专营文化产业的核心环节和核心业务禁止民营文化资本进入；对于部分核心层行业，比如出版行业，允许非公有资本参股国有文化单位，但必须保证国有资本占股51%以上；鼓励和支持民营文化资本进入外围层和相关层行业。总体而言，民营文化资本以小而分散的形式进入文化产业，像万达院线这样规模程度高的民营文化企业仍然很少。

其次，运营形式的差距。在政企不分的条件下，政府对文化产业的投资意味着向国有文化企业投资。政企分开后，国家投资文化产业的方式单调，大多局限于投资补助上，甚至连贴息和转贷都很难实行，这是因为国有文化企业属于非人格化企业，无融资权，既然文化企业是国家办的，企业无须承担任何投资风险和投资责任。我国文化改革中的转企改制就是要理顺出资人管理体系，推进政企分开、政资分开，所有权与经营权相分离，国有文化资产的管理机构由党委和政府监管，实行管人、管事、管资产、管导向相统一。目前国有文化资本步入并购重组阶段，其运作助力一靠市场，二靠政策。2013年出台的《关于加强中央文化企业国有产权转让管理的通知》和《中央文化企业国有产权交易操作规则》，规范了中央文化企业国有产权转让和交易程序，促进了产权有序流转和国有文化资产保值增值。

民营文化资本的运作助力主要来自市场，在运作形式上比较灵活，主要的运作模式有五种。一是借款运作。如浙江横店影视集团初始资本来自银行贷款和社员个人借款,企业之后的发展资本基本依靠企业积累,同时依靠部分银行贷款。二是精细化运作。浙江华谊兄弟公司虽然原始资本依靠的是个人原始积累,但是步入发展阶段后,公司资本运作计划性较强,投资严格按职业化管理人才所做的精细化预算,投资的营利目的性非常强。三是反向收购,借壳上市。浙江赛迪集团成立的"中计报投资有限公司",选定"ST 港澳"收购其51%的股权,在"ST 港澳"扭亏为盈后,用所获得的额外资金支付中计报投资有限公司,中计报投资有限公司再用这笔资金去收购"ST 港澳"。四是上市投资,低成本扩张。浙江华侨城集团公司将其下属的部分旅游资源配套资产重组后上市,之后又借力康佳集团从股市上融资30亿元。此外,华侨城实施低成本扩张、收购兼并战略,先后控股经营山东曲阜孔子旅游项目,投资经营三峡旅游项目。

最后,投融资地位的差异。银行等金融机构以营利为其发展的主要目标,因而它们在选择金融支持对象时往往是"嫌贫爱富",青睐国有企业、大型企业、经济效益好且具有良好发展前景的企业,这些企业更容易获得金融支持,而对中小文化企业、民营企业、新兴文化产业则持有保守和谨慎态度,这些企业较难获得金融支持。文化产业的特点之一就是,多数文化企业规模不大,中小文化企业和民营企业的创作活力强、市场敏锐度高、吸纳就业人数多。但恰恰是这些中坚文化企业却得不到高效的金融支持。因此,不同文化企业不公平的融资地位也制约了整个文化产业的繁荣发展。①

(三)国有与民营文化资本协同发展

国有文化资本与民营文化资本各有其优势和劣势。在当前国内经济下行压力增长、经济增长和发展中的约束性因素表现得越来越突出等情况下,中国文化资本仅仅依靠国有文化资本业或民营文化资本任意一方,都难以收到很好的效果。一方面,只有协同发挥两者的效益,才能以民营文化资本的优势帮助国有文化资本突破行政干预,通过营造竞争环境激发国有文化资本的市场活力,从而提高其运营效率;另一方面,国有文化资本的社会信用优势,有助于民营文化资本消除信用壁垒,提高文化产品生产和运营能力。当然,发展国有和民营混合所有制的文化资本,不仅是产业资本和资产资本的简单相加,而且是与国际文化资本相竞争的中国民族文化资本不同投资主体

---

① 参见柳斌杰《混合所有制:国有民营共同书写文化强国新篇章》,《出版参考》2014年第13期。

的互补和互信。

目前我国文化产业的发展已经上升到国家战略层面，文化产业将成为带动中国经济发展和国际竞争力提升的重要发动机，但是中国当前只是文化大国而非文化强国，文化产业综合国际竞争力较弱，与世界第二大经济体的地位极不相称。虽然西方国家对与我国之间的意识形态差别采取弱化处理的态度，但是它们对社会主义国家的意识形态输入战略从未改变。在这样的国际大背景下，社会上关于民营经济和国有经济的"进退之争"，将国有文化资本与民营文化资本完全对立起来，显然不符合中国文化产业在全球的扩张。在中国，"国"与"民"的利益是具有一致性的，国有文化资本和民营文化资本都有一个共同的名字——中国文化资本，它是我国文化软实力的重要指标。在文化全球化不断拓展的今天，中国的"国"进，已经不是狭义的国有文化资本的"进"，而是包括国有文化资本和民营文化资本的"进"，二者肝胆相照、荣辱与共，共同服务于中国国家文化软实力在国际上的"进"。有必要先认清民营文化资本和国有文化资本在目标和利益上的一致性，摒弃国、民争利的狭隘思路。因为只有如此，作为世界第二大经济体的中国，才能协同整个国家文化产业诸要素，从而形成规模效应，文化产业的整体优势才有可能在国际社会上充分发挥出来。国有文化资本需要协同民营文化资本，充分利用民营资本活跃的优势，鼓励和支持组建国有资本、集体资本、非公有资本等参股的混合型文化企业参与国际文化市场的竞争。我国民营文化资本在加强中国文化在世界范围内竞争力方面已经显示出独特的优势，较之于国有文化资本，在国际文化市场上有更大的张力，其灵活性、自主性、人格化更胜一等，有利于中国资本的集聚，参与国际文化产业的竞争。

三 国际、国有、民营文化资本之比较

目前构成中国文化资本的，从所有制形式上来说，无非就是国有文化资本、外资文化资本、民营文化资本三部分。随着我国对于混合所有制的重视，民营文化资本、国际文化资本在文化产业中的比重逐渐增多，即将形成"三足鼎立"的趋势。根据文化产业发展相关数据，在中国民营文化资本、国有文化资本和国际文化资本三者的竞争优势以及在文化产业中的分布不尽相同（表1-5）。在市场经济下，三者分别发挥各自的比较优势，共同推动中国文化产业经济增长。

表1-5　三种文化资本的竞争优、劣势及在文化产业中的分布

类别	国际文化资本	国有文化资本	民营文化资本
竞争优势分布	资本、技术、管理、市场的优势,全球化竞争优势明显,凭借技术和管理在创新、创意效率上有明显优势	政府权威、政策优先、市场垄断、资本和技术优势	灵敏的市场嗅觉、灵活的市场策略和超强的逐利能力,劳动力成本低,企业家精神,硬预算约束,与本土文化市场的亲和力高,有比较灵活的生产规模调整和市场进退,产权清晰,市场竞争充分,创新投入多且效率高
竞争劣势分布	技术优势来自母公司,国外文化企业并不需要持续和系统的研发投入	产权属性中存在严重的委托代理和预算约束问题;追求领导人任期内带来短期收益,对那些投资收益周期较长、在任期内得不到回报的创新投资项目缺乏动力;在创新创意投入、创新效率和生产效率上缺乏竞争力	在新产品的市场开拓和商业化方面较为逊色
在文化产业各类别中的优势分布	基于资本、技术、市场的垄断和垄断竞争,分布于资本、技术密集型的文化产业边缘层或壁垒比较低且收益丰厚的行业,比如影视行业;有选择地开拓国内市场或国际市场	基于行政许可和市场垄断,分布在文化产业的核心圈、相关圈和边缘圈,严守与国家意识形态和安全度高度相关的核心层中的内容生产;而在边缘圈和相关圈等与国家意识形态和国家安全不太紧密的行业中逐步退出	以低成本、高效率为基础,参与完全竞争市场,推动市场的开放;从文化产业的边缘层开始,逐渐向资本密集、技术密集的相关层和核心层升级;从当地文化市场向全国甚至国际文化市场扩散

由表1-5可以看出，在市场、技术、资本壁垒低的产业，国际文化资本具有优势，主要集聚在印刷复制服务、文化信息传输服务、版权服务和文化经纪代理、文化创意和设计服务、文化休闲娱乐服务等行业。民营文化资本较多地聚集在文化专用设备的生产、文化用品的生产、文化产品生产的辅助生产、工艺美术品的生产等行业中。因此就造成了在市场、技术、资本壁垒低的文化行业，民营文化资本主要竞争对手是国际文化资本；在高端文化行业，同时面临与国有文化资本、国际文化资本的竞争。还有学者从生态学的角度出发，分析文化产业生态系统的构成诸要素，如文化产业平台核心企业、节点支配企业、缝隙企业和其他利益相关者与国内所有制文化企业的关联，发现国有文化企业大多数属于平台企业和节点支配企业，它们是文化生态系统的核心，拥有资源最多、综合实力也强，为生态系统其他成员提供价值创造平台。民营文化企业属于缝隙企业，规模小、实力弱，靠差异化战略求生存，但是数量大，是文化产业生态系统的大多数。有研究进一步揭示了民营文化企业以缝隙企业为起点，不断在政策和对手的空隙中游走，在共同的价值网下与国有文化资本、国际文化资本形成既竞争又合作、互利共生、协同进化、相互依存关系。当然也存在着扑食与被扑食关系，甚至是寄生关系。[①]

由于文化产业的核心层关乎国家安全和意识形态，因此，在三种资本形态中，相比国际文化资本，民营文化资本与国有文化资本间更具有天然的亲和力。国有文化资本和民营文化资本是我国主要的文化资本，它们之间的合作关系更大于竞争关系，是合作下的竞争。

总体而言，民营文化资本与国际文化资本、国有文化资本的关系，是基于"比较优势"下的互补关系，是在三者的竞合中形成的；由于文化产业发展到一定阶段具有"聚集效应"和"溢出效应"，导致三者在文化产业的某些行业可以跨界融合。

第三节 民营文化资本的现状与地位

一 民营文化资本的现状

随着"文化强国"上升为国家战略，文化产业受到民营资本青睐。以中小型为主的民营文化企业，活跃在文化产业中，成为中国文化产业生态的晴

[①] 参见宋湘宁《商业生态系统视角下的文化产业成长模式研究》，博士学位论文，武汉大学，2011年。

雨表。随着现代文化市场体系的健全，民营文化资本将迎来更多的发展机遇，将获得更多的收益。民营资本进入中国文化产业带来的不仅仅是资金，更重要的是发展理念，有助于打破传统文化体制的局限性。民营资本在文化产业中体现出独特的优势和发展前景。

（一）规模扩张，优势凸显

中共十七届六中全会确立了建设社会主义文化强国的总目标，提出推进文化产业发展，使之成为国民经济支柱性产业，"要构建现代文化产业体系，形成公有制为主体、多种所有制共同发展的文化产业格局"。民营文化资本迎来了难得的历史机遇，表现在发展势头迅猛，发展空间巨大。据有关数据显示，民营文化资本所创造的文化产业增加值已经占到全部文化产业增加值的一半以上，民营文化企业就业人数占到文化企业就业人数的2/3。

随着我国文化体制的改革和市场经济的逐渐完善，我国文化领域内的并购和投资呈现迅速增长趋势。并购与投资也成为民营文化企业快速获取成熟市场中完善的销售渠道、供应链、资源、技术、专业知识、品牌或管理经验的有效途径。《中国文化产业发展报告（2014）》显示，2013年文化传媒产业内企业并购频繁，全年涉及电影、电视剧、出版、广告、游戏等子行业并购事件55起，累计金额近400亿元。其中影视娱乐板块并购异常活跃，华谊兄弟以6.7亿元并购广州银汉科技，成为年内跨界并购的代表；万达集团以26亿美元交易金额并购全球排名第二的美国AMC影院公司，是中国民营文化资本在海外最大的一起并购，此并购使万达集团一跃成为全球规模最大的电影院线运营商。此外，花儿影视文化有限公司和乐视新媒体文化（天津）有限公司被乐视网以15.98亿元收购；光线传媒以8.3亿元入股新丽传媒股份有限公司。据不完全统计，2014年共发生169起文化传媒行业的并购，涉及资本约为1605亿元。特别是文化企业跨地区、跨行业、跨所有制并购重组在2014年持续升温。① 民营巨头企业初步形成商业生态系统，其中阿里巴巴全行业投资并购金额超过170亿美元，涉及文化娱乐领域的投资并购数量多达10起，金额接近38.97亿美元；腾讯和百度并购总金额为近70亿美元和近15亿美元，分别集中于游戏和视频领域；奇虎360和小米也将投资重点锁定于文化娱乐企业。②

---

① 张立主编：《2014—2015年中国数字出版产业年度报告》，中国书籍出版社2015年版，第5页。
② 参见张向东、谭云明《中国传媒投资发展报告（2015）》，社会科学文献出版社2015年版，第13页。

"众筹"这一创新运营手段在民营企业的运作中，也推动文化产业向规模化、集约化发展。通过众筹的形式，动漫电影《十万个冷笑话》募集资金达137万元；在20天内，天娱传媒的《快乐男声》主题电影在众筹网上筹得501万元，创下中国电影众筹融资的最高纪录，这是互联网金融与商业娱乐跨界联姻的有益尝试，其粉丝基础是天娱传媒在传统生态领域中已建立的。以民营互联网巨头百度、阿里巴巴和腾讯为例，三者利用在互联网产业的绝对优势，在中国文化产业跨界融合中起到领头羊作用。百度正在将一切可以智能化的领域智能化；腾讯正将所有并成为全国最重要的游戏大户，此外还在新闻业扩张，与《新京报》共同打造京津冀门户网站；阿里正试图将一切可商业化的行业都商业化，并进一步将一切可金融化的企业都金融化，收购兼并重组上市。阿里巴巴收购了香港的文化中国，并将其改造成阿里影业，土豆和优酷全部归于马云的门下，《京华时报》被马云曲线收购，阿里巴巴建立了庞大的文化产业帝国。

　　民营文化资本在图书发行、影视、文化旅游和娱乐行业优势明显。全国涉足选题策划与编辑出版环节的文化工作室或文化公司是我国现有出版社数量的4倍。统计数据显示，年营业收入超过20亿元、资产规模5亿元的民营出版企业已不在少数，资产规模1亿元的民营出版企业数以千计。许多民营出版企业已经拥有独立的生产基地和产业园区，产业链条完善，部分企业已建成设施完备、体系完整的大型现代企业。在全国每年生产的1万多集电视剧中，80%的资金来自民营影视企业。文化旅游、文化娱乐产业在经营上各种限制比较少，民营文化资本发展势头强劲。比如，我国最大的民营旅游投资集团杭州宋城集团以及万向集团、广厦集团、横店集团、香港中云集团等纷纷进军旅游业。杭州宋城集团建起了主题公园，并迅速展开多元化旅游产品开发，相继成功开发杭州乐园、美国城、山里人家景区，并收购了号称世界四大名船之一的英国皇家游轮"奥丽安娜号"。万达集团后来居上，斥巨资邀请世界排名第一的主题乐园设计公司福瑞克担纲设计，倾力打造南昌万达主题公园，首度实现世界主题乐园元素与中国传统文化的融合。

　　在政治性较强的文化产业，民营文化资本已经有所涉足。比如，有些民营企业已进驻图书出版业、报纸传媒业等具有一定政治性的文化产业，它们通过政策或借助国有文化企业重组等机会，已经介入或正在介入有关文化企业。上海等地的出版行业通过改制和重组，实现了出版产业的多元融资，前景相当可观；光线传播、唐龙国际和中信文化等民营资本亦已介入传媒领域。

以民营资本大省浙江为例，其规模以上民营文化企业共有4万余家，就业人员达100万，投资规模2000亿元以上，已形成一批在全省和全国具有影响力的民营文化企业，如"电视第一股"的华策影视、"演艺第一股"的宋城集团和"电影第一股"的华谊兄弟。在各类的文化产业中，浙江省的影视和动漫产业稳居全国前列，其中中南卡通被文化部认定为全国重点动漫企业，其出口量居全国第一。

（二）集群形成，块状分布

文化产业集群是指在文化产业的某一特定领域内，在生产链条上相互联系的诸企业在某一地点聚集而成的集合体。美国学者波特认为，文化产业的竞争优势来源于相互联系的企业集群。"发展文化产业集群有利于民营企业协调内部关系，有利于优化资源配置，有利于形成优势品牌。"[1] 2004年国家统计局印发的《文化及相关产业分类》表明，文化产品的价值实现是各种因素综合作用的结果。

我国地区间的经济社会发展水平差异较大，在空间上呈现出非均衡发展，呈现东高西低的态势，这在民营文化产业发展上也得以体现：东部的广东省、浙江省、上海市、江苏省、北京市和山东省在文化产业各类别的排序中名列前茅，中部的湖南省、湖北省和河南省在文化产业的位次远高于西部省份。民营文化企业大多集中在东部，以北京、广州、上海等大城市为中心，分别形成了环渤海文化产业集群、珠三角文化产业集群和长三角民营文化产业集群。环渤海文化产业集群以文化演出、广播电视、国外艺术品交易、出版为优势行业；长三角文化产业集群以工业设计、动漫游戏、影视、文化休闲为优势行业；珠三角地区以动漫游戏、出版印刷、影视音像、广告会展为优势行业。这三大民营文化产业集群同时也构成了中国东部文化产业的核心区，是进军国际文化市场、实现中国创造的主力军。

中国民营文化产业集群呈块状分布。以浙江省为例，杭州、宁波为创意产业集聚区块，温州、台州为印刷产业集聚区块，金华、丽水为文体产品和工艺品集聚区块。再以深圳为例，深圳民营文化企业主要聚集在福田中心区CBD片区、华强北片区、八卦岭片区、泰然科技园片区、景田片区等经济繁荣的商业中心区域，其中在福田中心区注册登记的文化产业法人单位超过4000家，多数为民营文化企业。这些民营文化企业集聚区位于深圳商业最发达的地区，不仅使企业共用专业化的劳动力市场和服务市场，而且可以分享

---

[1] 杨舟贤：《发展文化产业集群　培育新型支柱产业》，《吉林日报》2010年5月29日第7版。

民营文化企业的知识溢出效益和资本效益，分担资本运作的风险，有助于提升民营文化企业的创新能力。

某些大型的产业集群又包括若干小的产业集群。有调查显示，在浙江省内的88个县市区中，存在着800多个产业集群，平均每个县有3个产业集群，其中年产值亿元以上的产业集群有519个，总产值近6000亿元。以义乌为例，规模化和集群化的小商品生产基础，形成了独特的文化产业制造与流通业集群，构筑了以制笔业、文教体育用品、画框工艺品、年画挂历、印刷包装业五大优势产业为主导的特色产业群。中小型文化企业的竞合关系，有助于形成相互依赖的产业集群，而产业集群的形成又有助于产业竞争力的提升和区域经济的繁荣。

（三）投资活跃，入市积极

2010年，国务院先后颁布了《国务院关于鼓励和引导民间投资健康发展的若干意见》和《国务院办公厅关于鼓励和引导民间投资健康发展重点工作分工的通知》；2012年，文化部推出《关于鼓励和引导民间资本进入文化领域的实施意见》（以下简称《实施意见》）。文化部文化产业司曾委托相关行业协会开展调研，进行《实施意见》实施效果评估。结果显示，在《实施意见》所鼓励和引导民间资本进入的五大文化领域中，文化产业发展投资被民营资本普遍认为是鼓励扶持力度最大、民营资本进入意愿最强的文化领域之一。在国家全面推进文化产业的形势下，民营企业家对文化产业的关注度和认同度不断增强，积极寻找文化产业领域的投资项目。以民营文化资本大省浙江为例，早在2011年，共有规模以上民营文化企业4万余家，投资总规模达到1300亿元以上，其中，约有7家企业上市。再以四川为例，2012年全省文化企业法人单位超过1.4万家，其中民营企业数量占94%，超过1.3万家。2014年国内互联网巨头阿里巴巴宣布投资62亿元，正式进军文化产业和数字娱乐，成为当年IT企业最高并购案。2014年全年和2015年上半年，全国新增文化、体育和娱乐业企业数量同比分别增长83.51%和68.5%而同期全国新登记注册的企业数量同比分别增长45.88%和19.4%。

（四）自主创新，彰显品牌

在文化产业与相关产业中的竞争性领域，如出版业、影视动漫游戏业、网络文化经营业、演艺娱乐业、艺术品和工艺美术经营业、艺术创意和设计业、文化旅游和会展业，民营文化资本已经成为主角，且文化内涵不断增强。如在出版策划方面，新经典、磨铁、博集天卷、湛庐、蓝狮子等民营公司已拥有各自的畅销书品牌,汉唐阳光、三辉、贝贝特、后浪等民营公司则形成了学术出版品牌。在旅游演艺方面,由桂林广维文华旅游文化产业有限公司投资、张艺谋出任总导演的大型山水演出《印象·刘三姐》已经成为我国民间投资、市场运作的典范;浙江宋城集团演出的"宋城千古情",用先进的声光电等科技手段和舞台设备演绎良渚古人的艰辛、宋皇宫的辉煌、梁祝千古爱情,将烟雨江南和江南特产演绎得淋漓尽致,与拉斯维加斯的"O"秀、巴黎红磨坊并称"世界三大名秀"。在动漫行业,2015年中国动漫授权业十大中国品牌中,"蓝猫淘气""熊出没""阿狸"等知名动漫品牌均由民营动漫文化企业生产。在艺术设计行业,"潘天寿设计艺术奖"全国文具设计大赛引导民营文化企业参与文具品牌建设。对品牌的关注和强化,表明民营文化产业已经进入一个较高的发展层次。

(五)独具活力,走向世界

在文化大繁荣背景下,凭借灵活的经营方式和高效的管理手段,民营文化企业不仅在国内站稳脚跟,而且成为中国文化走出去的生力军。

2009年7月15日,洛杉矶天下卫视华语电视台被松联国际传媒和天星传媒联合购得,成为中国在美国运营的第一家民营电视台。同年,拥有800万华人受众和1300万美国受众的国际卫视电视台被拥有10年海外传播经验的俏佳人传媒并购,成为中国民营影视业并购国外大型电视台的成功案例。此外,俏佳人传媒不断扩展自己的传媒版图,在德、法设立办事处,这一做法被诸多民营文化企业效仿。在图书出版领域,昆明新知集团在柬埔寨、老挝、马来西亚、缅甸投资书局,建立海外图书销售渠道。阿里巴巴等企业先后在海外建立分支机构,天创国际并购白宫剧院。我国文化企业海外投资范围不断扩大,投资国由美国、韩国逐渐向欧洲、日本、泰国、柬埔寨、老挝、马来西亚、越南等其他地区扩张。其中,美国的游戏、影视和互联网产业发达,需求市场辐射范围广,吸引大批民营文化企业投资,我国42%的投资事件发生在美国,投资重点集中在游戏、广播电视电影、互联网领域。韩国游戏产业发达,游戏企业众多,中国代理韩国游戏者众多,并熟悉韩国市场,我国文化产业在韩国的投资事件约占投资的18%。中国海外并购投资呈现多元化特征,由网络游戏、广播电视电影、互联网领域向新闻书刊出版、演出服务等其他领域扩张,文化产业海外投资的行业范围不断扩大。[①]

[①] 参见张晓明、王家新、章建刚《中国文化产业发展报告(2014)》,社会科学文献出版社2014年版,第54—55页。

并购投资主要集中在网络游戏、广播电视电影服务、互联网三大领域，其中网络游戏领域投资事件约占总投资的32.5%，广播电视电影服务领域事件约占总投资的26%，互联网领域投资事件约占总投资的18%，但其他领域的投资也出现一定的发展，投资领域不断拓宽。

网络游戏企业通过兼并和直接投资的方式加快海外市场争夺。2000年以来，文化企业的海外并购、投资事件中，网络游戏领域达到25件（并购21件，投资4件），占整个文化产业并购、投资总量的32.5%。网络游戏海外投资主要以并购为主，企业通过并购获得被并购方资源（技术、渠道等）和游戏代理权等。如腾讯先后并购了韩国Studio Hon、Reloaded Studios、Toppig、Nextplay、Redduck、Eyedentity Games、GH Hope Island这7家游戏企业，并获得Riot Games股份和《英雄联盟》中国代理权。腾讯、盛大、九城等中国网络游戏公司先后在韩国建立子公司，盛大因看重其全球游戏分销平台和大量合作伙伴而并购Mochi Media公司。

影视行业投资注重渠道建设和内容制作。我国电视电影企业主要是通过成立新电视台、新公司或合作加入某个影视项目，逐渐渗透到影视制作领域，如华谊兄弟、中博传媒有限公司以及蓝海电视台都是通过投资成立新的企业，进入该地区影视、节目制作领域，不断提高企业在全球市场的竞争力。

我国互联网企业以并购为主，快速占领海外市场。随着我国互联网产业的不断发展，互联网企业为获得客户、渠道、技术等现有资源，不断加快在该领域"走出去"的步伐。

二　民营文化资本的地位

（一）民营文化资本地位的内涵

民营文化资本无可争议地成为我国文化产业资本中的重要组成部分，扮演着举足轻重的角色。首先，民营文化资本在文化产业发展中，发挥着国有文化资本所不能替代的功能，在吸纳大量就业人口、减轻社会压力方面贡献显著。其次，文化体制改革也离不开民营文化资本的参与。民营文化资产从诞生之日起，与市场经济高度相融，因为民营文化资本的任何生产经营活动都必须通过市场去实现。因此，建立社会主义市场经济体制，决不能将非公有制经济特别是民营经济排斥在外。

马克思主义资本理论认为，资本是一种可以构建社会关系的力量，社会结构的扩张在一定程度上受到资本增值的影响。因此，资本的地位体现在其构建社会关系过程中对经济、政治和社会等不同领域的利益的诉求上，就当代中国民营文化资本地位而言，是指民营文化资本自身及其主体对其地位的一种期望。由于民营文化资本在中国的特殊性，它的发展在很大程度上受制于政策。徐蕾也指出，中国民营文化资本的地位更多体现在政治地位上，具体表现在生存权、发展权、平等权和参政议政权四种权利上。上述四种权利，中国民营文化资本一直在孜孜不倦地追求。①

生存权是中国民营文化资本社会地位的基础，没有生存权就无法谈民营文化资本的发展权、平等权。中国民营文化资本在发展之初，经营资格难以合法化，经营活动和资产得不到法律保护，因此，生存权的诉求自然便成为中国民营文化资本最迫切的政治诉求。经营合法性问题的最终解决是取得生存权的标志性成果。

发展权是中国民营文化资本社会地位的核心，是继生存权之后的最为重要的权利，因为尽管民营文化企业经营合法性得到了解决，但是要得到持续的发展，必须获得所需的各种社会资源。其诉求的中心点在于解决民营文化资本被歧视的社会地位，以适应制度环境变化的需要。发展权的实现，为当代中国民营文化资本社会地位诉求奠定了坚实的物质基础，没有发展就不会有今天民营文化资本的壮大，平等权和参政议政权也就失去了现实价值。

平等权是中国民营文化资本社会地位的关键。中国民营文化资本进入平稳发展期后，开始审视自己的发展模式，拓展发展道路。一方面，当代中国民营文化资本在开放的市场上维持着自身的竞争优势；另一方面，又希冀进入政府控制下的某些关键领域，获取关键性社会资源，争取与公有文化资本平等的竞争机会。

参政议政权是中国民营文化资本政治地位的保证。在我国重要的文化产业文件中，民营文化资本的社会地位有了很大变化，已经由原来社会主义经济的必要补充转变为社会主义市场经济的重要组部分，许多民营文化企业家成为人大代表和政协委员。但是有效保障中国民营文化资本话语权，实现真正的参政议政权利，仍需要民营文化企业家不断提升政治参与的意识、技巧，加强组织化程度。

（二）民营文化资本的现实地位

现阶段中国基本经济制度是以生产资料公有制为主体、国有制为主导的混合所有制。这就决定了在社会主义条件下资本与劳动的矛盾不再是对抗性

---

① 参见徐蕾《当代中国民营资本的特点和地位及其政治诉求》，《长安大学学报》（社会科学版）2012年第1期。

质的，而是你中有我、我中有你，相互依存、相互促进的关系格局。资本与劳动的统一性是中国劳资矛盾达成和解的社会基础，其资本积累的结果也与资本主义条件下有所不同。当代中国民营文化资本积累的目的，一方面是实现资本在最大范围内得到增值，追求利润的最大化；另一方面，还要以实现社会财富迅速增长，满足人们精神文化需要，实现全体劳动者的共同富裕为社会责任。因此，中国社会现阶段所形成的文化资本格局、文化资本结构、文化资本文明完全不同于西方国家。具体而言，中国民营文化资本的现实地位表现在以下几点。

第一，吸纳就业成绩斐然。截至2014年，我国个体私营经济从业人员2.19亿人，其中私营企业1.25亿人，个体工商户0.93亿人。[①] 2014年，在我国文化企业中，民营文化企业占比超过80%。其中，四川省9成以上文化企业为民营企业；浙江规模以上民营文化企业4万余家，吸纳就业人员100万人；贵州12911个文化产业单位中，有8506家民营文化企业，从业人员近13万人，文化产业个体工商户有5万余户，从业人员15万余人。近90%的新增就业岗位是由民营经济创造的。[②]

第二，经济成长的支持力量。在电影电视剧制作、演艺、动漫游戏、印刷复制、出版物发行等领域，民营文化资本占据绝大多数市场份额，境内外上市的首家电影制作、电视剧制作、电影发行以及网络游戏、网络视频企业均由民营文化资本支配。截至2017年年底，新三板上市的文化企业中，绝大多数为民营企业。

第三，科技创新的重要源泉。民营文化企业呈现出以知识和技术密集型取代传统的劳动密集型、资本密集型的发展趋势。由于经营灵活和高效的特点，民营文化企业提高了科学技术转化为现实生产力的效率，部分民营文化企业成为中国科技转化为生产力的排头兵。可以说，我国经济转型之梦的实现，离不开民营文化企业的技术支持。

第四，经济体制改革的基本力量。经济体制改革的关键在国企改革。国有文化企业实现体制、机制的转换，为民营文化企业释放了巨大的发展活力；中小民营文化企业积极参与市场竞争，对国有文化企业形成一定压力，迫使其参与文化市场竞争，起到了一种类似"鲶鱼效应"的作用。此外，中小型民营文化企业在产业结构的调整过程中，还拓展了新的行业，特别是拓展了服务业的

[①] 参见王钦敏主编《中国民营经济发展报告（2013—2014）》，社会科学文献出版社2014年版，第4页。

[②] 参见胡星《"多轮"驱动民营文化产业发展》，《中国信息报》2016年1月7日第3版。

发展空间，为中国文化产业结构有调整起到了不可替代的作用。

然而，在现有的文化产业生态系统中，处于平台企业、骨干企业位置的大多是国有文化企业。这些国有文化企业先天就占有宽广深厚的资源，拥有先进的技术装备和一流的人才，有强大的资本后盾，能得到政府和政策的支持，一般企业的效益也都比较好。国有文化企业在文化产业生态系统中起着主导和支配作用，得到了文化产业的产业链中的利润的大部分，而民营企业在文化产业生态系统中，只是扮演着缝隙企业的角色。它们凭着"钻营理念"，钻文化产业的经济属性，钻文化产业的政策空当，钻文化产业生态系统中平台与平台之间、平台与节点之间的缝隙。这就决定了民营文化企业在文化产业这个大系统中只是从属、被支配和起着辅助与填充作用。[1]

进入 21 世纪，虽然国家加大对民营文化企业的法律和政策保障，政治环境有很大改善，但是还存在不少不尽如人意的问题。首先是制度层面的因素：一是从法律和政策规定上看，民营文化企业的地位仍然较国有文化企业要低，私营经济的地位也比公有制经济的地位要低；二是宏观经济政策不够稳定，政策代法律的现象普遍，影响民营文化企业可持续发展。立法缺失也是我国民营文化企业必须面对的问题。我国民营文化企业主要覆盖的行业有广告、娱乐、网络、动漫、影视等，但是除了可依据《著作权法》《广告法》等少数相关法律，大部分创意文化产业尚无可以遵循的法律条款和规范。此外，我国对文化产业宏观调控主要依靠产业政策，微观管理则依靠行政规定和管理条例，而很多文化产业政策在制定过程中缺乏充分论证和科学评估，民营文化企业的声音得不到体现或没有得到重视；文化产业政策的执行缺乏有效的监督、检查、评价和问责机制，民营文化企业的利益很难通过产业政策得到保障。

---

[1] 参见宋湘宁《商业生态系统视角下的文化产业成长模式研究》，博士学位论文，武汉大学，2011 年。

第二章 民营文化资本的跨界类型

所谓"跨界",对应的英文为"crossover"。"Crossover"一词在英文中是"穿越、跨越"的意思,可以比较到位地表达"跨界"这一意义。所谓"跨界",意指不同领域、行业、文化和意识形态等范畴相互渗透而形成新事物,使得原有的几个范畴呈现你中有我、我中有你的融合态势。

民营文化资本的跨界分为物理边界的跨界和产业界内的跨界,或者也可以简称为"三跨",即跨地域、跨行业、跨所有制。就跨地域而言,是文化产业在国家和地区之间进行的运营活动,主要包括文化产品与服务贸易;就跨行业而言,是指版权等知识产权在文化产业中的跨界融合,即版权跨界运营;跨所有制,在中国是一种特有现象,① 即资本运营呈现多元化趋势,形成混合所有制。版权跨界是民营文化资本具有生命力的基石,所有制跨界是民营文化资本的制度保障。民营文化产业在版权跨界与所有制跨界的共同作用下在国内市场形成集群效应,从而为地域跨界奠定基础。

第一节 文化产业及相关产业

一 文化产业的内涵

文化产业是"文化"和"产业"复合在一起形成的概念,它是以精神产品的创造、生产、交换和消费为主要特征的行业集合。向勇曾做出这样解释:文化是代表历史性纬度的概念,它构成一个国家和民族共有的知识谱系、价值观念、道德信仰和艺术审美,透过一系列的人类文化活动延续到

---

① 这里之所以将跨所有制理解为"特有现象",是因为中国对所有制的认识,一直与姓"资"姓"社"纠缠在一起。

今，其结构分为精英主流文化、公共事业文化和大众娱乐文化。产业则是一个空间概念，它是人们按照现代市场规则进行产品经营，实现规模效应的一种行为，资本在其中起到非常重要的作用。[1]

霍克海默和阿多诺在《启蒙辩证法》一书中首次提到"文化产业"（culture industry），虽然字面意思是"文化工业"，但是对应着"文化产业"。由于文化产业兼有文化形态和经济形态，在相当长的一段时间，其本质很难为人们所把握，造就了不同地域的人们对"文化产业"的不同理解。

长期以来，不同国家对文化产业有着不同的界定，研究者对这一概念的理解的角度也不尽相同。不少学者都曾从文化和产业结构两个角度对文化产业下过定义。从文化角度给文化产业下的典型定义有："文化产业是一个以精神产品的生产、交换和消费为主要特征的产业系统。"[2] 该定义的优点是关注到文化产业是精神产品的生产，但是缺点也是明显的，只将文化产业中核心内容产业纳入其中，而将具有文化含义的其他文化产品忽略掉了，在一定程度上缩小了文化产业的外延。几位海外学者的定义虽然各有亮点，但是基本上强调文化产业的目的，如劳伦斯（Lawrence）和菲利普斯（Phillips）的定义是"文化产业是从事意义生产和销售的产业"；[3] 斯科特（Scott）的定义是"文化产业是指基于娱乐、教育和信息等目的的服务产出和基于消费者特殊嗜好、自我肯定和社会展示等目的的人造产品的集合"[4]。还有一些海外学者从产业角度定义文化产业，如英国学者贾斯廷·奥康纳（Justin）的定义是"以经营符号性商品为主的那些活动，这些商品的基本经济价值源于它们的文化价值"[5]。与学者的定义不同，大多数国家对文化产业的定义，出发点是为了维护本国产业利益，导致产生不同的定义，如法国定义为"传统文化事业中特别具有可大量复制性的产业"；韩国定义为"与文化商品的生产、流通、消费有关的产业"。不同的国家对文化产业的表述也不同，如日本、芬兰和欧盟表述为内容产业，澳大利亚表述为文化娱乐业，英国表述

---

[1] 参见向勇《文化产业导论》，北京大学出版社2015年版，第43页。
[2] 胡惠林：《文化产业发展与国家文化安全——全球化背景下中国文化产业发展问题思考》，上海市哲学社会科学规划办公室编《文化产业的发展和管理》，学林出版社2001年版，第124页。
[3] T. B. Lawrence, N. Phillips, "Understanding the Cultural Industries", *Journal of Management Inquiry*, Vol. 11, 4, 2002.
[4] A. J. Scott, "The Cultural Economy of Cities", *International Journal of Urban & Regional Research*, Vol. 21, No. 2, 1997.
[5] 林拓、李惠斌、薛晓源：《世界文化工业发展前沿报告》，社会科学文献出版社2004年版，第312页。

为创意产业，美国则用娱乐产业或版权产业的称谓。联合国教科文组织将"文化产业"定义为"按照工业标准，生产、再生产、储存以及分配文化产品和服务的一系列活动，采取经济战略，其目标是追求经济利益而不是单纯为了促进文化发展"①。该界定明确指出了文化产业的两个重要功能——促进文化发展和追求经济利益。

2003年9月，文化部将文化产业的属性规定为从事文化产品生产和提供文化服务的经营性行业，并指出文化事业是文化产业的参照概念，两者都是中国文化建设的重要组成部分；文化产业包括"演出业、影视业、音像业、文化娱乐业、文化旅游业、网络文化业、图书报刊业、文物和艺术品业以及艺术培训业等行业门类"②。2004年，国家统计局对"文化及相关产业"的界定是："为社会公众提供文化、娱乐产品和服务的活动，以及与这些活动有关联的活动的集合。"③ 可见，中国对文化产业的界定是文化和娱乐的集合，区别于国家具有意识形态性的文化事业。2012年，国家统计局在此基础上，确定了我国文化及相关产业涵盖四个范围的活动，分别是："以文化为核心内容，为直接满足人们的精神需要而进行的创作、制造、传播、展示等文化产品（包括货物和服务）的生产活动；为实现文化产品生产所必需的辅助生产活动；作为文化产品实物载体或制作（使用、传播、展示）工具的文化用品的生产活动（包括制造和销售）；为实现文化产品生产所需专用设备的生产活动（包括制造和销售）。"④

二 文化产业的分类

2009年联合国教科文组织《文化统计框架》是各国规范文化产业分类的重要文件，该框架涵盖了具有文化性的生产制造、活动和实践，将文化领域分为六类，分别是文化和自然遗产、表演和庆祝活动、视觉艺术和手工艺、书籍和报刊、音像和交互媒体和设计和创意服务。此外还有两个相关领域，分别是旅游业、体育和娱乐（图2-1、图2-2）。

---

① 安体富、张新:《试论增值税扩围改革对文化产业发展的影响》,《经济研究参考》2012年第38期。
② 文化部:《文化部关于支持和促进文化产业发展的若干意见》,2003年9月4日。
③ 国家统计局:《国家统计局关于印发〈文化及相关产业分类〉的通知》,2004年4月21日。
④ 国家统计局:《文化及相关产业分类（2012）》。

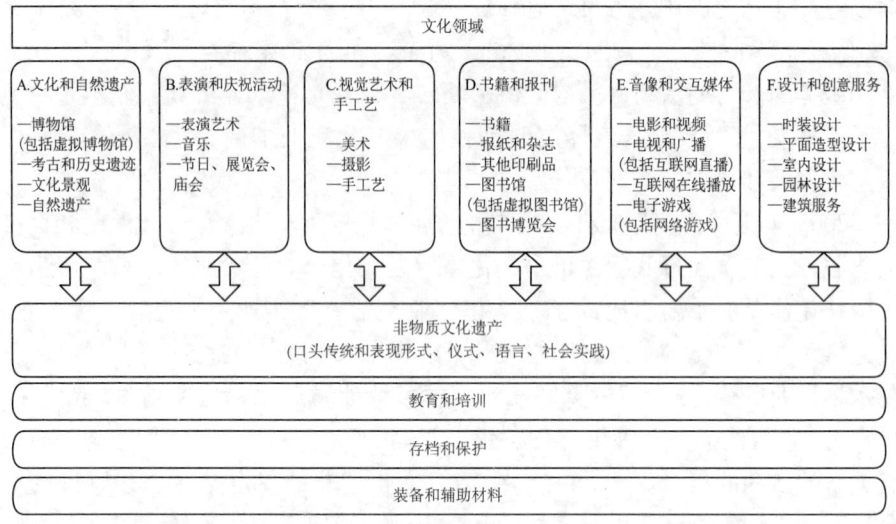

图 2-1　联合国教科文组织的文化统计框架涵盖的文化领域

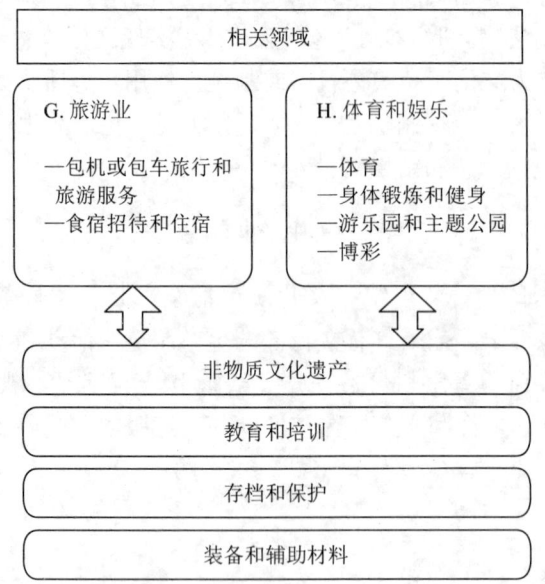

图 2-2　联合国教科文组织的文化统计框架涵盖的相关领域

　　国家统计局根据中国文化产业发展新形势的需要，并参照联合国教科文组织颁布的文化统计框架，重新修订出台了《文化及相关产业分类（2012）》。该产业分类将文化及相关产业界定为向社会公众提供文化产品和文化相关产品的生产活动的集合。按照此定义，我国文化及相关产业的范围包括以下几个方面（表2-1）。

表2-1　　　　　　　　　　文化及相关产业分类

部　　分	行业大类	行业小类数量
文化产品的生产	一、新闻出版发行服务	12
	二、广播电视电影服务	6
	三、文化艺术服务	13
	四、文化信息传输服务	5
	五、文化创意和设计服务	5
	六、文化休闲娱乐服务	11
	七、工艺美术品的生产	13
文化相关产品的生产	八、文化产品生产的辅助生产	15
	九、文化用品的生产	30
	十、文化专用设备的生产	10

三　文化产业的跨界融合

在《亚洲大趋势》一书中，著名未来学家约翰·奈斯比特作出预测，未来经济结构调整两大趋势是产业文化化和文化产业化，[①] 指出了文化产业和其他产业共生对经济结构调整的价值。我国学者厉无畏更确切地指出文化产业存在着四种有助于经济结构转型的模式，分别是资源转化模式、价值提升模式、结构优化模式和市场扩张模式。资源转化模式是将文化资源转化成为经济增长的主导资源。价值提升模式主要通过产业价值链的整合和分解，从而分别提升产品的附加值和观念价值。结构优化模式是在传统产业中融合文化元素，从而推动传统文化产业和传统产业转型。市场扩张模式，即通过文化创意的传播，增强产品的吸引力，推动产品品牌吸引力，赢得消费者的认同，从而推动市场的扩张。[②] 从上述表述中，我们可以看出，文化产业之所

[①] 参见［美］约翰·奈斯比特《亚洲大趋势》，蔚文译，外文出版社1996年版，第53—55页。
[②] 参见厉无畏《创意产业与经济发展方式转变》，《社会科学研究》2012年第6期。

以能够推动经济结构转型,在于它独有的特性——跨界融合。

根据文化产业及相关产业的分类,文化产业的跨界融合表现在三个方面:一是在文化产业内各行业间的跨界融合,二是非文化产业与文化产业的跨界融合,也就是"文化+",三是文化产业与社会生活的跨界融合。关于产业内部跨界融合,解学芳、臧志彭认为文化产业是在与数字信息技术、网络技术与创意产业动态互动中实现各个业态的交叉与融合;[1] 崔波却认为文化产业间实现跨界融合的黏合剂是版权资源,这是文化产业跨界融合与其他产业跨界融合的本质区别,此外,她还提出了文化产业间两种主要的跨界融合模式,即"同产业同行业的版权跨界"和"同产业不同行业的版权跨界",通过上述的版权跨界,打造全产业价值链。[2] 关于文化产业与其他产业的跨界融合,褚劲风(2009)和邓丽姝(2010)认为文化产业中的创意理念可以融合在国民经济各部门,并与其他产业融合发展。[3] 文化产业之所以能跟其他产业的融合,是由于文化产业具有天然的渗透性,可将其高知识性、高增值性、低污染性渗透到其他产业中。文化产业以创意、知识、信息和技术为核心要素,这些核心要素有助于促进传统产业结构调整和产业升级,提高产品的附加值。通常而言,文化产业与其他产业的跨界融合通过技术手段和创意设计得以实施。文化产业与社会生活的跨界融合,不仅改变人们的思维方式,而且还影响着人们的消费方式。在数字媒体技术和信息技术助力下,文化产业与人们的经济、文化生活如影相随。

虽然众多的学者认识到文化产业与其他产业的融合价值,但是并不是任何产业都可以与文化产业相融的。周锦、邱红从灰色理论视角曾进行实证分析,发现制造业与文化产业依存度较高,其中体育产业、旅游业和制造业与文化产业关联度最高,而农业与文化产业的关联度最低。这说明文化产业与其他产业的融合是有条件的,不能将这种融合泛化。目前,中国民营文化企业大胆进行文化与其他产业跨界融合探索,摸索出文化与创意的跨界、文化与金融的跨界、文化与科技的跨界等多种文化产业发展形态。[4]

---

[1] 参见解学芳、臧志彭《科技创新协同下的创意产业发展机理研究》,《山西财经大学学报》2007年第9期。
[2] 参见崔波《版权跨界运营模式应用评析》,《经济论坛》2012年第4期。
[3] 参见褚劲风《国外创意产业集聚的理论视角与研究系谱》,《世界地理研究》2009年第1期;邓丽姝《文化创意产业的高端化发展》,《湖北社会科学》2010年第7期。
[4] 参见胡星《"多轮驱动"民营文化产业发展》,《中国信息报》2016年1月7日第3版。

第二节 民营文化资本的版权跨界

一 版权跨界运营

民营文化资本行业跨界运营的主要对象是版权。版权可分为著作权及邻接权两部分。著作权主要包括人身权与财产权。邻接权则是指版权作品传播者的权利,"在国际层面上,这一术语特别是指表演者、录音制品制造者和广播组织的权利。这些具有开创性、技术性和组织性技巧的人或组织在向公众传播作品的过程中是很重要的,因而他们应受到保护"[①]。

版权赖以生存的根本是可供传播的优秀作品,对这些优秀作品版权进行开发、经营和管理,就会形成一定的经济效益和社会效益,当两种效益,特别是经济效益达到一定规模时,就会形成产业。近年来,由于版权跨界融合在相当程度上延长了版权产业链,使版权授权使用的过程中实现了一定的经济效益和社会效益,日益受到人们的重视。但对于版权跨界融合到底跨的是什么"界",无论业界还是学界的认识都还很模糊。目前对这一问题的主要看法有三种:其一,跨界是指跨越内容、生产和营销之界;其二,跨界是指跨越新旧媒体之"界";其三,跨界是跨所有制之界。这三种分类关注的是版权产业中的物理和经济边界,忽视了版权在产权中的中心地位和核心价值。为了体现版权在版权跨界运营中的价值,有必要对"界"进行辨析。

世界主要国家对版权跨界运营之"界"的划分大致有三种认识,可将其称为"四界说""三界说"和"两界说"。

持有"四界说"的主要国家是美国和日本。1990年11月美国国际知识产权联盟发布了第一份版权产业报告,把版权相关产业分为四类。第一类是"核心版权产业",广播影视业、录音录像业、图书业、报刊出版业、戏剧创作业、广告业、计算机软件业和数据处理业等研制、生产和传播享有版权的作品或受版权保护的作品的产业包括其中;第二类为"部分版权产业",即产业内的部分物品享有版权保护,如纺织、玩具制造和建筑业等;第三类为"发行类版权产业",指以批发和零售方式向消费者传输和发行有版权的作品

[①] 联合国教科文组织:《版权法导论》,张雨泽译,郭寿康审校,知识产权出版社2009年版,第119页。

的产业；第四类为"版权关联产业"，该产业所生产和发行的产品完全或主要与版权物品配合使用，如计算机、收音机、电视机、录像机、游戏机和音响设备产业等。日本对"界"的划分与美国相似。此类划界是以版权在运营中所占比重的大小和重要性作出区分的。

许多国家都持有"三界说"，不过划界却不尽相同。如澳大利亚和新西兰将版权产业划分为核心版权产业、部分版权产业和版权分销产业；芬兰划分为直接版权产业、间接或发行版权产业及部分版权活动；挪威划分为核心版权产业、版权依托产业及其他版权相关产业；荷兰划分为直接版权产业、间接或发行版权产业及部分版权活动；德国划分为初级版权产业、次级版权产业及相关产业。不管这几个国家如何划分，其划分标准大致依据的是版权产业链。

英国是持有"两界说"最典型的国家，把版权相关产业划分为主要版权产业和部分版权依托产业两类。这种划分似乎比较模糊，其划分标准与"四界说"相似，只不过是将四界说中的第二、三、四类合并为版权依托产业。

依据世界知识产权组织精神，结合版权法律制度以及国家统计工作实践，我国将版权相关产业界定为以下四类：核心版权产业，即完全从事创作、制作和制造、表演、广播和展览或销售和发行作品集等其他受保护客体的产业；相互依存的版权产业，即从事制作、制造和销售其功能完全或主要是为作品及其他受版权保护客体的创作、制作和使用提供便利的设备的产业；部分版权产业，即部分活动与作品或其他受版权保护客体相关的产业；非专用支持产业，即部分活动与促进作品及其他版权保护客体的广播、传播、发行或销售相关且这些活动没有被纳入核心版权产业的产业。[1]

本书赞同的是美英式划分，此划分把版权产业看作是与其他产业性质不同的产业，即以知识经济为根基的产业。版权产业的产生和发展都要全部或者部分依赖版权及版权保护，依据版权的权重对版权产业进行划界，对于认识如何在不同产业类型中进行版权运营有着重要意义。

根据对版权产业界限的划定，版权跨界运营可定义为"在版权核心产业间及其他版权依托产业之间，对作品的版权施加管理并使其版权价值实现增值的行为"[2]。

---

[1] 参见柳斌杰《中国版权相关产业的经济贡献》，中国书籍出版社2010年版，第11—12页。
[2] 参见崔波《版权跨界运营若干问题研究》，《现代出版》2012年第3期。

二 版权跨界动因

文化产业的跨界融合早已有之，成功的案例也屡见不鲜，这是由文化再生产的规律决定的。文化再生产从创作环节进入生产环节和传播环节的过程中，有着与物质再生产完全不同的规律，电影、电视剧、演艺、图书、杂志、漫画图书、动漫影视等多种形态，相互之间可以转化，并通过多种渠道传播。文化再生产的过程，也是负载版权资本的过程。版权这一无形资产，不仅可以用于其他文化消费产品的生产，也可以作为中间产品与生产制造业相融合，作为文化元素植入文具、玩具、服装、家具等消费品。

今天探讨文化产业的跨界融合，有三点原因。首先，经济全球化为我国加入世界文化产业竞争创造了条件，迫使我国文化产业进入国际文化产业大循环中，中国文化产业成了世界文化产业的一部分。国际市场是吸引中国文化产业"走出去"的主战场，国内和国外两个文化市场从来没有像今天这样得到中国文化企业和政府的高度重视，也从来没有像今天这样互动得如此之频繁。

其次，中国文化产业的制度环境发生了深刻变化，在文化体制改革和所有制改革方面都出台了相关政策，国家对版权产业实现从"直接管理"向"间接管理"、从"办文化"向"管文化"、从"小文化"向"大文化"等转变。2008年6月由国务院发布的《国家知识产权战略纲要》，首次在国家战略规划中明确提出发展版权产业的举措，标志着国家对版权产业的认识达到了一个新高度。2011年中共十七届六中全会通过的《中共中央关于深化文化体制改革推动社会主义文化大发展大繁荣若干重大问题的决定》，着重强调促进社会资本、金融资本和文化资源的对接，加快构建文化技术创新体系，推动文化科技创新，促进文化产业与旅游、通信、会展、商贸、教育、培训、休闲等版权相关产业的融合。在版权产业所有制改革方面我国也取得了一些进展。2005年8月，国务院颁布《关于非公有资本进入文化产业的若干决定》，明确了非公有资本可以进入"文艺表演团体、演出场所、博物馆和展览馆、互联网上网服务营业场所、艺术教育与培训、文化艺术中介、旅游文化服务、文化娱乐、艺术品经营、动漫和网络游戏、广告、电影电视剧制作发行、广播影视技术开发运用、电影院和电影院线、农村电影放映、书报刊分销、音像制品分销、包装装潢印刷品印刷"等领域，[①] 增加了民营资

---

① 国务院：《国务院关于非公有资本进入文化产业的若干决定》，2008年3月28日。

本可覆盖的文化产业类别。2012年，文化部出台《关于鼓励和引导民间资本进入文化领域的实施意见》，提出为民间资本进入文化领域创造良好发展环境。同年，国家新闻出版总署和国家广电总局相继发布《新闻出版总署关于支持民间资本参与出版经营活动的实施细则》和《广电总局关于鼓励和引导民间资本投资广播影视产业的实施意见》，前者提出了"七个支持"，即支持民营资本参股报刊出版单位的发行、广告等业务；支持民营资本投资设立文化企业；支持民营资本通过国有出版传媒上市企业在证券市场融资参与出版经营活动；支持民营资本参与"走出去"出版经营；支持民营资本投资成立版权代理等中介机构；支持民营资本投资设立的文化企业申报新闻出版改革和发展项目、申请国家文化产业发展专项资金；支持民营资本参与出版产业园区和产业基地建设。[1] 后者也对应提出"两个鼓励和一个允许"，分别是：鼓励和引导民间资本投资广播电视节目制作领域，从事广播电视节目制作经营活动；鼓励和引导民间资本投资电影制片、发行、放映领域，鼓励和引导民间资本投资建设、改造电影院；允许民间资本投资参与有线电视分配网建设和有关业务。2014年文化部在《关于贯彻落实〈国务院关于推进文化创意和设计服务与相关产业融合发展的若干意见〉的实施意见》中将文化产业相关的产业也纳入进来，体现了2012年版国家统计局文化产业分类目录的精神。

最后，跨界运营的繁荣必须有着强大的技术支撑。当版权产业在技术上处于"纸与笔""铅与火"的历史阶段，印刷媒介的私人产品属性较为突出，[2] 版权这一无形资产成为特权阶层的专利，因为在他们看来，其所拥有的作品是经典化、高雅化、隔离自身与他人身份的工具，在那个时代，版权跨界运营几乎不可能实现。在互联网出现前的纸质出版物为主的时代，作品具有混合属性，即纸质印刷媒介虽然以实体形式决定了其在技术上较容易实现排他，在技术层面上具有私人产品属性，但在内容上已具备了公共产品的属性，这是因为知识、信息具有非竞争性，众人分享并不影响作者所拥有的知识数量和质量，作品的经济价值可以通过市场交易形式得以实现。由于作品在消费上存在竞争性，版权的拥有者则会通过版权多次流转实现其知识资本的增值，这就使得版权跨界运营具有了可能性。随着互联网技术的不断发

---

[1] 参见新闻出版总署《新闻出版总署关于支持民间资本参与出版经营活动的实施细则》，2012年6月28日。
[2] 参见吴赟《论出版经济学研究的逻辑起点——出版产品的经济特质分析》，《出版科学》2010年第1期。

展创新，数字化时代已经到来，这给版权跨界运营带来了新的生机。不仅作品的复制方式变得异常简便、快捷和低成本，而且版权交易信息的分享和传播，为著作权人和版权运营者提供了公开、透明、平等的交易氛围，极大方便了版权作品从私人产品属性向公共产品属性的开发与应用。2014年由网络文学改编的影视剧纷纷创下了收视新高，当年由网络小说改编成的剧本就有20部，该年也被称为"网生代"元年；2015年由网络文学改编的影视剧较上一年翻了一倍，2016年则突破100部，"IP"这一概念随即引发人们对版权跨界运营的关注。

三　版权跨界运营模式

在文化产业运营者看来，因版权跨界运营涉及不同的产业或行业，且相关产业或行业的版权性质又不尽相同，因此，要在林林总总的版权跨界运营模式中把握跨界融合的共性规律似乎较难。但是根据世界知识产权组织对于版权相关产业的分类，版权跨界运营的类型无非有以下几种，即"同产业同行业的跨界运营""同产业不同行业的跨界运营""不同产业间的跨界运营"三种，不同类型的版权跨界运营又生成不同的模式。

（一）同产业同行业的版权跨界运营

同产业同行业的跨界运营中，主要有版权转让、版权许可和合作出版/出品三种主要形式。"版权转让是指版权贸易当事人双方，通过合同将版权人所持有的版权之经济权利全部或部分出售给版权受让人，以实现版权贸易的行为方式。"[1] 以中国图书版权输出为例，版权转让的形式主要有三种：第一种，中国内地出版社或作者将其所拥有版权的作品的中文简体版或繁体版在海外的出版权一次性地转让给某一国家的出版商，或者香港、澳门、台湾某家出版商，由其利用其全球分销网络将图书的中文版推向国际市场；第二种，中国出版社将某作品全部版权向不同的国家与地区转让，通常一个国家或地区只选择一家出版社签订合同进行版权转让；第三种，中国出版社将其作品版权某一项或某几项（翻译权是最主要的分项转让权）向某一国家或地区进行转让。即便是同一语种的国家，也会采用分别转让的原则，比如同一本作品，由于转让给语言相同的国家，会有美国市场版本、英国市场版本、加拿大市场版本。

---

[1] 秦洪晶：《我国版权贸易现状与发展对策研究——以图书版权贸易为例》，硕士学位论文，青岛大学，2008年。

版权许可是指版权所有人将其版权中的某项或某几项经济权利有偿授权他人在一定地域范围、一定时期内使用的一种版权贸易方式。

合作出版/出品，是指两个或两个以上国家的出版社共同策划选题、共同投资制作的贸易方式。合作方的合作形式多样，如有的合作出版，会围绕作品从出版到发行的全过程进行全面合作；有的合作出版，则是合作的某一方将自己拥有版权的作品许可合作方以同种文字或其他文字（通过许可使用翻译权）出版并在许可规定的不同国家或地区市场范围内发行。最近几年，我国很多出版社"走出去"均采用后者的合作出版方式。

上述几种版权运营的共同点是在清晰的地理边界中的版权跨界融合，或称为跨国/地区版权运营模式，它是我国目前发展最为成熟的版权跨界融合模式。自从1992年加入《世界版权公约》和《伯尔尼公约》以来，中国在版权贸易中取得了长足的发展，但是版权贸易逆差严重。随着文化"走出去"工程的推进和最近我国在世界各大书展担任主宾国，版权输出与引进比例逐步缩小（表2-2）。

表2-2　　　　2010—2015年中国版权引进与版权输出比较　　　　单位：(件)

年份	版权引进	版权输出	版权引进与版权输出之比
2010	16602	5691	2.92:1
2011	16639	7783	2.14:1
2012	17589	9365	1.88:1
2013	18167	10401	1.75:1
2014	16695	10293	1.63:1
2015	16467	10471	1.57:1

我国广电行业与国（境）外版权贸易也呈现活跃态势：仅2010年一年，就有湖南卫视与英国独立电视台在版权合作、节目研发和节目播出等方面达成协议；厦门广播电视集团和台湾的中国电视公司达成了两岸新闻合作协议；深圳广电集团与日本北海道电视放送株式会社签署了战略合作协议。

目前我国应用此种跨界融合模式时，主要还停留在专有版权的贸易上，附属版权开发不足。附属版权是相对于专有出版权而言的。如果说专有性是版权的标志，是作者人身权利和财产权利的总和，那么附属版权，则是指伴随着出版物的"出版"这一主权利而衍生的潜在的若干附属性的版权。由于附属版权内涵并不确定，它既不等同于法定的邻接权概念，又不限于作品演绎权的范围，其外延也通常会随着作品使用方式的变化而不断扩展，涵括了作品除出版以外的其他的使用方式，因此把握起来有一定的难度。然而附属版权的良好的运营，不仅省去了第一次专有版权开发的各种成本，而且带给版权运营者巨大的收益。以著名儿童文学女作家琼·罗琳的"哈利·波特系列"为例，作品一上市就运作精装书版权、平装书版权、图书俱乐部版权、电影改编权、书中形象使用权、电子版权等附属版权，取得了巨大的商业利益。

当然导致我国附属版权开发不足有诸多原因，如认识不足、国内缺少相关的立法和版权贸易专门人才等。然而就版权运营者而言，要模仿国外成熟的经验和操作模式，加快在附属版权开发上的力度。只有这样，才能将同产业同行业的版权运营推向深入，也才能获得较好的经济和社会效益。

（二）同产业不同行业的版权跨界运营

同产业不同行业这一类型的跨界融合模式主要有形式跨界运营模式和平台跨界运营模式。

近几年，形式跨界融合模式是被我国版权运营者使用较多的一种模式，即同一版权以不同的版本形式呈现。以影视作品《亮剑》为例，分别衍生出李幼斌版、黄志忠版、游戏版的《亮剑》；再如以古典名著《红楼梦》为蓝本，我国曾经拍摄过1987年王扶林和2010年李少红导演的电视连续剧。另一部古典名著《西游记》则衍生出更多的连续剧——1986年央视版、1996年TVB版、1997年央视版动画片、2006年日本版、2010年浙江版、2011韩国版和2011年张纪中版。《武林外传》和《家有儿女》既有电视剧版本，还有动画版。

平台跨界融合模式是以某一平台为基础的版权运营模式。以盛大文学为例，在原创网络文学平台上，建立了庞大的涵盖文学不同层次和不同领域的作品库，以此为支持，盛大文学可实现就同一内容进行实体出版、无线阅读、影视、动漫、游戏等不同形式的无缝对接。早在2009年的上海国际电影电视节期间，盛大文学就售出《鬼吹灯》《庆余年》《二十五岁清醒的沉沦》《元微宫词》四部网络小说的话剧和影视改编权，其中改编自《鬼吹灯》系列的电影《寻龙诀》上映后就以 16 亿元票房名列当年新年贺岁档榜首。《花千骨》《琅琊榜》等由网络文学改编而成的电视剧不仅收视率高,而且由原著演绎而生的游戏下载量也惊人。

在同产业不同行业的跨界运营中,常见两种方向的版权运动,第一种方向是版权从核心行业向边缘行业运动,第二种方向是版权从边缘行业向核心行业运动。第一种版权运动方向可举的例子很多,如广东电视台珠江频道与腾讯娱乐、搜狐娱乐、新浪娱乐、大洋网、优酷网、酷6网、广州日报手机报以及广州地铁电视等建立了广泛的、多层次的经营与合作关系,共享版权内容资源。再如2006年中华网、中国移动与著名音乐唱片公司百代唱片联合,使得音乐版权从唱片公司通过网络转向手机运营商,既实现三家利益共赢,又实现了音乐增值。又如中国联通集团与华纳音乐联手,在联通手机网络上提供华纳的正版音乐试听、发送、下载、手机彩铃设置等服务,从而形成运营商、服务提供商、内容提供商协作的新型产业链,① 既推动了唱片产业链的中间环节,降低了营销成本,又保障了音乐著作权人的版权利益。

民营出版公司儒意欣欣比较娴熟地运用第二种版权运动规律,借助影视播映热点,将影视剧改编图书销售,如由儒意欣欣图书公司策划、中国电影出版社出版的图书《王大花的革命生涯》就是由同名热播影视剧改编而成的。张博、闫妮主演的谍战喜剧《王大花的革命生涯》在央视一套黄金档火热播出,收视率居高不下。儒意欣欣图书出版公司看准时机出版编剧郝岩创作的原著同名小说,借由电视剧的观众基础,图书销售异常火爆,蝉联各大图书销售网站榜首位置,对于作者郝岩来讲可谓获得图书阅读、电视收看双丰收。美国的电视剧"纸牌屋"也是利用第二种版权运动方向的代表,通过抓取收视习惯数据,按照观众的收看品味撰写剧本和拍摄,取得了巨大成功。

虽然上述两种跨界融合模式应用比较广泛,但是在现实中,版权运营商却常常未能做到适度开发。由于投资商急功近利,导致运营商在版权作品刚一出版或刚一改编上映之时,就忙不择路地攫取利润,将版权的各种授权形态穷尽,结果网游、手机游戏、影视书、影视漫画等形式全部出现,虽然作品得到了广泛传播,但是造成的问题也很多,比如,由于摊子铺得过大而没有周全地评估被授权方的实力和版权运作能力,加之版权授权后缺乏对作品

---

① 参见祁述裕《我国文化产业发展的几个重点特点》,《山东社会科学》2009 年第 2 期。

质量的监管,从而滥生出低质量的衍生作品,导致人们对源版权作品产生抵触情绪。这不仅会严重损害源作品的形象,而且会令被授权方蒙受精神伤害和经济损失。因此,在版权跨界运营中,一定要把握版权授予方和被授权方利益双赢原则。

(三) 不同产业间的版权跨界运营

我国影视产业的繁荣也推动了相关衍生产品的市场开发。如麦兜这个原创动画形象于20多年前诞生,一直被视为香港一个代表性文化符号,其版权价值不断外溢,不仅体现在电影、音乐、图书等文化核心行业,而且延伸到文化相关产业,如在玩具和文具等文化相关产品中都可以找到麦兜的影子。得益于不同产业间的版权跨界运营,中国大陆动漫形象喜羊羊也取得了成功,目前由这一动漫形象衍生出的产品多达十几种,"覆盖音像、图书、毛绒公仔、文具、服装、日用品、表情包、屏保、信用卡等领域"①。喜羊羊的版权价值跨越了核心版权产业、相互依存的版权产业、部门版权产业和非专用支持产业等四大版权相关产业,版权衍生品和版权核心产品影视剧齐头并进,取得了版权运营的巨大成功,属于不同产业间的版权跨界融合类型。

如果从模式上看,麦兜和喜羊羊的运营都属于 OSMU 模式。所谓"OSMU"模式,是英文"One Source Multi Use"的缩写,意为"一个来源,多个用途"。一个来源是指一个核心版权,多个用途是在版权跨界运营中可划分出电影、电视剧、游戏、动画制作、漫画出版、音乐、表演、形象产品、明星造型等多个版权衍生产品。这些子项目在投资、上市时间、宣传推广计划上互相配合,互相推进,围绕核心版权,形成一条各要素相互依存又有别的产品链。

"OSMU"模式应用的优势表现在三个方面,第一个优势是使收回投资、获得盈利的渠道大大拓宽。冠以核心版权的衍生产品具有了品牌价值,比如依赖米老鼠、唐老鸭这些核心版权形象的迪士尼乐园每天都通过门票赚钱;印有米老鼠、唐老鸭形象的T恤衫,可能比普通的贵出十倍。第二个优势是版权跨界倘若运作得当,也会使融资渠道多元化。创意拥有者可以在项目展开过程中,通过知识产权的转让,不断吸收新的投资合作伙伴加盟,使产品链条和利益链条不断延伸,也使核心版权不断增值。如迪士尼公司授权中山

---

① 润生:《影视衍生产品"版权金矿"有待开掘》,《中国知识产权报》2009年8月28日第11版。

市联众文具礼品有限公司开发米奇（米老鼠）、公主系列学生文具，以迪士尼卡通人物为主体的新潮学生文具，深受中国消费者的喜爱。第三个优势是规避一定的版权运作风险。由于版权横跨不同产业，可以避免版权在某一产业或行业运营失败后满盘皆输的风险。

我国在"OSMU"模式的应用上还显得比较稚嫩。以电影为例，虽不乏优秀作品，但在版权跨界融合时，大多选择套拍电视连续剧，仅仅将电影的故事情节做一下拓展而已，或者以不高的价格转让音像制品版权，在版权跨界融合中创意明显不足，导致核心版权后续盈利能力不强。

除了创意不足，资金不足、文化管理体制支持不够也是导致"OSMU"模式较难操作的主要原因。从目前来看，国内尚缺乏能够运作足够资金、承担巨大市场风险的企业。由于缺乏本国文化资本运作的成功范例，游说和吸纳外部资金的难度就可想而知了。另外我国文化管理体制为条块分割，出版、广播、电影、电视、音像、网络、游戏、印刷、演出、旅游等版权相关企业分列经营状态长期存在，部门的行业割据局面始终未能真正打破，混合式的经营难以实现。尽管近年来僵化体制的坚冰在改革中逐渐化解，但是真正具有文化大视野、成功操纵"OSMU"模式的现代大企业还是为数寥寥。我国文化企业要演进到真正的全版权运营，还需要耐心等待。

第三节 民营文化资本所有制跨界

党的十八届三中全会提出积极发展混合所有制经济，对于淡化所有制观念、实现民营资本与国有资本的跨界融合具有重要指导意义。这是我国民营资本观念的又一次解放，凡是能为中国经济作出贡献的企业，无论是公有制还是私有制，都要一视同仁，都要发挥它们的作用，不同所有制取长补短，协同发展。

一 所有制跨界

中国改革开放前30年的经济快速发展是由国有企业与民营企业齐头并进推动的，30年后的经济发展还需要国有企业与民营企业融合发展。中国市场经济体制的不断完善，逐步将民营文化资本与国有文化资本的融合变成现实。然而，民营文化资本如何与垄断性国有文化资本实现融合发展，依然是一个急需要解决的现实问题。

我国文化产业所有制的跨界融合，旨在形成由民营文化资本与垄断性国有文化资本融合而成的混合所有制文化资本。这不仅有利于建立规范的文化资本治理结构，发挥文化资本运营单位的内部激励机制与外部约束功能，克服垄断性国有文化资本一支独大所造成的弊病，还有利于政企分开，有利于发挥市场配置文化资源的作用，提高两种文化资本的效率，特别是国有垄断资本的效率。此外，民营文化资本参与垄断性国有文化资本的改革，还有助于突破各种阻碍民营文化企业发展的各种瓶颈，比如部分行业准入难、资源利用不平等、政策差别化等，有助于各种所有制文化企业展开公平竞争，进一步拓展民营文化企业发展空间。

目前理论界已经对混合所有制形成普遍共识：在保证国家、国有文化资本对文化产业中核心业务、核心行业和重要技术创新等领域保持相对垄断的前提下，国有文化资本与民营文化资本融合发展，可以将民营文化企业的优势要素引入，诸如市场经验、管理模式和激励机制，有利于发挥双方的比较优势。两种所有制的文化资本跨界融合，需要不断摸索，在部分行业取得突破后，便可以此作为文化资本所有制跨界改革的示范样本，增强民营文化资本与国有文化资本在所有制方面跨界融合的信心，引发人们对文化体制改革的信念，防止实际工作中的摇摆态度，为建立文化产业混合所有制奠定必要的理论基础。

二 所有制跨界的模式

按照所有制的跨界分法，大多数学者将跨界分为建立混合所有制企业、建立公私合作伙伴关系、民企独立进入垄断与竞争性业务部分、形成上下游产业链[①]四种模式。由于文化产业的特殊属性，本书将我国正在实践的特殊管理股介入也纳入所有制跨界中，这样就形成五种模式。

（一）建立混合所有制文化资本

国有文化资本、民营文化资本交叉持股、相互融合形成混合所有制文化资本，这是文化产业转型升级的重要实现形式，不仅有利于国有文化资本保持较大的规模，提升文化产业竞争力，同时也有利于两种所有制文化资本协同发力、多元文化市场经济体制的兼容。具体而言，民营文化资本主要可以通过购买垄断国有文化企业中部分垄断性业务（或资产），以及参与文化资

---

① 参见和军、刘洋《积极推动民营企业与国有垄断企业融合发展的混合所有制经济》，《辽宁经济》2010年第10期。

本市场融资两种途径与垄断国有文化资本形成混合式文化资本。无论是国有文化资本还是民营文化资本，可以通过四种具体方式实现文化资本市场融资，分别是：购买文化公司上市股票、购买文化企业债券、认购文化产业投资基金和参与文化资产证券。

目前，国有文化资本、民营文化资本以文化资源资本或货币资本入股成立的股份公司，在出版界较为著名的有湖北长江出版传媒集团、北方联合出版传媒集团、凤凰联动、启发、当代华光等。以湖北长江出版传媒集团为例，它是与民营公司合资重新注册的一家新公司，新公司作为集团子公司，民营方全身而入，双方都以现金投入，确定双方的股份，无形资产不再作价。但具体到与其合作的每家公司，又有所不同。如湖北长江出版传媒集团与金丽红、黎波合作的长江文艺出版社北京图书中心在2003年开始运作时，由长江文艺出版社投资，金丽红和黎波以经理人身份加盟。2006年，他们又注册成立北京长江新世纪文化传媒有限公司，注册资本200万元，双方都以现金入股；湖北长江出版传媒集团向北京图书中心派驻一名财务总监。[1] 2004年3月成立的上海九久读书人公司，就是余秋雨、吴晓波等人的民间文化资本与人民文学出版社、新华书店总店、对外文化集团等国有资本整合而成的。2005年4月，北京博恒、紫禁城等两家民营投资公司持有新华出版物流通公司股份的30.67%，成为其第二大股东；2005年5月，投资3000万元的上海百联世纪图书连锁有限公司组建成功，其中百联集团这一零售巨头就占有55%的股份。[2]

在经济增长减速、结构转型，发展动力转变的新常态背景下，资本市场成为经济转型与创新的重要支撑，为文化产业持续发展提供了巨量资金支持。2014—2015年，大量的产业资本融入文化产业——2014年文化产业资金流入达3253.16亿元，较上一年同期增长275.43%；2015年，文化产业资金流入3241.8亿元。从2015年起，我国文化产业的资金流入都呈上涨趋势，股权融资、债券、众筹、新三板挂牌后融资都增加迅猛，其中文化产业众筹规模达到9.58亿元，文化产业的民营和国有资本进一步融为一体。

---

[1] 参见鲍红《竞争与合作——国有出版社与民营出版公司资本合作》，《出版发行研究》2010年第9期。

[2] 参见史征、李文兴《民营资本介入与我国民营图书流通业变革——以产业规制演变的视角》，《物流技术》2010年第20期。

(二) 形成合作伙伴关系

根据西方新公共管理理论，当代新公共管理主要是服务而不是掌舵。美国新公共管理理论的代表学者登哈特对公共行政的职能进行了重新定位，提出了新公共服务的七大基本理论内涵："（1）服务于公民，而不是服务于顾客；（2）追求公共利益；（3）重视公民权胜过重视企业家精神；（4）思考要具有战略性，行动要具有民主性；（5）承认责任并不简单；（6）服务，而不是掌舵；（7）重视人，而不只是重视生产率。"① 按照此理念，政府仅是文化政策的制定者和管理者，而非文化产品的生产者，政府在提供文化基金时，可采用PPP模式（PPP即Public—Private—Partnership）与民营文化企业形成"买卖关系"，使得国有文化资本与民营文化企业形成一个整体，进入文化产业国家战略中，比如鼓励民营文化企业"走出去"，积极参与国际文化产业竞争，增强中国在世界范围内的文化软实力。

考察国有文化资本和民营文化资本的伙伴关系，美国公司合作伙伴关系国家委员会的定义可以借鉴，依照此定义，"公司合作伙伴关系是一种公共部门和以盈利为目的的私人部门之间的合约安排，在资源共享、风险共担的基础上，由两者共同提供公共基础设施或公共服务产品。通过组建公司合作伙伴关系项目公司，有利于公共部门与私人部门发挥各自的专业知识优势，合理分配资源、风险和收益，以最大化地满足特定的公共需要"②。

江苏南通之所以被誉为"中国博物馆之城"，得益于国有文化资本和民营文化资本建立的互助互利的伙伴关系。鉴于民间存在着大量的丰厚的文化资源资本，南通市政府通过各种政策吸引民营文化资本进入博物馆业，目前已经创建南通蓝印花布博物馆、南通民间艺术馆、中国体育博物馆南通馆、南通长寿博物馆、南通板鹞风筝博物馆、南通中国上市公司股票收藏馆等7座民办博物馆，占到南通博物馆总数的41.18%。③ 林敏娟等人在总结浙江省民营文化资本与国有文化资本的合作关系时，发现存在着四种合作形式，分别是通过契约而形成的"国民合办"形式、由交换关系而形成的"国办

---

① [美]珍妮特·V.登哈特、罗伯特·B.登哈特：《新公共服务：服务，而不是掌舵》，丁煌译，中国人民大学出版社2010年版，前言。
② 和军、刘洋：《积极推动民营企业与国有垄断企业融合发展的混合所有制经济》，《辽宁经济》2014年第10期。
③ 参见黄振平《民营资本参与公共文化服务——以江苏省南通市为例》，《艺术百家》2009年第A01期。

民助"形式，由政策关联的"国助民办"和以制度为中介的"国有民营"。[①]民营文化资本和国有文化资本的合作伙伴关系，不仅关涉政府与民营文化企业的关系，还关乎政府和民营企业家的关系，因此，建立有效的政企关系才能保证上述四种主要的合作形式的开展。

（三）进入垄断及竞争领域

通过"标尺竞争"与"特许投标"两种方式，民营文化资本可以独立进入国有文化资本垄断性业务部分。所谓"标尺竞争"，指"在存在多家独立性企业（代理人）的受管制产业中，管制者（委托人）以其他企业的表现作为衡量每一个企业表现的标准或标尺，来促使每一个企业同'影子企业'展开竞争，从而提高企业的生产效率并抽取企业的信息租金"[②]。在文化产业中，执行文化产业政策的相关部门可将本地区文化产业园区或集群生产成本条件相近的其他文化产业园区或文化产品价格、成本等状况作为本地区评估的参照性标尺，用来推定本地区文化产业园区或集群的文化产品价格、成本状况，从而激励本地区独立从事某些垄断性业务的文化企业。本地区和参照地区的文化产品的生产，由于生产成本的接近性，很容易互为参照，形成竞争关系，这是一种市场信息重新被发现的重要途径。

特许投标（franchise bidding）是美国经济学家德姆泽采（Demsetz）在1968年提出的一套理论，它强调将竞争机制引入政府管制中。招标方式则是竞争机制引入的具体形式，其操作方式是通过招标的形式，让多家企业竞争在某产业或业务领域中的特许经营权，在保证一定质量的条件下，由提供最低报价的企业取得特许经营权。特许经营权是对愿意以最低价格提供产品或服务的企业的奖励。如果政府采用特许投标方式，一般要保证在投标阶段民营文化企业之间、国有文化企业之间、民营文化企业和国有文化企业间展开比较充分的竞争，这样多家文化企业的竞价才有可能达到均值。在规定服务质量条款下，由多家具备条件的民营文化企业通过竞标方式获得文化产业中关于国家文化产业垄断性业务生产的特许权，一般遵照优者而入的原则。对于垄断产业的竞争性业务部分，按照该产业规则，民营文化企业通过层层考核取得进入资格后，方能从事竞争性业务的生产经营。民营文化企业独立进

[①] 参见林敏娟、贾思远《公共文化服务供给中的政企关系构建》，《深圳大学学报》（人文社会科学版）2013年第1期。

[②] 徐云鹏：《标尺竞争理论述评》，《河南财政税务高等专科学校学报》2010年第4期。

入国有文化资本垄断与竞争性业务中,可为国有文化企业引入公平竞争的对手,实现两种文化资本竞争融合。

(四) 构建上下游产业链

产业间纵向的上、中、下游各环节的资源配置构成了文化产业链,文化产业链与其他产业链共同之处是都要通过资源配置达到规模效益,不同之处是文化产业链以创意为核心竞争力,带动文化产品的制造、传播,后续产品的开发等,形成围绕某一文化资产而不断延伸的产业链,通过整合经营战略,创造经济效益和社会效益。

目前,虽然民营文化企业数量多,但是在规模效益上,国有文化企业依然表现出非常强劲的实力,它们在资金、科技、人才等方面具有先天的优势。考虑到国家文化安全,在所有制的跨界融合中,国家支持国有文化企业通过控股的方式控制和垄断文化产业中的核心业务;在文化产业融合发展中,国有文化企业应通过控股方式,控制或垄断文化产业中的核心业务,掌握核心技术创新。此外,国有文化企业还要承担起社会责任,对那些微利甚至负利润的公共服务要优先承担责任,"通过交叉补贴等途径予以实现利润平衡"①。民营文化企业进入产业链的路径有两条,一条是进入上游产品供给段,一般通过混合所有制、PPP 等方式参与,另一条是进入产业链的下游,为上游提供低知识产权的专用文化设备,这样有利于以后上下游产业链条的对接,从而拓展发展空间。

从中国民营出版公司进入国有出版企业经历的三个阶段中,我们可以把握形成上下游产业链这一模式的内涵。在编辑、印刷和发行等一系列出版环节,编辑是国有出版企业的垄断业务所在,更准确的说,国有出版企业拥有书号申请权。但是民营出版公司恰恰从上下游入手,逐步进入国有出版社的核心业务领域。第一阶段为书号买卖阶段,20 世纪 80 年代刚刚进入图书发行领域的民营文化公司,尝试进入出版的核心环节。由于书号是垄断资源,掌握在国有出版社手中,民营书商要进入出版核心业务,只能依靠权钱交易,书号买卖就此产生。第二阶段为出版既有体制内循环。20 世纪 90 年代中期开始,由于文化产品日益丰富,图书这种商品已经从卖方市场进入买方市场,部分民营书商开始具有了与出版社讨价还价的资本。为了提高图书出版质量,优秀的出版社一般选择与策划能力强、信用

---

① 和军、刘洋:《积极推动民营企业与国有垄断企业融合发展的混合所有制经济》,《辽宁经济》2014 年第 10 期。

好的民营书商合作，而具有较强策划能力的民营书商也会去选择一些品牌知名度高的出版社合作。第三阶段为深度合作阶段。从 21 世纪初到现在，出版社和民营书商的相对地位发生了变化，有市场运作能力、产能较大的民营书商更多地依据品牌、信誉、实力与国有出版社合作。合作的模式也发生了质的变化，纯粹的书号买卖日渐消退，双方均在整合优势资源，协同操作，实现共荣共赢。

（五）"特殊管理股"介入

"特殊管理股"在我国是一个比较新的概念，在《中共中央关于全面深化改革若干重大问题的决定》中被首次提出。"设置特殊管理股是通过特殊股权结构设计，使创始人股东（原始股东）在股份制改造和融资过程中，有效防止恶意收购，并始终保有最大决策权和控制权。具体是将公司股票分为 A 类股和 B 类股两种，二者拥有同等的经营收益权，但创始人股东的股票（B 类股）具有特别投票权，包括董事选举和重大公司交易的表决等。"[①] 就文化产业而言，"特殊管理股"解决的是处于文化产业核心层的上市企业由经济和意识形态双重属性带来的诸多矛盾。为了确保决策者对舆论的把控能力，规定传媒企业创始人长期拥有特殊股权，并保证该股权在整个股份中占据稳定的比例，且不能上市流通，确保持有特殊股权的股东在做出重大决定时拥有话语权和决定权。特殊管理股已经被国外传媒股份制企业普遍使用，如《纽约时报》《华盛顿邮报》《华尔街日报》和英国《每日邮报》《每日电讯报》等报业公司都采用双层或多层股权结构，以便创始人或创始家族掌控这些企业的控制权。

中国国有传媒上市企业引入特殊管理股，主要有两点作用，一是避免传媒企业在资金扩容的过程中，民间资本会通过流通股进入文化产业中的垄断行业，特别在传媒上市公司，国有企业原有的意识形态主动权可能被财富所侵蚀，从而丧失对舆论的主导权；二是我国上市传媒企业的内部管理还有待理顺，以保障主业为借口、管理层随意从经营部门拿钱的事情时有发生，在一定程度上造成股东之间的紧张关系。因此，有必要将特殊股引入传媒上市企业的采编业务部门，并将其从流通股中剥离出去。持有特殊管理股的股东只对其分工的领域行使主导权，对传媒上市企业的其他经营活动不加干涉。特殊管理股的设置，对民营文化资本进入文化产业中的垄断行业具有重要意义，民营资本可以借此在垄断行业的经营部分施展威力。

---

① 李朱：《发展特殊管理股制度势在必行》，《中国证券报》2014 年 7 月 16 日第 A07 版。

我国在实施特殊管理股介入传媒企业之前，国有文化企业和民营文化企业的合作中已经尝试了诸多的类似特殊管理股的做法，可谓是国有文化上市企业实行特殊管理股的先驱。比如，对外出版权一向不对民营文化企业开放，只有国有出版社才拥有对外出版权。2015年北京联合出版有限公司引入北京时代华语图书股份有限公司，成立北京华语联合出版有限责任公司，这样民营出版企业——北京时代华语图书股份有限公司获得全国首家对外专项出版权资质。时代华语图书股份有限公司负责输出版权的图书策划、制作等，北京联合出版有限公司则负责图书内容的意识形态把控。

再以图书出版为例。20世纪80年代中期，我国出版物发行体制进行改革，第一次允许民营文化公司进入图书发行领域，而这一领域一向被国有文化资本所垄断。从图书发行起家，民营出版公司将业务逐步渗透到国有文化资本独占的各个领域，除了没有书号资质外，民营出版公司已成为一支与国有出版社共享出版生态的生力军，甚至在某些领域市场占有率超过了国有出版社：我国每年出书品种达17万种，其中30%的图书品种的选题策划、编辑加工、后期制作和发行均由分布在全国的2000多家民营文化公司（工作室）和民营发行公司完成。教辅类图书、考研类图书、公务员考试图书的编辑、印刷和发行几乎由民营出版公司包揽。

第四节 民营文化资本的地域跨界

一 地域跨界动因

美国社会学家罗兰·罗伯森对全球化做出过精辟的分析："作为一个概念，全球化既指世界的压缩，又指认为世界是一个整体的意识的增强。"① 世界的"压缩"是因为便利的交通和及时性的通信，使得空间被压缩了，世界变成了"地球村"。在世界范围内，出境观光旅游频繁，留学生增多，跨国就业，大众传媒的海外传播，导致人们的生活习惯、价值取向、民族文化习俗在不断的交流碰撞与融合中逐步趋同，文化贸易应全球化而生。2012年我国商务部等部门共同制定的《文化产品和服务出口指导目录》，将我国的

---

① [美]罗兰·罗伯森：《全球化——社会理论和全球文化》，梁光严译，上海人民出版社2000年版，第11页。

文化贸易的范畴界定为新闻出版类、广播影视类、文化艺术类和综合服务类四大类产品及服务。

我国文化贸易的活跃是由若干因素推动的。首先，从外围来看，伴随着经济全球化，国与国之间软实力竞争日趋激烈。[1] 在软实力较量中，文化产品与服务贸易已经构成当今世界各国文化竞争的一个新平台。联合国贸易和发展会议（UNCTAD）数据库数据显示，"2002—2010 年，国际文化商品贸易出口总额从 1982.4 亿美元增长到 3832.1 亿美元，年均增速为 8.6%；国际文化服务出口总额从 495.9 亿美元增长到 1450.3 亿美元，年均增速为 14.4%"[2]。随着中国硬实力的不断增强，中国迫切需要发展壮大自己的文化产业，通过文化产品和服务的大量出口，向全世界传播自己的价值观念，树立国家文化形象，为更多的中国商品走向世界服务。诚如哈贝马斯所言，"国际贸易，尤其是工业产品贸易在不同区域市场上的地理扩展和相互影响的加强，促使各国国民经济日益依赖于世界经济。同时，贸易的内涵发生变化：新的信息通信技术的应用使劳务贸易国际化，使远距离的生产、仓储和消费成为现实"[3]。

其次，从内部看，拉动中国经济增长的出口引擎也要求加快文化产品与服务贸易。2001 年中国加入世界贸易组织，迫使我国文化企业成为国际文化产业链条中的一环。作为世界第二经济大国，中国面对未来世界，需要也必须描绘经济大国和文化大国蓝图，在世界范围内重塑中国国家形象。发展中的经济大国必须附加全新的文化形象，实施适度的文化策略，因此重建文化就非常必要。在文化建设中，要首先推进国内文化经济与文化产业改革并准备外向的产业发展姿态。近十年来，中国对外文化产品与服务贸易呈现出良好势头。"十二五"期间，虽然中国经济增长开始放缓，但是文化产品贸易仍然势头强劲，并于 2010 年和 2013 年超过美国成为世界第一大文化产品出口国。我国对外服务贸易也成就显著，2010—2015 年，中国服务贸易年均增速 14.5%，两倍于世界平均增速。2015 年，服务贸易进出口额达 7130 亿美元，同比增长 14.6%，居世界服务贸易进出

---

[1] 美国学者约瑟夫·奈将国家实力分为两类，一类是硬实力，另一类是软实力，硬实力是指支配性实力，包括基本资源（如土地面积、人口、自然资源）、军事力量、经济力量和科技力量等；软实力则分为国家的凝聚力、文化被普遍认同的程度和参与国际机构的程度等。详见［美］约瑟夫·奈《软实力》，马娟娟译，中信出版社 2013 年版，前言。
[2] 花建：《树立迈向世界文化强国的新文化观》，《探索与争鸣》2014 年第 4 期。
[3] ［德］乌·贝克、哈贝马斯等：《全球化与政治》，王学东、柴方国译，中央编译出版社 2000 年版，第 74—75 页。

口总额的第二位,增速较 2014 年提高两个百分点;中国服务贸易占对外贸易总额(货物和服务进出口之和)的比重达 15.3%,比 2014 年提高 3 个百分点。

最后,在过去十年里,许多国家的文化企业都已形成了新的联盟。尽管这些协议的具体细节及其所涉及的部门多种多样,但还是可以看出两种大致的趋势。第一种趋势是不再对越来越多的生产要素实行较为严格的管理控制。第二种趋势是文化企业不再设法完成所有的自主研发,而是选择合作研发。这两种趋势均促进了文化资本的跨地域融合。

二 地域跨界运营模式

我国经济总量位居世界第二,为了获得与经济地位相称的文化地位,我国迫切需要发展壮大自己的文化产业,通过文化产品与服务贸易,向全世界传播自己的价值观念,树立中国国家文化形象。2012 年,依照联合国教科文组织的文化统计框架,国家商务部等十部委共同制定出《文化产品和服务出口指导目录》,将我国的文化产品与服务贸易的范畴界定为新闻出版类、广播影视类、文化艺术类和综合服务类 4 大类、29 小类产品及服务的出口贸易(表 2-3)。

表 2-3　　　　　　　　文化产业和服务贸易目录

大　类	小　类
新闻出版类	01. 期刊数据库服务
	02. 电子书出口
	03. 传统出版物境外发行
	04. 出版单位版权输出
	05. 出版单位合作出版
	06. 版权输出代理服务
	07. 新闻出版产品营销服务
	08. 印刷服务

续表

大类	小类
广播影视类	09. 电影
	10. 电视
	11. 中外合作制作电影、电视节目服务
	12. 广播电视节目境外落地的集成、播出服务
	13. 广播影视对外工程承包服务
	14. 广播影视对外设计、咨询、勘察、监理服务
文化艺术类	15. 演艺及相关服务
	16. 商业艺术展览
	17. 艺术品创作及相关服务
	18. 工艺美术品创意设计及相关服务
	19. 文化休闲娱乐服务出口
综合服务类	20. 游戏
	21. 动漫
	22. 境外文化机构的新设、并购和合作
	23. 网络文化服务
	24. 专业文化产品的设计、调试等相关服务
	25. 文化产品数字制作及相关服务
	26. 创意设计服务
	27. 节目模式出口
	28. 文化产品的对外翻译制作服务
	29. 文化相关会展服务

从全球来看，我国文化企业开始融入国际文化产业系统中，成为世界文化产业一支新生力量，表现在"出口模式更加丰富，贸易式和投资式并存；以合拍片为代表的联合制作模式日臻成熟，国际合作深入发展；出口范围更为广阔，动漫、电视剧等行业的优秀产品进入国际主流市场；搭建对外文化贸易服务平台，设立国家对外文化贸易基地；放眼长远，积极参与国际文化交流活动，搭建国际平台展现实力"[1]。在市场需求、消费需求、企业需求、资本需求等因素的推动下，我国文化贸易中以政府、事业单位为主的格局正在打破，企业正成长为文化"走出去"的主体。

既然企业是文化贸易的主体，那么不同的企业是不是存在着大致相同或者相似的文化贸易发展模式？就同一企业而言，在国际化的不同阶段，是否可以采用相同或相似的模式？第一个问题探讨共时态下企业文化贸易模式是否存在着规律，第二个问题则探讨在历时态下企业文化贸易模式是否存在着规律。换句话说，上述两个问题指向的是文化产品与服务贸易中时间性和空间性协调发展的关键问题。如果文化贸易中存在着时间—空间相统一的规律的话，那么对这一规律的探讨就会对我国文化贸易实践具有一定的指导意义。

从我国目前现有的文献来看，国内已经有学者观察到企业在国际化进程中所采用的不同的文化贸易模式。在儒家文化圈中，中、日、韩三国文化企业从最初的互补性文化贸易模式逐步演化成当今的竞争性文化贸易模式[2]。就某一企业而言，不同阶段文化贸易模式不尽相同，如浙江万利集团，从20世纪80年代的代加工模式（OEM），经由21世纪初的原创设计（ODM）演化为目前的经营自己品牌模式（OBM）的演化[3]。同样是经济发达的长三角和珠三角地区，由于资源禀赋的差异，企业文化贸易采取的模式也不尽相同：珠三角经济区以加工贸易为主，而长三角经济区以政府导向为主[4]。

国外学者也关注到企业对外贸易中的个体差异以及影响企业国际化的要素，以哈格（Hägg）、乔纳森（Johanson）、哈马克威斯特（Hammarkvist）和马特森（Mattsson）为代表的瑞典学者注意到企业在国际化企业网络中的

---

[1] 向勇：《中国已融入文化产业国际分工》，《中国文化报》2012年12月31日第3版。
[2] 参见郭新茹、顾江、朱文静《中日韩文化贸易模式的变迁：从互补到竞争》，《经济问题探索》2010年第5期。
[3] 参见邬关荣、肖鑫《基于价值链的企业文化贸易模式——以万事利集团为例》，《浙江经济》2014年第4期。
[4] 参见朱诗娥、杨汝岱《长三角与珠三角对外贸易发展模式的比较研究》，《中国高等学校学术文摘·经济学》2004年第2期。

位置影响其国际化进程这一现象，从而形成了企业国际化网络理论。其中乔纳森和马特森的合作研究认为，企业国际化程度可以从企业在国际市场上所建立网络中反映出来，即可以根据企业国际化程度及其对国际产业网络的熟悉程度，确定企业在国际产业网络中的位置。20世纪90年代末，托本·彼得森（Torben Pederson）和本特·彼得森（Bent Petersen）两位丹麦学者建立了国际化四要素模型，指出企业内部资源和外部市场综合作用是决定企业国际化速度和程度的主要因素。韦尔奇（Welch）和罗斯坦梯尼（Luostatinen）两位芬兰学者注意到国内、国外两个市场在企业国际化中的相互作用，认为企业内向国际化的成效决定其外向国际化的成功。上述理论固然对一般企业的国际化有一定解释力，但是对于从事文化贸易的企业而言，这些理论的解释力就显得不足，这是因为文化企业国际化的推进不仅要考虑一般企业国际化影响因素，还要考虑文化折扣和意识形态的影响，此外，文化贸易中既包括有形又包括无形的产品贸易，而无形的产品贸易的难度要比有形的大得多。如朱文静等人的研究表明，我国在文化产品贸易上优势相对明显，而在文化服务贸易上则处于劣势地位，不具备国际竞争力。[1] 方英、李怀亮的研究也表明：中国文化贸易在手工艺品、设计、视觉艺术品和新媒体等外围文化产品中具有一定竞争优势，而诸如影视、音乐、出版物等核心文化产品国际竞争力较弱。[2]

因此，相比其他贸易企业，从事文化贸易的企业的国际化是一个相对复杂的问题，需要剥茧抽丝、分层面探讨。本书仅仅以哈格、乔纳森、哈马克威斯特和马特森为代表的瑞典学者的企业国际化网络理论为主，聚焦于作为文化贸易主体的企业特别是生产核心内容的企业在国际化网络关系中所处的位置，结合文化贸易活跃的中外企业个案，透析贸易模式规律，以期指导我国文化贸易实践。

按照上述学者的分析，在影响企业文化贸易的因素中，企业国际化程度和市场国际化程度是两个重要的变量，据此，他们根据企业国际化程度和市场国际化程度，将国际化的企业在国际化网络中区分为早起步企业、全球企业、孤独的国际化企业和晚起步国际化企业。通过检视国际上文化贸易活跃的企业，发现企业在国际化网络中所处的位置与某种类型的文化贸易模式有

---

[1] 参见朱文静、顾江《我国文化贸易结构与贸易竞争力的实证分析》，《湖北经济学院学报》2010年第2期。

[2] 参见方英、魏婷、虞海侠《中日韩文化创意产品贸易竞争关系的实证分析》，《亚太经济》2012年第2期。

较强的关联性,即早起步的国际化企业对应着代理运营模式,全球企业对应着合作经营模式,孤独的国际化企业对应着独立经营模式。因晚起步的国际化企业面临着被前三者划分的市场,因此在进行文化产品与服务贸易中举步维艰,但是可以通过练好内功,实现跳跃式发展,即晚起步的企业对应着内向国际化模式(图2-3)。

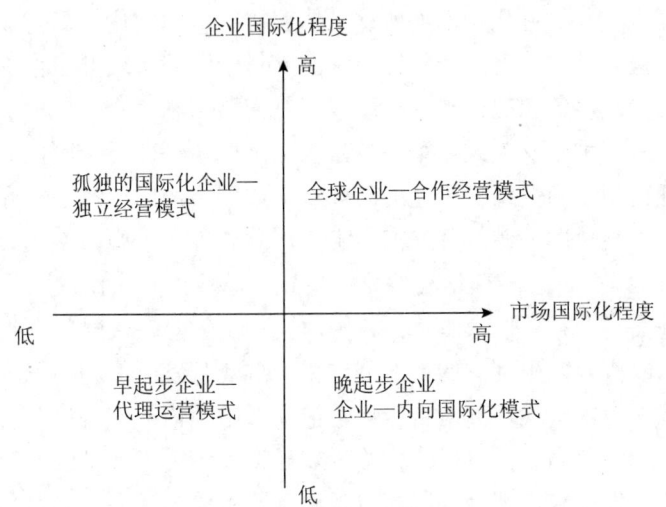

图 2-3　国际化网络中的企业类型及对应文化贸易模式①

(一) 代理运营模式

早起步企业在模型中处于"双低"状态,即任何有效的信息和知识无法从企业网络中获得,在海外业务的开展面临着巨大的不确定性。为了防范经营风险,早起步的企业进入海外市场一般借助代理商。代理商对国外市场的知识和以往的经验可以帮助早起步的企业减少不确定性带来的风险,从而降低运行成本。如果能得到国外销售商和海外客户的认可,他们就会推进下一步的国际化经营。

我国文化产业在世界上起步较晚,对海外文化市场和各国法律法规了解不够深入,因而代理运营模式更多局限于版权输出领域,即依托国外某一版权代理公司或者代理人,仅将某个语种的翻译权售卖出去,版权的附属权利

---

① J. Johanson and L. G. Mattsson, *Internationalisation in Industrial Systems — A Network Approach. Knowledge, Networks and Power*, Palgrave Macmillan UK, 2015.

并没有得到很好的开发。国外文化企业进入我国市场所采用的代理运营模式就值得借鉴。比如在网络游戏行业，受制于我国的法律法规，国外网络游戏开发公司在我国境内不能独立开发和运营网络游戏，[1] 因此，它们大多寻求中国境内的代理，由代理商负责商业销售用途的游戏相关点卡、周边产品的制作。游戏的开发、更新、维护则由国外网络游戏公司负责。代理商为获得游戏在国内的运营权，需付给国外游戏开发商一定数额的代理费。由双方商定利润结算方式并签订相关书面协议，按照协议，国内代理商将规定周期内的点卡、周边产品的一定比例的销售利润支付给国外游戏开发商，或者国内代理商评估游戏运营状况，与国外游戏开发商协商利益分成比例。在代理运营模式下又有三种分支模式。第一种是权利金模式，即无论国内游戏代理商是否售出任何用于商业销售用途的游戏点卡或周边产品，都必须在双方约定的固定周期内支付国外游戏开发商一定比例的版税，该版税率视该周期内的产品零售价而定。[2] 第二种是利益分成模式，结算方式由游戏开发商和国内代理商事前商定，相关协议签订后，国内代理商每隔一段时间须按协议商定的比例将该时段内产生利润的一部分支付给游戏开发商。利益分成模式还有另一种形式，由国内代理商对自身运营情况做出预估，与游戏开发商协定分成比例，按期将获利利益分成支付给游戏开发商。第三种是区域版权一次性付款，游戏开发商和代理商共同商定版税率，由代理商一次性给付游戏开发商，交易完成后所产生的利润由代理商独享，并可以在协议规定的某区域内任意生产任何一种游戏相关产品或自行开发后续程序，无须给游戏开发商给付版税。

（二）合作经营模式

在企业网络国际化关系模型中，全球企业处于"双高"状态，即在高度国际化经营环境中从事高度国际化经营。由于这些公司前期具备了国际化经营的知识，因而有能力建立销售子公司协调海外市场的资源配置和经营活动。融入海外市场的诸多分支机构像一个个与国际网络相连的神经，源源不断向总部提供外部资源信息，总部决策者可以依照这些信息，通过战略同盟、企业并购等形式来扩大在国际网络中的影响力。

最近几年，合作经营模式常在我国网络游戏服务贸易和影视国际合作中

---

[1] 参见王海文、李渡石《我国网络游戏文化服务贸易发展模式创新研究》，《国际服务贸易评论》2013年第7辑。
[2] 参见曹俊哲《虚拟财产犯罪数额认定问题研究》，硕士学位论文，上海社会科学院，2013年。

使用。在网络游戏服务贸易中，中方代理商以资金投入，国外游戏厂商以游戏版权投入共同经营。2006 年，美国网络游戏开发公司 Roit Games 成立之初便推出了《英雄联盟》；2008 年，腾讯投资 800 万美元，获得《英雄联盟》中国大陆的代理权。随着《英雄联盟》在全球知名度提升，国内玩家数量迅速增长，2011 年腾讯出价 2.31 亿美元收购了该公司。另一个腾讯与国外企业合作经营的案例是与美国暴雪娱乐公司合作经营的《使命召唤》项目。美国暴雪娱乐公司开发的游戏也受到我国游戏玩家的青睐，于是腾讯就决定对其开发的《使命召唤》在游戏策划及运营等关键环节予以大力支持。该项目由暴雪娱乐公司驻沪市开发团队开发，因此与国内游戏市场实现了无缝对接。《使命召唤》项目的成功实施，表明双方的合作并非简单的代理，而是更加深度的战略合作。最近几年，合作经营模式在我国数字出版和图书出版中也有所运用。

我国最近几年推行的"借船出海"的图书出版"走出去"也多是采用合作经营模式，即中外出版单位联合海外出版公司从事图书出版，或中方借用外方销售渠道在海外发行图书。由于民营图书公司没有出版权，因此采取合作经营模式的大多是国有出版社。国有与民营企业混合所有制企业于 2016 年才享有对外出版权，因此国有出版社的合作经营模式值得民营文化公司借鉴。浙江科学技术出版社与加蓬恩萨姆出版社联合出版的《非洲常见病防治》一书，由双方讨论选题，内容涵盖疟疾、艾滋病、伤寒、埃博拉等非洲常见病的防治，在非洲市场取得较好的社会效益。鉴于我国童书选题在海外获得一定知名度，2012 年，二十一世纪出版社与美国麦克米伦出版社共同投资成立麦克米伦世纪公司。通过这一海外"桥头堡"，二十一世纪出版社一方面得以熟悉世界儿童文学创作，熟悉英语国家童书市场和游戏规则，另一方面，借助合作公司，提升了二十一世纪出版社在海外的影响力。目前麦克米伦世纪公司已经设计出针对不同年龄段读者的清晰产品线，生产了一批具有市场影响力的图书，最高单册销量已达 80 余万册，公司全面实现盈利。2015 年接力出版社与埃及的大学出版社、埃及智慧宫文化投资（出版）公司合作创办的接力出版社埃及分社，看中的就是中国童书在阿拉伯国家的巨大需求。接力出版社埃及分社在中国选择优秀童书，请阿拉伯专业、阿语汉学家翻译，按照阿拉伯少年儿童阅读欣赏的习惯进行策划、制作、终审，出版的童书发行至阿拉伯 22 个国家。接力社埃及分社生产的第一批图书亮相今年沙伽国际书展，选题大多发掘于接力社已出版的原创绘本"没想到婴儿创意图画书"系列丛书。

国际合拍影视片也属于该模式。合拍片不仅能够兼顾两国观众的文化偏好，而且利于节目跨国界发行，避免受到配额限制。但是合拍片涉及产品融资、后期利益分配、节目制作中不同文化元素的融合，以及两国团队的配合等问题，风险也不小。美国是使用该模式最为成熟的国家，早在20世纪80年代开始，就形成了"广义电影市场"。"广义电影市场"包括"影院—电视计次点播—付费电视—音像租售—卫星电视—文化衍生用品—海外市场—全球市场"等多级市场，使美国电影在国内和全球的盈利能力大大增强。

21世纪，中国电影产业复苏，观影受到观众，特别是年轻人的热捧，为中国电影产业奠定了国内市场基础，中外合拍影视片渐成气候。2002年的合拍片《英雄》进入主流国家市场，并在欧洲国家全线上映，成为中国入世后首个电影输出的成功案例。从那时起，中国不断探索中外合拍影片，近十年由民营文化公司参与的合拍片《变形金刚4》《中国合伙人》《非常幸运》《101次求婚》都取得了不俗的票房收入。2016年由张艺谋执导，马特·达蒙、刘德华等人主演的中美合拍片《长城》成为合拍片的大作。目前我国越来越多的民营出版企业、演艺企业、动漫企业和游戏企业通过"联合制作"方式，与国际合作伙伴互补短长、共享市场，参与国际文化产业分工。

民营影视公司执牛耳者华谊兄弟在2015年公布了其确认的26部合拍片。华谊兄弟不仅可以从这些合拍片中直接获得分账收益，而且还可以进行衍生产品的开发。以华谊兄弟与美国STX的深度合作为例，2015年4月双方签署协议，到2017年12月31日前，双方投资、拍摄和发行影片不少于18部。华谊兄弟不仅享有上述合作片在中国大陆地区、香港、澳门、台湾、新加坡等大中华地区的发行权，而且还获得上述影片的全球收益分账权和一定额度的著作权。华谊兄弟合拍片在中国电影发展史上创造了中国电影企业多个第一的纪录：第一次参与到好莱坞电影生产全流程，第一次参与合拍片的全球收益分成，第一次享有一定份额的合拍片著作权。

2015年11月在美国洛杉矶，另一家中国民营影视公司乐视影业宣布其与好莱坞达成12个电影项目合作：与Tiger 62制作动画电影《狼图腾》和喜剧动画《卧蚕》；在版权授权方面，购买杰森·罗斯韦尔（Jayson Rothwell）的剧本《黄道十二宫》，由好莱坞制片人伯尼·高德曼（Bernie Goldmann）参与该片的制作；其他9个电影项目采取合作版权方式。除了在电影业方面的合作外，乐视影业还与黑马漫画公司合作将包括《茅山后裔》《上古》《调皮王妃》《魔天记》《异现场调查科》在内的中国小说制作成独立漫画、动画作品。

(三) 独立运营模式

孤独的国际化企业在模型中处于"一高一低"状态，即企业国际化程度很高，而其市场国际化程度很低。这类企业事先已经取得了有关国外市场的知识与经验，但是由于缺少一个国际化水平较高的网络，只能依靠自身资源和能力开拓国际市场。孤独的国际化企业虽然在文化产品与服务贸易中遭遇的风险较大，但由于在国际企业网络中已有一定占位，因此它们比国内同行在国际文化市场上具有更多的优势。

我国文化产业先后实施了多项扶持工程。以出版业为例，我国政府资助八大出版"走出去"工程——经典中国国际出版工程、中国图书对外推广计划、中外图书互译计划、中国出版物国际营销渠道拓展工程、重点新闻出版企业海外发展扶持计划、边疆新闻出版业"走出去"扶持计划、图书版权输出普遍奖励计划、丝路书香工程，构建了包括内容生产、翻译出版、发行推广和资本运营在内的出版"走出去"流程，版权和图书已经进入了世界190多个国家和地区。[①] 虽然由政府主导的文化产业"走出去"工程，在一定程度提升了中国文化企业国际化水平，但是整体而言，中国文化企业市场国际化程度有待于提高。面对这种情况，我国"走出去"的出版企业大多采用跨国兼并与收购等方式进行独立运营，以获得与国外出版企业的平等对话权。尽管有学者提出跨国兼并与收购后的投资收益率并不高，甚至巴克马（Barkema）、沃门兰（Vermeulen）、哈里波连（Haleblian）、菲克斯坦（Finkelstein）、瓦瑞（Very）和斯科韦格（Schweiger）等人还从学习能力的视角进一步分析跨国收购与兼并失败的原因，比如，哈里波连和菲克斯坦以行为学习理论分析，发现收购者的收购经验与收购后的企业经营业绩呈"U"形关系；[②] 瓦瑞和斯科韦格认为，"收购目标的学习"和"收购经验积累学习"是兼并收购过程中的两种学习形式，在跨国收购兼并的不同阶段，收购者会遭遇不同的难题，从而加大跨国兼并与收购的风险，这对企业的学习能力提出了挑战。[③] 但是，在海外独立运营自建出版公司是风险和利润都

---

① 参见刘昕《原创童书整合资源待发力》，《国际商报》2016年9月9日第A06版。

② 参见 J. Haleblian and S. Finkelstein, "The Influence of Organizational Acquisition Experience on Acquisition Performance: A Behavioral Learning Perspective", *Administrative Science Quarterly*, Vol. 44, No. 1, 1999。

③ 参见 P. Very and D. M. Schweiger, "The Acquisition Process as a Learning Process: Evidence from a Study of Critical Problems and Solutions in Domestic and Cross – Border Deals", *Journal of World Business*, Vol. 36, No. 1, 2001。

比较高的国际化模式,只有具有超强实力的大型文化产业集团才能抵御国际市场的诸多风险,从而开辟经营领域。比如,截至目前,中国出版业最大的一次跨国并购是由凤凰出版传媒集团在2014年完成的,该集团斥资8500万美元收购一家美国童书生产商。通过本次并购,凤凰传媒集团在北美拥有了可拓展的平台,从而实现与迪士尼、沃尔玛等国际知名大企业平等交往,该公司首个项目就是出版发行根据迪士尼同名动画片授权的图书《冰雪奇缘》,在美发行近500万册,创造了该公司有史以来的最高纪录。① 保持着国内少儿出版界的"十二连冠"的浙江少儿出版社全资收购澳大利亚新前沿出版社,将其作为浙江少儿出版社的一个海外全资子公司,保持其品牌的独立性和运行的国际化,并助推浙江少儿出版社每年有50种畅销新书实现跨国同步出版。②

最近几年,中国民营文化企业积极拓展海外市场,通过直接投资、收购兼并等方式,在海外市场有了立足之地。2009年7月和2011年2月,美国国际卫视、美国大纽约侨声广播电台先后被北京俏佳人传媒股份有限公司并购。2009年,美国第三大演艺中心布兰森市的白宫剧院被中国港中旅集团所属的天创国际演艺制作交流有限公司以354万美元收购,并购后中国的优秀剧目驻演该剧院,这是中国演艺企业第一起境外收购事件。2012年美国特效制作公司数字王国(Digital Domain)被小马奔腾联合印度公司以3000万美元并购。同年,万达集团以26亿美元收购美国第二大院线AMC影院公司,一跃成为全球规模最大的电影院线运营商。仅2015年上半年,AMC影院公司实现收入14.7亿美元,同比增长6.1%。2016年,万达集团发起了文化民营文化企业最大的海外并购,宣布以不超过35亿美元现金收购美国传奇影业公司。上述活动,有助于改变我国文化企业在贸易渠道上的弱势地位,让优秀的文化产品在海外落地生根。③

(四)"内向国际化"模式

民营文化企业的国际化路径可以分为两种,一种是"外向国际化"④,另一种是"内向国际化"⑤。"外向国际化"是指企业通过直接或间接出口生

---

① 参见张贺《把分社开到海外去!》,《人民日报》2015年12月24日第018版。
② 参见叶薇、李月红《浙少社收购澳童书出版社》,《浙江日报》2015年8月28日第013版。
③ 参见《中国对外文化贸易的发展与特点》,2013年7月10日,http://guoqing.china.com.cn/2013-07/10/content_29383245_4.htm。
④ 英译为 outward - internationalization。
⑤ 英译为 inward - internationalization。

产性要素或非生产性要素而实现的企业国际化。"内向国际化"是指企业通过直接或间接进口生产性要素或非生产性要素而实现的企业国际化。外向国际化和内向国际化是文化贸易中不可或缺且相互影响的两个方面,"企业内向国际化过程会影响其外向国际化的发展,企业内向国际化的效果将决定其外向国际化的成功"①。发达国家文化贸易的历史也证明了上述论断,即文化产品的国内市场规模对本国文化创意产业的国际竞争力具有决定性作用。此外,"共同消费品的文化贴现和市场规模的交互作用被认为是拥有最大国内市场的国家最具竞争优势的核心所在"②。文化产业内需市场的补充和发展,市场竞争机制的激发和完善,除了需要培育市场主体的市场竞争意识和竞争能力,还需要激发丰富的外部效益。例如激发本土的文化认同,进而强化文化认同;增强本地文化与创意氛围,在提升文化产业附加值的同时培育全民的创意涵养;在满足本土文化创意消费的同时产生集聚效益,增强本土文化创意产业的整体竞争力与创新能力。

我国大多数民营文化企业现处于发育期间,与国外文化产业巨头相比有着很大差距。盲目推动他们走外向国际化道路,参与国际文化产业的竞争,既不现实,也不合理。因此,我们应当善于挖掘国内市场,吸引更多的国外文化产业进入中国文化产业链条中,这也是一种变相"走出去"的方式。

内向国际化模式中主要有以下三类做法。第一类是引进外资。浙江省在引进外资方面形成了自己独特的做法,林俐曾归纳了浙江与国外著名企业对接的六种做法:第一种,整体合并,即中方将原有企业全部资产整体转入合资企业;第二种,联合品牌,即中外双方成立的合资企业使用双方品牌的"联合体"——联合品牌;第三种,设立研发中心,即中方企业以引进外方技术为本土企业服务为目的成立研发中心;第四种,引进技术,即中方以引进外方核心技术为目的而成立合资企业,如浙江人可贸有限公司与瑞士世界顶级钢笔生产企业凯兰蒂合资设立制笔企业,这一高附加值、高科技、高精度、高环保的企业,提升了温州这一中国制笔之都的产业层次;第五种,整体对接,即发挥产业整体优势与国外产业对接;第六种,产业配套,即外方

---

① L. S. Welch and R. K. Luostarinen, "Inward – Outward Connections in Internationalization", *Journal of International Marketing*, Vol. 1, No. 1, 1993.

② [加拿大] 考林·霍斯金斯等:《全球电视和电影——产业经济导论》,刘丰海、张慧宇译,新华出版社 2004 年版,第 57—58 页。

因与中方企业的长期合作需求，为中方提供产业配套。①

第二类做法是引入外来技术。我国部分出版装备制造企业坚持自主开发与引进消化吸收相结合，逐步由依赖引进技术向自主创新转型，企业自主创新能力不断增强，目前在许多关键领域实现技术突破，与国外相比技术差距不断缩小。为了提升自主创新能力，我国民营文化企业可以深化国际合作，重构分工协作体系，通过参与国际竞争形成良性的发展态势。除了引进吸收外，还可在出版装备领域的贸易中寻求突破，寻找可以打入国际市场的自主知识产权的知名文化装备品牌。同时，通过参股、收购等方式与国外出版相关企业展开深度合作，吸收国外优势资本和管理经验，通过投资交易更好地引进先进技术。在这个意义上，曾经的印刷设备龙头高斯国际在2010年被上海电气全资收购的案例值得借鉴。高斯国际是世界上最大的卷筒纸胶印机生产企业和三大印刷设备制造商之一，销售额曾创下60亿元人民币的纪录。但是从2009年开始，受金融危机拖累，高斯国际印刷包装机械行业在全球市场份额出现大幅下降，曾一度跌至50%，亏损严重。2010年，世界印刷包装业下滑趋势刚一止步，上海电气集团便顺势收购了高斯国际。

第三类做法是引入外来消费。以印刷包装"出口不出国"模式为例，由于中国印刷包装成本低于国外，部分出版社的印刷厂把自己优质而价廉的印制服务运用到国际合作出版项目之中，一方面通过国际合作出版（co‐edition）向海外输出更多的图书；另一方面也为自己的印刷厂获取了国际订单，取得一定的经济效益和社会效益，可谓一石二鸟。再以演艺业的"出口不出国"模式为例。"出口不出国"模式是当今演艺业的创新发展模式，它以国内运作为主导，利用世界旅游市场将国际市场上的顾客转移至国内，从而实现文化产品出口。大型涉外旅游演出剧目《时空之旅》成功运用过"出口不出国"模式，该剧目由中国对外文化集团公司联合上海文广新闻传媒集团和上海杂技团马戏城共同创意投资，利用在沪工作的数百万白领和观光人群制造人气，在剧本走出国门前就吸引了广大的外籍观众。有人总结出《时空之旅》成功的经验是，"通过国际旅游市场寻求海外客户，把国际市场上的广大客源转移到国内市场进行操作，为改变文化贸易逆差作出了极大的贡献"②。

---

① 参见林俐《民营企业国际化进程研究——基于沿海小区域的考察》，浙江大学出版社2012年版，第22—23页。

② 来有为、张晓路：《全球化条件下引导和支持中国文化产业"走出去"》，《中国发展观察》2016年第4期。

第三章　民营文化资本跨界的 SWOT 分析

20世纪80年代美国旧金山大学的管理学教授韦里克提出了SWOT分析法，即态势分析法。SWOT分别取自四个英文单词的首字母，即strength（优势）、weakness（劣势）、opportunity（机会）和threats（挑战）等。这四项指标常被用于竞争对手和企业战略分析中。

第一节　民营文化资本跨界的优势

一　市场反应灵敏

民营文化资本是中国独有的一种经济形态和经济概念，之所以能够在中国被正式提出并获得认可，是因为中国经济社会中存在着一种客观的、独特的经济物质形态。民营资本的最大优势是其本身就是一个天然的市场，对市场的适应能力特别强，这是国有资本所不具备的。

民营文化资本在我国积蓄已久，有强烈的投资动机。由于文化产业是体现一个国家"软实力"的重要内容，因此，世界上大多数国家对一般经营性文化产业向社会放开，我国也不例外，随着所有制改革的不断推进，允许民营文化资本投融资，发展包括民营文化资本参股在内的混合所有制经济。这些改革举措促进我国民营文化产业快速发展。在文化市场中，国有文化资本和民营文化资本构成我国主要的文化资本，但是这两种资本各有优势，相比国有文化资本，民营文化资本对市场的反应更为敏感，这是由民营资本的特质所决定的。

民营文化资本的拥有者，对其资本拥有所有权、占有权、使用权、支配权和处置权，因此，在资本运作中，就可使资本运营主体——企业成为自主经营、自负盈亏、自我约束和自我发展的市场主体，能够根据市场的变化，进行高度灵活的经营决策、资产配置、用人选择，最大限度地规避市场带来的风险。具体而言，民营资本灵活的市场反应机制表现为以下几个方面。

第一，由于文化产品比其他产品具有更多的不确定性，因此，民营文化企业主会面临各种各样的市场风险和外部市场施加的巨大压力。一般而言，民营文化企业因自身规模和资金有限，在与国有文化企业和国际文化企业的市场竞争中容易处于劣势，民营文化企业只有不断在创新中获得相对的竞争优势，才能立于不败之地，这也是民营文化企业不断学习新知识、掌握新技术和新工艺、采取新的生产方式和经营管理模式的重要原因。因为只有这样，民营文化企业才能不断提高产品质量，开发生产新的产品，提供新的服务，在文化市场上获得一定的份额。民营文化企业主必须将市场压力转化为市场动力。以出版为例，民营文化资本最初避开意识形态较浓的上游环节，以"书商"的角色进入报刊零售和批发等分销领域，普遍重视读者需求，实行差异化战略：新华书店和国有出版单位垄断教材出版发行，民营就做与教材配套的教辅书；国有出版单位忽视大众读物，民营就主要做大众畅销书。民营书商的不断强大，有效地打破了垄断，激活了竞争，提升了国有图书分销领域的产业升级：新华书店经历了由最初的柜台式销售，到开架销售，到图书卖场，到图书商城的蜕变；一度被称为"二渠道"的民营发行公司从实体书店变成网上书店，图书分销业态不断进化和优化，有效地满足了民众的阅读需求。

第二，追求利润最大化。资本的特性是在运作中实现增值，获得更多的利润。而追求利润的最大化，则是通过资本运营主体的扩大再生产实现的。追求利润的最大化，是每个民营文化企业在文化市场中的目标，如果达不到这个目标，它们将无路可走、无法生存。因此，这一终极奋斗目标也成为推动民营文化资本和民营企业不断发展壮大的推动力。以中国文化资本 A 股市场为例，国有控股企业上市早期利润率良好，但总体呈逐年下降的趋势，年均下降 1.5%。从 2009 年开始，民营企业后来居上，利润率超过了国有控股企业，并呈总体上升趋势，年均上升 2.05%。[①]

第三，民营文化资本运营主体必须引入激励机制。由于产权关系明晰，民营文化企业主可以根据企业发展合理分配人力资源——通过引进、使用和储备等方式，发挥各类人才在企业创新中的作用。民营文化企业在收入分配

[①] 参见胡惠林、王婧《2013：中国文化产业发展指数报告（CCIDI）》，上海人民出版社 2014 年版，第 10 页。

上也有相当大的自主性，员工的收入按照贡献大小分配。由于追求经济效益是民营文化企业的主要诉求，国有文化企业中存在着的铁工资、铁饭碗、铁交椅等，在民营文化企业中均被打破。企业一律按照员工能力用人，不讲求论资排辈和行政级别，能够较国有文化企业更彻底地执行庸者下、能者上的优胜劣汰的人才竞争机制和奖勤罚懒、多劳多得的利益分配机制。

第四，与国有文化资本相比，民营资本虽然难以获得政府的倾斜性支持，但是也极少受到政府的直接干预，在与各种竞争对手的博弈中，它们应变能力强，经营灵活。尤其是那些产权清晰的中小民营文化企业，面对的风险与所获得的利益呈正相关关系，培养了它们灵敏的市场反应能力，它们可根据市场需求自主地决定和调整产品的生产。它们能充分发挥我国劳动力资本丰富的比较优势，通过产品出口和为跨国公司配套生产产品，从而拓展国际生存空间，提升企业成长空间。①

第五，与国有文化企业相比，民营文化企业决策果断。许多民营企业的所有权比较清晰，一般集中于个别民营企业家之手，因此，企业家可以依据经验或市场调研决定自己所掌舵的企业未来的发展方向和投资目标，无须像国有文化企业经过层层行政审批。只要民营企业家确定可行的决策，就会很快得以实施和贯彻。由于民营企业家能在较短的时间内迅速传递和处理市场信息，提高了决策效率，也为民营文化企业赢得了市场。"时间就是金钱，效率就是企业的生命"这一箴言已经牢牢刻在民营文化企业家心头。

第六，民营文化企业的经济行为务实理性。中国大型民营企业开始跨国文化资本并购是在2004年，虽然这几年民营文化资本在海外并购依然继续，但是其并购行为更加成熟稳健，它们看中的是国外文化企业经过数十年甚至数百年形成的品牌优势。中国优秀的民营企业家在并购国际知名文化品牌时瞄准的是产业链的高端部分，因为在这一部分汇集着某个海外品牌的核心技术、传播和发行渠道等要素，而这些恰恰是中国民营文化企业走向世界文化市场不可或缺的要素。包括品牌、核心技术、国际市场渠道在内的产业链高端部分是中国民营文化企业主要的争取对象，它们将国际化作为公司发展战略布局，以提升品牌知名度、增强国际竞争力、拓展海外市场。由于民营文化企业以自己从社会上筹措的资金进行收购，必须精打细算，收购计划要事先进行评估，与企业能力相匹配，在这一点上，民营文化企业在海外的兼并行为更为务实。

---

① 参见李红娟《关于民营经济发展的若干思考》，《经济管理者》2014年第7期。

发展模式本身也有一个产生、发展和完善以及不断被替代的过程，尤其是多种发展模式并存时，会形成类似产品竞争市场一样的竞争市场，各类民营经济发展模式之间的竞争将导致发展模式的优胜劣汰，已经存在的多种民营经济发展模式，其效率并非相同，各种民营经济发展模式效率的高低直接影响到参与主体对发展模式的选择，发展模式之间竞争的直接结果就是使得那些不具备竞争优势的发展模式在一定时期内效率逐步递减，最终退出历史舞台。微观主体更趋于选择更具效率的民营经济发展模式，这是市场化最直接的表现。

二　人格化交易

（一）民营文化资本的人格化

"资本人格化"这一命题是马克思最早提出的，它包括资本家的人格资本化和资本家的人格物化两个方面的含义。资本家的人格资本化是指，"只有当物质生产条件具备了资本属性，进而只有越来越多地占有抽象财富成为行为人唯一动机时，这时行为人才作为人格化的、有意志和意识的资本执行职能，才真正作为资本家"[①]。换句话说，"作为资本家，他只是人格化的资本。他的灵魂就是资本的灵魂，而资本的本性就是增殖自身，获取剩余价值"[②]。资本家在生产过程中是为资本负责任而履行职责的。他关心的只剩下利润，他的终极目标是创造剩余价值，为了这一目标，他才生产某种商品。资本家的人格物化是指资本家用可变资本购买了劳动力之后，就让工人按照资本家的意愿创造剩余价值。工人的劳动力一旦被购买，他们必须服从资本家的意志，接受被剥削的现实。

由于历史局限性，马克思对资本人格化的认识是以早期资本主义企业作为背景的。在早期资本主义企业中，资本家的人格资本化和人格物化是统一一体的。然而，当资本主义发展到现代甚至是后现代，所有权和经营权的分离导致资本家的人格资本化和人格物化发生分离，这是因为：一方面，资本所有者可能不介入企业经营管理，他们不能有效地将人格物化为资本；另一方面，尽管经营管理者拥有资本控制权，能有效地将其人格物化在资本运动中，但是他们本身不具有资本化的人格，只能将非资本化的人格物化为资本的运动。这样一来，资本的运动就有悖资本的本性，资本人格产生了异化。

[①] 陈伟：《国有资本人格化研究》，博士学位论文，中南大学，2007年。
[②] 同上。

民营文化资本的人格化是指民营文化资本在民营所有者的个性中实现或者体现。民营文化资本的人格化主体,不仅可以指民营文化资本的所有者,而且还可以指直接承担民营文化资本增值的责任主体或法人产权主体。就前者而言,民营文化资本的所有者拥有对文化资本的所有权,并因此权利获得相应的收益。他们以文化资本增值为利益目标,采用多种形式有节制、有约束地运营,并对自己和企业负责。就后者而言,受托于民营文化资本所有者,承担资本增值过程中经理人的角色,他们拥有对民营文化资本的三种权力,分别是支配权、处置权和决定权。上述两种民营文化资本主体在运营过程中,可以将个人意志镶嵌在资本运动中。民营文化资本运营过程包含运营者的意识、个性的作用。按照冯子标和赵旭亮的理解,无论是在什么体制下,民营资本所有者"都不可避免地因各种各样人为因素偏离完全理性选择轨道,或多或少地留下人格的烙印"①。

(二) 民营文化资本的人格化交易

以美国斯坦福大学的阿夫纳·格雷夫 (Avner Greif) 为代表,于20世纪90年代在西方兴起的"历史的比较制度分析" (historical and comparative institutional analysis),由于研究视角独特,研究方法富有创见性,理论框架新颖,分析工具灵活,很快受到经济体制研究学者的关注。比较经济体制研究的逻辑思路与基本观点是:即便是在同一经济体制下的国家和地区,也会表现出差异性,这是因为在一个经济体制内部,结构和配置不尽相同,而这些不同,恰恰是导致不同国家和地区经济效益差距的重要原因。制度构成了经济体制最基本的单位,制度的结构方式和内部诸因素的关系,在很大程度上决定了特定经济体制的基本性质和特征。同一经济体制下存在多样性企业的原因是,"经济体制内部的各种制度之间和制度结构之间存在着'战略的互补性'和'制度的互补性',这使得一个体制内比较同质的制度能够得到不断发展和强化,直至形成使这一经济体制明显不同于其他体制的最基本特征"②。一个国家或者地区特有的经济体制、制度及其结构,既受到过去和现存的制度等历史要素的影响,又会随着技术变化和外部环境变化做出相应的调整,因此,历史和现实是影响某一国家和地区经济体制的关键性变量。青木昌彦对经济体制的比较制度分析作出如下评述:该分析就是要"通过将

---

① 冯子标、赵旭亮:《市场经济与企业改革》,《管理世界》1993年第3期。
② 韩毅:《比较经济体制研究的新方法:历史的比较制度分析》,《经济社会体制比较》2002年第1期。

经济体制看作各种制度的集合来分析市场经济体制的多样性和活力。对这一体制的内部结构以及构成这种结构的各种组合要素所具有的激励效果和相互依存关系,从理论上加以说明"①。

在对 10—14 世纪地中海地区的马格里布商人和热那亚商人从事远距离贸易活动代理研究的基础上,格雷夫提出了"人格化交易"这一概念。他认为人格化习俗交易机制和非人格化交易机制各有两种。"多边声誉机制"和"多边惩罚机制"包括在人格化习俗交易机制中,而"双边声誉机制"和"双边惩罚机制"则是非人格化交易机制的组成部分。② 换言之,所谓人格化交易,就是建立在个人之间相互了解基础上的交换。也就是说,在处理经济问题时,人们彼此认定的是与己有关系的人,而非通过抽象原则和法律条文与陌生人交易,"一定要问清楚对象是谁,和自己什么关系后,才能决定拿出什么标准来"③。人格化交易为我国长期存在的市场惯习和习俗做了注脚。但是我们也应当看到,非人格化交易也在我国传统社会中存在着:"在我们乡土社会中,有专门作贸易活动的街集。街集时常不在村子里,而在一片空场上,各地的人到这特定的地方,各以'无情'的身份出现。在这里大家把原来的关系暂时搁开,一切交易都得当场算清。我常看见隔壁邻居老远的走上十多里在街集上交换清楚之后,又老远的背回来。他们何必到街集上去跑这一趟呢,在门前不是就可以交换的么?这一趟是有作用的,因为在门前是邻舍,到了街集上才是'陌生'人。当场算清是陌生人间的行为,不能牵涉其他社会关系的。"④

历史制度分析中有关人格化交易方式与非人格化交易方式对史晋川有所启发,他以浙商为个案,验证人格化交易方式在浙商的经济活动中所起的重要作用。在浙江传统社会中,人格化的交易机制占据各种交易中的主流,几乎渗透至所有交易活动当中。以农村土地流转为例,通过梳理习惯法案例,很容易从中找到人格化交易的例证。若买卖财产不先在亲族之间进行而是卖给亲族之外的人,则会出现冲突事件。清代乾隆年间的刑科档案题本记载了数起因亲邻无法先买而酿成的命案。"到了清代,先尽房亲、地邻的习俗依

---

① [日] 青木昌彦:《比较制度分析》,周黎安译,上海远东出版社 2001 年版,第 333 页。
② 参见史晋川《温州模式的历史制度分析——从人格化交易与非人格化交易视角的观察》,《浙江社会科学》2004 年第 2 期。
③ 费孝通:《乡土中国》,生活·读书·新知三联书店 2013 年版,第 42 页。
④ 同上书,第 93 页。

然保存下来，但在文契上的限制有所松弛，可以不必用文字在契内标明。"① 文契内的略写，表明亲族先买的习俗已经以默会知识形式在民间固化下来，不言自明。

民营文化资本进行人格化交易的前提是买卖双方处于一个基于信任的熟人社会。关系是影响人格化交易的一个关键变量。在熟人社会中，社会关系呈现为差序格局的网络结构。社会关系"由己为核心，逐渐从一个个人推出去，是私人联系的增加，社会范围是由私人联系所构成的网络。这是一个由近及远、由亲及疏、由熟悉到陌生的网络，因而在日常生活和社会交往中，人们总是依照由亲及疏、由近及远的逻辑行动"②。与西方社会不同，中国社会网络是绵长性的事业组织，它"利用亲属的伦常去组织社会成员，经营政治、经济、宗教等事业，使得基本的家变成氏族性的。一方面生育、政治、经济、宗教等功能都可由小家族来负担；另一方面这些功能的负担也使得家庭的结构不能只限于亲子的小组合，必须予以扩大成小家族"③。在这个事业组织中，效率是第一位的，纪律高于感情。在这种传统网络基础上，生成了现代中国民间商人的另一种人际网络，即李沛良所言的"工具性差序格局"：人际网络以利益为目的、以个人为中心而建立，无论亲缘关系还是非亲缘关系都纳入社会网络中。这个社会网络是分层次的，从中心到边缘，成员的工具理性依次递减，与中心成员关系越亲密，越有可能被利用，实现利益目标。④

信任是影响人格化交易的另一个关键变量，黑克斯（Hicks）指出，"交易就是凭承诺进行的交易，如果没有将承诺履行的保证，那么由这种承诺进行的贸易也就无效了"⑤。顺着黑克斯的分析思路，如果将所有经济活动都视作硬契约来理解，那么亲邻优先、人情为先等普遍存在的人格化交易习俗就是一种软契约。在血缘、地缘等因素相互了解的熟人之间进行交易，要比与陌生人交易更容易保证和约的执行。魏江等人通过抽取浙江温州、绍兴、海宁和永康的样本发现，这些地区的情感信任度高，其中温州看重地缘、血缘关系，面子观念很重；绍兴本地化交流的频度较高；海宁则体现出本地情

---

① 杨国桢：《明清土地契约文书研究》，人民出版社 1988 年版，第 235 页。
② 费孝通：《乡土中国》，生活·读书·新知三联书店 2013 年版，第 28 页。
③ 同上书，第 39 页。
④ 参见杨光飞《"关系资本"升格之合法性质疑》，《人文杂志》2006 年第 2 期。
⑤ J. Hicks, *A Theory of Economic History*, Oxford: Clarendon Press, 1969.

感较高；永康人则是家族、亲戚的观念强。①

代代相传的民营企业家，在这样一种社会结构之中，把个人的名誉与信用视为至高无上，因为一旦个人名誉与信用受损，不仅影响到个人生存，还可通过代际联系，殃及子孙后代的生存。如浙商的信任是建立在家庭、宗族和乡村这样的次级群体中的，这样信任这一关键变量就与社会网络、社会资本形成紧密联系，并从具有共同目标和相似价值观的人群中生成。② 史晋川通过对浙江温州民营资本在海内外流转的观察，在人格化交易的基础上提出"代际锁定"和"海外生意网"的理论，其主要内容是：

其一，民营资本可承受一定资本风险的代际锁定。所谓代际锁定是指几代民营企业家所处的社会文化背景、所拥有的地方性知识、所依赖的市场网络均相同。由于改革开放之初中国尚未建立起与市场经济相匹配的制度，因此通过陌生人之间的"双边声誉机制"和"双边惩罚机制"从事商贸活动举步维艰，他们更倾向于使用更为安全的人格化交易。然而，一旦这种人格化交易形成，"路径依赖"在交易中不可避免，交易双方会长期固守在某一熟悉的领域，一旦开辟新的领域，原有的人脉关系都可能瓦解掉，从而增大了交易成本和运营风险。这种看法可以解释为何温州人长期滞留在传统劳动密集型领域，不进入新的行业。人格化交易一方面使得温州人能以较低的成本进入传统劳动密集型行业；另一方面它也限制了温州人进入新的行业。

其二，海外生意网。人格化交易方式是在熟人之间进行的，一旦贸易向海外拓展，就得依赖以往建立起联系且移民至海外的熟人。史晋川发现，温州企业的外迁和民间资本的外流，至少跟两个因素有关，一是温州土地资源有限，山多水多的地理环境无法养活众多的人口；二是温州商人向外拓展的速度要比中国经济体制改革的速度快，当他们的产业在拓展过程中无法取得现存的生产要素市场支持时，则倾向往海外拓展。当然，这种拓展需要依靠大量的温州海外移民。③ 无独有偶，福建省的民营企业主在海外的拓展也是通过人格化交易实现的，往往一个村子大多数人移居海外，带动家族中的其他人前往海外投奔他们，走上共同富裕之路。

---

① 参见魏江、向永胜等《文化根植性与产业集群发展》，科学出版社2014年版，第46页。
② 参见胡必亮《村庄信任与标会》，《经济研究》2004年第10期。
③ 参见史晋川《温州模式的历史制度分析——从人格化交易与非人格化交易视角的观察》，《浙江社会科学》2004年第2期。

三 柔性自组织

长期以来，部分学者把浙江民营文化资本的快速发展归结于宗族文化。事实上，仅仅从宗族文化解释浙江民营文化企业的发展还远远不够。以血缘为纽带，以父子为经、以兄弟为纬的立体关系网，遍及中国很多地域。在社会网络关系中，"血缘圈"和"亲缘圈"构成了第一层次的人际网络，"邻里圈""地缘圈"和"业缘圈"构成了第二层次的人际网络。虽然对人支持力度最强的是第一层次，但是第二层次的人际网络在民营文化资本的发展地位也不可小觑。在浙江历史上存在着以老乡为纽带的经济互助组织，尽管他们不是一个宗族，但是共同的生活环境和口音能产生一种信任感，有助于经济合作关系的形成。

靳涛采用了格雷夫的"历史的比较制度分析"方法，提出浙江民营企业在自我发展的过程中，通过竞争和协同会自发形成与市场体制适应的组织形式，这种有效的市场组织形式可以明确表述为一种与集体主义文化相适应的柔性组织和模糊契约。这解释了浙江民营企业的超强竞争力和发展壮大的原因，把我们的研究视野从温州这一单一模式引向了一个能够更为全面理解民营文化资本扩张的维度。

（一）自组织

吴彤曾在20世纪90年代对自组织进行了系统的研究。他将组织方式归为自组织和他组织（被组织）两种。自组织是事物无需受到外力干涉的、自我演化的过程，他组织正好与之相反。[①] 根据协同学创始人H.哈肯的分析，来自系统内部各子系统之间的竞争和协同推动着"自组织"系统演化。哈肯指出，通过竞争而协同，系统内部各个子系统逐渐优化，最终使系统从无序走向有序。[②] 自组织的对立面是他组织，由于他组织系统的动力来自系统外部，因此导致系统的演化是被动的，无活力可言。

在世间万物的演化过程中，到底是自组织演化占主导地位还是他组织演化占主导地位？从自然界和人类社会的进化来看，是自组织演化占主导地位。正如美国学者埃里克·詹奇所分析的，自组织普遍存在于非生物界、生物界和人类社会等各个层次和系统中，它是自然系统演化的动力，是宇宙进化真正主动的力量。"自组织系统通过自发机制形成一种非常优化的利用自

---

① 参见吴彤《自组织，被组织——一种管理方法研究》，《科学管理研究》1996年第2期。
② 同上。

然资源、物质和能量的演化方式和循环路径。"①

吴彤曾用自组织和他组织的理论分析我国的经济体制的演化规律,他提出市场体制是一个自组织结构,而计划经济体制则是他组织结构。理据有两条:首先,建立在经济系统外部参量上的计划经济体制,其正向效能的发挥取决于是否存在着一个好政府;其次,计划经济执行到位取决于两个变量,即整个社会经济活动信息被国家掌握、全体人民的利益可以由国家代表。显然,计划经济下的经济活动属于他组织,是一种被动的、人为的组织方式和僵硬的经济行为。②

(二) 民营文化资本自组织案例分析

以民营经济最为发达的浙江省为例。在举国实行计划经济的时代,民营经济位于全国整个经济体制的边缘地带,这种处境便于它率先突破计划经济约束进行自组织。浙江民营企业自组织采用的手段是民间的小作坊,以此不断消解计划经济的"他组织"。在中国计划经济和社会主义市场经济并存的体制下,尽管家庭经济以不太符合当时社会要求的方式进行,但是它对市场资源配置有效且灵活,显而易见与市场经济有某种契合。家庭作坊的资源配置属于非正式制度安排下的资源配置,它依赖的是民间的经济习惯和软契约,而这些习惯和软契约又是以当地群体的共同利益为基础的,因而实施起来比正式制度所做的安排更为有效。可以说,浙江民营经济的快速发展正是依赖非正式制度下的民间群体文化。

相对于国有经济的组织发展,民营经济是一种不太规范的柔性自组织。靳涛曾以浙江省的民营企业做过分析,他认为浙江民营经济的自组织是历史条件造就的:由于浙江民营企业在发展初期规模小、产品技术含量低,难以在竞争中胜出,为了企业生存,在当地集体主义文化维系下,大家相互协作以增加获胜的可能性。"要保持和进一步发展与地域内其他企业的紧密联系和协作,任何固定和僵化的企业组织形态都是不适合的,所以形成一种柔性企业组织形态也是生存和发展的实际需要。这种柔性组织的形成和演化总的来说是在地域内交易效率和市场竞争力的引导下形成和演化的。"③

---

① 靳涛:《集体主义文化维系下的柔性组织与模糊契约——浙江民营企业发展的自组织模式揭示》,《中国工业经济》2003 年第 11 期。
② 参见吴彤《市场与计划:自组织与他组织》,《内蒙古大学学报》(哲学社会科学版) 1995 年第 3 期。
③ 靳涛:《集体主义文化维系下的柔性组织与模糊契约——浙江民营企业发展的自组织模式揭示》,《中国工业经济》2003 年第 11 期。

在自组织演化过程中，买卖双方是一种模糊契约关系，即要素契约与市场契约之间的界限是模糊的，很难将买卖双方中的某些契约归在某一类，其分类的复杂性模糊了市场、企业劳资双方和民营企业这三者的界限。但是这种在人际互动基础上建立起来的模糊契约关系，在一定程度上比建立在陌生人基础上的硬契约更为奏效，因为信任关系节省的是防止欺诈、处理争端的交易成本。

首先，民营企业之间由于存在过分密切的协作和联盟关系，使人难以区分市场与企业的界限。根据新制度经济学的组织演化理论，民营企业联盟是介于企业与市场之间的第三种组织形态，它是应交易成本节约和风险降低等需求出现的，它是企业为了生存和发展而做出的选择，本身属于自组织演化范畴。从民营企业联盟自组织的效果来看，它帮助浙江省民营企业在与包括国有企业在内的其他企业的竞争中取得一定成效，特别是在涉及科技攻关、成本降低和集约化生产方面有显著效果。其次，模糊的契约的存在也带来一系列的问题，最典型的是劳资契约的模糊性极易导致对劳动者利益的侵犯。民营企业主与来自全国各地的只拿着低薪的打工者相比，显然站在优势地位上，容易造成对劳动者的不公。再次，在民营企业之间开展的各种协作，大多数并非建立在正式的书面契约基础上的，常常是以口头约定的，这也是一种模糊的契约。口头契约的履行需要以民营企业间长期建立起来的信任和声誉作为支撑条件。

虽然新制度经济学认为契约越明确和越完善，对交易双方的效率和作用也越有效和明显，然而这套理论并不能在中国民营企业中得到证实。相反，中国民营企业间以及民营企业内部的各种模糊契约的有效性证伪了新制度经济学的契约理论。企业间模糊的契约关系对民营企业起步初期是非常重要的，因为在当时建立完善的企业关系几乎是不可能的，而且从民营企业之间的长期紧密协作和联盟关系来看，建立硬契约反而会加大合作企业间的隔阂或者不信任。面对不确定的市场，合作双方风险共担的方式更有利于问题的解决，因为大家的长远和短期利益已经捆绑在一起，"从维护自己在这个网络关系中的声誉和地位来说，任何不合作的态度从长远来看都是不可取的。这种企业之间的微妙关系和模糊契约也是建立在'双赢'的基础上的"[1]。

(三) 民营文化资本柔性自组织

20 世纪 80 年代初期，伴随着我国经济体制从计划经济向市场经济转换，

---

[1] 靳涛:《集体主义文化维系下的柔性组织与模糊契约——浙江民营企业发展的自组织模式揭示》,《中国工业经济》2003 年第 11 期。

民营文化企业逐渐意识到文化产品具有商品属性。像其他产业部门一样，民营文化产品生产者也开始形成市场"民间自组织"的内源发展特征。

民营文化资本的自组织，不是由政府的强制命令或法律的引入而促成的市场生产体制和机制，而是以国家经济制度变迁为背景，由企业自下而上、从局部到整体的自发过程形成的产业发展的自组织演化过程。一方面，民营文化企业有着自我保护和自我组织的经济传统，并且这种传统在随着经济体制改革而不断开放的市场中进一步得到强化；另一方面，"这种传统又直接催生了服务经济发展的各种民间互助协作组织、基层民主管理方式，这些民间自发的组织和管理方式在很大程度上促成了经济发展"①。

当民营文化资本走出发展的初级阶段，其自组织能力还会受到以下力量的驱动，一是文化市场需求拉动力，二是文化市场竞争压迫力，三是科技推动力，四是政府政策扶持力。这四个外在因素与民营文化企业的四个内在因素（民营文化企业利益驱动力、文化产品形式创新保障力、文化产品内容创新影响力和企业家领导力）形成循环（图3-1）。

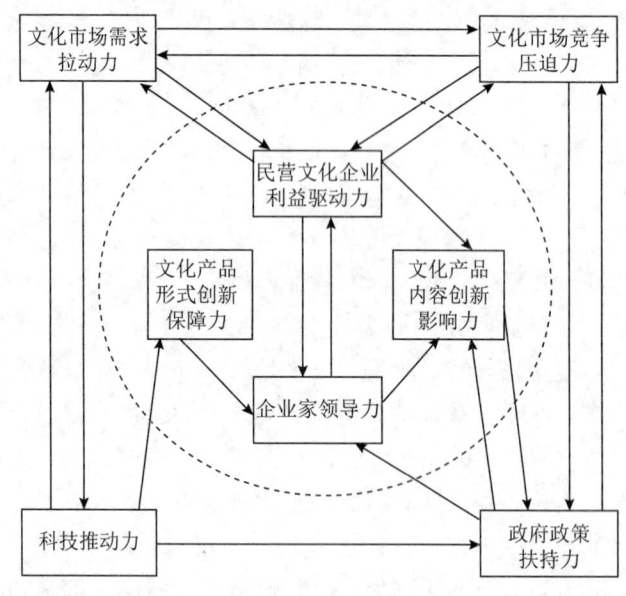

图3-1　民营文化企业自组织驱动力结构②

---

① 张仁汉：《区域文化产业发展战略研究》，博士学位论文，华中师范大学，2012年。
② 该图受启发于张阳红《民营高科技企业自主创新动力系统研究》，博士学位论文，哈尔滨工程大学，2012年。

按照协同论创始人哈肯的说法，这个循环叫作超循环。所谓超循环，就是指在催化作用下，低级的循环超越了原有的循环体系演化为高级的循环，它是不同循环相互作用的结果。超循环中每个复制单元有两种作用，一方面可以自身复制，另一方面为下一阶段提供催化支持。如浙江省各地的"地摊市场"或"马路市场"是特定历史的市场形态，而后逐渐演变为专业市场。大量的文献证明，专业市场的形成与当地产业集群（企业群落或块状经济）的形成与发展息息相关；政府的有效支持和引导为浙江省专业市场兴起、发展与不断提升提供了良好的政策环境，表现在对市场主体利益加以保护和以市场制度对经济发展施加影响。如义乌的马路市场改造成大市场，得益于义乌市政府在舆论、场地、资金等方面的支持。企业家领导力表现在敢为人先、敢于创新等方面，有时候甚至被称为冒险精神，这种精神使得他们较早地萌发"走出去"的意识。

四 创新动力强

既往的研究发现，由于企业的所有制结构决定了企业资源配置、经营者与所有者的协作、所有者控制企业等一系列具体问题，因而企业所有制结构明显影响着企业的创新能力。[1] 哈特（Hart）和谢里夫（Shleifer）的研究更是指出，企业所有权如果被政府管控，那么企业经理通常无法产生降低生产成本、改善产品质量的动机，因而"在需要创新激励和削减成本的领域，私有所有权通常优于政府所有权"[2]。相关经济学的理论模式也表明，由于事前官僚监督机制被集权经济所采用，导致企业项目决策常常被延误，从而降低创新效率。中国本土的学者更多地从所有制这一中国企业特有现象入手，分析不同所有制结构对企业创新能力的影响。比如，姚洋和刘小弦等人比较早地比较和评价了不同所有制企业的生产效率差异。林毅夫等人运用2003年世界银行对华企业调查数据，发现私营企业和合资企业比国有企业有更高的研究发投资趋向。诸多学者利用省级面板数据也发现，非国有企业对创新有较大的推进。吴延兵从创新投入、创新效率和生产效率比较了国有企业、外

---

[1] 参见 P. Lawton, "Berle and Means, Corporate Governance and the Chinese Family Firm", *Social Science Electronic Publishing* Vol. 111, 2010; Jensen, M. C., & Meckling, W. H. *Theory of the firm: Managerial Behavior, Agency Costs and Ownership Structure. Social Science Electronic Publishing*, Vol. 3, No. 4, 1979。

[2] 参见 O. Hart, A. Shleifer and R. W. Vishny, "The Proper Scope of Government: Theory and an Application to Prisons", *Quarterly Journal of Economics*, Vol. 112, No. 4, 1996; A. Shleifer, "State versus Private Ownership", *Nber Working Papers*, Vol. 12, No. 4, 1998。

资企业和民营企业的创新表现,构建了包括创新投入、创新函数和生产函数在内的联立方程分析框架。该研究结果表明,"民营企业在创新投入和专利创新效率上处于领先地位,外资企业在新产品创新效率和生产效率上拥有显著优势,国有企业则在创新投入、创新效率和生产效率上均缺乏竞争力"[1]。对于导致民营企业较高创新能力的原因,有学者认为是非编码信息优势和创业知识的易流动性、不确定环境下的强行动力和高效率的小数据决策模式,共同作用民营企业主,使其具有较强的创新能力。[2] 魏江等人将导致民营企业创新的因素分为两类,一类是创新环境因素,另一类是创新主体因素。其中创新主体因素是创新的主要因素,创新环境因素只是间接因素而已。在创新主体中,企业家精神和企业家认知等企业家层面的主观性因素都会对企业创新的行为特征产生影响。[3]

就文化企业的创新能力而言,国外学者对此的研究已经从多个维度展开。斯坦姆(Stam)发现荷兰艺术领域缺乏创新,是因为文化创意产业结构、发展有问题。[4] 帕瑞斯(Paris)、帕垂克(Patrick)、大卫(David)等人强调数字技术变革是文化创意的要素。[5] 维斯(Weeds)和甘迪尔(Gandia)也强调技术维度,他们认为创意产品的营销方式受数字技术的影响。数字媒体技术引发视频游戏与动画电影的融合,从而衍生出新的行业,加速了产业融合创新的战略组织的出现。[6] 南森和李(Nathan and Lee)基于7600个伦敦企业样本所做的调查,强调多元文化对于企业创新能力的培育具

---

[1] 吴延兵:《中国哪种所有制类型企业最具创新性?》,《世界经济》2012年第6期。

[2] 参见杨轶清《低"人口素质"与高经济增长——基于浙商群体的解释》,《人口研究》2015年第3期。

[3] 参见魏江、向永胜等《文化根植性与产业集群发展》,科学出版社2014年版,第145—149页。

[4] 参见 R. Stam, "Cultural Studies and Race", in Miller, T. (ed.), *A Companion to Cultural Studies*, Blackwell Publishing Ltd, Malden, Massachusetts, USA, 2001。

[5] 参见 T. Paris, L. Patrick and M. David, "Technological change at the heart of the creative process: insights from the videogame industry", *International Journal of Arts Management*, Vol. 15, No. 2, 2013。

[6] 参见 H. Weeds, "Superstars and the Long Tail: The Impact of Technology on Market Structure in Media Industries", *Information Economics and Policy*, Vol. 24, No. 1, 2012; R. Gandia, "The Digital Revolution and Convergence in the Video Game and Animation Industries: Effects on the Strategic Organization of the Innovation Process", *International Journal of Arts Management*, Vol. 15, No. 2, 2013。

有重要作用。① 司各特（Scott）和霍、蔡姆平（Hotho and Champion）在研究创新集聚中发现，技术、组织、政策、创业与新文化企业出现以及人事管理模式是影响企业创新的重要变量。② 臧志彭和解学芳通过抽取文化产业上市公司数据，对科研创新能力进行企业性质的差异分析，结果发现民营文化企业的科技创新能力最高，并指明这种高创新能力与中国对民营文化企业开放的行业相关："中国对民营文化企业开放的业务集中在与高科技产业密切相关的多媒体与数字内容、设计服务、互联网信息服务、版权服务等行业。加之民营企业管理机制比较灵活，具有竞争力的薪酬和开放创新的氛围也有助于其创新能力的不断培育和提升。"③

五 民间化交流

以民间作为文化"走出去"的主体，有利于淡化意识形态，更容易让国外受众接受中国文化。西方国家以及日韩等国较为成功的文化"走出去"的例子，也给我们以同样的启示。经过半个多世纪的探索，具有专业水准、成熟且强大的传播组织的西方传播体系已经覆盖官方和民间。除了狭义上的媒体组织，各种智库、基金会、非政府组织等都扮演着重要的民间传播角色。官方话语与民间话语形成合力，向全球传播着西方价值观念以及生活方式等。目前官方媒体和国有文化企业是中国国家利益的主要代言人，也是推进中国文化"走出去"的主体。但是我们也应当清楚认识到，相比官方传播，民间传播更容易产生亲和感。美国新闻署这一文化对外传播部门，曾与政府保持着过密的关系，导致其发布的信息无法获得国外受众的信任。与民营传播体系相比，官方传播体系在对外文化传播与交流中存在着以下"先天"缺陷。

首先，在对外传播中，官方传播主体由于具有较强的政治身份，不可避免地将传播内容打上意识形态的烙印，容易遭到海外受众的心理排斥。正因为如此，西方媒体发达的国家普遍采用企业生产的文化产品传递意识形态和文化价值。中国政府固然应该在文化"走出去"中占主导地位，但是政府推

---

① 参见 M. Nathan and N. Lee, "Cultural Diversity, Innovation, and Entrepreneurship: Firm-Level Evidence from London", *Economic Geography*, Vol. 89, No. 4, 2013.

② 参见 A. J. Scott, "Entrepreneurship, Innovation and Industrial Development: Geography and the Creative Field Revisited", *Small Business Economics*, Vol. 26, No. 1, 2006; S. Hotho and K. Champion, "Small Businesses in the New Creative Industries: Innovation as a People Management Challenge", *Management Decision*, Vol. 49, No. 1, 2011.

③ 臧志彭、解学芳：《文化产业上市公司科技创新能力评价研究——来自国内 A 股 191 家公司的实证分析》，《证券市场导报》2014 年第 8 期。

进下的文化"走出去",大多依靠财政投入。一旦财政支持力度下降,对外传播则会陷入低谷。完全依靠政府的中国文化"走出去"战略,在保证项目的持续性、传播效果的广度和深度方面都会出现问题。政府主导下的文化"走出去",容易引起外国受众的抵触情绪和防备心理,从而影响对外文化传播的效果。官方色彩过浓一直是中国对外文化传播效果欠佳的重要原因之一,也是我国对外文化传播工作一直致力解决的一大问题。我国在这方面有比较深刻的经验教训。如为了加强中国影视在国际上讲故事的能力,中国政府与加拿大、意大利、澳大利亚、法国、新西兰、新加坡、比利时(法语区)、英国、韩国、印度、西班牙、马耳他、荷兰签订了国家间的合拍电影协议,并提供扶持政策:如果与协议签署国合拍影片能获得"中外合作摄制电影片"的认可,在中国大陆则被视为"国产电影",不受进口片配额制的限制,此外在税收、资金资助等方面还提供一系列优惠政策。然而,这一官方主导下的合拍影片推进中国文化"走出去"的工程并没有给中外合拍电影打开绿色通道,于是中国民营文化企业家自己独立开辟了另一条与国外电影企业合作的商业渠道。2015年,中国民营电影企业以资本为先导,展开与好莱坞的多元合作,在电影生产的不同阶段提出不同的合作方式:或是参与好莱坞电影的投资、发行,或是参与好莱坞电影的开发、制作,合作覆盖电影全产业链。

其次,国有文化企业难以"走出去",因为国有文化企业代表中国国家形象和利益,在发达国家难以通过审批关,低端的文化制造业的审批都很困难,更不要提文化内容产业的审批。国有文化企业"走出去"步履维艰。

再次,创意是文化产业重要特征,如果政府管得太多,文化创意者的积极性就会受到打击,妨碍文化产业的发展。因此,政府要摆对自己在文化产业中的位置,正如韩国文化产业室副长官申钟弼所言:"政府只做资源,少去干涉,尽量引导和利用民间的资本和力量,让民间自由发展。"[①]

最后,在对外传播事务中,政府不可能也没有必要包揽一切。在当今信息流通如此便利的环境下,公民自主意识崛起,推进中国文化"走出去"也成为公民热衷参与的事情,这些都会在一定程度上分担国家在对外传播中的负担。因此,我们应该信任民间传播组织,充分利用民间能量,培养出能够与政府协同对外传播的民间力量。民营文化企业应当是政府首先依靠的力量。

---

① 转引自迟玉琴《民间主体助推中国文化走出去的常态机制研究》,硕士学位论文,哈尔滨工业大学,2013年。

第二节 民营文化资本跨界的劣势

一 投资融资环境不良

近几年,虽然有些民营文化企业已发展成大企业,甚至有些已经走出国门,并购海外文化企业,但是从文化产业的总体来看,民营文化企业在中国仍然处于弱势地位。与国有文化企业相比,大多数民营文化企业仍然规模小、实力不强,抗风险能力弱。从目前情况来看,我国民营文化企业为了满足扩大再生产的需要,大多依靠贷款进行产业投入。如果不依靠广泛的融资渠道,民营文化企业的并购、兼并就会遇到风险;如果到海外扩张,一旦并购战略选择不当,时机不够成熟,极容易出现资金链断裂,轻则企业项目失败,重则企业破产。

从目前来看,民营文化企业所处的投资环境并不乐观,它们的投融资渠道少,即便在有限的投融资渠道中,可获得的融资规模也并不大。贷款融资是民营文化企业的主流融资渠道,然而,银行往往对民营文化企业设置重重障碍,如要求母公司连带担保,而偏好大型国有文化企业。民营文化企业融资能力的不足影响它与国有文化资本和国际文化资本的竞争,尤其是大型文化产业项目的竞标。

民营文化企业资金缺乏,融资困难。我国大多数民营文化企业规模不大,多数属于中小型企业。这类企业普遍具有轻资产性、收益具有不确定性、收益难以测算、前期投入大、回报周期长等特点,导致金融机构评估企业资产,特别是版权资产评估困难。为了防范贷款风险,金融机构宁愿放弃广大的中小型民营文化企业,而改投国有文化企业。然而中小文化企业恰恰是中国文化产业的主体,如果它们的融资问题得不到解决,就会在一定程度上影响我国文化产业的可持续发展。

二 海外并购经验欠缺

虽然我国部分民营文化企业已经走向世界,个别民营文化企业还取得了辉煌的战绩,但是对于大多数民营文化企业而言,海外并购经验还是缺乏的。民营文化企业在海外并购有比较强的从众心理,一旦某个企业在海外并购成功,其他企业就会蜂拥而出;民营企业间无法形成一个整体,对海外文化企业造成威胁,从而实现联手并购;不能全方位掌握并购交易中的重要信息,对信息内容的理解也会发生错位;对国外财务系统不够了解,没有充分估计到预期回报与实际回报不匹配、中外财务系统不匹配等一系列问题。文化产业与其他产业不同,如果对并购方的文化不够熟悉,特别对东道国的政策法规、民族意识以及工会等方面的影响缺乏全面的了解,民营文化企业容易遭遇多种挫折。中国文化企业与东道国政府和民众缺乏足够的沟通和交流,使得目标国的民众对并购企业缺乏客观的认识。

文化折扣是影响海外并购经营绩效的重要因素。一般而言,并购双方的文化差异越小,并购后文化差异对企业的经营影响也越小,相应地经营绩效就越高。兼并文化差距大的海外文化公司,就得防范由文化折扣引发的经营风险。海外并购的文化差异性不仅体现在企业文化的差异上,而且体现在企业所处的国别、民族及地域的文化差异上。从国家文化来看,一旦进行海外并购,中国文化企业首先就面临着语言沟通的障碍,再加上民族风俗习惯以及思维方式、生活方式的不同,使得海外并购的文化整合比本土并购整合困难得多。从企业文化看,基于中国本土条件成长起来的民营文化企业,在价值观、企业经营管理模式上与饱受市场考验的西方成熟的文化企业有比较大的差距,加之海外被并购企业员工对新成立的公司的认可度低,对中国企业文化不熟悉,极容易增大两种企业文化融合的难度。

三 经营管理能力不足

民营文化企业在长期的发展中,出于资本逐利的本性,往往以利益为导向,采取一些不规范甚至违法的市场行为,不仅影响声誉,而且风险极大。加之缺乏战略眼光,过于注重眼前利益,看重短期行为,忽视长远的收益,缺乏战略眼光。

在进行海外投资时,缺乏管理技能是中国民营文化企业面临的最大挑战。即便民营文化企业具有国内收购的经验,其经验也很难移植到海外。民营文化企业和国有文化企业拥有截然不同的企业氛围,可能会在后期的企业整合中,导致人才的流失和员工的抵触情绪,对并购的绩效产生负面影响。并购整合中产生的风险不仅源于文化和制度障碍,其根本原因还在于我国民营文化企业在经营管理方面处于相对落后状态,难以驾驭海外文化企业经营。

四 跨界经营人才缺失

在进行版权跨界和所有制跨界时,民营文化企业需要具有综合性素质的人才，其中创意领导力是核心素质。创意领导力包括了基础创意管理能力和专业创意管理能力，而专业创意管理能力又包括了文化行业经验、创意价值鉴别力、创意控制力、文化界人脉资源、文化市场营销力和政策运用力。[1]在进行地域跨界时，熟悉国外财务、金融、法律的人才是民营文化的企业必要元素。此类人才能发现国外文化企业以繁复晦涩的合同文件设置的财务、法律陷阱等，避免陷入财务深坑或法律窘境，而具备这样素质的人，在世界文化产业中都是翘楚。即便是好莱坞资深制片人，也并不总能在与好莱坞制片公司的博弈中尝到甜头。华谊兄弟研究院发表过的《收支平衡点（break-even）：与好莱坞分账的要塞》《与好莱坞谈全球分账：不可能的任务？》等专文，阐释与好莱坞在商业实质层面进行深度合作所遭遇的挑战，指出一支国际化的人才队伍是能够突破好莱坞重重迷雾并披荆斩棘的关键。

目前，跨界经营人才的匮乏已成为制约我国民营文化企业在国内外拓展业务的一大瓶颈。由于发展起点和发展历程的特殊性，大多数民营文化企业的管理人员未受过系统的专业教育，企业人员在现代市场经济环境下所必需的基本知识、经营技能和管理理念仍然有进一步提升的空间。特别是对于那些业务"走出去"的民营文化企业来讲，首先要解决的是具有国际化视野的中高层管理人才奇缺的问题。然而，中国民营文化企业在管理文化的开放和包容方面存在着先天不足，不仅企业自身较难培养，即便从外部引进，也很难留住人才。更为重要的是，文化产业具有很强的专业性，仅就文化产业投融资而言，需要大量的既掌握文化产业规律又具备无形资产评估或文化产业投融资能力的复合型人才，但在实践过程中，一直缺乏此类人才。高层次管理人才是民营文化企业的领航者，对文化企业的发展起到关键的作用，但此类人才缺口也特别大。

除此之外，对于大部分规模有限的民营文化企业来说，现代企业管理制度尚在建立中，因此在企业分配制度、激励制度、社会保障制度以及培养制度等几个关键制度上存在缺陷。制度的不健全极容易导致高端管理人才对企业发展信心不足，选择跳槽以谋求更好的发展，从而造成企业高级人才的流失。

五 获取信息不够对称

民营文化企业在发展过程中需要以下几种信息。第一种是研发信息，指在文化企业在产品创意过程与创新扩散中需要的各类信息。文化产品的创

---

[1] 参见向勇《文化产业导论》，北京大学出版社2015年版，第19页。

意、产品设计的流程、高端产品的制造、关键性技术的突破等都需要大量有效及时的研发信息。第二种是商务信息,包括文化企业名录、文化产业金融信息、文化市场信息、文化产品信息、文化企业竞争对手信息等。第三种是激励文化产业发展的政策信息,此类信息广泛分布在文化部、新闻出版广电总局、商务部等国家部委发布的各类文件中。第四种是人才信息,民营文化产业发展需要各种层次尤其是高层次的人才,人才获取通道、人才培养和吸引高级人才的信息都是民营文化企业急需的。

　　文化产业发展所需要的信息具有以下特点。第一,对信息质量有较高的要求。信息质量由信息的内容质量、整合质量、表达质量和效用质量组成。①其中,效用质量是衡量文化项目信息、政策信息、市场行业信息最重要的指标。此外,全国层面和各省、市文化管理新政策不断出台,新技术发展迅速,加之文化产业在一定程度上是以内容生产为主的产业,对信息的依存度很高,因而对信息的全面性、信息内容的真实性、信息表达的清晰度都提出较高的要求。第二,信息需求多元化。文化产业及相关产业有 10 个分类,覆盖 29 个行业,各个行业都有各自的产业链。因规模、生产内容不同,文化企业也呈现多种样态,因此对于信息的需求也不尽相同,这就使得文化企业对信息的需求呈现多样性和综合性,特别对国外文化企业的信息需求更是如此。第三,信息获取渠道多样。获取信息的渠道除了政府网站外,还有新闻媒体等,在海量的信息中获取各自企业所需的信息确实有一定难度。第四,信息需求具有产业特色。文化产业在传统产业升级、发展文化产品与服务贸易等方面发挥积极作用,这类信息具有鲜明的产业特色。

　　面对复杂多变的信息,民营文化企业与国有文化企业相比,处于信息弱势地位。有研究表明,一方面民营文化企业对各类信息的重要性认识不足,部分民营文化企业对信息化的理解还只是停留在初级阶段;另一方面,民营文化企业对信息收集急功近利,大多数民营文化企业收集信息以追求短期收益为目的,不注重不同信息间内在的、必然的联系。加之民营文化企业信息素养受限,常被一些过时信息、虚假信息所拖累。此外,相当多的民营文化企业仍然在依靠原始的方法获取信息,如"通过亲朋好友、社交活动、电话、报纸、杂志、广播、电视订货会、展销会等获取信息,尽管有部分文化企业通过信息网络和数据库,对国外文化企业信息网络许多企业利用率很低"②。

---

① 参见董洁萍《天津自贸区企业信息需求调查与分析》,《科技情报开发与经济》2015 年第 15 期。
② 金惠红:《民营企业信息需求及获取途径分析》,《企业经济》2010 年第 6 期。

第三节 民营文化资本跨界的机遇

一 鼓励政策效果明显

随着中国软实力的提升以及中国加入世界贸易组织后文化市场的进一步开放，西方文化产品进口大量增加，这对我国的文化价值观冲击十分巨大，同时逼迫中国文化产品生产遵循国际市场规则。随着经济发展和社会进步，我国国民的思想观念多元化，加上文化素质的不断提高，消费者对文化产品的要求也越来越高。我国一些文化产品过度强调意识形态，还有一些文化产品艺术和技术的表现手法差，在一定程度上难以满足大众不断增长的物质文化需求。

国有文化企业一直主导着我国文化产业体系，这已不再适应我国文化产业发展的需求。民营文化资本的发展，使得国家意识到民营文化资本已经成为社会主义市场经济的重要组成部分。国家明确支持和鼓励民营资本进入文化产业，并在股权比例和相关领域对民营企业进一步放宽，在文化市场上逐步实现民营文化资本与国有文化资本的公平竞争。在我国文化体制改革出台的众多文件中，与民营资本进入文化产业相关的文件占一定比例；根据《中国文化产业政策研究》一书的统计，512条政策文件中，涉及吸纳民营资本的有26条，占全部政策文件的5.1%。[1]

表3-1　　投资方式与体制改革部分要素出现的频次和比重[2]

政策要素	频次(件)	比重(%)
风险投资	14	2.7
民营资本	26	5.1
完善行政审批制度	7	7
政府服务效率	74	14.5

---

[1] 参见李思屈《中国文化产业政策研究》，浙江大学出版社2012年版，第65页。
[2] 李思屈：《中国文化产业政策研究》，浙江大学出版社2012年版，第63页。

涉及民营文化资本的产业门类包括广播影视业、网络产业、艺术产业、体育产业以及动漫产业，国家有关文化产业的总体政策也有大量涉及民营资本的条款（表3-1）。我国所有文化产业门类中有26条政策文件涉及民营资本的进入问题。从文件所覆盖的行业看，"动漫产业"占了16条，是涉及民营资本最多的行业门类，占全部动漫产业类政策的21.3%（表3-2）。

表3-2　投资方式各政策要素在各类政策中的频次和比重①

政策要素/类别	风险投资	民营资本	其他社会资本	外资进入	合资或合作
文化产业	0	4	14	11	7
	0	7.4%	25.9%	20.4%	13%
图书出版业	0	0	1	2	2
	0	0	1.1%	2.2%	2.2%
报刊业	0	0	0	0	0
	0	0	0	0	0
广播影视业	1	2	3	9	8
	1.7%	3.4%	5.2%	15.5%	13.8%
音像业	0	0	0	1	2
	0	0	0	8.3%	16.7%
网络产业	1	1	3	2	2
	1.6%	1.6%	4.8%	3.2%	3.2%
广告业	0	0	1	1	1
	0	0	3.3%	3.3%	3.3%

① 李思屈：《中国文化产业政策研究》，浙江大学出版社2012年版，第63—64页。

续表

政策要素/类别	风险投资	民营资本	其他社会资本	外资进入	合资或合作
旅游业	0	0	0	4	3
	0	0	0	8.7%	6.5%
艺术产业	0	2	1	3	3
	0	6.1%	3.0%	9.1%	9.1%
体育产业	0	1	2	0	0
	0	5.3%	10.5%	0	0
动漫产业	12	16	15	12	11
	16.0%	21.3%	20.0%	16.0%	14.7%
合　计	14	26	40	45	39
	2.7%	5.1%	7.8%	8.8%	7.6%

党的十八大后，国家更是对民营文化企业加大扶持力度。十八届三中全会指出，作为中国特色社会主义制度的重要支柱和社会主义市场经济体制的根基的公有制为主体、多种所有制经济共同发展的经济制度，是我国基本的经济制度，强调公有制经济和非公有制经济都是社会主义市场经济的重要组成部分，都是我国经济社会发展的重要基础。非公有制经济必须毫不动摇地被鼓励、支持、引导，以激发其活力和创造力。权利平等、机会平等、规则平等理念不再是停留在口头上的理念，而是要通过推动制度建设加以落实。此外，十八届三中全会还强调"使市场在资源配置中起决定性作用"，民营文化资本和国有文化资本的配置都由市场主导，这样两种资本才能站在同一条起跑线上公平竞争。

二　文化产业发展迅速

从 2004 年开始，我国文化产业进入快速发展通道。我们根据《中国文化及相关产业统计年鉴2013》《文化及相关产业分类》《文化及相关产业分类（2012）》《文化及相关产业分类（2015）》和《中国统计年鉴》等文献进行了测算，得出了2004—2015年年度文化产业增加值（图3-2）。从图3-2看，2010年是个分水岭，该年文化产业增加值突破1万亿元，而之前的文化产业增加值的年均增量在千亿元以下徘徊，之后5年文化产业增加值增量明显，年均增量超过2000亿元，其中2010年较前一年增量为2266亿元、2011年为2427亿元、2012年为2555亿元、2013年为2010亿元、2014年为3859亿元、2015年为1889亿元。从占GDP的比重看，2004年仅占2.15%，2011年达3.28%，2012年为3.48%，2013年为3.42%，2014年为3.6%，2015年为3.97%，文化产业在国民经济发展中的地位已经举足轻重。

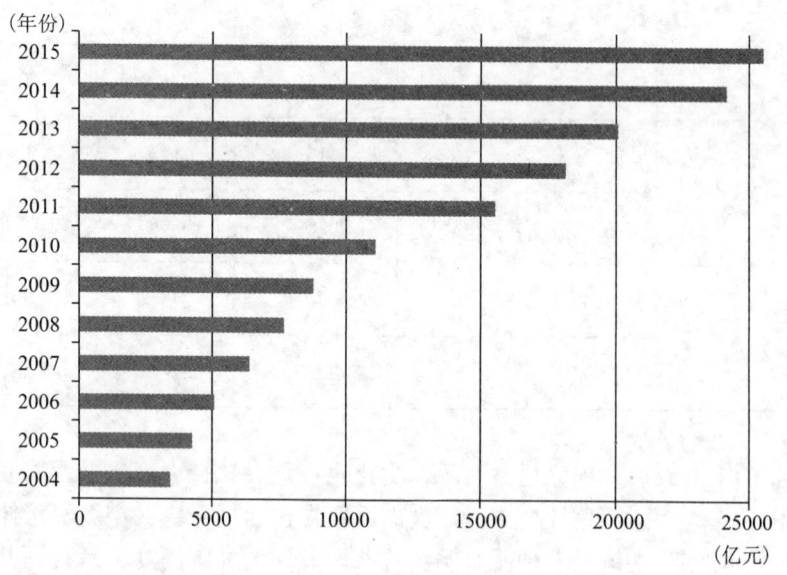

图3-2　2004—2015年年度文化产业增加值①

全国经济普查数据显示，从2003—2013年，我国已经形成门类齐全的文化产业体系。核心内容产业和生产性文化服务行业的从业人数在整个文化产业从业人数中比重不断提高，2004年、2008年和2013年分别达到59.55%、58.55和63.15%。其中民营文化企业从业人数占总从业人数的80%左右，在文化产业及相关产业举足轻重。

---

① 2011年的数据是高书生按照中国文化产业的新旧标准做出的换算数据。详见高书生《我国文化产业发展的总体状况和主要特征》，《经济与管理》2015年第3期。

根据高书生的测算，从2013年起，"我国文化产业中文化含量最高的内容生产、渠道生产、文化生产服务和生产性文化服务等四个类别的资产总额均过万亿元，文化产业主体部分的经营实力大为增强。特别同2004年和2008年相比，这一特点更为显著。2013年起，除文化装备制造外，文化产业其余类别的主营收入均接近或超过万亿元"①。

"十三五"期间，我国实行的供给侧结构改革为文化产业发展带来新机遇。供给侧结构改革的核心问题是提高文化产品供给的质量和效率，化解过剩产能，调整产业结构，这就倒逼民营文化企业进行转型升级。

三 "互联网+"：跨界新机遇

20世纪90年代，互联网登场。20年后，PC互联网升级为移动互联网，互联网公司超越电脑软件等传统IT公司，成为科技公司的代表，并革命性地改变了媒体、娱乐、零售、旅行等与消费者直接相关的众多行业，促进了产业间的融合。

互联网正在成为21世纪经济社会的制高点。2011年前后，以德国人提出"工业4.0"概念为标志，互联网技术开始进入并改造大型工业企业。"工业4.0"、物联网、工业互联网这三个由德国人和美国人提出的概念可以相提并论，互换使用，它们都意味着第四次工业革命拉开了帷幕。

互联网在连接一切的过程中，迄今经历了三个阶段。第一阶段是人与信息的互联（代表公司是雅虎、谷歌、百度和新浪）；第二阶段是人与人的互联（代表公司是Facebook、Twitter和腾讯）和人与商品的互联（代表公司是亚马逊、阿里巴巴、京东）；第三阶段刚刚开始，是物与物的互联，代表公司是提出"工业4.0"概念的西门子和提出"工业互联网"概念的通用电气。

正是在这样的背景下，"互联网+"和"中国制造2025"出现在了2015年政府工作报告中。"互联网+"为文化及相关产业提供了千载难逢的发展机遇，伴随着国内电子商务应用不断地朝着纵深方向发展，电子商务为其他的行业创造了不少成绩。因此，文化产业相关产业链的发展也应该积极地融合自身特色，并以电子商务作为重要突破点，与商机互通互联，以更好地改变文化产业的发展现状。

---

① 高书生：《我国文化产业发展的总体状况和主要特征》，《经济与管理》2015年第3期。

第四节 民营文化资本跨界的挑战

一 原创力不足

当前民营文化产业发展的最大短板是原创不足，这缘于市场未能在内容原创环节对资源配置起决定性作用。新思想的生产和提供的核心是内容原创，分散化的市场资源配置机制最适合激发思想观念的创新，而集中管理的行政化资源配置机制恰恰是阻碍内容原创的大敌。

总的来说，我国民营文化产品缺少创意和创新，附加值较低，市场竞争力较弱。仅以影视业为例，作品题材不够丰富，形式单一，尤其是电视节目模仿性较高，聚类于宫廷题材、抗日题材电视剧和综艺选秀题材电视节目，一旦某家民营文化企业制作的某档电视节目收视率较高，其他文化企业争相制作相同的电视节目，相互模仿，相互抄袭，缺少创新和创意，缺少民族文化核心价值，不能有效地通过影视作品实现经济效益和社会效益的统一。演出团体的情况也大抵如此，民营文艺表演团体的创作生产几乎处于空白状态，除了几家大型文艺表演团体及少量歌舞类、曲艺、综艺类团体有自己的主创团队或者人员外，大量的团体采用的是"拿来主义"。

我国的文化产品科技含量较少，对于以网络和数字技术为依托的新型表现形式挖掘得还不够深入，如3D电影作品、4D电影作品、5D电影作品以及网络电视节目等文化产品数量较少，质量较低。从我国新闻出版业来看，尽管种类多样，资源丰富，但是宣传渠道单一，缺少完善的文化资本运营模式，文化产品价值没有被深入挖掘，往往只是一次开发。虽然出版社、广播台、电视台等数量较多，但经营规模还是普遍较小，比较分散，且重复性建设，资源浪费，整体市场竞争力较弱。

二 国内外对手强大

在国内，国有文化企业占主导地位。尽管民营文化企业进步很大，但是从管理运作模式和资本运营模式上看，国有文化企业在一定程度上优于民营文化企业。在相当长的一段时间内，国有文化企业在中国文化产业中占据主导地位的格局不会改变，民营文化企业的发展依然受到国有文化企业的牵制。

从国际上来看，文化产业被时代华纳、迪士尼、维亚康姆、美国电讯公司、通用电气、贝塔斯曼、新闻集团、索尼、西格拉姆等全球跨国文化产业巨头所把持，这些巨头的实力均在全球 500 强之内。除此之外，还存在着一些国家级或地区级的文化产业巨头，他们一半来自北美，一半来自欧洲和日本，年收入均超过 10 亿美元。国际文化产业巨鳄无疑对中国民营文化产品与服务贸易构成威胁。

三 国际环境陌生

大多数民营文化企业主要针对国内文化市场开展业务，而对国际文化市场洞察不足，特别是对国外的文化环境、经济环境的分析还不够到位。民营文化企业对国外消费习惯也并不甚了解，在经营业务时就会遇到各种阻碍。因此，民营文化企业在开拓海外市场前一定要瞄准市场，进行长期的调研和摸索。

民营文化企业对错综复杂的国际法律法规、国际文化市场规则、国际文化竞争方式的了解有待加强，否则会直接增大其开拓国际市场的难度，增加国际市场运行成本。这种不稳定性和不可预测性，会给资产有限的民营企业带来明显的高风险。另外，民营文化企业由于在资金、人力、技术手段等方面存在着不足，获得相关信息的渠道相对匮乏。

民营文化企业受到欧盟、东盟、北美自由贸易区一体化进程所带来的贸易转移效应的威胁，使得其文化产品更易遭受各种贸易保护主义的限制。此外，西方国家的反倾销和技术性贸易壁垒对民营文化企业出口的影响越来越大。部分发达国家由于本国经济或政治原因，滥用 WTO 规则，提高对我国民营文化企业出口商品质量、技术、包装、标签等方面的标准，提出反倾销诉讼或设置非关税壁垒。

四 投融资手段单一

融资顺序理论是迈尔斯（Myers）首先提出的，该理论强调企业要根据成本最小化原则，优先选择交易成本为零的融资方式，如内源融资，其次才是交易成本较低的融资方式，如债务融资，最后才选择对信息约束条件要求最严、可能导致企业价值贬值的股权融资。当内源融资无法满足需要时，外源融资才能浮出水面，这样企业才不至于因为资金瓶颈而影响正常的生产和经营。①

---

① 参见 S. C. Myers and N. S. Majluf, "Corporate Financing and Investment Decisions When Firms Have Information that Investors Do Not Have", *Journal of Financial Economics*, Vol. 13, No. 2, 1984.

随着我国经济的高速发展，民营文化企业的规模逐步扩大，资金需求日益增加。我国目前民营文化产业的融资仍以股权融资为主，更高层次的债权融资、版权预售融资还处于摸索试验中。就融资项目而言，在我国还是单个的项目融资比较多见，远未形成组合融资。在融资渠道方面，多以联合投资的方式来解决融资问题，缺少引进信贷资金和风险投资基金等多种融资方式。民营文化企业对资本运营、企业管理、人力资源管理等市场经济规则的不熟悉也是融资存在问题的一大原因。① 因此，越来越多的民营文化企业从外源融资渠道获得资金。在一项关于民营文化企业发展的主要障碍的问卷调查中，"选择'融资困难'的占问卷总量的四分之三，其中西部地区的比重高达80%"②。冯兴元等人所做的"中国民营企业生存环境报告"显示，2010年，50.5%民营企业依靠银行贷款的方式融资，26.7%通过民间借贷的方式融资，25%通过股权融资，10%引进了风险投资。这充分说明随着民营企业的发展，内源融资不应该是我国民营文化企业唯一的一种融资方式，这种单一的融资方式已远不能满足民营文化企业的需求。

五 人才吸引力弱

文化产业是一个综合型行业，需要大量艺术、技术、策划和经营人才。创作环节是文化与科技的高度结合，创作者的原创能力和核心创意能力决定文化产品的质量，而文化产品的质量又决定民营文化企业的发展，因此，在诸多影响民营文化企业的要素中，人才可谓是第一要素。处在中国文化体制主体之外的民营文化企业，在客观上存在着一些吸引人才的瓶颈。与国有文化企业和国际文化企业相比，民营文化企业对高端人才的吸引力稍弱，存在中高端人才招聘难、留人更难问题，人才结构性需求矛盾比较突出。

民营文化企业中制作加工类人员较多，但是对企业贡献大的则是洞悉文化产业、会经营善的管理人才、高端创意人才和营销人才，且这种人才需要在长期的实践中方能培养出来，对文化企业起领航作用的高层次管理人才也需要长时间的磨炼。文化产品需要的灵感迸发、创意迭出的核心创作者，民营文化企业更是难求。所有这些都与民营文化产业快速发展的要

---

① 参见张思静《新环境下中国创意文化产业的"走出去"之惑》，2014年12月1日，人民网——传媒频道，http://media.people.com.cn/n/2014/1201/c382352-26127877。
② 叶帆：《中小企业转型升级的战略思考》，《科技创业月刊》2015年第5期。

求严重脱节。

另外，民营企业的管理机制也难以留住人才。大部分民营文化企业规模较小，尚未建立现代企业管理制度，企业多以亲情、血缘关系为纽带，对外来人员缺少相应的激励，重要岗位任人唯亲的现象比较普遍。民营文化企业的分配制度、激励制度、社会保障制度和人才培养制度还需进一步改善，方能对高级人才形成长期的吸引力。

第四章　民营文化资本跨界的 PEST 分析

民营文化资本在文化产业跨界融合离不开政治、经济、社会和科技的发展，跨界融合的效果，既是经济发展的结果，也是产业政策变革的结果，还是社会和科技发展所驱动的结果。因此，要全面考察民营文化企业跨界融合的环境，离不开对政治环境、经济环境、社会环境和技术环境的全方位分析。

第一节　民营文化资本跨界的政治环境

一　国际政治环境

改革开放三十多年来，由于中国综合国力的增强和国际影响力的提升，中国议题成为国际舆论关注的重要内容。世界各国都高度看重中国，普遍把发展对华关系作为其对外政策优先方向，同中国建立鼓励和促进民间资本相互流动的政策磋商机制，达成发展长期稳定、互惠互利经合关系的共识，签订双边投资保护合作协定和免征双重税收协定，为中国民营企业境外发展提供了极为有利的政治、经济环境和政策支撑。另外，当前国际金融危机的影响犹存，世界经济复苏缓慢，许多国家特别是发达国家经济困难重重，经济持续低迷，世界经济进入了新的调整重组时期，这为中国企业尤其是民营企业大步"走出去"创造了难得的好机会。欧美等发达国家为了重振经济，提出了"再工业化"计划，尤其重视重振实体经济，但苦于资金不足、市场窄化而难以如愿，只得将求助的目光投向在主要经济体中一枝独秀的中国，希望借助中国的资金和市场来提振本国疲软的经济。这些国家不少企业甚至大跨国公司受金融危机影响，资产严重缩水，竞争力下降，经营陷入困境以致面临破产，急于出手转让部分或全部股权，以谋重生之道，为中国民营企业对境外企业公司进行廉价"抄底"并购或参股联营打开方便之门。发展中国家亟须摆脱贫穷落后状态，尽快使自己发展起来，但底子薄、发展实力不足，尤其欢迎中国企业对其进行投资开发。

但是，对于具有意识形态色彩的文化产业而言，"走出去"要比其他产业面临更大的挑战，特别是国际舆论的挑战，最典型的就是在西方国家普遍盛行的"中国威胁论""中国责任论"。总之，对中国负面的论调始终未曾退出国际舆论场，只不过版本和形式不断翻新而已。

20世纪90年代之后，"中国威胁论"有了新的表现形式，除了军事威胁、经济威胁、意识形态威胁，环境威胁这个时候也逐渐浮出水面。1997年当时任美国总统克林顿对江泽民主席说"对美国的安全来说，中国最大的威胁不在军事上，而在环境上"的时候，表明国际社会对中国利用环境威胁他国的舆论已经大致形成。到目前为止，"中国环境威胁论"大致可以分为粮食威胁论、能源威胁论、资源（水、木材）威胁论、空气和工业污染威胁论。

根据约瑟夫·奈的观点，一国的软实力源于该国的文化、价值观以及外交政策等要素对他国产生的吸引力，主要通过其他国家的认同和效仿来实现国家利益。[1] 早在2005年3月18日，《金融时报》的一篇文章就大谈中国如何挑战美国在亚洲的影响力。[2] 同年12月，约瑟夫·奈也撰文对中国在亚洲软实力的增长表示担忧。最典型的对于中国软实力增长表示担忧的莫过于2008年由美国国会研究处（Congressional Research Service）发布的题为"中国在东南亚的软实力"的报告。该报告声称，中国在东南亚地区的软实力日益增强，而美国在过去十几年内在该地区的软实力则出现了绝对和相对的下降。报告还进一步指出，中国在东南亚软实力的提高是以美国在此地区软实力的下降为代价的。[3]

中国上升为世界第二大经济强国以后，在中国"威胁论"的基础上，西方发达国家又抛出中国责任论。2010年8月15日日本政府发布二季度经济报告，宣布中国的GDP首次超过日本，位居世界第二。仅隔一天，美国国

---

[1] 参见 J. S. Nye, *Soft Power: The Means to Success in World Politics*, New York: Public Affairs, 2004, pp. 5-15。

[2] 参见 G. Dinmore, "The Rivals: Washington's Sway in Asia is Challenged by China", *Financial Times*, March 18, 2005。

[3] 参见 T. Lum, W. M. Morrison and B. Vaughn, "China's 'Soft Power' in Southeast Asia", *CRS Report for Congress*, January 4, 2008。

防部发表《与中国相关的安全发展年度报告》,从美国的角度对中国军事现代化的迅速发展表示了担忧。西方的普遍逻辑是：力量意味着责任,中国力量的发展意味着中国责任的突出。美国的"中国责任论"的含义可以概括为一句话：中国正在崛起,但还不是个充分负责的国家,中国应该承担与其实力相称的责任,从而成为国际社会负责任的一员。这句话包含三层含义。第一,认可中国实力上升的事实,并把中国列为大国。中国还是处于"战略十字路口",对未来的道路是否融入美国主导的体系还未做出明确的选择。第二,认可中国已经表现出的一定合作迹象。中国遵守国际规则,特别是对国际贸易和安全领域规则的遵守,受到发达国家的关注,并在 2007 年美国对外关系理事会提交的研究报告得到认可,这说明中国已经成为国际事务处理中不可缺少的一分子。第三,中国仍然存在着一些缺陷,比如,中国在国际事务中还没有完全承担全部的社会责任,还必须努力"像负责任的利益攸关方那样行事,履行其承诺并与美国和其他国家共同努力,促进为其成功提供条件的国际体系"[1]。

二 国内政治环境

(一) 推出支持民营经济的政策

改革开放以来,民营经济逐渐成为中国经济的重要支柱,对促进国民经济增长发挥了重要作用。政府为保障民营经济的合法地位,建立了支持民营企业发展的政策体系,这一体系包括经济地位、产权保护、行业准入、财税、融资和公共服务六大方面。[2]

在提升民营企业经济地位方面,1999 年的宪法修正案首次承认民营经济应有的平等的地位,指出非公有制经济是社会主义市场经济的重要组成部分。2002 年 11 月,党的十六大重申鼓励和支持非公有制经济发展不动摇、引导非公有制经济发展不动摇,民营经济终于取得了较高的政治和法律地位。

在民营文化企业产权保护的方面,1986 年通过的《中华人民共和国民法通则》规定了各经济主体间的平等财产关系；1999 年 8 月颁布《个人独资企业法》维护了私营经济的利益；2002 年 6 月颁布的《中小企业促进法》

---

[1] 金灿荣:《从"中国威胁论"到"中国责任论"——中国国际舆论环境的变化与应对》,《绿叶》2009 年第 5 期。
[2] 参见冯兴元、何广文《中国民营企业生存环境报告 2012》,中国经济出版社 2013 年版,第 52 页。

推出了一系列中小企业促进政策；2004年的宪法修正案规定了公民的合法私有财产不受侵犯，但保护个人财产权的法律规定尚不明确，共有产权和私有产权在现有法律框架内实际地位尚不平等；2007年出台的《物权法》把国有、集体和私人资本放在同等保护的地位，明确肯定了私人资本的同等地位；《反垄断法》以法律形式把政府圈定的国家控制行业及其企业置于反垄断法之外；党的十七大文件规定要保护物权，促进各种所有制公平竞争。然而，上述法律和政策文本并不等同于法律和政策现实，在实际操作层面，仍然存在着阻碍民营经济发展的法律、政策和制度障碍。

在民营企业行业准入方面，从2005年起我国相继出台降低民营企业行业准入的政策法律：2005年2月，国务院颁布了《国务院关于鼓励支持和引导个体私营等非公有制经济发展的若干意见》这一安抚民营经济的政策；2010年，国务院发布的《国务院关于鼓励和引导民间投资健康发展的若干意见》，将政策中心放在民间投资面临的市场准入障碍这一核心问题上；为了保证相关政策落到实处，国务院要求相关政府部门出台相关领域的民间投资实施细则，截至2012年7月，各部委制定的42项民间投资实施细则全部出齐。

在民营企业税收优惠方面，自20世纪90年代以来，政府出台了多项针对民营经济的税收优惠政策。从这些政策的出台时间看，2008年以来出台的优惠政策最多，占了80%以上，主要涉及增值税、企业所得税、营业税等税种；还有一小部分优惠政策集中在2000—2007年出台，主要涉及社会事业领域投资中的营业税等税种。从这些优惠政策分布的领域看，基础产业和基础设施领域的优惠政策9项，市政公用事业和政策性住房建设领域的优惠政策1项，社会事业领域的优惠政策11项，金融服务领域的优惠政策4项，商贸流通领域的优惠政策1项，推动民营企业加强自主创新和转型升级的优惠政策7项。[①] 然而，民营企业的总体税收负担仍然较重。

在促进民营企业融资方面，政府部门设立与民营企业融资需求相适应的中小金融机构，允许民间资本发起设立小额贷款公司。2008年12月1日由银监会颁布的《关于银行建立小企业金融服务专营机构的指导意见》提出银行可以建立小企业金融服务专营机构；2010年3月8日，银监会等7大部门联合发布的《融资性担保公司管理暂行办法》，就融资性担保公司的设立、

[①] 参见冯兴元、何广文《中国民营企业生存环境报告2012》，中国经济出版社2013年版，第54页。

变更和终止,业务范围,经营规则和风险控制等方面作出了具体规定;2010年初银监会提出单列信贷计划、单独配置人力资源和财务资源、单独客户认定与信贷评审、单独会计核算等"四单原则",督促银行业金融机构制定并落实对小企业的信贷倾斜政策。2014年,中国人民银行、财政部、文化部发布《关于深入推进文化金融合作的意见》,深入推进文化与金融合作,鼓励金融资本、社会资本、文化资源相结合,推动文化产业成为国民经济支柱性产业。

在促进民营企业自身社会组织方面,我国政府鼓励社会管理创新。中关村国家自主创新试验区和广东省在发展社会组织方面均享有"先行先试"的政策,对商会、行业协会和产业联盟之类的经济类社会组织注册登记均不要求有主管单位。①

在中小企业促进政策方面,2002年,全国人大通过了《中小企业促进法》,提出了从资金支持、创业扶持、技术创新、市场开拓、社会服务五个方面支持中小企业发展的多项政策措施;2009年9月19日,国务院下发了《国务院关于进一步促进中小企业发展的若干意见》;2012年4月19日,国务院下发了《国务院关于进一步支持小型微型企业健康发展的意见》,从税收优惠、财政支持、政府采购、融资支持、创新发展、市场开拓、经营管理、集群发展、公共服务等方面,全面搭建支持小型微型企业发展的政策框架,将国家层面对中小企业的支持提到一定高度。2014年,国务院再次下发了《国务院关于扶持小型微型企业健康发展的意见》,提出要充分发挥现有中小企业专项资金的引导作用,鼓励地方中小企业扶持资金将小型微型企业纳入支持范围。小型微型企业从事国家鼓励发展的投资项目、进口项目自用且国内不能生产的先进设备,按照有关规定免征关税。鼓励大中型企业带动产业链上的小型微型企业,实现产业集聚,形成规模效应,共同发展。对小型微型企业吸纳就业困难人员就业的,按照规定给予社会保险补贴,各规定条款都有具体落实部门。

虽然国家一系列鼓励引导非公有制资本进入文化产业政策措施相继出台,大量的民营资本和人力资源正不断涌入文化产业这一领域,但从总体上看,目前的指导性意见多,政策性文件少,没有形成促进文化产业发展的完整政策体系,政府给予民营文化企业的支持力度还不够。

---

① 参见冯兴元、何广文《中国民营企业生存环境报告2012》,中国经济出版社2013年版,第65页。

(二) 推出融合发展举措

2012年2月,《文化部"十二五"时期文化产业倍增计划》首次提出了促进文化产业跨界融合,使国民经济的文化附加值得到快速提升的任务。6月,科技部推出的《国家文化科技创新工程纲要》,提出"加强文化领域技术集成创新与模式创新,推进文化和科技相互融合,促进传统文化产业的调整和优化,推动新兴文化产业的培育和发展,提高文化事业服务能力,加强科技对文化市场管理的支撑作用"[①]。2012年7月,国家统计局发布的《文化及相关产业分类(2012)》,将原来的"网络文化服务"大类更名为"文化传输服务",界定更直接鲜明,不仅大大扩展了行业范围和领域,且更凸显新兴文化业态的数字化技术特征和产业融合特性。2012年9月,《文化部"十二五"文化科技发展规划》强调在"文化传播与服务"领域中,综合利用现代高新技术扩大公共文化服务的有效覆盖与服务效率;推进针对互联网传播秩序、新兴媒体传播、文艺演出院线、网络内容生产和服务的新技术新业务的集成应用与集成创新。11月,党的十八大报告提出了"文化软实力显著增强"的文化建设目标,提出通过文化和科技融合发展带动新型文化业态发展,以提高文化产业规模化、集约化、专业化水平。12月12日,在全国信息化工作会议上,新闻出版总署发布了《新闻出版信息化"十二五"时期发展规划》,推动信息技术和新闻出版业深度融合,重点打造三大国家级信息化平台——"新闻出版电子政务综合平台""新闻出版信息资源库"和"出版发行信息服务云平台"。

2013年,国务院颁布的《国家"十二五"时期文化改革发展规划纲要》提出:"鼓励有实力的文化企业跨地区、跨行业、跨所有制兼并重组,推动文化资源和生产要素向优势企业适度集中,培育文化产业领域战略投资者。""形成公有制为主体、多种所有制共同发展的文化产业格局。培育一批核心竞争力强的国有或国有控股大型文化企业或企业集团,在发展产业和繁荣市场方面发挥主导作用。在国家许可范围内,引导社会资本以多种形式投资文化产业,参与国有经营性文化单位转企改制,参与重大文化产业项目实施和文化产业园区建设,在投资核准、信用贷款、土地使用、税收优惠、上市融资、发行债券、对外贸易和申请专项资金等方面给予支持,营造公平参与市

[①] 科技部、中宣部、财政部、文化部、广电总局、新闻出版总署:《国家文化科技创新工程纲要》,2012年。

场竞争、同等受到法律保护的体制和法制环境。"①

2014年，中央全面深化改革领导小组第四次会议审议通过了《关于推动传统媒体和新兴媒体融合发展的指导意见》，明确支持传统媒体和新媒体发展，着力打造一批具有竞争力的新型主流媒体，建成几家实力强的新型媒体集团。新旧媒体融合背后将产生巨大的投资机会。资本运作仍将是目前国内推动传媒产业融合最为直接有效的路径。具有国有文化资本背景的老牌传统媒体，所拥有的优势是足够大的资源和平台，劣势是缺乏灵活的市场机制和互联网基因。新旧媒体的融合，将借助多种多样的资本化手段实现。促进文化创意和设计服务与相关产业融合发展在2014年国务院的政府工作报告中得到强调，同年相关配套措施跟进，陆续推出由文化部、中国人民银行、财政部印发的《关于深入推进文化金融合作的意见》、国务院印发的《国务院关于推进文化创意和设计服务与相关产业融合发展的若干意见》和《国务院关于加快发展对外文化贸易的意见》等文件。

2015年，国务院的政府工作报告的亮点是提出"互联网+"行动计划。所谓"互联网+"行动计划，就是以互联网为先导，联合云计算、大数据、物联网，向各个领域渗透，促进各行业的跨界融合。这将对我国现有文化产业格局产生深远的影响，传统文化产业迎来发展新机遇期。

2016年4月，中国资产评估协会发布了《文化企业无形资产评估指导意见》，提出影响以合同权益方式体现的文化企业人力资源价值的主要因素包括：合同的合法性、公平性、服务期限、合同约定的激励措施、保密条款、竞业禁止条件等。评估文化企业中与人力资源有关的合同权益等无形资产，可以结合人才流动市场的定价方式或者文化企业与生产要素供应方的合作模式。2016年11月7日，《中华人民共和国电影产业促进法》经过全国人大常委会表决通过，自2017年3月1日起施行，对电影创作、摄制，电影发行、放映，电影产业支持、保障，法律责任等分别作了详细规定。作为我国文化产业领域的第一部法律，电影产业促进法对目前中国文化产业领域的立法工作产生了积极的示范效应，也将对整个文化产业的发展产生长期深远的影响。

(三) 实施"一带一路"战略

世界经济复苏乏力，很多国家的经济面临困境，急需新的经济引擎来拉动世界经济。"一路一带"战略是中国为推动欧亚大陆经济合作而制定的包

---

① 《国家"十二五"时期文化改革发展规划纲要》，2012年。

容性战略规划。为了贯彻落实这一规划，文化部推出《文化部"一带一路"文化发展行动计划（2016—2020）》。该计划为"一带一路"文化交流与合作的深入开展绘就了路线图，从五个方面推进我国同"一带一路"沿线国家的文化交流与合作：一是健全"一带一路"文化交流合作机制建设；二是完善"一带一路"文化交流合作平台；三是打造"一带一路"文化交流品牌；四是推动"一带一路"文化产业繁荣发展；五是促进"一带一路"文化贸易合作。

按照邵培仁等人分析，"一带一路"给文化产业，特别是给传媒产业带来的特殊价值，在于它表达了理想主义和现实主义相结合的新世界主义，勾勒出中国"重塑经济全球化话语权"的愿景，致力于"为解决人类公共性问题与挑战发出中国倡议、提供中国方案、展示中国智慧"[1]。因此，"一带一路"不仅是一条商贸之路，更是一条文化之路。丝绸之路文化是沿线各国、各地区共同的文化记忆。促进东西方的思想交流和文化交融，是古丝绸之路不可忽视的历史作用，体现了文化资本在产业、资产、资源和象征意义上的组合。

在"一带一路"的建设过程中，文化的先导作用亦不容忽视。以企业为主体的文化交流先行带动"一带一路"沿线国家民心相通，增强互信，加深了解，夯实"一带一路"互联互通的共识基础，这既是文化产业必须承担的历史责任，也为文化产业发展提供了难得的机遇。目前我国已经将河南、陕西、甘肃、青海、宁夏、新疆、重庆、四川、云南、广西、江苏、浙江、广东、福建、海南等省市纳入"丝路文化地产集聚带"规划和建设中。

第二节 民营文化资本跨界的经济环境

一 国际经济环境

在经历产品经济、服务经济之后，世界经济正在向文化经济转型。文化经济已成为世界经济重要的组成部分，是世界经济发展的主要方向和目标。全球文化产业可谓群雄并起、千帆竞发，它的发展也为其他产业注入了活力。

---

[1] 邵培仁、王昀：《新世界主义视野下的中国传媒发展》，《编辑之友》2017年第1期。

文化产业的巨大经济潜力已被众多国家认可，经受金融危机严重影响的文化产业在全球产业体系中的地位正在不断上升，燃起了发达国家经济复苏的希望。在一些国家，文化产业已经成为国家的支柱产业，无论增加值还是增长率均高于其他产业，也高于经济总量的增长。即便在一些新兴经济体国家，文化产业对国民生产总值的贡献率也在不断提高，逐步向支柱产业过渡。全球文化产业的发展有以下特征。

第一，无论发达国家还是发展中国家，都认识到文化产业作为一种新的发展范式的价值，不约而同地启动了"创意立国"和"文化立国"的国家战略，制定相关产业政策，鼓励文化创新与经济发展、文化传承和社会进步相结合。联合国教科文组织和联合国贸易与发展委员会高度重视文化产业在创造营业收入、就业机会和出口创汇上的经济贡献，高度重视文化产业鼓励创新、建立认同、寻求包容性新型发展等超越经济范畴的社会贡献。文化产业以市场为驱动、以创意为手段，在推进政治发展、经济转型、社会进步和技术变革等诸多方面效果明显。

第二，在美国、英国、日本和韩国等文化产业比较发达的国家，文化产业逐步取代传统产业成为国民经济的新型支柱产业。世界其他国家纷纷效仿上述国家，转变经济增长方式，调整产业结构，将文化元素融入国民经济的其他产业。

第三，各主要文化强国均通过大力发展文化产业增强国家软实力，以适应文化扩张的全球化战略需要。美国的电影业在这方面的表现非常突出。早在20世纪50年代，海外收入就占到美国电影总收入的40%，进入21世纪，这一比重突破60%。随着电影业的大力发展，美国式的价值理念、意识形态和生活方式也通过电影产业植入世界各地。

第四，文化产业的发展与城市化和城市发展依存度高，文化产业呈现向城市空间集聚的特征，与城市空间形成了一种相互依赖的共性关系。在纽约、伦敦、东京、巴黎、首尔、香港等城市聚集着大量的文化产业群，不仅为这些城市创造着新的财富，而且提升了城市作为文化符号的内涵，这对于中国部分正在成为国际大都市的城市有很多启发。

第五，由于发达国家在经济全球化过程中发挥着主导作用，从世界范围内看，文化产业的区域性很明显，文化产业集群大多聚集在发达国家。根据世界银行的统计，美国、西欧和日本的跨国公司囊括了全球国际文化贸易量的2/3以上。目前世界新闻业90%以上的业务被西方七大国垄断，其中又有70%被跨国公司垄断。但是，文化产业聚集在发达国家的事实，并不能说明中国没有任何机会进入国际文化市场的资源配置中。作为世界第二大经济体的中国，有可能通过和平方式和市场途径获得国际分工的重新选择和战略资源的重新配置。中国一直就是世界上吸引外资的第二大国家，大量外资流入中国，解决了中国资本不足问题，为中国和平发展提供了资金支持。2008年起始于发达国家的金融危机，深刻改变了世界经济格局，为中国提升国际影响力带来诸多机遇。中国在世界上的经济地位不断提升，在国际货币基金组织和世界银行等国际金融机构有了一定的发言权，可以提出增加广大发展中国家的投票权，加强发展中国家在国际经济事务中的话语权和决策权，扩大发展中国家在国际经济规则制定和宏观经济政策协调中的影响力。目前G20这个包括诸多发展中国家的联盟正成为全球经济金融事务中最为重要的对话磋商组织，为中国解决全球经济金融事务提供了更大的国际舞台。

全球化同样也检验着中国文化产业在国际文化产业中的地位，因为一国文化产业在世界上的地位，一定程度上取决于该国在全球文化产业链条中的位置和文化产品中所含智力附加值的高低。虽然我国是世界文化产品出口规模第一大国，市场份额达到20%左右，然而，我国的文化竞争力并不强：在文化服务出口方面，我国所占的市场份额只有2%，这与世界范围内文化服务出口在文化产品与服务出口中平均占比30%严重不符。我国文化产业的优势体现在设计、手工艺品、新媒体、视觉艺术等方面，这些产品在计算出口产值的时候并不能单独把设计环节或者文化创意环节剥离出来，而是把设计所依附的产品的总体价值计算在内，因此，统计数据事实上在一定程度上夸大了我国的文化产品创造能力。真正体现文化影响力的产品，如影视媒介、表演艺术、出版等，我国并不占优势，并且与发达国家有很大的差距。中国文化产业结构还被锁定在国际文化产业分工链条末端，即文化产品加工业上。即便是文化产品加工，利润的大多数也被西方发达国家拿走。

二　国内经济环境

（一）文化需求旺盛

我国经济实力不断加强，2008年人均GDP已经达到3100美元，2011年人均GDP达5432美元，第一次突破5000大关，2016年更是达到了人均8016美元。从发达国家历史经验来看，跨越3000美元门槛的国家的消费需求将会出现明显提升，而且精神文化消费的增长幅度将大于物质消费；当人均GDP接近或超过5000美元时，文化消费则会进入"井喷时代"。旺盛的文化消费需求为我国文化产业的发展奠定了良好的基础。文化产业的发展最终要依靠消费市场的培育和成熟，文化产业发展正是文化消费拉动文化生产规模迅速扩大的结果。国家实施包括家电、电脑等文化产品的消费补贴计划，也为文化内容的需求创造提供了一个刚性的外在需求空间。伴随着调整国民收入分配、完善社会保障机制、提高服务业在三次产业中的比重等政策手段的推进，在巩固扩大传统消费的基础上，推动居民消费结构升级是一个趋势。中国的综合国力、国际地位和影响力都将因此进一步加强。

根据国家统计局公布的数据，2016年，全国居民人均消费支出17111元，名义增长8.9%，扣除价格因素，实际增长6.8%，与个人发展和享受相关的支出增长迅猛，其中人均文化教育支出保持了11.2%的增长。在消费市场整体规模已经接近美国的情况下，根据发达国家经验，文化消费起码要占到整体消费的30%，而我国实际消费在整体消费中的比重不足12%，文化消费市场发展潜力巨大。

对于世界文化市场而言，中国毫无疑问是一个庞大的、远远没有开发出来的市场。目前我国1万多亿的居民文化消费，仅仅达到3万7千亿的消费潜力的1/4—1/3。按照经济发展的速度和水平，我国到2020年将有16万亿元的文化消费，这是全球最大的消费潜力所在。与发达国家的文化消费相比，中国文化消费的潜力还未全面发挥出来，在未来一段时间里，则会处在潜力被逐渐挖掘出来的超常消费状态。

（二）文化产业结构调整

经过了"十二五"期间文化产业的快速增长，"十三五"期间我国文化产业进入结构性调整时期，表现在：第一，在文化及相关产业的十个门类里，数字信息传输服务、文化休闲娱乐服务、文化艺术服务、广电服务和文化创意设计服务的增长明显高于文化产业平均增速。从2016年前三季度的数据来看，拖累整体增速的是附加值较低的文化产业部门，而具有创新内涵并适应消费升级的文化产业行业呈现出高速发展势头。文化用品的收入占总收入的38.3%，增长6.30%；工艺美术品的生产涉及制造业相关领域，它的增幅只有1.3%；增幅较大的是现代文化产业，文化信息传输服务同比增幅30.8%，文化休闲娱乐服务增幅为20.1%，文化艺术服务增幅为17.7%。文化产业在进行着适应新常态发展格局的结构性深调，文化产业的增长正在朝着数字化、新兴消费转型。第二，文化经济政策强化了政府与社会资本的合作（PPP）投资。中央文化产业发展专项资金的总额下降了，但它支持的项目数量更多，并采用了市场化配置资源的方式。其中，文化PPP项目比例在放大,而且受到了更加广泛的关注,资金规模也在逐步扩大。第三,"文化+"成为社会经济发展的战略共识。从区域经济发展来看,多地都把"文化+"作为社会经济发展的一个重要着力点。2016年年初,政府工作报告首次提出数字创意产业,并在12月份专门出台了涉及数字创意产业的《"十三五"国家战略性新兴产业发展规划》。实际上,数字创意产业也是"文化+"与"科技+"的结合。另外,目前特色小镇建设最重要的一个抓手就是"文化+"。第四,巨大文化消费潜力有待供给侧结构性改革来释放。国家统计局的数据显示,尽管狭义的文化消费占比在2013—2015年期间稳步提高,但比例仍然太低。中国巨大的文化消费潜力尚未真正释放。第五,直接融资日益发达的多层次资本体系架构初步形成。按照央行发布的信息,"十二五"期间我国文化产业间接融资尽管在平稳发展,但实际上增长并不大,没有明显起色,真正增长大的是直接融资部分。近几年,文化产业领域的风险投资基金和私募股权基金持续快速增长,主要集中在影视、音乐、传播、出版等行业。同时,资本市场对文化传媒行业总体看好,与情怀、个性化的文化创意、文化需求有关的文化类互联网众筹也在快速发展。

(三) 混合所有制经济协同发展

2005年4月,国务院出台《国务院关于非公有资本进入文化产业的若干决定》,明确指出非国有资本可进入的文化产业领域及相关的限制条件,鼓励和支持非公有制企业大力参与发展社会主义先进文化,正式打开了社会资本投身文化产业领域的大门。之后,国务院、中宣部、财政部、文化部、广电总局、新闻出版总署等部委和各行业的主管部门先后出台了一系列鼓励和扶持政策,积极引导资本进入文化产业,大力推进文化产业的发展。2009年7月国务院的《文化产业振兴规划》和2011年《中共中央关于深化文化体制改革推动社会主义文化大发展大繁荣若干重大问题的决定》相继发布,文化产业迎来了历史上最好的投资机遇,社会资本迅速响应并大规模投资文化产业,投资规模逐年扩大,2008—2012年平均投资增长率达20%。根据国家统计局发布的数据,2011年,我国文化及相关产业法人单位增加值为13479亿元。2012—2013年文化产业继续保持20%以上的增长。

党的十八届三中全会明确提出"公有制经济和非公有制经济都是社会主义市场经济的重要组成部分,都是我国经济社会发展的重要基础","国有资本、集体资本、非公有资本等交叉持股、相互融合的混合所有制经济,是基本经济制度的重要实现形式",明确指出发展混合所有制经济是未来全面深化改革的基本方向和完善基本经济制度的重要实现形式。十八届三中全会决定为建立混合资本经济提供八大政策支持:"第一,国有资本、集体资本、非国有资本,要交叉持股、相互融合,建立混合经济。混合经济将成为我国基本经济制度的重要形式。民营经济与集体经济、国有经济交叉持股、相互融合,这就肯定了其平等的地位。第二,凡是混合所有制的企业实行职工持股,包括管理团队的持股,要把企业建设成为一个共同的利益联合体。第三,国家鼓励非公有制文化企业发展政策上要一视同仁、公平竞争。第四,鼓励非公有制文化产业参与国有企业的体制改革,可以是控股的,可以是参股的,也可以是收购的。第五,除了出版权和播发权,即广播、影视播出权,出版社的出版权,报社杂志社的出版权等,这些权利是国家特许经营,其他的环节全部要放开。第六,民营文化企业可以获得对外出版权,出版外向型的出版物。第七,新媒体网络的出版权是向民营企业开放的,只要符合条件,就有出版权。第八,民营文化企业可以参与公共文化服务项目,对政府采购方面,与国有的文化单位一视同仁。"[1]

2014年在印发《关于深入推进文化金融合作的意见》之后,文化部会同有关部门出台了《关于大力支持小微文化企业发展的实施意见》,这些具体的文件都是对国务院文件的细化。十八届三中全会《中共中央关于全面深化改革若干重大问题的决定》,明确提出"在坚持出版权、播出权特许经营前提下,允许制作和出版、制作和播出分开"。图书"制版分离"改革逐渐提上日程,2016年,国家新闻出版广电总局将江苏、北京、湖北等地设为"制版分离"改革试点。"制版分离"改革试点政策,是将"编"和"印"过程中的部分环节纳入民营书企的业务链条,并以规章形式使其合法化,理顺民营书企和出版社的经营流程,并方便主管部门管理。

(四)不稳定因素依然存在

虽然我国宏观经济环境形势整体向好,但是经济发展依然存在着很多不稳定因素。经过改革开放30多年的发展,我国已经越来越融入世界体系中,全球性的经济波动带给我国经济的影响不容忽视。世界市场的需求萎缩短期内不可能有很大的改善,我国将承受出口长期走低的压力,国内产业间的竞争将加剧。

与发达国家相比,中国对文化产业的投资明显偏少。在国外文化产业发展过程中,受益健全的制度,大部分资金是通过资本市场直接融资来解决的。文化产业市场主体培育壮大后,对产业资金支持力度的要求必然会变得

---

[1] 柳斌杰:《混合所有制:国有民营共同书写文化强国新篇章》,《出版参考》2014年第13期。

更为迫切。这要求与资本对接的相关配套政策措施要尽快出台,如知识产权和品牌价值等无形资产的评估办法、信用评估与担保制度、创新金融工具等,以解决文化企业风险大、资本密集、无形资产比重高,与传统产业的融资模式有很大不同等难题。一些中小型文化企业由于流动资金少,市场份额小、抗风险的能力弱,面临着很大的生存压力。受环境、资源、技术、体制不完善等掣肘,民营文化产业发展依然面临挑战。一方面,民营文化企业低成本的时代已经过去,相对廉价的土地、用工、环保、资源等低成本红利正在迅速减少,且民营文化企业发展受环境和资源的约束越来越突出;另一方面,民营文化企业发展依然面临融资难、融资贵、成本高等问题,市场经济体制尚未健全给民营文化企业带来的挑战越来越直接。

根据《中国文化产业发展报告（2014）》的分析,十八届三中全会后,我国文化产业发展进入换挡期,即发展的基础和动力从政府转向了市场。之前摸着石头过河的改革较快地启动了改革进程,但是也带来了深层问题的堆积,如文化产业发展的系统性、协调性和整体性较差,文化产业投入重复浪费,地方文化产业政策的竞争性严重等。"十三五"期间文化产业的发展速度将会下降,并将发展重点转向转型升级。

第三节 民营文化资本跨界的社会环境

一 国际社会环境

（一）中国国家形象的提升

中国改革开放后经济快速发展,引起世界各国的关注。从 2011 年起,国家级专业智库中国外文局对外传播研究中心协同全球著名调查咨询公司华通明略,通过全球调研,形成了中国国际形象调研报告,为我国国家形象传播提供了更富有针对性、可比性、可操作性的建议。

2017 年 3—6 月,中国外文局对外传播研究中心与凯度华通明略（Kantar Millward Brown）、Lightspeed 合作开展了第 5 次中国国家形象全球调查（2016—2017）。本次调查在全球 22 个国家开展,涵盖了亚洲、欧洲、北美洲、南美洲、大洋洲、非洲等不同区域的民众。访问样本共计 11000 个,每个国家 500 个样本。报告显示,中国国家形象正在发生深刻变化:中国整体形象好感度稳中有升,在整体印象 10 分的满分中,中国获得 6.2 分,发展中国家对中国的印象达到6.9分，发达国家给中国的5.6分印象分。历史悠久、充满魅力的东方大国和全球发展的贡献者成为中国最突出的国家形象。勤劳敬业仍是最突出的中国国民形象。"一带一路"倡议赢得普遍点赞；中国经济的国际影响力获公认，未来发展赢得海外信心，受访者预期中国即将成为全球第一大经济体；中国在科技（65%）、经济（64%）、文化（57%）等多个领域参与全球治理的表现得到国际社会的普遍好评。发展中国家对中国在全球治理各领域的认可度都高于发达国家。海外年轻群体对中国在全球治理各领域的认可度都高于年长群体。

一些国际知名媒体和专家认为，近年来国际舆论围绕中国展开的辩论此起彼伏，显示出中国在国际事务中的影响力越来越强。不断增强的经济实力和积极稳健的外交政策，都是中国正面国际形象的重要构成要素，这为中国提供了良好的国际舆论环境。

（二）知识产权面临挑战

随着美国退出跨太平洋伙伴关系（以下简称TPP）谈判，对中国最大的知识产权威胁似乎已经消失，但是中国文化企业"走出去"面临的知识产权挑战仍然不小。一方面，既有的文化企业知识产权意识缺乏，"走出去"必然面临着诸多侵权风险；另一方面，区域全面经济伙伴关系（以下简称RCEP）谈判这一亚太地区备受瞩目的自贸谈判还将在相当长的一段时间里影响着中国文化企业。在这个谈判中，重点和难点都聚焦在知识产权，中国的文化贸易环境将会受到已经形成或正在磋商中的知识产权规则的影响，中国的相关法律制度也要被迫做出调整。

就前者而言，虽然知识产权意识已经在我国部分外向型民营文化企业中觉醒，特别是在一些诸如文化信息传输、高端文化装备制造等外向型程度高、国际竞争激烈、技术密集度高的领域，但是总体而言，我国目前绝大部分外向型民营文化企业对国外知识产权知识的掌握还非常薄弱，虽有知识产权布局，但有大价值的专利还不多，向海外发展面临较大的知识产权风险。据世界知识产权组织的统计，2013年中国提交国外的发明专利申请29211件，仅占我国申请人提交发明专利申请总量的3.98%。此外，应用并购、许可等手段获得国外专利的民营企业并不多。企业一旦在海外遭遇知识产权侵权纠纷，将面临非常高的维权成本。按照国家知识产权局保护协调司司长黄庆的分析，中国企业目前面临着五大知识产权风险。一是遭遇海外知识产权诉讼风险。很多国家的知识产权判赔金额高，并且呈现上升态势，与赔偿费相伴的还有居高不下的诉讼费。以美国为例，企业知识产权诉讼费每件高达

500万美元，再加上专业英语翻译，中国企业要付出更多的诉讼成本。因此，我国企业在国际化发展中往往陷入进退两难的境地。二是技术标准中的知识产权障碍难以跨越。中国在电信和半导体等领域遭受国外技术标准指责最甚。如果想进入产业链，技术标准都要达到，然而我国文化产业相关企业应对技术标准挑战时常常束手无策，处在挨打的境地。三是技术引进中知识产权问题频发。我国企业在技术引进或专利许可过程中也遇到了不少知识产权问题。四是文化产品输出未能充分体现知识产权附加值。由于缺乏有效的产业链布局，知识产权附加值低，而知识产权附加值低，也直接导致文化产品利润率低，甚至有的文化产品只赚吆喝不赚钱。五是知识产权保护执行不到位。[1]

就后者而言，RCEP是2011年由东盟十国发起的、旨在建立一个涵盖亚太地区十六国、总计20万亿美元GDP、10万亿美元贸易总额、34亿人口的超大合作区域。RCEP谈判中最为棘手的问题是知识产权谈判，因为各成员国对知识产权保护的态度差异较大，分化为两大阵营：日本和韩国等文化产业强国力推"超TRIPS"的知识产权保护规则，甚至提出比TPP更为严苛的知识产权保护条款。印度等发展中国家出于保护本国产业、维护公共健康的需要，反对日韩等国提出的"超TRIPS"规则。澳大利亚曾经在TPP谈判中反对美国提出的严厉的知识产权保护规则，由此可推测其不会明确赞成日本、韩国在RCEP谈判中的知识产权提案。

推进RCEP早日达成协议，对中国而言，既是应对国外知识产权冲击的迫切需要，也是中国获得亚太经济贸易格局重要地位的必要一步。然而，RCEP各方在知识产权保护上的对立态度，很可能使谈判延长，从而延缓我国在跨太平洋地区文化贸易战略的施行。

二 国内社会环境

从20世纪90年代开始，我国全面进入消费社会，消费关系成为人们生存关系的基本纬度。人类社会经历过四次消费升级，第一次升级为满足基本的生活需要；第二次升级为拥有家电，如电冰箱、彩色电视机等；第三次升级为购买房子、车子；第四次升级为文化艺术品的消费。目前中国正处于第三次升级和第四次升级之间。

---

[1] 参见江玮《国知局：中国企业"走出去"面临的知识产权挑战及应对策略》，《21世纪经济报道》2015年1月26日。

《中华人民共和国 2016 年国民经济和社会发展统计公报》统计数据显示：全国居民人均可支配收入 23821 元，扣除价格因素后实际增长率为 6.3%；全国居民人均可支配收入中位数 20883 元，增长 8.3%，其中城镇居民人均可支配收入 33616 元，实际增长 5.6%；城镇居民人均可支配收入中位数 31554 元，增长 8.3%；全国居民人均消费支出 17111 元，扣除价格因素后的实际增长率 6.8%，其中城镇居民人均消费支出 23079 元，扣除价格因素后实际增长率为 5.7%。农村居民人均消费支出 10130 元，扣除价格因素后的实际增长率为 7.8%。教育文化和娱乐消费在总消费比例中增加至 11.2%（图 4-1）。

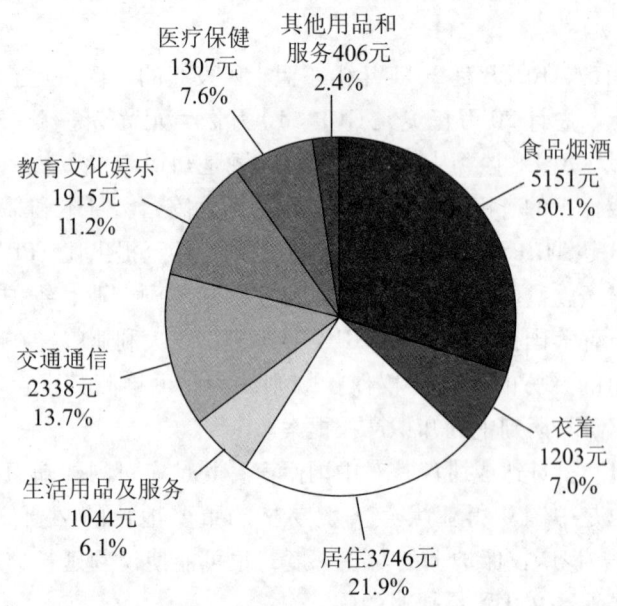

图 4-1　2016 年全国居民人均消费支出及其构成①

《中国文化消费指数报告（2016）》显示，2015 年文化消费综合指数为 81.57，比 2013 年增长 7.87。文化消费环境、文化消费意愿、文化消费能力指数、文化消费满意度等一级指标年增长率较快，甚至文化消费环境指数年增长率也达到了 8.8%，我国文化消费环境明显改善，文化产品无论数量还是质量都增长较快，居民消费渠道呈多样化、便捷化态势。② 文化产品中最受大众欢迎的是电影、广播电视、网络文化活动、文化娱乐活动、图书、报

---

① 数据来自《中华人民共和国 2016 年国民经济和社会发展统计公报》。
② 参见彭翊主编《中国文化消费指数报告（2016）》，人民出版社 2016 年版，第 24 页。

纸、期刊，其中有近60%的受访者选择电影和广播电视。在文化消费补贴方式偏好方面，受访者更倾向于一两百元的储值卡、打折卡两种补贴方式，而返利补贴方式的受欢迎程度明显低于前两种补贴方式。①

第四节　民营文化资本跨界的技术环境

科学技术进步是文化产业繁荣的强大推动力，现代电子信息技术与文化创意技术不断融合，为文化产业业态丰富增添了魅力。文化产业以创意为引导，与现代信息技术相伴互生，一方面不断延伸科技力量在产业升级进程中的影响力和渗透力；另一方面又在不断推进新科技向现实生产力转化进程中丰富文化消费业态，并产生新一轮的新兴产业集群和城市文化发展带。

近年来，互联网技术、移动通信技术、数字技术等提升了文化产业的技术含量，派生出新生的文化业态，文化艺术有了全新的表现形式和传播渠道，文化产业旺盛的生命力得以体现。

从文化产业的发展来看，现代电子信息技术的发展将进一步改变产业发展格局和社会文化生产消费方式，文化内容创意和高新技术作为最具创造性的生产要素，将成为我国新一轮经济复苏和高速增长的重要引擎。多种技术的融合为文化产业发展创造了新的机遇。技术手段和传播平台催生了新的文化业态，如动漫、网络游戏产业、手机广播电视、多媒体广播电视、网络广播影视，以及有声读物、电子书、手机报和网络出版物等。

总之，技术进步有力地促进了文化产业升级，加快了产业发展进程，还带来了消费者思想观念上的更新。

一　"互联网+"

2014年1月，全球活跃互联网用户渗透率是总人口数的35%，2015年同期这个数字增长到42%。在地域分配上，互联网使用人口比例与国家或地区的经济水平成正相关关系，发达国家或地区比例普遍较高。2015年1月，世界上有超过36亿的独立移动设备用户，比上一年增长5%。在接入互联网的70亿台移动设备中，超过一半为活跃用户。智能手机接入互联网移动设备占总接入数的38%，互联网正成为许多人须臾不可离开的信息消费平台。

---

① 参见彭翊主编《中国文化消费指数报告（2016）》，人民出版社2016年版，第144页。

"互联网+"就是利用互联网的平台，利用信息通信技术，把互联网和包括传统行业在内的各行各业结合起来，在新的领域创造一种新的生态。移动互联网的日益大众化、媒体化，催生了文化新业态和文化艺术新的表现形式，"互联网+文化"如约而至。据业内人士预估，在文化产业的10个行业类别中，以"互联网+"为主要特征的文化信息传输服务业发展最为迅速，2016年较2015年增长40%，实现增加值3500亿元，增速位居10个行业之首。

文化产业自身发展也因互联网的介入而具有"创意"性——不断催生新业态，如手机与网络的融合、手机与电视的融合等。目前，电信网、互联网和有线电视网"三网融合"已经步入试点实施阶段。在三网中，互联网是核心。三网融合并不仅仅指的是电信网、互联网和有线电视网三大网络物理合一，更重要的是指高层业务应用的融合。其表现形式是技术上趋同、网络层上互通、业务层上互相渗透、应用层上趋向使用统一的IP协议，为用户提供多样化、多媒体化、个性化服务。为此，三者将采用相融的行业规则和政策。通过技术改造，网络资源不仅能提供包括语音、数据、图像等内容在不同网络中使用，而且还将提供一个信息服务和运营机制。

数字阅读正在改变中国出版业态。2014年发布的《第十一次全国国民阅读调查报告》显示，我国国民数字化阅读率首次超过纸质阅读率，这说明"互联网+出版"比数字出版还更为彻底地解构了传统出版业。如果说数字出版尚未改变出版行业的基本规则，还遵循传统出版发行—销售模式的话，那么"互联网+出版"则这种模式倒置过来，"从选题策划、发行销售到营销推广，从众筹出版、微店卖书到微博、微信营销，新的改变和新的方法让传统出版与市场的距离更近，赢利模式的改变也让出版的节奏和效率变得越来越快"①。

互联网和电影业的融合促成IP电影的出现。2014年靠IP驱动票房过亿的中国电影有《西游记之大闹天宫》（10.46亿元）、《智取威虎山》（8.67亿元）、《匆匆那年》（5.84亿元）、《小时代3：刺金时代》（5.22亿元）、《同桌的你》（4.56亿元）、《京城81号》（4.11亿元）、《白发魔女传之明月天国》（3.9亿元）、《撒娇女人最好命》（2.3亿元）、《四大名捕大结局》（1.93亿元）、《黄飞鸿之英雄有梦》（1.82亿元），占全年国内票房过亿电

---

① 安静：《"互联网+"时代为图书出版带来变革》，《中国新闻出版广电报》2015年6月29日第7版。

影总量的 15%。

据不完全统计,"2015 年 3241.8 亿元资金流入文化产业,其中最显著的现象就是互联网企业对文化企业的并购"[①]。对此,业内专家认为,传统文化产业领域被逐渐渗入,有望使其内部结构得到改善。互联网对文化产业的外部结构也产生了影响,重塑了文化产业生态。互联网与文化产业正在深度融合,两者唇齿相依。在互联网技术促进下,我国文化产业的市场价值正在超越传统文化产业市场价值,传统文化产业面临着的不仅是产业链再造的问题,而且是如何在被互联网改造过的新兴产业里找准定位、重新出发的问题。

二 数字化与数据化

数字化经济将成为未来全球经济的主要模式之一,而文化产业则是拉动全球数字化经济的引擎。2013 年,文化产业为全球数字化销售贡献了 2000 亿美元,数字化设备销售额也凭借文化产品的带动提升至 5300 亿美元,文化产业俨然成为数字化经济的最高收入来源。究其原因,文化产品依赖物质形态的贸易方式正在弱化,"去物质化"的电子贸易方式正在成为经济贸易的主要形式。在此背景下,借助文化产业的引擎作用带动数字化经济的发展也应当成为中国未来经济转型的首要手段。中国在支持战略性新兴产业发展的同时,应当推动虚拟现实与互动影视等新兴前沿领域的创新和产业化,促成未来经济发展的新增长点,通过"以文化为引领的价值链的无限延伸和以创意为驱动的产业链的无限增值",实现国民经济的转型升级。

文化产品的生产、存储、传播、消费方式及基本形态被数字化技术彻底改变,文化产品数字化成为不可阻挡的趋势。纸质图书、胶片电影、磁带音乐等传统文化消费品,要么在数字化浪潮中惨遭淘汰,要么成为古董,取而代之的是数字电视、数字广播、数字图书、数字杂志、数字电影。数字化技术和新型介质的使用,不仅提高了生产效率,而且改变了人们体验文化产品的方式,特别是仿真设备的使用,强化了人们的"浸入式文化体验"。

数字化技术为传统文化产业升级提供智力支撑,催生出新型文化业态。比如,数字图书馆、数字博物馆、数字艺术馆不断涌现,它们通过对大数据的挖掘和使用,大大提升了文化产品的生产能力和服务水平。数字化技术催生出众多新型文化业态,除了微博、微信等新兴媒体,还有创意设计、动漫

---

① 李慧、刘坤:《文化产业如何成支柱》,《光明日报》2016 年 3 月 24 日第 14 版。

网游、电子商务、网络视频、移动新媒体等。当前文化产业强国无不抓住时机，利用数字化技术推动其文化产业升级。

随着数字化技术突飞猛进，一些民营文化企业开始利用自身的技能、规模和资金优势，借助数字化技术，逐步实现转型。数字出版、数字印刷缩短了"内容为王"的传统出版印刷产业链，"内容与技术并重"成为出版印刷产业链的新特征。我国传统出版印刷行业利用数字化技术延伸至互联网、智能手机等多媒体领域，引发文化产业的跨界融合，孕育了一批"文化航母"①。

全球娱乐及媒体行业的收入来源将从传统平台向数字平台加速转变。数字平台上所产生的大量数据和反馈经过合理的挖掘往往能带来直接的商业和经济价值。在商业、经济、政治及相关领域，信息越来越透明化，决策行为不再依赖经验和直觉，而是越来越取决于数据和分析——大数据分析技术。大数据是基于用户在互联网、社交媒体上产生的各种行为数据而提出的概念，随着技术的不断成熟，正逐渐从概念转变为实际应用的分析技术。在影视行业，大数据分析的威力也开始显露。

维克托·迈尔—舍恩伯格认为，大数据思维是需要全部数据样本，而不是单纯的抽样数据样本。大数据更加关注效率而非精确度，更加关注相关性而非因果关系。大数据时代的到来也给文化产业的发展提供了极好机遇，许多数据资产逐渐成了文化发展的核心竞争力，数据也成了文化企业决策的重要依据。文化产业的发展从"业务驱动"逐步向"数据驱动"转型。

与大数据一样，"云技术"也将是广泛应用于文化产业的一项技术。特别是新媒体的发展，更离不开对"云技术"的应用。由于云计算改变了基础的存储、计算方式，IT行业正呈现出计算化、移动化、人性化趋势。如今，几乎所有的智能终端设备都具有计算能力，移动设备已经无处不在，而人与机器间的交互也将更加简单、方便和人性化。

从全球票房排行榜中提炼出几个案例，进行制作技术的追踪，就可以发现在欧美电影工业中云计算的应用实际已经成为主流。新西兰的维塔数码成立于1993年，是为电影提供渲染支持和特效制作的数据中心，该公司制作的《指环王》三部曲、《金刚》和《阿凡达》获得了五个奥斯卡最佳特效奖。2012年《超凡蜘蛛侠》在后期用CG来修饰、增强、润色，都是在遵循真实物理法则的基础上进行的，完全依靠云计算的新技术来实现。

---

① 参见李凤亮《推动文化产业跨界融合》，《人民日报》2016年7月31日第5版。

云计算是未来新一代信息技术变革、IT应用方式变革的核心,将带来工作方式和商业模式的根本性改变。各种云技术、云方案陆续出台,无论是亚马逊的 Cloud Drive、苹果公司的 iCloud 还是微软的 System Center 均把目标锁定在云计算上。从上述案例中可以看到,云计算对文化产业变革已产生实际影响,并开始在各领域得到应用。影视、音乐、游戏、虚拟博物馆等行业热点现象或产品均受到其不同程度的影响。

三 社交化

We Are Social 公司指出了 2014 年社交网络产生的几个里程碑式的数字——全球活跃社交用户突破 20 亿人;全球独立移动设备用户渗透率超过总人口的 50%;全球活跃互联网用户突破 30 亿人;全球接入互联网的活跃移动设备超过了 36 亿台;全球社交媒体用户平均每天消耗 2.4 个小时。拥有超过 13 亿月活跃用户的 Facebook 是全球最受欢迎的社交,其次是 QQ,拥有超过 4 亿月活跃用户的微信排在第 6 位。

根据 We Are Social 公司发布的《2015 全球社会化数字报告》,中国社交媒体的使用状况如下:活跃的社交媒体用户有 6.29 亿人,占总人口的 46%;使用移动客户端进入社交媒体的用户为 5.06 亿人,占总人口的 37%。[①]

伴随移动互联网和智能终端的迅速普及,影视、音乐、游戏等内容服务进一步向移动终端迁移,视频、音乐、游戏等内容的云存储更是推动了"一云多屏"内容多渠道分发的趋势。移动数字娱乐消费已成为全球文化现象,移动数字娱乐服务将迎来更广阔的市场。社交网络的兴起改变了用户的视听习惯。据尼尔森发布的用户社交报告显示,娱乐业最主要的收入来源——广告的评价指标也已发生改变,广告主越来越重视来自社交网络媒体的数据。

美国视频订阅网站奈飞公司(Netflix)基于大数据分析挖掘而自拍的电视剧《纸牌屋》,在 40 多个国家热播,是世界上第一部从发起到流通,整个流程完全由互联网运作的电视剧,奈飞公司也凭借该剧名利双收。这一切都源于奈飞公司对其 3000 万用户的收视选择、400 万条评论、300 万次主题搜索的分析,从而预测大众口味趋势,投网友所好制作剧集。而在播出前,在社交网络中的评价起到了很好的营销作用。同时,《纸牌屋》打破以往电视台电视剧每天或每周播放的形式,将所有剧集拍摄完成后一起放在网站上供观众付费观看。而奈飞本身还以百万元奖金征集算法,开放了部分数据库,

---

① 参见 http://www.slideshare.net/wearesocialsg/digital-social-mobile-in-2015。

向全球数学家和 IT 人士借力，共同挖掘大数据的商业价值。《纸牌屋》的成功让全世界的影视娱乐业都意识到了大数据的力量——谁来拍、拍什么、怎么播，都由数千万观众的收看数据决定。

电视已经像电脑一样，向社交化方向发展。智能电视不仅具备传统电视收看电视台节目的功能，还具备浏览新闻、点播视频、玩游戏、办公等功能。

2013 年 8 月，全球最大的电商网站亚马逊（Amazon.com）的艺术品网上交易平台正式上线。与亚马逊 1995 年的尝试相比，互联网艺术品交易的环境发生了天翻地覆的变化，云计算已经使大量的图片文件储存成为可能，交易市场越来越透明，防止了欺骗行为的发生。目前艺术品在线交易已经形成三种经营模式。第一种是平台型电商模式，即开放给各类卖家，不直接介入交易行为，赚取佣金或会费，以亚马逊、易拍全球为代表。第二种是嘉德在线模式，即网站负责征集并出售，赚取佣金或者提成。第三种是合作模式，即拍卖企业在第三方平台举办网络拍卖活动，以苏富比与亚马逊的合作和淘宝与保利的合作为代表。

四 虚拟化

虚拟现实技术（Virtual Reality Technology）是指利用电脑或其他智能计算设备模拟类似现实的世界，使得用户进入全息状态，感觉自己进入一个真实的世界的技术。这一技术主要是通过头盔或眼罩等设备，阻断人眼与现实世界的连接，营造出一个全新的虚拟的世界。虚拟现实技术已经广泛应用在游戏、影视、演艺、直播、旅游、教育和社交中。

VR 技术有效激发了智能手机潜能。"VR 眼镜"和智能手机结合使用，使得智能手机变成一块"屏幕"，形成三维影院模式。"VR 眼镜"与中国用户量最多的终端设备智能手机的组合，可能成为我国电视媒体融合发展的新路径。VR 技术可能会刺激设备制造市场。根据第 39 次《中国互联网络发展状况统计报告》，我国手机网络视频用户 5.44 亿，如果 1% 的用户购买"VR 眼镜"，那么这个市场将为 5 亿元。艾瑞咨询《2016 年中国虚拟现实（VR）行业研究报告》估计中国 Mobile VR 设备出货量为 120 万台，用户人数将增至 135 万人。我国部分传媒机构已经把部分业务转向 VR 设计、制造和推广。VR 技术开启了新的内容生产竞争。优酷的 VR 平台战略将内容作为中心环节，已经和 80% 国内顶级 VR 内容制作团队签约，并拥有 50 多家海外战略合作伙伴，在海外自制、合制视频达 1000 个；微鲸科技计划也在内容制造方面发力，打造包含游戏、综艺、直播、全景短片、纪录片以及微电影的 1 万小时 VR 精品内容；湖南卫视上线的《我是歌手》VR 专区，全角度展示了《我是歌手4》的赛程。

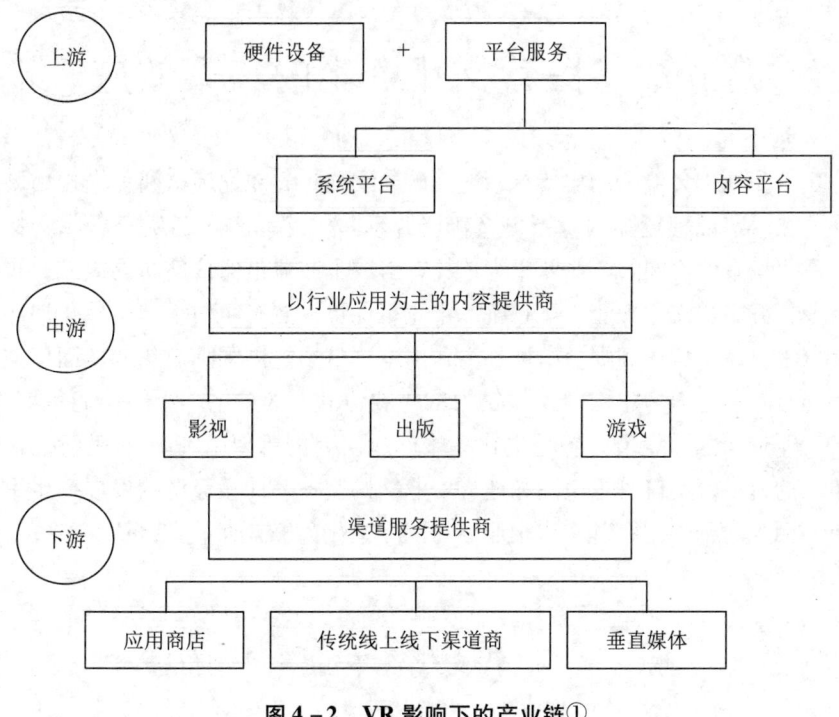

图 4-2　VR 影响下的产业链①

---

①　《图解：VR 大热背后的资本路径》，http://mt.sohu.com/20160725/n460915673.shtml。

第五章　民营文化资本的集聚效应

由于受地理环境和历史传统双重影响，文化首先在地理空间上呈现出聚落效应。在一定地理范围内，历史文化资源不断沉淀而富集，从而形成文化集聚。文化集聚以不同的产业要素为依托，形成了产业价值链的协同效应，构成了产业集群。当文化产业集群具备一定竞争优势，并有实力承担全球化浪潮的国际分工时，文化产品则会出现外溢，由本国市场走向国际市场，从而使文化产品与服务贸易成为建构国家软实力的重要方式。"文化产业的功能集聚区、特色产业带和国际竞争力，是文化集聚问题研究的重要范畴。"[1] 民营文化产业集群的形成，不仅对于全国和地方产业结构调整、社会经济的发展产生重要影响，而且对于中国民营文化企业参与国际文化竞争具有重要意义。

第一节　民营文化资本的空间分布

由于国内尚无系统的民营文化产业的统计数据，本书遂采用外围包围核心的方式利用三类数据：第一类是含有大量民营资本的中国文化产业园的数据，从中了解我国民营文化资本集中的地域及规模；第二类是中国文化产业示范基地的数据，通过甄别所有制性质，从中了解我国民营文化资本集中的优势行业；第三类是民营文化企业上市公司的数据，从中了解我国民营文化资本的活跃度和集聚水平。

一　地域分布

聚集着包括民营文化企业在内的1.7万家文化企业的文化产业园区相关数据，是考察民营文化资本地域分布的重要参考。2014年年底，我国文化产业园区实现总收入超过3000亿元。截至2015年5月，全国共有文化产业园

---

[1] 向勇：《文化产业导论》，北京大学出版社2015年版，第14页。

区 1828 个，大部分聚集在东部，分别是上海 230 家、江苏 200 家、山东 191 家、广东 183 家、浙江 169 家、北京 169 家（图 5-1）。上海和江苏构成了文化产业园数量的第一梯队，山东、广东、浙江与北京构成了第二梯队；福建、河北、重庆、辽宁、天津、湖北、安徽、四川、台湾构成了第三梯队（45—85 家），其余省份构成了第四梯队（45 家以下）。

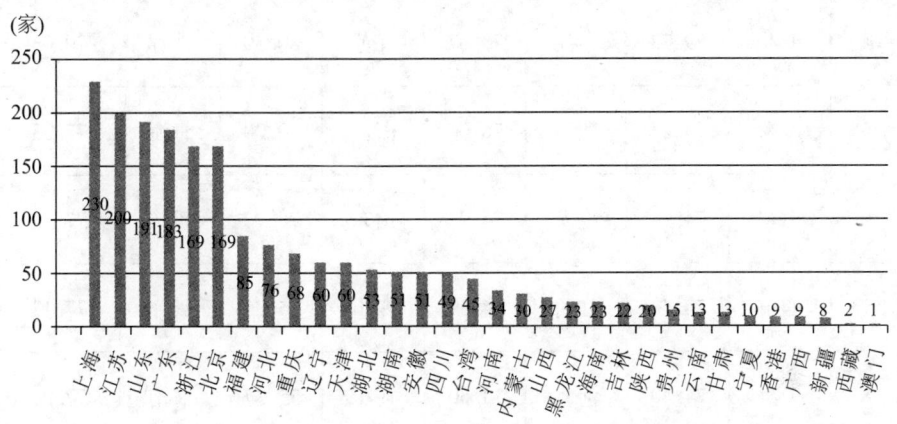

图 5-1　文化产业园区在各行政省、市、自治区的数量分布

对照彭翊发布的"中国省市文化产业发展指数（2016）"和"中国文化消费发展指数（2016）"，我国文化产业园区发展情况（图 5-1）与 2016 年中国省市文化产业发展指数得分及排名情况（表 5-1）基本一致，区域文化产业综合发展格局基本未变，即进入前六的全部是东部地区，只是名次稍有变化，北京第一，接下来依次是上海、江苏、浙江、广东、山东。①

表 5-1　中国省市文化产业发展指数（2016）得分及排名情况②

排名	综合指数		生产力指数		影响力指数		驱动力指数	
1	北京	84.72	江苏	81.92	北京	87.32	北京	87.51
2	上海	80.60	山东	80.71	上海	82.59	上海	81.45

---

① 参见宋宇晟《2016 中国文化产业指数发布：北京超过上海位列第一》，中国新闻网。
② 参见《最新报告 2016 中国省市文化产业发展指数和文化消费发展指数发布》，"中经文化产业"微信公众号，2016 年 10 月 30 日。

续 表

排名	综合指数		生产力指数		影响力指数		驱动力指数	
3	江苏	80.11	广东	80.16	广东	81.42	浙江	79.96
4	浙江	79.72	浙江	78.67	江苏	80.30	江苏	79.03
5	广东	79.23	四川	76.06	浙江	80.00	青海	77.33
6	山东	74.98	上海	74.93	山东	76.77	重庆	77.24
7	四川	74.47	江西	74.59	四川	75.85	天津	77.13
8	天津	74.40	河北	74.50	辽宁	75.37	海南	77.06
9	江西	74.03	河南	74.04	陕西	74.90	广东	76.59
10	辽宁	73.73	北京	73.96	河南	74.72	江西	75.63

与2014年的人口总量、2015年GDP总量和人均GDP做相关分析，发现文化产业园区数量与GDP总量呈正相关关系，相关系数为0.821（表5-2）；文化产业园区数量虽然与人口总量呈正相关，相关系数只有0.463（表5-3）；产业园与人均GDP关联度，统计检验结果不显著，即不相关（表5-4）。总体来说，产业园数量与当地的GDP是密切相关的；与当地人口数量有一定的关联，但关联度不高。这种关联，跟当地的城市能级有关，并不是直接相关关系，更多的是一种虚假相关，而产业园与当地人均GDP无关，更论证了这一点，产业园数量与人均GDP没有直接的关联，说明这些产业园并不一定是劳动密集型的；并且GDP低的地区未必文化产业园区数量少（比如河北），可能与另一些因素相关，本书将在后文分析。

表 5-2　　　　　　　　产业园数量与当地 GDP 的相关度

		产业园数量	2015 年 GDP(亿元)
产业园数量	Pearson 相关性 显著性(双侧) N	1 32	0.762** 0.000 32
2015 年 GDP(亿元)	Pearson 相关性 显著性(双侧) N	0.762** 0.000 32	1 32

注：** 在 0.1 水平（双侧）上显著相关

表 5-3　　　　　　　产业园数量与当地常住人口的相关度

		产业园数量	2014 年常住人口(万)
产业园数量	Pearson 相关性 显著性(双侧) N	1 32	0.463** 0.008 32
2014 年常住人口 （万）	Pearson 相关性 显著性(双侧) N	0.463** 0.008 32	1 32

注：** 在 0.1 水平（双侧）上显著相关。

表 5-4　　　　　　　产业园数量与当地人均 GDP 的相关度

		产业园数量	人均 GDP(元)
产业园数量	Pearson 相关性 显著性(双侧) N	1 32	-0.042 0.821 32
人均 GDP(元)	Pearson 相关性 显著性(双侧) N	-0.042 0.821 32	1 32

二 优势行业分布

自2004年起，文化部以优秀文化企业为主要对象，共命名了六批共计347家国家文化产业示范基地，并按照优存劣汰的原则，撤销了8家不符合《管理办法》规定的单位。截至2016年年底，全国共有国家文化产业示范基地339家，涵盖了文化及相关产业10个类别。经过几年的发展，这些基地均成为在各自行业中的佼佼者，充分发挥了先进文化企业的示范、带动和辐射作用。根据《2015年度国家级文化产业示范（试验）园区考核、国家文化产业示范基地巡检报告》，339家国家文化产业示范基地总收入超过3900亿元。对照《文化及相关产业分类（2012）》的10个二级类别，按照全国文化示范基地的所有制性质和主营业务进行分类汇总，本书将展示民营文化资本在优势行业中的分布。

在339家文化产业示范基地中，属于纯民营性质的有224家，占比66.1%。如果加上包括民营资本的混合所有制产业基地11家，具有民营所有制性质的文化示范基地占比高达69.3%。工艺美术品的生产（66家）、文化休闲娱乐服务（47家）、文化创意和设计服务（36家）、文化艺术服务（25家）、文化产品生产的辅助生产（16家）为民营优势行业。其中，工艺美术品的生产分布在23个省、市、自治区，广东、福建和河南名列前三甲，分别为7家、5家、5家；以文化休闲娱乐服务类别为主的民营文化产业基地散布在19个省，辽宁（5家）、云南（5家）、北京（4家）、宁夏（4家）、山东（4家）、浙江（4家）是优势地区；北京、天津和广东则是以文化创意和设计服务为优势行业的省份和直辖市，分别有4家。北京、吉林和湖南是文化艺术服务聚集的地区，各有3家。安徽、湖南和江西在文化产品生产的辅助行业占有优势。

民营文化产业示范基地的优势行业分布显示以下几个特征：第一，文化产业资本聚集地区与示范基地的数量呈显著性相关，北京、广东、浙江是民营文化产业资本最为雄厚的四个地区，因而民营文化产业示范基地最多，分别达到19家、18家和15家。第二，各省的优势产业结构突出文化资源特色，"一大批龙头企业和专业化、精细化、特色化的中小企业，形成了依托特色文化资源、根植于地方文化的发展格局"[1]。大多数文化休闲服务行业，尽显当地旅游特色和悠久的文化，如北京的老舍茶馆、浙江的宋城、江苏的

---

[1] 苏丹丹：《强化考核推出机制，示范引领作用显现》，《中国文化报》2016年2月3日第3版。

吴江静思园、山东的蓬莱八仙过海等。在民营文化产业资本薄弱的地区，这一特征更加明显。工艺美术品生产也是凸显当地手工艺特色，如刺绣手工艺制品的生产就有不同地方的绣法，如河南安阳的安绣、湖南的湘绣、苏州的苏绣、浙江的台绣，地方特色鲜明，展现出很强的市场竞争力和广阔的发展前景。第三，民营文化资本运营模式多样，立足各地实际，民营文化产业基地坚持走专业化、差异化发展之路。如广东奥飞动漫文化股份有限公司围绕动漫做文章，拓展动漫手机游戏业务，开展动漫版权形象授权，一跃成为我国最具实力和潜力的动漫公司。又如广东长隆集团有限公司形成"文化＋旅游"发展模式，将旅游、演艺、休闲娱乐合为一体，推动企业成长和创新，2014年荣获全球主题娱乐协会颁发的"主题公园杰出成就奖"。第四，民营化资本的累积与技术创新密切相关。如雅昌文化集团以"传统印刷＋IT技术＋文化艺术"搭建涵盖艺术全产业链的商业平台，发展为我国高端印刷及艺术品服务行业的翘楚。

三　活跃行业分布

股市是反映民营文化资本变化的晴雨表。臧志鹏等人的研究表明，在文化及相关产业上市公司中，民营独大的特点比较明显，[1] 因此，上市公司各种数据，可以大体作为判断民营文化资本中产业资本活跃度的主要依据。整理文化产业上市公司的名单，则是研究文化产业上市公司的前提。然而，从目前已有的研究文化上市企业的文献中可以看出，统计口径不一致导致民营上市企业统计数据出现各种各样的瑕疵，如《中国文化企业报告：2015》显示，在沪、深两市上市的文化企业分别为35家、79家，但未包括《文化及相关产业分类（2012）》中的电视机生产等相关产业，显然有缺失。又如中国证券监督管理委员会网站显示的2016年第3季度上市的58家文化企业，将体育上市公司列入其中，[2] 显然与《文化及相关产业分类（2012）》所列目录不吻合；此外，该网站将另一些目录中的公司排除在外，如文化信息传输公司，只能作为整理中国文化产业上市公司的重要参考。《中国文化及相关产业上市公司研究报告（2011—2013）》中分析的171家文化及相关产业上市公司中，部分上市公司的主营业务已非文化产业。因此，本书按照《文化及相关产业分类（2012）》，依据沪深交易所提供的产品的"营业收入构

---

[1] 参见臧志鹏、解雪芳《中国文化及相关产业上市公司研究报告（2011—2013）》，知识产权出版社2015年版，第13页。

[2] 参见http://www.csrc.gov.cn/pub/newsite/scb/ssgshyfljg/。

成"数据,若产品属于《文化及相关产业分类(2012)》的120个小类的任何一种或者几种,而且主营业务比例超过50%,则将该上市公司归为文化产业上市公司。然后依照上市公司定期报告和股权变动公告判断上市公司是否为民营文化上市公司,判断的主要标准为上市公司实际控制人,如果实际控制人为境内自然人控股,那么上市文化公司就判定为民营文化企业上市公司。这样,从2016年年底上海、深圳交易所上市的3105家公司甄别出150家民营上市文化公司。

这150家民营文化上市公司,分布在21个省、市,其中广东(37家)、北京(27家)、浙江(20家)名列上市公司最为集中的省、市的前三甲(表5-5),这一数据与之前分析的民营文化资本的地域分布和优势行业分布基本保持一致。

表5-5　民营文化及相关产业上市公司空间分布　（单位:家）

所属省、市、自治区	民营文化上市公司①	民营文化相关产业上市公司②	合　计
安　徽	1	2	3
北　京	24	3	27
福　建	4	4	8
广　东	14	23	37
贵　州	1		1
海　南	2		2
黑龙江	1		1
湖　北	4		4

① 此项目中包括《文化及相关产业分类表(2012)》中第一部分的7个二级类别,分别是新闻出版发行服务、广播电视电影服务、文化艺术服务、文化信息传输服务、文化创意和设计服务、文化休闲娱乐服务、工艺美术品的生产。

② 此项目中包括《文化及相关产业分类表(2012)》中第二部分的3个二级类别,分别是文化产品生产的辅助生产、文化用品的生产和文化专用设备的生产。

续表

所属省、市、自治区	民营文化上市公司	民营文化相关产业上市公司	合计
湖 南	2	1	3
江 苏	7	5	12
江 西	1		1
辽 宁	1		1
山 东	2	6	8
山 西	1		1
陕 西		1	1
上 海	9	5	14
四 川	1	1	2
西 藏	1		1
云 南		1	1
浙 江	14	6	20
重 庆	1		1

2015年，150家上市公司（含2016年上市的15家企业）实现营业收入3538.61亿元，主营业务收入906.4012亿元（不含2016年上市企业）。其中，广东省上市民营文化企业营业收入为674.83亿元，北京为633.40亿元，浙江为521.37亿元，分别占比19.07%、17.90%、14.73%，三个省市民营上市文化公司占全国总数比重的51.70%。

150家民营文化上市公司分布在除文化服务类以外的九大类别中，可以看出民营资本在文化创意和设计服务、传统的文化产品制造业（文化用品的生产和文化产品的辅助生产）、文化信息传输服务占比较高（表5-6）。这些领域市场化程度高，市场准入门槛相对较低，民营文化资本比较容易进入。从营业收入看，上述类别中占比最大的是文化用品的生产（30.77%），其次是文化创意和设计服务（27.70%）。

表5-6　　　　　　　民营文化及相关上市公司行业分布情况

类　别	上市公司数目	占比	营业收入（亿元）	占比
新闻出版发行服务	3	2%	125.36	3.54%
广播电视电影服务	12	8%	218.71	6.18%
文化信息传输服务	28	18.67%	481.30	11.82%
文化创意和设计服务	36	24%	980.51	27.70%
文化休闲娱乐服务	6	4%	34.11	0.96%
工艺美术品的生产	8	5.33%	458.82	13%
文化产品生产的辅助生产	16	10.67%	295.71	8.35%
文化用品的生产	33	22%	1089.21	30.77%
文化专用设备的生产	8	5.33%	55.27	1.56%

从2015年的营业收入来看，名列上述各类别首位的分别是中文传媒（股票代码600373，116.02亿元）、万达院线（股票代码002739，80.00亿元）、乐视网（股票代码300104，130.12亿元）、金螳螂（股票代码002081，175亿元）、宋城演艺（股票代码300144，16.90亿元）、豫园商城（股票代码600655，159亿元）[1]、紫江企业（股票代码600210，78.2亿元）、海康威视（股票代码002415，253亿元）、大恒科技（股票代码600288，18.76亿元）。从基本每股收益和净资产收益率上可以初步判断民营文化资本在各行业的活跃度，从2016年前三个季度来看，上述九大股票，

[1] 豫园商城（股票代号600655）于2017年9月13日更名为"豫园股份"。

每股平均收益最高的是万达院线（0.68元），其次是海康威视（0.51元），再次是中文传媒（0.49元）(图5-2，表5-7)。

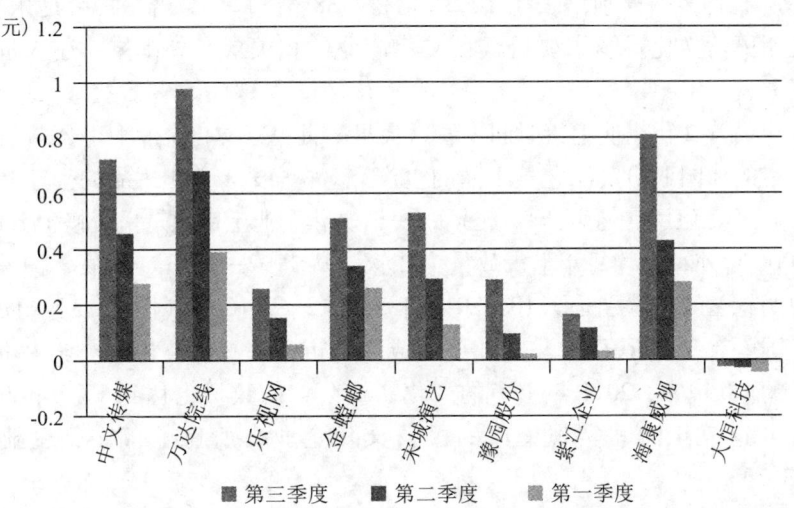

图 5-2 2016 年前三个季度九大股票基本每股收益

表 5-7　　　　　　2016 年前三个季度九大股票净资产收益率

股票名称	第一季度(%)	第二季度(%)	第三季度(%)
中文传媒	3.83	6.3	9.68
万达院线	4.93	8.42	11.83
乐视网	2.88	6.74	10.97
金螳螂	5.24	9.86	14.9
宋城演艺	3.4	7.49	12.91
豫园商城	0.41	1.65	4.64
紫江企业	1.21	4.43	5.89
海康威视	5.76	12.96	23.69
大恒科技	-1.41	-0.43	-0.31

除了属于文化专用设备的生产类别的大恒科技出现负增长外，其他行业的股票都呈现良好的增长性，其中豫园商城、紫江企业和海康威视净资产收益率增加最多，分别增长了10.31倍、3.88倍和3.11倍，其后是乐视网。这说明民营文化资本主要活跃在文化产业的相关层和外围层，还未进入核心层。

从民营文化企业上市时间来看，最早一批民营文化企业上市公司是1992年上市的豫园股份（工艺美术品的生产）、深华发（文化用品的生产）和博汇纸业（文化用品的生产），之后，民营文化企业上市数量呈缓慢上升趋势，在2006年前，平均每年上市数量为2家。从1992—2016年年底，沪深两市出现两轮高峰，分别是2010—2011年和2012—2016年（图5-3）。仅2010年我国就有31家民营文化产业公司成功上市，占文化及相关产业上市公司总量的18.12%，2011年上市的文化产业公司的数量也达到19家；2010—2012年这三年时间实现上市的民营文化企业占所有上市文化企业总量的33.33%。

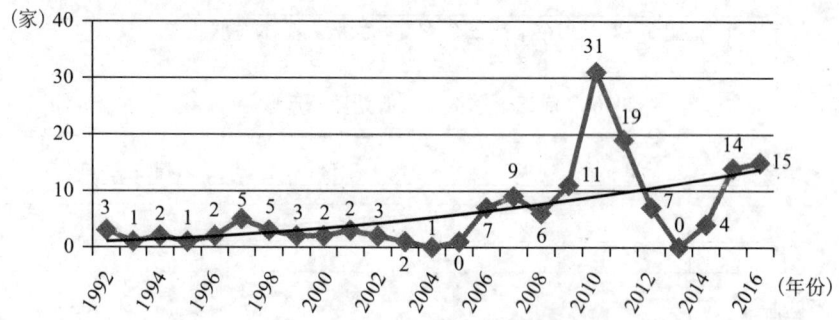

图5-3　1992—2016年民营文化企业上市时间分布

出现第一轮上市高峰的一个重要原因是一系列文化产业政策的出台。在地方层面，民营经济发达的省、市相继提出支持文化产业发展的规划，如浙江省出台的《浙江省推动文化大发展大繁荣纲要（2008—2012）》（2008），广东省出台的《广东省建设文化强省规划纲要——（2011—2020年）》（2010）、《深圳市文化产业促进条例》（2008）；上海市出台的《上海市加快创意产业发展的指导意见》（2008）、《上海市金融支持文化产业发展繁荣的实施意见》（2010）等，均加大了对文化产业的扶持力度。在国家层面，2009年9月，文化部相继颁布了《文化部关于加快文化产业发展的指导意见》和《文化产业振兴规划》，这两个文件意味着文化产业已上升为国家的战略性产业，并且指出我国文化产业的重点任务之一就是着力培育一批有实力、有竞争力的骨干文化企业，增强我国文化产业的整体实力和国际竞争力；在政府引导和市场运作下，一部分成长性好和竞争力强的文化企业从重点文化产业中脱颖而出，并给予政策扶持，提升集约化水平。一些文化企业为了实现低成本扩张，面向资本市场融资以便做大做强，对引发民营文化企业上市热情起到了制度层面的催化作用。"2013年因内地IPO暂缓（IPO公司财务核查因素），民营文化企业上市数量为零。"[1]

2015—2016年民营文化企业上市高峰的出现也与文化产业政策高度相关。《国务院关于推进文化创意和设计服务与相关产业融合发展的若干意见》的推出，促进了民营文化企业上市数量的回升。在最新一轮民营文化公司上市中，呈现出与第一轮高峰不同的特点。第一，"互联网+"成为民营文化企业上市的热门概念，截至2016年8月底，文化信息传输、文化创意和服务、文化休闲娱乐服务等上市公司均与互联网信息服务领域相关，表明"互联网+文化产业"上市公司的迅猛发展，逐渐成为上市文化企业主要来源。在文化信息传输服务行业，如以乐视为代表的新型互联网服务企业逐渐成为市场重要力量。第二，文化产业消费热点是影视与旅游，它们成为热门上市行业。华谊兄弟、华策影视、光线传媒等民营影视制作公司的收益率表明上市影视公司盈利空间较大。第三，民营上市公司的表现与国家统计局近三年的统计数据保持一致：文化及相关产业的十个门类里，明显高于平均增速的是数字信息传输服务、文化休闲娱乐服务、文化艺术服务、广电服务和文化创意设计服务，而拖累整个文化产业增速的则是传统的、与制造业相关的文化产业。从结构上看，我国文化产业的增长实际上是明显向好的，正在朝着数字化、新兴消费转型。

第二节 文化产业资本集聚机制

任何包含文化生产要素禀赋的地理空间，在特定区域主体的作用下，必然朝着文化经济空间演化。已经形成的文化经济空间必然会不断发展，地理空间向文化经济空间的演化总是在动态要素累积下持续实现的。就这两方面

---

[1] 晓波、刘晓哲：《2016年上市文化文化企业报告出炉》，《中国出版传媒商报》2016年11月11日第13版。

的问题,本章的第二节和第三节将作出细致的分析。

一 民营文化资本集聚特征

进行民营文化资本空间集聚的研究,首先需要明确,与新古典经济学描述的经济相比,民营资本的空间集聚具备怎样的特征。然而,遗憾的是,至今尚无对民营文化资本空间特征的完整归纳和表达。回顾空间经济与区域经济的研究,不同时期的区域经济学家都会使用当时主流的经济学范式研究区域和空间的问题,如古典区位经济学家杜能、韦伯在完全竞争的市场结构下,采用隔离方法研究空间经济;新经济地理学者克鲁格曼则是在规模报酬递减和垄断竞争的框架下使用微观工具进行分析。

在古典区位经济学理论中,空间是均质的、没有边界和限制的,行为主体在空间上相互分离,消除了相对区位形成的竞争优势。它抹杀了经济要素在空间活动中的作用。当考虑在空间经济中要素禀赋的作用时,由于禀赋分布的不均匀,势必导致经济空间呈现出非均质的特征。

导致民营文化资本在空间中分配不均质的要素禀赋很多,从要素的移动性来看,可以分为三类。第一类是物质资源禀赋,既包括由自然资源等带来的天然要素禀赋,如桂林山水、上海和广州拥有的良港优势等,也包括人类投入固化在特定空间上所形成的人造的物质要素禀赋,如横店影视城、万达主题公园等。第二类是人类漫长的历史过程中所积淀的、通过文化创造积累和延续所构建的、能够为经济社会发展提供的、智能与创意的文化要素的综合,包括有形的物质文化资源、无形的物质文化资源和文化智能资源。"其中,丰富文化内涵的历史文物、遗址与文化景观,还有具有鲜明的民族特色地区文化特征的饮食、服饰等都是有形的物质文化资源,都依赖一定的空间。非物质文化遗产、精神思想资源、艺术审美资源等属于无形的物质文化资源。文化智能资源主要是指文化人力资本。"① 第三类是动态化的要素禀赋,如技术、制度、货币资本等。在现代文化产业经济中,第二类尤其是第三类要素对于解决民营文化资本"在哪里"的问题有着重要意义。比如,第二类要素中,某一地域集聚的文化资源对于文化资本贡献度较高,如浙江省是吴越文化的重要发祥地,拥有越剧、丝绸、瓷器、木雕、根雕等一大批特色传统文化资源,这些都给浙江发展民营文化产业集群提供了独具特色的资

---

① 参见廉睿、杨修《论我国文化产业集聚的不平衡性——基于中国31个省(自治区、直辖市)数据的实证研究》,《郑州轻工业学院学报》(社会科学版) 2015年第3期。

源。另外，某一地域形成的精神思想资源对文化资本的集聚具有不可替代的诱导和促进作用，魏江等人通过对浙江省内多个产权集群进行实地调研，提炼出具有本土特色的三个文化维度，分别是情感信任、开放性和成就欲望。即便在浙江本土，这三个维度在不同的区域也表现得不尽相同。如在温州的情感信任维度中，地缘、血缘关系、面子观念很重；在绍兴，情感信任则表现为本地话交流。在成就欲望维度，温州人想当老板，绍兴人是工作狂，永康人则是成就和危机意识强。在开放性维度上，温州的资本结构和治理结构不开放，绍兴表现得更甚，排外严重，外地人难以融入，海宁人则好客，不排外，而永康人则自负排外封闭。① 第三类要素中，地方支持文化产业的政策至关重要，我国东部地区出台的文化产业政策要比西部平均早5年以上。如北京市政府在促进文化产业高效发展中作出积极贡献——拨专项资金支持文化产业发展，在市场开拓、营销渠道建设、公共服务平台建设、境外投资、文化服务出口和文化贸易人才培养等方面提供政策支持。②

基于文化产业集聚指标和动态面板模型，熊建练等人实证分析了我国文化产业空间集聚特征和动态规律，印证了要素禀赋不均匀所带来的文化产业集聚不均质的特点，该研究表明：我国文化产业主要集聚在音视频制品发行、艺术表演等行业；从地域看，文化产业主要集中在广东、浙江、江苏和上海等东部地区，这与本章第一节分析的结果大致一致。③

二 民营文化资本集聚的影响要素

最近几年，国内学者相继展开了文化产业集聚的动力机制的研究，在总结文化产业集聚的动力机制影响要素上贡献了不少有价值的观点，如刘蔚认为需求因素、劳动力因素、资本因素、信息和文化资源因素和产业关联是影响我国文化产业集群的几大要素。④ 戴钰则从文化产业集聚的内外部因素上提取出影响文化产业集聚的10种要素，其中7种为内部要素，包括文化需求、文化人才、文化资本、文化资源环境、地理区位、产业关联性和创新因素；3种为外部要素，包括制度环境、政府引导、公共服务。⑤ 赵星将文化

---

① 魏江、向永胜等：《文化根植性与产业集群发展》，科学出版社2014年版，第45—46页。
② 参见彭翊《中国省市文化产业发展指数报告》，中国人民大学出版社2015年版，第131页。
③ 参见熊建练、吴茜、任英华《文化产业空间集聚特征与动态规律的实证分析》，《统计与决策》2016年第19期。
④ 参见刘蔚《文化产业集群的形成机理研究》，博士学位论文，暨南大学，2007年。
⑤ 参见戴钰《文化产业空间集聚研究》，博士学位论文，武汉理工大学，2012年。

产业集聚机制的影响要素分解为知识溢出、贸易自由度、本地市场要素、生产要素禀赋、政府政策激励、地理区位条件、历史文化资源，重构 TP 模型分析了我国文化产业集群的动力机制。① 然而，无论是定性还是定量分析得出的要素分解，都是从集群内部企业间的结构入手的，可能对中国文化产业集聚有一定的解释力，但是对于民营文化资本集聚为民营文化产业集群，这些"放之四海而皆准"的要素似乎缺乏切实针对性的解释。上述要素有可能最终指向产业规模，然而，民营文化企业的产业规模远逊于国有文化企业。臧志鹏等人通过分析 2011—2013 年上市文化企业，发现国有企业平均资产规模是民营文化企业的 6.08 倍，平均净资产是民营文化企业的 3.15 倍。② 即便是 2014 年以后民营文化企业上市数目增多，但是资产规模也不会超过国有文化企业。加之文化产业是轻资产，尤其是轻固定资产投资而重创新的产业，过度强调资金要素，恐难切中要害。国内不少学者的实证研究证实了这一判断，如袁海利用 2005—2008 年的面板数据，对中国省域文化产业集聚的影响因素进行了实证分析，发现"政府财政支持促进了文化产业集聚，而金融服务对文化产业集聚的影响不显著，沿海区位与文化资源禀赋有利于文化产业集聚"③。黄永兴和徐鹏运用空间面板计量模型对 1999—2008 年省级数据进行分析，发现"沿海区位和文化资源禀赋优势促进了文化产业集聚；人力资本、交通、通信、文化消费的提高也有利于文化产业集聚；政府财政支持对文化产业集聚有正面影响；文化产业集聚存在空间正溢出效应"④。国内其他学者对文化产业集群的研究成果也间接地印证规模要素在文化产业集群中并非决定性要素，如姜长宝研究了具有区域特色的文化产业集聚发展的制约因素及对策；⑤ 雷宏振等人测定 2005—2009 年中国文化产业的集聚程度，发现在区域和行业两个维度上中国文化产业具有较强的集聚性。⑥ 这些研究间接地指出某些对其他产业集群适用的要素未必适用于文化产业集群，适用于文化产业集群的未必适用于民营文化产业集群。部分学者

---

① 参见赵星《我国文化产业集聚的动力机制研究》，博士学位论文，南京师范大学，2014 年。
② 参见臧志鹏、解学芳《中国文化及相关产业上市公司研究报告（2011—2013）》，知识产权出版社 2015 年版，第 97 页。
③ 袁海：《中国省域文化产业集聚影响因素实证分析》，《经济经纬》2010 年第 3 期。
④ 黄永兴、徐鹏：《经济地理、新经济地理、产业政策与文化产业集聚：基于省级空间面板模型的分析》，《经济经纬》2011 年第 6 期。
⑤ 参见姜长宝《区域特色的文化产业集聚——以河南省南阳市为例》，《经营与管理》2009 年第 3 期。
⑥ 参见雷宏振、潘龙梅《中国文化产业空间集聚特征研究》，《东岳论丛》2011 年第 8 期。

已经关注到文化产业集群的特殊性,以动态的进路展开研究,如从传播学的视角展示我国文化创意产业集聚的机制。①

通过第三章第一节和第五章第一节分析,可以初步得出这样的假设:民营文化资本集聚有别于国有文化资本集聚,内嵌于民营文化产业集群中的关系结构是产业集群的在地化基础。因此,研究民营文化资本和民营文化产业集聚需要关注内嵌于民营文化产业集群的要素,探讨民营产业集群中企业在生产与销售整个价值链中与其他企业的联系、民营文化产业集群内企业与其他社会组织机构的联系、民营产业集群内企业间人际关系与社会联系的密切程度。正如中野勉(Tsutomu Nakano)所言,"当组织的研究由原子式企业的研究开始转型对企业所嵌入的网络及社会资本的研究时,产业集群的研究也由原本注重对其内部劳动、弹性专精关系的研究转向对社会资本、网络等嵌入型因素如何影响集群各组成部分的研究"②。

波特是最早研究产业集群的学者之一,在《国家竞争优势》一书中,提出了影响文化集群经典的四个基本要素,分别是:第一,需求条件;第二,相关及支持产业;第三,生产要素;第四,企业战略、结构和同业竞争。此外还有两个附属要素(政府、机遇)。六者的交互运动形成钻石模型(图5-4)。本书将此作为分析民营文化资本集聚的逻辑起点,结合经济学,特别是经济地理学的有关文化产业空间研究成果以及我国民营文化资本分布特点,集成影响民营文化资本集聚的影响要素。

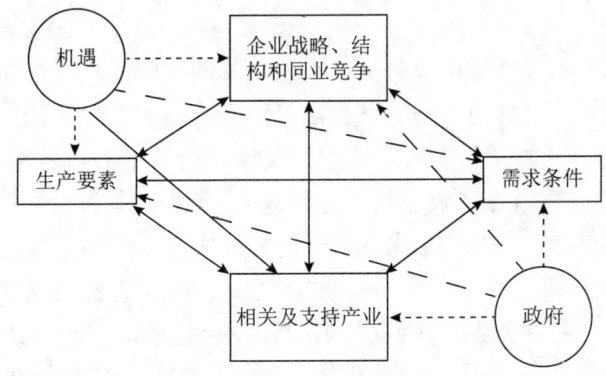

图5-4 波特的钻石模型

---

① 参见李义杰《文化创意产业集聚的传播学机制和动因》,《当代传播》2011年第2期。
② Tsutomu Nakano, *A Paradox of Embeddedness*: *Social Network Analysis of a Japanese Industrial District*, Ph. D. Dissertation, Department of Sociology, Columbia University, USA, 2002.

(一) 生产因素

无论是古典经济学派还是新古典经济学派,均把企业视为资本、人力及其生产要素投入和产出的具体空间。因此,产业资本、人力资源和技术是企业运作的主要生产要素。

根据古典、新古典经济学派的解释,企业的空间集聚来自对劳动力市场、技术和公共设施的渴望,此外,缄默知识是导致知识溢出的地方性原因。由于内含很多缄默知识,文化产业具有初始阶段高成本、在传播推广时低边际成本的特性,因而,更容易产生合作,而合作意味着一定程度的聚合。

1. 产业资本

产业规模来自初始产业资本投入。当知识积累水平超过建立新企业所需要的临界值时,融资成本与下列要素成反比,即融资成本越低,下列要素越增高:从金融市场获得资本的可能性、获得资本规模、劳动力选择建立新企业的可能性、通过人员流动发生的内生产业集聚效果、对经济增长的影响。[1]按照经济学的理论,完善的金融市场可以降低交易成本并确保资本用于高回报率项目进而促进经济增长,但是价格扭曲、过度储蓄、资本分配不理性以及投资回报率低下等金融抑制行为,都将对创新氛围进而对经济增长产生不利影响。然而,鉴于文化产品的不确定性,金融机构对于风险性较强的文化企业在初始阶段难以提供贷款支持,那么,民营文化企业的产业资本从何而来?

根据文献检索和个案汇总,民营文化资本的不同成长阶段有着不同的融资渠道(表5-8),其中起步期企业自筹资金有如下几种途径。第一,通过其他产业获得。比如横店集团创始人徐文荣就是从1975年创办横店丝厂起家的,1989年成立浙江省首家民营企业集团浙江横店企业集团公司,1993年组建"横店集团",1999年成立横店集团控股有限公司,并进行公司制改造,2001年成立横店社团经济企业联合会,实行投资者与经营者分离。第二,民间融资。主要手段有企业向员工借贷、企业向特定非员工借贷、企业向非金融企业借贷、让与担保、网络借贷、融资性贸易、托管式加盟。第三,类金融融资。主要形式有商业保理、融资租赁、典当、小额贷款、私募股权基金、股权众筹、股权质押、动产浮动抵押、仓单质押、保单质押贷款等。

---

[1] 参见刘立云《中国"嵌入型"文化产业集群发展研究》,社会科学文献出版社2014年版,第129页。

表 5-8　　　　　民营文化企业产业资本在不同成长阶段来源

	企业自筹	银行贷款	风险投资	融资租赁	外资引入	公司上市
起步期	√		√		√	
创建期	√		√	√	√	
成长期	√	√	√	√	√	
成熟期	√	√		√		√

2. 人力资源

罗默和卢卡斯等将人力资本理论引入"新增长理论",强调人力资本属于边际报酬递增的极重要的生产要素。普格在刘易斯和克鲁格曼的基础上,分析了劳动力供给弹性对于国民产业集聚的影响。以创意、创新、高技术和可持续为特征的文化产业,是知识密集型的产业,它对创意和创新提出了较高的要求。文化产品能否赢得市场,关键在创新和创意。而创新和创意来自人的脑力劳动,这样劳动者素质的高低及其所处位置就在一定程度上影响到文化产业的区位分布。首先,高素质、高技能是知识密集型的文化产业劳动者的最大特点,他们一般选择创意环境好的大城市及其周边地区工作,从而导致文化产业向大城市集聚。[①] 其次,与其他产业相比,文化产品的生产属于柔性生产,需要参与文化产品生产的各环节协作,于是产生了大量的外包业务,使得以外包业务为生存基础的中小型文化企业聚集在某一区域。比如,深圳的大芬村之所以能形成油画产业,占据中国油画出口的 60% 的份额,一大原因是绘画人才的聚集。1989 年,香港画家黄江来到大芬村,租用民房招募学生和画工进行油画创作、临摹、收集和批量转销。大芬村低廉的房屋租金、充足的市场需求,吸引越来越多的画家、画工进驻。经过十几年发展,"大芬油画"成了国内外知名的文化品牌,目前已成为全球绘画者集中生产油画的基地。再如杭州聚集了包括华策影视、宋城演艺、思美传媒等一批民营文化企业,与汇集着文化创意人才的几所高校分不开——浙江大学、中国美术学院、浙江传媒学院、浙江理工大学、杭州师范大学美术学院在书画、雕塑、动画、工艺设计、服装设计、影视传媒等专业领域拥有一批

[①] 参见赵星《我国文化产业集聚的动力机制研究》,博士学位论文,南京师范大学,2014 年。

国内有影响的专家名师，在文化创意专业人才培养能力方面居全国一流。[1] 长三角地区的非物质文化遗产能形成气候，与一批非遗传承人有很大关系。在 2007 年以来的三批国家级非物质文化遗产传承人目录中，长三角地区就有 256 人，其中浙江 94 人、江苏 101 人、上海 61 人。

3. 技术

早在 1991 年，弗里曼开始注意到国民产业集聚存在与技术活动相关的联合行动，即技术学习和创新网络的形成是由集群内各企业相互联合而成的成本优势推动的。洛尔提出"技术能力"的概念，即企业对与生产相关的先进技术的吸收、模仿、应用、改造能力，企业自身技术水平，企业组织管理能力。[2] 在文化产业中，与产品、生产过程、生产组织相关的先进技术的吸收、模仿、改造、应用是技术要素的表征。技术以知识的形式存储在相关专业人员的大脑中，空间距离的接近性有助于技术交流和分享。凯勒（Keller）对技术知识扩散的距离特征进行了研究，得出技术扩散距离每增加 10%、其生产效率会下降 0.15% 的结论，从而指出技术知识具有地方化的特征。当知识不适合异地交流时，企业趋向于聚集，方便分享共同可利用的知识。[3] 巴诺尼（Balloni）等人的研究也表明，文化企业为满足客户的要求，对供应商、分包企业和其他关联企业提出更高的交货要求，与文化企业处在同一集群内的企业不得不与之建立稳定的关系，甚至文化企业有时对上述企业实行控制。企业生态圈中的层级关系由此确立，处于层级最高层的企业扮演着领导者角色，协调其他层级企业的生产与投资。[4]

在集群中，大多数具有经济用途的知识都是隐性知识，要在社会交往中获得。产业集群的产业环境也有助于隐性知识的获得，因为人们在集群中会产生合作和相互信任，正如马歇尔对产业区中一种隐性知识——"祖传的技能"（这些祖传的技能绝大多数属于隐性知识）作用的描述：在行业内部，从事具有相同技能工作的人员，从与之相邻的行业获得较大的利益。这样行业的秘密似乎公开化了，孩子们不知不觉地也学到许多秘密。一旦某个人产

---

[1] 参见《浙江省文化创意产业政策》，http://www.zgsxzs.com/a/news/zhaoshangdongtai/shengquzhengce/2014/0225/594544.html。

[2] 参见 R. Dore, "Technological Self-reliance: Sturdy Ideal or Self-serving Rhetoric", *Technological Capability in the Third World*, Palgrave Macmillan UK, 1984。

[3] 参见 W. Keller, "Knowledge Spillovers at the World's Technology Frontier", *Social Science Electronic Publishing*, 2001。

[4] V. Balloni and D. Iacobucci, "Cambiamenti in atto nell organizzazione dell", *Industria Marchigianna Economia Marche*, 1997, 16 (1), pp. 29–66.

生新思想，就会被他人采纳并与他人的意见结合起来，从而促进更新思想的产生。① 民营文化企业家大多在父辈的耳提面命中领悟到文化产品生产的秘诀。

4. 文化资源

文化产业是以精神生产为追求的产业，因而在文化产品的生产中接受着文化资源的滋养。纵观世界文化产业聚集区，多数是依托当地的文化资源发展起来的：英国曼彻斯特的音乐产业集群，依托的就是享誉世界的滚石乐队带来的雄厚的音乐历史底蕴；依托当地特色文化，电视及数字媒体集群出现在英国布里斯托尔，电影产业集群出现在美国好莱坞。曾经是士人、举子、文人墨客、文化商人、梨园艺人聚集场所的北京琉璃厂，以名人名居、会馆、庙宇文化历史资源为发展资本，演化成琉璃厂文化产业园区。

按照文化资源的历史沉淀深度，文化资源可以分为历史文化资源和现实文化资源两类。历史文化资源是经过漫长的历史沉淀与演化生成的文化资源，包括物质与非物质的文化遗产资源、部分自然遗产资源。在传统文化资源方面，长三角地区民营文化资本聚集区优势明显，江东文化、吴越文化及海派文化均发源于此。在长三角城市圈中，超过80%的城市是中国历史文化名称，76项文化项目列入《世界遗产名录》和国家级非物质文化遗产名录，占全国总数的14.2%。特别是浙江省，国家级非物质文化遗产数达181项，占全国的11.83%；省会杭州是国家级非物质文化遗产名录最多的城市之一，多达39项，其次是温州（25项）、金华（23项）、绍兴（21项）、宁波（20项）、嘉兴（13项）、丽水（12项）、台州（10项）、衢州（7项）、湖州（6项）、舟山（5项）。越剧、丝绸、瓷器、木雕、根雕是浙江省传统文化资源。

现实的文化资源主要有场馆类资源、人文类资源和文化产业基地/园区。如北京市2016年年末共有公共图书馆25个，总藏量6264.7万册；档案馆18个，馆藏案卷771.9万卷件；博物馆177个，其中免费开放80个；群众艺术馆、文化馆20个。年末有线电视注册用户达到579.9万户，其中高清交互数字电视用户482万户。北京地区2016年25条院线207家影院，共放映电影228万场，观众6873.4万人次，票房收入30.3亿元；全年制作电视剧64部2665集，电视动画片30部9844分钟，电影318部。② 北京还是中

---

① 参见 P. Maskell and A. Malmberg, "Localised Learning and Industrial Competitiveness", Cambridge Journal of Economics, 1999, Vol. 23(2), pp. 167 – 185。

② 参见北京市统计局《北京市2016年国民经济和社会发展统计公报》。

国知名高校的重地,北京大学、清华大学、中国人民大学等学校为北京市民营文化资本提供了源源不断的文化资源。再如,江苏省的文化场馆类资源优势明显,截止到2016年年底,全省共有文化馆、群众艺术馆115个,公共图书馆114个,博物馆312个,美术馆25个,综合档案馆117个,向社会开放档案52.2万件。①

(二) 市场因素

新经济地理学引入了规模报酬递增和正反馈效应,强调了产业外部性、企业间联系、运输成本和需求因素在决定企业选址中的重要作用。根据克鲁格曼的"核心—边缘"模型,在一个只有制造业和农业的两部门经济中,制造业需要具备三个条件才能在空间上集聚,即规模报酬递增、运输成本较低、有足够大的市场需求,其中市场需求是企业家优先考虑的因素,因为只有旺盛的市场需求才能激发生产的动力。克里斯塔勒提出的"中心地区理论"也与"核心—边缘"模型相似,他认为需求和市场是决定企业选址的关键性要素,前提是在资源与人口均匀分布、运输费用不变、消费者偏好相同的情况下。

1. 文化需求

文化需求是指在某一特定时期内,对应于某一文化商品的各种价格,人们愿意而且能够购买的数量。文化需求的基本规律主要表现为在影响文化需求其他因素不变的情况下,文化需求与人们可支配的收入水平、替代品价格和余暇时间成正比,与文化商品的价格、互补品价格成反比。影响文化需求的主要因素有购买能力和购买意愿,其中购买能力取决于收入水平,购买意愿则取决于居民文化素养。2014年中国东部地区人均消费意愿支出高于中西部地区,其中东部地区人均文化消费意愿支出为819.7元,中部地区为700.3元,西部只有587.7元。②

2. 文化消费

人们的消费可以分为物质消费和精神消费,其中后者是通过精神产品和手段使人获得满足的一种消费。从文化消费的内容上看,既有精神产品的消费,也有工具和手段的消费,前者如书籍、杂志、电视节目等,后者如计算机、游戏机等。此外,人的精神需求也可以通过各种公共文化设施,比如电

---

① 参见浙江省江苏统计局《江苏省2016年国民经济和社会发展统计公报》。
② 参见彭翊主编《中国省市文化产业发展指数报告(2015)》,中国人民大学出版社2015年版,第17页。

影院、图书馆、博物馆等得到满足。文化消费水平是指一定时期内按人口平均实际消费的各种文化产品和劳务的数量。它不仅与区域经济发展水平有关，还与区域高素质人口数量有关。如在 2013 年北京与艺术品交易直接有关的文化消费中，文化艺术、旅游、休闲娱乐 3 个领域的收入比第二次全国经济普查增长 7.3 倍、1.8 倍和 1.4 倍。文化消费结构是指人们消费各种不同类型的文化产品与服务的比例关系。如我国文化消费中最受消费者欢迎的五大产品分别是电影、电视/广播、图书/期刊/杂志、网络文化活动、文化旅游。

（三）机会因素

在波特的新竞争经济学"钻石模型"中，有作为因素之一的"机遇"，对此可以分解为两个问题，一是"为什么一些因素会在某些特定区域发生作用？"二是"发生作用的过程是随意的还是区位性的？"这两个问题牵扯两个要素，一是客观契机，二是主观预期。

1. 客观契机

随着全球化和本地化的深入，文化企业越来越明显地集聚于全球特定的区域内，资金、技术、人才等创新要素的全球流动更加频繁，不同区域产业集群之间的相互依赖性与日俱增，极大地推动了全球经济的创新发展。由单个产业集群组成的全球产业集群合作网络成为世界经济发展新的空间组织表现方式。王婧观察到，我国文化产业集群的雏形在城市的近郊区、老厂房和新园区三种空间中得到发展。①

文化产业的发展，为促进经济增长方式转变、带动和提升传统产业、实现产业结构战略性调整提供了新的机遇。近年来不少国家和地区开始把文化产业作为战略产业和支柱产业，并采取相应的政策措施和手段来积极推动和扶持其发展。信息化发展，使得文化企业呈现互联网时代特征，出现以新媒体、新技术和多元资本为特色的文化企业。2014 年 8 月 18 日，中央全面深化改革领导小组第四次会议审议通过《关于推动传统媒体和新兴媒体融合发展的指导意见》，这对民营文化核心企业的形成提供了新的发展思路。

2. 主观预期

科斯从组织管理和生产经营的角度，认为企业家较一般人而言，应该能够更准确地预测市场，并通过企业组织、经营和管理，生产出市场所需要的产品，获得利润。我国的民营文化企业的掌门人更具有典型的企业家精神，

---

① 参见王婧《重塑文化产业空间关系》，上海人民出版社 2015 年版，第 107 页。

如敢冒风险、竞争意识强等。国有文化企业占据有利的资源地位，国有文化企业家也就更类似于拥有特权的行政管理者，他们在市场竞争、企业管理等方面都受到国家、地方政府抑或政策的保护与支持，他们不能凸显企业家精神。与之相反，民营文化企业家从诞生以来，一直在夹缝中成长，非但没有特权的保护还要受到市场的歧视，艰辛的资源积累以及成长方式更能凸显普遍意义上企业家应有的精神与能力，他们对文化市场具有更强的敏锐性。如撬动中南动漫的是一家与钢筋混凝土打交道的大型建设企业——浙江中南建设集团。2003年，集团董事长吴建荣发现，动漫产业在国际上正成为继IT产业后的又一经济增长点，而当时中国在动漫领域几乎一无所有。吴建荣认为，中国企业把成吨的货物一车车运到海外，远远不抵国外企业出口到中国的几张动画光碟的利润。于是他抱着"宁可亏损两个亿"的决心投入动漫产业，2004年正式成立中南卡通股份有限公司。目前，中南卡通已经构建了包括版权、商标权、专利权等一系列以知识产权为核心的自主知识产权体系，以市场需求为原点，编织了一张全方位、立体式、多渠道的营销网络，构建起自己的销售渠道。在中南卡通的盈利链条中，衍生品占到70%—80%。企业拥有授权商30余家，年产值超过10亿元。中南卡通还走出国门，进入近70个国家和地区的播映系统。

（四）制度因素

经济学家施尔茨（Schmitz）的研究发现，发展中国家产业集聚内部的联合行动，成为克服产业集聚导致的市场失灵的有效机制。① 麦考密克（Mccormick）在考察非洲的产业集聚时发现，国民制度环境的不完善导致产业以集群发展的形式减少交易成本。对发展中国家产业集聚"进行更为完整的分析，我们必须寻找集聚背后的制度因素"②。查里（Chari）发现，印度的土地所有权制度、信贷制度与印度纺织产业集聚存在着显著的正相关关系。③ 舒尔茨也提出政府要减少在税收、财政支出和调节经济方面的作用。④ 在促进产业集聚发展的过程中，政府应该扮演什么样的具体角色呢？研究认为，

---

① 参见 H. Schmitz, "Collective Efficiency and Increasing Returns", *Cambridge Journal of Economics*, Vol. 23, No. 4, 1999。
② D. Mccormick, "African Enterprise Clusters and Industrialization: Theory and Reality", *World Development*, Vol. 27, No. 9, 1999。
③ 参见 S. Chari, "The Agrarian Origins of the Knitwear Industrial Cluster in Tiruppur, India", *World Development*, Vol. 28, No. 3, 2000。
④ 参见［美］乔治·舒尔茨《重新确定政府的经济职能》，舒子唐译，《外国经济参考资料》1982年第10期。

现实社会生活中政府应该扮演创始者（initiator）、促进者（promoter）、协调者（coordinator）、管理者（manager）四种角色。

克鲁格曼"核心—边缘"模型表明：尽管地理位置对产业格局具有很大影响，但是产业结构也是重要的影响因素，特别是跨国公司存在着大量中间产品交易，产品市场不断细分，这使得市场因素更加凸显出其在国际贸易中的地位。克鲁格曼的模型从理论上支持了文化产业政策的制定——文化产业政策是促成地方产业集聚生成和发展的重要因素，如政策中贸易壁垒的设置可以改变现实文化产业的地域分布。但是我们也应当清楚认识到，文化产业政策只是影响文化产业集群形成和发展的重要因素之一，并非唯一决定性因素，文化产业集群发展还会受到其他不确定因素的影响。

文化政策是促进中国文化资本空间集聚的主要因素。民营文化资本在中国东部的集中趋势不仅反映中国整体文化产业空间布局特征，同时也折射出政策因素是促使民营文化资本向某些地域汇集的重要力量。从国家级文化产业示范企业、国际重点出口企业、境内上市文化公司，都能看到政策的倾向性。

综上所述，民营文化产业集群模式与波特的钻石模式较高的吻合度。集合民营文化产业集群的特点，将波特的钻石模型做一个拓展，增加文化资源因素，展示民营文化产业集群的特点（图5-5）。

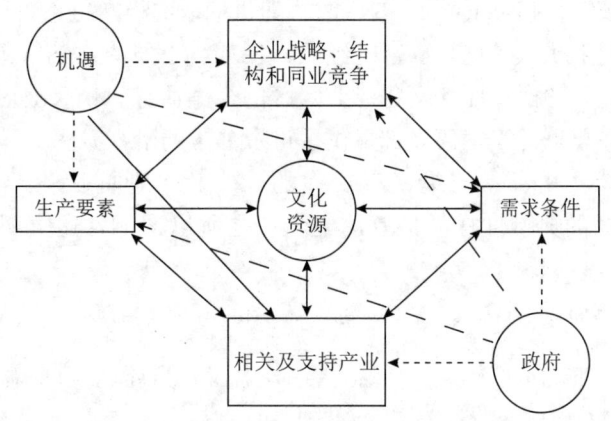

图5-5 民营文化产业集群竞争力钻石模型

三 民营文化资本集聚机制：个案研究

自从产业集群进入学术界的研究视野之后，产业集群演化就成为研究的焦点，代表性的研究有：波特的三阶段演化论，即按照规模、特征等要素，集群可以划分为出现、发展、成熟等多个阶段;[1] 罗森菲尔德(Rosenfeld)的四阶段论,即从企业模仿的角度将产业集群划分为孕育期、成长期、成熟期以及衰退期四个阶段;[2] 欧盟委员会(European Commission)的六阶段演化论,即第一阶段创立基于地方特定知识文化而衍生出的先导企业,第二阶段产生一系列专门化的供应商、服务支撑公司及劳动力市场,第三阶段形成支撑集群企业的新组织机构,第四阶段吸引外部的企业、人才等资源,并为本地新企业的发展提供肥沃的土壤,第五阶段培育成员之间非市场机制的联系交流,促进本地的知识信息循环,第六阶段集群发展出现抑制状态,进入衰退阶段;[3] 伯格曼(Bergman)在总结以往的文献基础上,认为集群经历三个阶段——形成阶段、扩张阶段和枯竭阶段。扩张阶段又由两个子阶段构成,即探索扩张阶段和开发扩展阶段。探索扩展阶段发生在"S"形曲线转折点之前,该阶段适合创新进入,但不适合建立公司,而在开发扩张阶段,系统开发、集群规模经济、成熟的技术和有效率的公司推动着经济增长,并常常伴随着成熟政策,这些政策解决集群发展的瓶颈问题,同时,枯竭阶段也分为锁定阶段和复兴阶段。[4]

由于缺乏系统的民营文化资本统计数据,无法以结构方程的方式推演出民营文化资本集聚演化机制,本书将选择代表性个案研究进行分析,这是因为选取典型和极端的情形,有助于获取丰富、详细和深入的信息。[5] 此外,按照埃森哈德特(Eisenhardt)的说法,随机抽取的样本也不可取。[6] 我国学者在案例研究上积累了比较丰富的经验,比如,王婧的长三角文化产业集群的研究、刘立云的西安曲江文化产业园区的个案研究、侯汉坡对北京地区的文化创意产业集群的个案研究都提供了可资参考的研究方法。

鉴于民营文化资本的集聚有很强的非文化产业向文化产业演进的特征,本节选择的典型性样本是万达集团。之所以选择万达集团,是因为万

---

[1] 参见 M. E. Porter, *Clusters and Competition: new Agendas for Companies, Governments and Institutions.* Boston: Harvard Business Review, 1998。
[2] 参见 S. A. Rosenfeld, "Bringing Business Clusters into the Mainstream of Economic Development", *European Planning Studies*, Vol. 5, No. 1, 1997。
[3] 参见 European Commission, *Regional Cluster in Europe*, 2002。
[4] 参见 E. M. Bergman, "Cluster Life-Cycles: An Emerging Synthesis", SRE-Discussion Papers, 2007。
[5] 参见 A. M. Pettigrew, "Longitudinal Field Research on Change: Theory and Practice", *Organization Science*, Vol. 1, No. 3, 1990。
[6] 参见 K. M. Eisenhardt, "Building Theories from Case Study Research", *Academy of Management Review*, Vol. 14, No. 4, 1998。

达集团代表着中国民营文化资本的三大趋势：一是企业转型升级需要将文化产业作为企业的"护城河"；二是文化也是企业竞争优势的体现；三是文化产业品牌对企业发展影响力巨大。万达之路是众多民营文化企业探索出来的道路，即"实业＋文化"，实现其他民营产业集群与文化产业集群的跨界，而民营文化资本多要素跨界运作的过程就是民营文化资本集聚演化的过程。

（一）万达集团实业资本向文化资本集聚

万达商业地产股份有限公司是中国商业地产行业的龙头企业，截至2017年，已在全国开业237座万达广场。从2006年开始涉足文化产业，到现在已经涉及文化旅游城、电影产业、舞台演艺、电影娱乐科技、主题公园、连锁儿童娱乐、连锁量贩KTV、报纸杂志、艺术收藏等领域，形成商业、文化、网络、金融四大产业集团，2017年位列《财富》世界500强企业第380名。2016年企业资产7962亿元，营业收入2550亿元。万达集团的文化资本集聚经历四个阶段。

第一阶段，地产资本集聚期（1988—2005），万达以四代万达广场的开发为战略重点，奠定了其国内商业地产龙头老大的地位。1988年，万达启动了大连市旧城改造，在20世纪90年代初期成为大连房地产开发商的翘楚。1993年，万达赴广州番禺开发侨宫苑小区，成为全国首家跨区域发展的房地产企业，获得跨区域开发的宝贵经验。1998年，万达到成都、长春等多个城市开发，迈出大规模跨区域发展的步伐。2000年，万达将全国各地公司合并调整为商业、住宅两大建设公司。与美国沃尔玛公司结成的战略合作伙伴关系，开启了第一代万达广场建设的序幕。2000—2002年，第一代万达广场覆盖了长春、南昌、长沙、济南、南京和青岛。万达广场建在上述城市的中心，以小面积的商业楼为主，吸引传统百货商场和大型超市入驻，外加一些精品店，售卖火爆。2002—2004年，万达在武汉、天津、哈尔滨、大连等城市完成第二代万达广场建设。与第一代单体发展模式不同，第二代万达广场采取的是组合发展模式，几个独立的商业楼通过步行街连接为一个功能完备、设施便利的综合体，很快成为上述城市的地标性建筑。第三代万达广场开启于2004年。万达在宁波鄞州实现城市综合体的理想，覆盖购物中心、高级酒店、高级写字楼、豪华公寓、商业街，打造万达城市新商圈。第三代万代广场为当地就业、拉动消费、提升城市品位作出了贡献。如果说上述三代万达广场主要是商业成分高的地产的话，那么2014年第四代万达广场的建设则实现了万达地产融合文化要素的战略考虑，万达广场由商业综合体蜕变为兼具文化消遣功能的综合体，突出主题功能，结合所在地文化旅游特色，将高端演艺秀、主题乐园等文化要素融入了建筑设计中，以文化主题的形式穿插在整个项目组合中，万达已然成为所在地的新品牌、新名片、新地标。万达不仅实现了商业地产帝国的梦想，同时在给商业地产配套中发现了文化机遇，充分运用万达在三代万达广场发展中累积起来的资源和品牌。这个阶段在地产业和文化产业这两个产业中，地产业占有主导地位，文化产业只是处于陪衬、次要的地位。

第二阶段，万达从 2006 年挺进文化产业到 2012 年注册成立万达文化产业集团，形成了国内最大的集多个文化领域于一体的民营集团。从 2006 年起，万达涉足文化产业，在万达广场投资建设电影院，以此来吸引消费者，迎合中国电影产业大发展的需要，在不到四年的时间里跃升成为全国电影院线产业第一名，并逐渐拉开与第二名的差距。2008 年，万达迁往北京，为其跨界文化产业奠定了地缘优势。借由电影产业的成功，万达大力发展文化产业，涉及多种文化产业，迈出实质性的五大步。第一步，2009 年确立文化旅游产业成为企业新的重点发展方向。当年 1 月，投资 200 亿元建设长白山国际度假区，建成世界级优质冰雪度假项目。2011 年投资建设武汉楚河汉街，开发以文化为核心，兼具旅游、商业、商务、居住功能为一体的世界级文化旅游项目。其后在全国多个城市建立旅游城。第二步，2010 年万达进行机构调整，为实现实业、资本两条腿走路，为企业进入文化产业打下坚实的组织基础。第三步，2011 年投资 5 亿元正式成立万达影视制作公司，形成电影产业的完整产业链。第四步，2011 年与美国弗兰克·德贡公司成立合资演艺公司，由万达控股，在全国投资 100 亿元打造 5 台世界最高水平的舞台秀。第五步，万达文化产业集团于 2012 年在北京注册成立，正式确立以文化产业作为未来二十年的企业发展核心方向，全面进入电影院线、影视制作、舞台演艺、电影科技娱乐、主题公园、连锁娱乐、报刊传媒、字画收藏、文化旅游区等行业。2013 年万达文化产业收入达 255 亿元，跃升为行业第一名。万达文化产业集团的目标是到 2020 年实现收入目标 800 亿元。文化产业在万达集团增长迅速，成为万达撬动地产业结构升级的推手。

第三阶段，全球文化资本扩张（2013 年至今）。如果说 2011 年与美国弗兰克·德贡公司成立合资公司仅仅是与国外资本的初次合作的话，那么 2012 年万达集团并购全球第二大影院公司——美国 AMC，则是万达向世界展示其强大文化资本的一次集中亮相。高达 26 亿美元的并购，不仅确立了万达在院线上的霸主地位，同时与既有的影视制作业形成联动效应。此后，万达频频出手进入国际文化市场：2013年以3.2亿英镑的大手笔并购英国圣汐游艇公司，在伦敦核心区投资近7亿英镑建设超五星级的万达酒店；2014年并购澳大利亚黄金海岸项目；2015年完成收购美国连锁院线Starplex Cinemas，以6.5亿美元并购美国世界铁人公司100%股权，出资4500万欧元购买马德里竞技足球俱乐部20%股份。2016年，万达集团宣布以不超过35亿美元现金收购美国传奇影业公司；与法国欧尚集团在巴黎签订协议，双方将合作投资巴黎大型文化旅游商业综合项目。万达集团旗下美国AMC院线与美国卡麦克院线（Carmike）签订并购协议，该并购使AMC成为全球最大的电影连锁院线，也使万达在中美两个全球最大的电影院线市场都占据第一，形成全球电影布局。万达成为中国首个国际足联顶级赞助商、国际篮联独家商业合作伙伴，获得国际羽毛球赛事经营权，冠名马德里竞技新主场。以约10亿美元收购美国Dick Clark Productions（以下简称DCP集团）100%股权，标志着万达进入电视制作行业，万达娱乐产业版图更趋完善。万达的文化产业继续增长，已与地产业平起平坐。

（二）万达集团文化资本集聚机制分析

从不同经济体产业集群之间合作密切程度与外部通道发育程度来看，万达跨界产业集群之间合作网络的演化过程目前经历了孕育、发展、成熟阶段，未来地产业可能走向衰退、消亡，也有可能走向复兴（见图5-6）。在地产集群和文化产业集群之间合作网络的演化过程中，网络内不同产业集群的外部通道从无到有、从不发达到逐渐成熟。如万达的地产业，从旧城改造拓展到商业地产，从大连扩展到全国，从全国性的万达广场、万达城拓展到英国、澳大利亚。同样，万达的每一次文化产业的布局都抓住各种机遇，在做大的过程中外部通道也更加顺畅，不仅赢得消费者的追捧，还获得各级政府的支持。跨界企业网络与跨界技术社区不断完善，加快外部通道两端产业集群之间创新资源的流动和知识的扩散。跨界产业集群之间合作网络的创新资源不断增加，使得文化产业资本沿着文化产业价值链从低端走向高端，如从电影放映到影视拍摄、影视制作和影视创作，逐步跨界到文化产业价值链的核心区域。跨界产业集群之间合作网络的结构从简单到复杂，地方网络的开放性逐渐增强，目前万达业务已经涵盖了大陆地区所有省、市和自治区，并在美国、英国、法国、澳大利亚等世界文化产业发达国家建有企业。

186　中国民营文化资本跨界研究

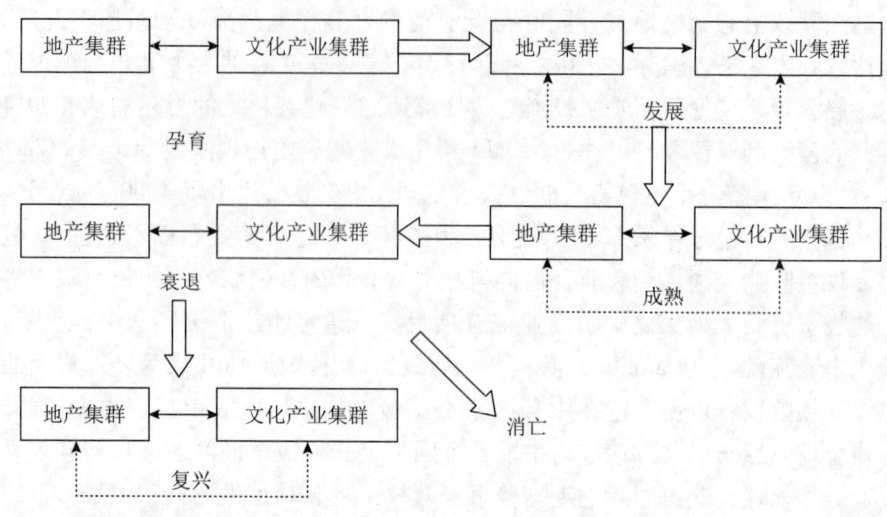

图5-6　万达地产集群与文化产业集群跨界演化示意①

在演进过程中，万达的网络权力结构发生了空间变化。万达于2010年进行机构调整，实现实业、资本两条腿走路，这关键的一步棋导致文化产业集群内都拥有了网络权力较高的行业影视业。随着创新资源的流动，文化产业与地产业在跨界合作中，两者的关系由地产业文化的不平衡的关系转化为平衡关系。2010年万达集团进行了机构改革：一是集团和商业地产总部机构彻底分设；二是商管和院线机构调整，变成为总部、区域公司和单店三级管理模式，真正实现连锁经营；三是项目管理分成南区、北区。这一重大机构改革为地产业与文化产业平衡关系的建立奠定了制度基础。从微观方面来看，万达追逐更低的成本与更大的市场是其两大产业集群之间合作网络演化的主要推动力。从宏观看，地产业不具备拓展市场的知识生产能力。万达要获得可持续发展，需要吸引具有创新能力的文化产业进入，形成与地产业互补的产业集群。总之，万达地产集群和文化产业集群之间的合作能够整合两大产业集群的优秀资源，包括整合公共创新资源在内的创新要素，推动万达整体事业的发展。

---

①　该图受张云伟关于上海张江与台湾新竹IC产业跨界的研究成果的启发，详见张云伟《跨界产业集群之间合作网络研究——以上海张江与台湾新竹IC产业为例》，经济科学出版社2016年版，第93页。

第三节 民营文化资本的空间拓展

民营文化资本集聚带来两种空间效应,一种是正向空间溢出效应,即"扩散效应",在文化资本集聚的作用下,周边地区的文化生产要素进行重新配置,从而提高资源的配置效率,促进当地整体文化产业的发展,而这种发展又会通过文化产业集聚的分享、匹配与学习进入自我强化的通道,进而促进文化资本的进一步积聚;另一种是负向空间溢出效应,即"虹吸效应",即民营文化资本在某一地理空间上的集中,会导致周边地区的生产要素大量向集聚地转移,导致周边文化生产要素的大量流失,反而阻碍周边地区的文化产业的发展。经验研究表明,目前中国民营文化资本的发展主要是通过经济集聚的直接促进和正的空间外部溢出来实现的。[1] 鉴于此,本书重点讨论第一种空间效应。

一 由外围到核心

世界各国存在着生产技术上的相对差异,导致产品成本和价格的相对差异。劳动力比较优势和原材料成本优势往往决定了生产要素相对禀赋的不同和产品生产方式的密集形式。英国经济学家大卫·李嘉图(David Ricardo)提出的"比较优势理论",可为需要技术支撑、投入一定的物质材料和密集的劳动力的文化制造业发展模式提供理论支持。进行文化制造业研究的原因在于,在以人口为竞争要素的中国中,文化制造业在整个文化产业中的占比很大。[2]

中国民营企业在文化产业外围产业已经积累了比较丰富的资本和经验。从跨地域而言,民营资本适合走"先稳定现有贸易国家,后逐步向文化产业大国扩展"之路。比如华强集团基于"方特"品牌在主题公园享有独特优势,以"方特欢乐世界"和"方特梦幻王国"陆续登陆郑州、青岛、芜湖、泰安、株洲、沈阳、厦门、汕头、南通、重庆等城市,这两种主题公园出口到中东和非洲,被誉为"中国迪士尼"。从跨所有制看,适合先与国外企业合作,然后在某点进行突破。从跨行业而言,民营资本适合走的线路是从制

---

[1] 参见张朝霞《经济集聚视角下中国文化产业的发展机制分析》,《统计与决策》2016年第8期。

[2] 参见向勇《文化产业导论》,北京大学出版社2015年版,第102页。

造业产业做起，走文化产业外围包围核心之路，实现由制造向创造的转化。

张为付等人对制造业与文化产业互动演进的过程进行了归纳：制造业推进了第三产业，进而推动第三产业中的文化产业，而文化产品制造业是最先受益的行业，文化与制造业的融合，反过来推动了制造业的转型升级。文化产业与制造业融合发展过程中，不仅实体产业链中的微笑曲线向两端延伸，而且在虚拟产业链上也实现了天然的对接。制造业和文化产业的融合，重塑了产业价值链，使得双方都从中获益。①

徐清泉认为创意产业位于文化产业的最高端，在产业上游聚焦于创意产生的知识产权交易。② 在总结大卫·赛斯特创意产业三大特色基础上，戴嘉枋提出文化创意产业是将文化经济化的"精致产业"的观点，与徐清泉的看法不谋而合。但姚东旭不赞同将创意产业定位为文化产业高端产业，认为文化创意对文化产业的作用是渗透作用而非延伸作用，通过创意对产业链进行分解和重组，使得创意弥漫于文化产业链中的各个环节，而非只集中在顶端。

周锦提出制造业"微笑曲线"上的文化产业融合、制造业与文化产业在产业链上的融合两种方案。③ 在第一种方案中，有两个关键作用点存在于制造业的"微笑曲线"中，一是发现附加值的分布，二是发掘竞争形态。"微笑曲线"中部主要聚集着制造业，这是一个纯生产性的行业，主要是文化装备模块零部件生产以及组装，也有为国外文化企业提供品牌代加工。制造业的研发和销售能力薄弱，导致这个产业附加值和经济效益难以提升。破解简单制造困境的方法是在制造业中植入文化符号，努力增加制造业的附加价值。具体而言，围绕一定的创意主题，通过文化创意设计的支持，产生市场需求，制造业就可以生产出相应的产品来满足市场需求，使制造业向"微笑曲线"两端延伸。

第二种方案针对文化产业和制造业的差异及两者优势互补而设计。众所周知，文化产业存在着研发、设计、售后服务上的智力支持等优势，然而将这些优势转化为产品的能力却偏低，因此一般采用非实体模式。制造业则具

---

① 参见张为付、黄晶、周长富《南京市文化产业与工业制造业互动关系研究》，《南京财经大学学报》2008 年第 1 期。
② 参见徐清泉《创意产业如何走出困局？》，《东方评论》2007 年 10 月 29 日，http://pinglun.eastday.com/p/20071029/u1a3193134.html。
③ 参见周锦《产业融合视角下文化产业与制造业的融合发展》，《现代经济探讨》2014 年第 11 期。

备强大的生产能力，但自身研发能力相对较低。文化创意产业的优势在于创意，而制造业的优势在于能快速通过现代化技术手段实现创意，两者的优势互补将导致产业边界的模糊甚至消失，两个产业融为一体。两者的融合将促进分工程度和附加值均高的长产业链的形成。①

此外，还存在着第三种方案，即为实现制造向创造的转型，文化产业各大类之间实现融合。一方面，文化相关产业的技术装备业的创新，消除了文化再生产创作、生产、传播、消费环节的边界，使得文化产业内部各行业融合发展。以影视业的兴起为例。早在两千多年前光学成像现象已被发现，文艺复兴时期达·芬奇曾对这一现象做过深入研究。1825 年照相机发明，摄影技术得到完善。19 世纪 90 年代，以光学成像为基础的摄影技术与电学技术结合引发电影的诞生。1925 年，以影像技术与无线通信技术相结合为基础的电视机的发明，使电视工业迅速崛起。正是由于技术装备不断创新，使得文化生产、传播与消费不断突破时间与空间的局限，文化创作的内容才日趋多样化，不仅容量大，而且形式逼真，并能虚拟再现，从而实现了文化产业内部的融合发展；另一方面，技术装备创新使得文化产业不断向外扩张，在技术、产品、产业、市场等层面突破壁垒，实现融合，催生出新的产业形态，实现文化与经济的融合发展。

我国文化外围产业比较发达的地区集中在长三角地区和珠三角地区。依托大量从事中小型、标准化零部件制造的民营企业，这两个地区集中了中间环节中大量的组装、代工、贴牌企业，形成了各具特色的区域产业集群，如"麦克风之乡"广东恩平、"游艺机之乡"广东中山、"摄影器材之乡"浙江上虞等。处在这两个区域的上海、广州、深圳等大城市，依托人才优势，集聚了产业链两端高附加值的设计研发、品牌代理企业，着力打造以全行业资源整合为目标的产业平台，这些文化产业外围行业的发展可以为文化产业核心行业的发展创造可能性。

从外围产业到核心产业的发展之路的必然性，在中国主要取决于两大要素：其一，民营文化资本的自组织能力；其二，文化体制。就前者而言，在民营经济活跃的浙江，民营文化资本具有较强的自组织能力，不乏从外围产业走向核心产业的例子。比如，横店影视业最初就是以丝绸制造业起家，当发展到一定规模时，开始介入文化产业。1990 年年初办起的歌舞厅、文化

---

① 参见周锦《产业融合视角下文化产业与制造业的融合发展》，《现代经济探讨》2014 年第 11 期。

村，很快在当地引起强烈反响。这些举动没有得到人们认可，反而被认为是不务正业。但是正是横店引发的强烈社会反响为横店产业转型带来机会。1995年著名导演谢晋为拍摄电影《鸦片战争》来到横店，这为横店筹资建设"19世纪南粤广州街"拍摄基地带来契机。1998年横店集团又与导演陈凯歌合作，投资兴建了气势磅礴的秦王宫，拍摄电影《荆轲刺秦王》。此后，横店一发不可收拾，"清明上河图""明清宫苑"等拍摄基地逐个建成。随着横店影视基础设施的完善，影视基地在国内外影响的扩大，横店集团开始向影视业上下游开发和拓展，比如成立剧本创作和策划中心，开展委托策划、定向创作影视剧和剧本代理等业务；建立演艺职业培训中心，短期培训应用型影视表演人才；与浙江省电影家协会、影视表演考级委员会合作，设立影视表演考级基地；参股控股浙江星光院线，进军电影院线领域；和中国电影集团一道与美国时代华纳公司组建了中影华纳横店影视公司，向国际影视市场拓展。

就后者而言，我国政府对文化产业实行严格的市场准入限制。目前只有演艺业、广告业和文化娱乐业的市场准入条件相对较低，允许私人资本设立私营企业，而在出版、音像、传媒和影视业，私人资本只能有限进入。在2016年公布的中国民营文化企业30强的榜单中，只有7家民营企业上榜，且无一家进入新闻出版等核心内容产业。民营资本只能在外围产业积蓄力量，待条件成熟，向核心产业进军。再以出版业为例，在采、编、发出版环节中，民营文化企业先是被限定在发行、印刷、制作环节，没有被授予出版权。然而，随着政策不断放开，民营出版工作室获得了更多的发展机会。正如柳斌杰所言，"每当思想解放一步，政策前进一步，民营书业就发展一步。"① 影响民营出版的三个文件，第一个文件是2005年2月由国务院出台的《国务院关于鼓励支持和引导个体私营等非公有制经济发展的若干意见》，这是我国第一个促进非公有制经济发展的系统文件，继续肯定和鼓励其以多种形式进入文化产业领域；第二个文件是《关于进一步推进新闻出版体制改革的指导意见》，由新闻出版总署于2009年4月颁布，明确提出"积极探索非公有出版工作室参与出版的通道问题"。第三个文件是《新闻出版总署关于进一步推动新闻出版产业发展的指导意见》，于2010年1月由国家新闻出版总署下发，民营书业被确认为新型生产力，参与中国图书的出版，这是第一次认可民营资本与国有出版社之间的合作。随着

---

① 柳斌杰：《混合所有制：国有民营共同书写文化强国新篇章》，《出版参考》2014年第13期。

产业政策对民营资本的逐步放开，长期处于灰色地带，与买卖书号、违规经营等问题相关联的民营出版企业获得了前所未有的发展机遇和市场空间，民营书业通过与国有单位进行项目合作、资本合作等多种形式得到了快速发展。随着民营书业不断实践，政府也为其提供了更多的发展权，比如，2010年5月，在北京试点建立的民营书业产业园区中，民营书业可以直接取得出版权；2010年11月，汉王软件发展公司、盛大网络公司等新兴的文化公司、科技公司获得了数字出版的权利，民营书业逐渐地与内容生产出版权相连接；2012年6月，新闻出版总署发布的规定中，首肯了一些与民营书业相关联的做法，为促进民营书业的发展提供了政策保障。民营书业的发展也折射出出版业与政策互动关系。十八届三中全会明确提出在出版权、播出权特许经营不变的前提下实行"制版分离"。2016年，江苏、北京、湖北等地被国家新闻出版广电总局列为"制版分离"改革试点省份。固然，这些政策和规制影响着民营文化企业，但是民营文化产业经过曲折发展所取得的成果又可以反作用于政策的修订和改进。就是在这种博弈中，经过30多年的发展，我国民营出版已成为出版产业不可或缺的重要组成部分。据统计，除教材由国有出版社专营外，我国民营出版企业在其他品类图书市场中占据50%—80%的份额，尤其在畅销书领域，比例高达90%。一批民营出版企业脱颖而出，既有因杜拉拉一炮走红的"博集天卷"、被盛大文学纳入麾下的"华文天下"，又有主打青春文学的"万榕书业"、为中信出版社提供专业财经内容资源的"蓝狮子"，还有稳坐民营出版策划第一把交椅、策划《诛仙》《明朝那些事儿》《盗墓笔记》等畅销书的北京磨铁图书有限公司。

二 由点及面

从空间维度看，我国文化产业形成"产业点"是在"十五"和"十一五"时期；"以点带面"则是发生在"十二五"期间，这一阶段我国实现了文化产业体系和产业规模的培育、产业园区和产业资源的整合以及产业资本的聚合。由"国内面"到"国际面"则发生在"十三五"期间，这一阶段由大数据技术带来的对文化产业的重塑，促使传统文化产业与新型文化产业高度融合。按照范建华的分析，"十三五"时期，文化产业集群的发展，以及文化产业集群间的联动，将成为推动中国文化产业形成带状结构的重要驱动力，文化产业空间布局将突破原有的地域环状分布而代之以带状分布，文化产业的诸多要素将重新洗牌，进一步突破行政区划的阻隔和产业门类的区隔,最终实现参与国际化文化生产、交换和消费一体化文化产业发展大格局。①

虽然作为一个新概念的"带状发展"还处在论证的阶段,但是从我国民营文化产业发展的现状和已有的空间布局来看,有跨界融合潜力的文化带主要有长江文化产业带、环渤海湾文化产业带、藏羌彝文化产业带、珠江文化产业带、"一带一路"文化产业发展空间。由于藏羌彝文化产业带和珠江文化产业带与长江文化产业带、"一带一路"文化产业发展空间有重叠的地方,因此本书仅选择长江文化产业带、环渤海湾文化产业带、"一带一路"文化产业发展空间为中心分析。前两者代表民营文化资本在国内空间的拓展,第三者代表的是民营文化资本在国际空间的拓展。这三大文化带依托的地方经济和文化资源各有区别,存在着明显的区域差异,其发展路径有很大的研究空间。

(一) 长江文化产业带

长江文化产业带占优势的资源包括长江流域独有的自然地理环境和长江哺育出来的文化资源。这个文化产业带西起云贵高原,东达长三角地区,依次覆盖贵州、云南、重庆、四川、湖南、湖北、江西、安徽、浙江、江苏、上海11个省(市)。虽然这一文化带生产力水平差异较大,既有中国农业、工业、商业、文化教育和科学技术等方面最为发达的地区,也有经济落后、贫困人口聚集的地区,但是该文化产业带的历史文化底蕴深厚,仅国家级历史文化名城就有53座,占全国总量的43%。依据不同地域呈现的文化风采,长江文化产业带又可分为若干文化区,分别是巴蜀文化区、滇文化区、贵州文化区、两湖文化区、江西文化区、吴越文化区、江淮文化区等。

巴蜀文化区、贵州文化区和滇文化区代表着长江文化产业带上游地域文化。其中,巴蜀所指地域是重庆所在的巴地和四川盆地所在的蜀地,这个地域文化与中原地域文化、楚文化、秦文化相互作用,影响着处在中国西南地区的夜郎文化、滇文化和南诏大理文化,其影响力通过上述处于边疆的文化区,远及东南亚地区。被称作黔文化区或黔中文化区的贵州文化区,西及云南高原,北与四川盆地相连,东与湖南丘陵接壤,南与广西盆地为邻。在上述地区的共同作用下,居于黔中的土著民族和越人一起创造出富有地域和民族特点的黔文化,以"濮文化"和"夜郎文化"为该地域的文化代表。位

---

① 参见范建华《带状发展:"十三五"中国文化产业发展新趋势》,《云南师范大学学报》(哲学社会科学版) 2015年第3期。

于我国南部边疆的滇文化区,西部、南部与缅甸、老挝、越南接壤,以滇池为中心,劳浸、靡莫、叟等部落融合当地部族文化、中原汉文化以及楚文化,形成了具有浓郁地方特点和鲜明民族特色的民族文化。

以两湖文化区、江西文化区为代表长江中游孕育了荆楚和湖湘文化区。该文化区域地处长江中游,以洞庭湖、湘江为中心,覆盖湖北、湖南两省,自古以来就是贯通东西南北的陆路和水路,有"楚塞三湘接,荆门九派通"的说法。其中,两湖文化根植于楚文化,经过南北朝和唐宋文化大融合,形成了独具一格的区域文化形态。位于长江中下游以南的江西文化区,覆盖江西鄱阳湖和赣江流域,脱胎于百越文化、吴楚文化。

长江下游则以吴越文化区、江淮文化区等为代表——吴越文化区分布在太湖流域周边,包括江苏的南部、江西的东北部、安徽南部、浙江省和上海市。梁启超在《近代学风之地理的分布》提及吴越文化对中国近代文化的重要性:"浙江与江南——江苏、安徽同为近代文化中心点","实近代人文渊薮,无论何派之学术艺术,殆皆以兹域为光焰发射之中枢焉"[1]。江淮文化区以巢湖为中心,其范围大致覆盖长江以北的江苏、安徽两省境地。北部与齐鲁文化区、中原文化区接壤,南部隔长江与两湖文化区、吴越文化区相对,是连接中国南北文化的纽带。

上述这些丰富多彩、兼具传统和现代的多元文化区是长江文化产业带建设的优势。此外,该文化产业带还具备另一些优势,比如牢固的经济基础,发达的陆上和水上交通,丰富的文化旅游业等。目前,位于这一文化产业带的综合立体交通走廊已纳入国家战略规划和建设中。长江文化产业带西端的中西部地区,最近几年经济的迅猛的发展,为文化经济带的建设奠定了经济基础。长江文化产业带东端连接着长三角地区,该地区生产力水平在全国属于上游,文化、教育、科技水平也处在第一层级水平,可为该文化产业带的经济和文化发展提供智力支持。

在长江文化产业带进行跨界融合,要实施因地制宜的策略。首先,坚持发展先进的、与国际接轨的文化产业,积极参与国际竞争,而不是满足于现状,仅仅局限于国内。其次,重视和尊重传统文化。尽管该经济文化产业带的文化产业较为发达,较容易融入国际文化产业与贸易中,但是只有民族的才是世界的,参与国际竞争需要以传统文化的现代化进路为依托,因为无根的文化是不能长久的。最后,做到国际化与本土化的结合。

---

[1] 梁启超:《近代学风之地理的分布》,《清华大学学报》(自然科学版) 1924 年第 1 期。

（二）环渤海湾经济文化产业带

作为中国当下最为重要的也是最发达的经济区之一的环渤海湾地区，涵盖京津冀都市圈、山东半岛城市群、京冀环首都经济圈和辽宁五点一线沿海经济带，中关村国家自主创新示范区、天津滨海新区、曹妃甸循环经济示范区均囊括在内。环渤海地区是我国北方经济集聚程度最高的地区，这里城市林立、交通发达，是中国重要的政治、经济和文化中心。

该文化产业带具备五大发展优势。第一，较高的经济发展水平，为这一文化产业带发展奠定了坚实的物质基础。第二，便捷的交通、发达的信息网络，带动该文化产业带的互助互联。第三，优质文化、科技、教育基础，以及首都独有的政治资源，为该文化产业带提供了可供开发的政治文化资源。第四，具有深厚文化底蕴的齐鲁文化与燕赵文化，为文化产业的发展提供了可供利用的资源。第五，对外文化、政治交流频繁，有助于文化与服务贸易发展。

针对上述优势，该文化产业带建设发展也要有特点。首先，该地带有我国的政治中心，因此，在文化产业建设中，一定要有鲜明的政治立场，注重文化的导向性，注重经济效益和社会效益的统一。其次，该产业带的文化较为发达，容易导致同质性的文化产业形态出现，这对于需要多元化养料培育的文化产业无疑是有害的。最后，在保护传统文化和发展现代文化产业之间建立均衡的联系，既不能为了促进现代文化消费而牺牲传统文化，也不能以保护文化传统为名妨碍文化产业发展。

（三）"一带一路"文化产业发展空间

"一带一路"是"丝绸之路经济带"和"21世纪海上丝绸之路"的简称。2013年9—10月，中国国家主席习近平在出访中亚和东南亚国家期间，先后提出共建"丝绸之路经济带"和"21世纪海上丝绸之路"的重大倡议，得到国际社会高度关注。加快"一带一路"建设，有利于促进沿线各国经济繁荣与区域经济合作，加强不同文明交流互鉴，促进世界和平发展，是一项造福世界各国人民的伟大事业。

"丝绸之路"一词，最早出现在德国地理学家费迪南·冯·李希霍芬所著的《中国》一书。虽然丝绸之路是为了国际贸易踩出来的道路，但是这条连接着东方与西方、历史与现实的道路，将人类共同的命运联系在一起，是人类文化交流的纽带。路上丝绸之路是指西汉时期汉武帝派张骞出使西域开辟的以首都长安（今西安）为起点，东汉时以都城洛阳（今河南洛阳）为起点，经凉州、酒泉、瓜州、敦煌和阿富汗、伊朗、伊拉克、叙利亚等而达地中海，以罗马为终点，全长6440公里的路线。这条路被认为是连接亚欧大陆的古代东西方文明的交汇之路，而丝绸则是最具代表性的货物。① 宋元以后我国拓展了海上丝绸之路，将我国东南部沿海港口与地中海国家连接在一起。当时的泉州、福州、广州，都是丝绸之路的重要港口。"海上丝绸之路"有向周边地区辐射的三个枢纽，分别是摩洛哥海岸，由其向南北美洲辐射；巴基斯坦的瓜达尔港，由其向西亚、南亚、非洲东部辐射；台湾，将我国东南沿海与东北亚、东南亚和太平洋地区连成一体。

"一带一路"是一个区域合作发展的理念和倡议，通过建立合作地带，借助既有的、行之有效的区域合作平台，发挥中国与相关国家既有的双多边机制，利用"丝绸之路"的历史符号，发展与沿线国家的经济合作伙伴关系，打造政治互信、经济融合、文化包容的利益共同体、命运共同体和责任共同体。一方面，"一带一路"是我国在世界经济不均衡发展格局日益强化和科技革命迅猛发展的情形下统筹国内区域发展，实现东部经济发展能力持续增强、西部经济实力不断扩大的战略选择。"一带"和"一路"交相辉映、相得益彰，必将促进区域合作新格局的形成。② "一带一路"战略的提出，也是我国适应经济全球化和区域一体化发展大趋势，主动融入世界经济、加强与周边国家合作的全方位行动。该战略以点带面，从线到片，进一步提升我国经济发展的活力和动力；另一方面，"一带一路"沿线留下了丰富的历史文化资源，通过发展一带一路的经济，带动沿线的文化产业的发展，能够加快我国丝绸之路沿线经济较为落后的西部地区、边疆地区、民族地区的文化产业发展，使其发展为当地的支柱产业，扩大当地就业面，促进文化消费，缩小东西部经济发展差距。从更深远的意义上讲，"一带一路"对我国实现国家软势力，实现"亚洲梦""世界梦"，构建新的国际话语体系具有积极意义。

范建华曾分析"一带一路"为文化产业带来发展空间上三大独特优势。第一大优势是文化产业发展的国际性。国际化道路是中国文化产业发展到一定程度的必然趋势。在与"一带一路"沿线进行经济贸易的同时，文化交流也会随之展开，中国爱好和平、和谐共处的普世价值可以传播至沿线不同文化背景、不同宗教信仰的国家和地区，增进不同地域人民的交流、理解、沟

---

① 参见国家发展改革委、外交部、商务部《推动共建丝绸之路经济带和21世纪海上丝绸之路的愿景与行动》，http://zhs.mofcom.gov.cn/article/xxfb/201503/20150300926644.shtml。
② 参见马洪波、孙凌宇《"一带一路"战略构想为区域合作发展带来新机遇》，《人民日报》2014年7月22日第7版。

通和尊重。第二大优势是文化产业发展的多元性。虽然"一带一路"沿线的国家和地区经济发展程度有别,政治社会背景也迥异,可能给文化产业发展带来一些不确定因素,但是正是这种多元性为文化产业带来较大的发展空间。第三大优势就是文化产业发展的关联性。各民族国家文化特色均可以在"一带一路"得到体现,成为联系各国文化的纽带。中国的各文化带依托"一带一路"向海外拓展,为多元文化的交融和文化产业的繁荣带来得天独厚的条件。①

尽管目前"一带一路"文化产业的发展尚需要跨越中国省级行政区划的"各自为政"以及民族间文化交流的现实障碍,但是沿线国家的认同和参与更为重要,如何让沿线国家得到真正的实惠十分关键。因而,中国如何把握历史机遇,发展"一带一路"沿线文化产业,是一个重大的命题。

---

① 参见范建华《带状发展:"十三五"中国文化产业发展新趋势》,《云南师范大学学报》(哲学社会科学版) 2015 年第 3 期。

第六章 民营文化资本跨界进路

随着全球化的发展，世界正在演化成一个统一的大市场，国家的边界远没有之前森严。发达国家一般具有优势强大的文化产业，极易穿越国界，以投资、购并和参股的形式在海外建立分支机构，其形式多样的文化产品则更是风靡世界，这对于正在成长的中国民营文化企业而言，既是挑战也是机遇。如何利用自身优势，实现后发式前进，是一个极具挑战性的问题。

美国著名的管理学家波特构造的国家层面的钻石模型，揭示了一个重要的现象：国家竞争优势产业先要在国内建立"本垒"，作为在全球获得竞争优势的组织基础。因此，在民营文化资本的跨界中，就存在着两种基本进路，一条是在本土的跨界，另一条是在全球的跨界。前者是文化产业的本土化，后者则是文化产业的国际化。本土化和国际化是文化产业融合中不可或缺且相互影响的两个方面。一方面，目前中国民营文化产业的主要市场仍然是国内市场，民营文化企业首先要生产出文化产品满足国内文化需求；"另一方面，要整合力量面向国际，用中国文化的文化资源生产适合于外国人消费的文化产品。"[1] 前者是后者得以发展的前提和必要条件。因此，"文化'走出去'不能仅仅是一种情绪，也不能仅仅是几次象征性的宣传，应该首先是一种扎扎实实地建立在本土文化整体竞争力基础上的实践过程。文化要真正'走出去'，首先要能在全球化的大潮中在本土'立得住''站得稳'，增强本土文化市场的创新活力和竞争能力"[2]。

---

[1] 赵建国：《中国文化产业国际竞争战略》，清华大学出版社2013年版，第108页。
[2] 魏鹏举：《全球化的本土振兴——文化创意产业与内生经济增长研究》，博士后出站报告，中国人民大学，2006年。

第一节　内涵式跨界

本土化和国际化是民营文化资本实现跨界的一体两面，前者主要是内向式的跨界融合，而后者则是外向式的跨界融合，这是两条并行不悖的战略路径。一方面，中国民营文化资本的主战场是本国市场，我们的首要任务是用自己生产的文化产品来满足广大国民的文化消费需求；另一方面，要整合力量面向国际，用中国的文化资源生产适合于外国人消费的文化产品。从战略角度、长远角度、宏观角度塑造文化产业的国家品牌，以促进我们中国文化的对外传播，提高中国的国际形象，这两者是相辅相成的。

我国不乏优秀的文化作品，但是囿于国内市场发育不完善，这些优秀作品根本无法得到有效拓展，最终只能消失在大众视野之外。动画片《蓝猫淘气3000问》，在CCTV拥有非常高的播出量，但播到第270集时才着手开发"蓝猫"授权商品。2003年，"蓝猫"系列衍生产品达到顶峰，拥有3000多家"蓝猫"专卖店，授权收入8000多万元，其相关的产业收入也达到6.7亿美金的数额。但到了2004年后半年，由于商品质量较差，大量的劣质产品限制了版权的跨界运营，"蓝猫"系列的整体品牌形象急转而下，结果市场占有率不断下降，"蓝猫"卡通形象最终消失。《喜羊羊与灰太狼》也是中国家喻户晓的动漫卡通片，达到了任何一个本土动漫片所未达到的高度，但是最后却临阵易手，被意马国际掌控，与迪士尼达成全球总代理合作，其成长空间完全被外方控制。

美国何以能在国际文化贸易中占据主导地位？《全球电视和电影——产业经济学导论》一书给出了答案。该书通过模型分析，证明了文化产品的国内市场规模对本国文化创意产业的国际竞争力具有决定性作用。此外，该书还指出了两个重要的经济学规律："共同消费品的文化贴现和市场大小交互作用是微观经济学认为拥有最大的国内市场的国家最具竞争优势的核心原因"；"庞大的国内市场会为本土文化产品带来较大的、理想的（利润最大化）的生产预算。"[1] 韩国影视业的崛起及其在全球的影响力也印证了这两条经济学规律。文化创意产业内需市场的补充和发展，市场竞争机制的激发

---

[1] [加拿大] 考林·霍斯金斯、斯图亚特·迈克法蒂耶、亚当·费恩：《全球电视和电影——产业经济学导论》，刘丰海、张慧宇译，新华出版社2004年版，第57—58页。

和完善，除了需要培育市场主体的市场竞争意识和竞争能力，还需要激发丰富且深刻的外部效益，例如激发本土的文化认同，进而强化文化认同；增强本地文化与创意氛围，在提升创意产业附加值的同时培育全民的创意涵养；在满足本土文化创意消费的同时产生集聚效益，增强本土文化创意产业的整体竞争力与创新能力。①

作为一种新型的内生型经济体，文化创意产业最突出的市场特征是"本土消费"（local consumption），换句话来说，就是首先要满足、深化和涵养本土的文化体验与文化消费。这不仅由文化创意产业的"文化"属性决定，而且也符合"产业"的竞争需要。与产业环节的结合情形相比，本土客户的本质更为重要。如果本土消费者对文化产品和服务挑剔程度位于世界前列，必将刺激本土文化企业竞争优势。"本土需求之所以重要，是因为它能协助厂商掌握新的产品信息与走向，而且这个持续的过程可以刺激厂商的产品不断升级，增长面对新形态产业环节的竞争实力。"②

我国民营文化资本正处于发育期，与国外文化资本巨头相比有着很大差距。盲目推动民营文化资本走出国门、参与国际文化产业的竞争，既不现实，也不合理。因此，我们应当善于挖掘国内市场，吸引更多的国外文化产业进入中国文化产业链条中，这也是一种变相"走出去"的方式。

一 引入外来投资

国外对国际投资动因的研究成果丰富，代表性的研究有垄断优势理论、内部化理论、产品周期理论、边际产业论、国际生产折中理论等，尤其是国际生产折中理论在垄断优势理论与内部化理论的基础上创新性地引入区位优势，突出了国际投资中区位优势的重要地位。

英国著名学者邓宁（Dunning）结合产业组织理论、金融理论提出国际生产折中理论，主要观点有三点。第一，所有制优势。它是由企业所拥有的其他企业无法媲美的无形资产和规模经济优势组成的。第二，内部性优势。为了避免外部市场的不确定性风险，企业将优势保留在内部以获得最大收益和利益。第三，区位优势。为了吸引外资投资，东道主国家提供相对优惠的要素价格，在地理位置、市场需求、基础设施方面提供方便，对运输与通信执行优惠政策。区位优势不仅影响着国外投资者的决定，而且还调节着直接

---

① 参见魏鹏举《全球化的本土振兴——文化创意产业与内生经济增长研究》，博士后出站报告，中国人民大学，2006年。
② 廖建军：《论出版市场需求与产业竞争力的关系》，《出版科学》2006年第3期。

投资类型和经济部门和国际生产类型。上述三大优势的提出，为解释各国跨国公司国际生产的类型、行业和地理分布，以及直接投资行为提供了一个很好的框架。

诸多国外学者认为，信息成本最低化行为导致外商偏好于某一些区位。其中集聚经济对国外直接投资区位选择决策的影响很大。实证研究表明，集聚经济对外商直接投资的区位选择具有重要的影响。国外有学者将基础设施质量、工业化水平和利用外资水平等因素纳入集聚经济定义中，发现美国在发展中国家的投资公司的区位选择取决于集聚经济和市场规模。[1] 也有人把集聚经济视为日本公司在美国进行直接投资的重要区位决定因素。要想在成功地吸引外资方进入本地市场，就必须在当地打造与外资产品价值增值相关的产业链。国内学者认为，信息成本和集聚经济变量在一定程度上决定着外商在华直接投资的区位选择。[2] 此外，人力资本也是重要的区位因素。外商直接投资通过产业集群可以获得比原先更大的市场利益，产业集群是聚集外资的一个很好的载体。[3] 梁琦认为，优惠政策不再是吸引外资的主要因素，地区的开放度和产业集群所产生的关联效应，才是外商投资区位选择的主要驱动力。[4] 王辑慈认为，通过吸引外资可促进本土产业转型升级，反过来，产业集群为外资落户提供了良好的产业基础。[5] 总之，上述研究都表明：进行直接投资的外商区位选择与产业集群有着密不可分的关联性。[6]

外资是我国文化产业运营中的资本形式之一。伴随着我国加入世界贸易组织，外资逐步进入了我国文化领域的更多行业，其深度和广度不断扩展。涉及外资形式的文化产业门类包括除了报刊业以外的其他所有产业门类，尤其以动漫产业和广播影视业为主。1996年国务院颁发的《国务院关于进一步完善文化经济政策的若干规定》，除了加大财政支持文化产业的力度外，

---

[1] 参见 D. Wheeler and A. Mody, "International Investment Location Decisions: The Case of U.S. firms", *Journal of International Economics*, Vol. 33, No. 1 – 2, 1992。

[2] 参见魏后凯、贺灿飞、王新《外商在华直接投资动机与区位因素分析——对秦皇岛市外商直接投资的实证研究》，《经济研究》2001年第2期。

[3] 参见徐康宁、陈奇《外商直接投资在产业集群形成中的作用》，《现代经济探讨》2003年第12期。

[4] 参见梁琦、刘厚俊《产业区位生命周期理论研究》，《南京大学学报》（哲学·人文科学·社会科学版）2003年第5期。

[5] 参见 J. Wang, "Industrial Clusters in China: The Low Road Versus the High Road in Cluster Development", *Nis. apctt. org*, 2007。

[6] 参见林俐《民营企业国际化进程研究：基于沿海小区域的考察》，浙江大学出版社2012年版，第68页。

还鼓励发展各种适合社会主义经济的筹资渠道，然而其中并未明确提出"外资"进入的问题。《文化产业发展第十个五年计划纲要》明确了外资可发挥作用的领域仍旧是"基础设施和技术设备"以及国外先进的管理、技术和资金，文化内容层面仍然是禁区。因此，外资进入我国文化产业领域的主要经营模式仍是"合资或合作"的方式，如2010年8月，"默多克将3家中文电视频道的控股股权出售给华人文化产业投资基金，出售股份比例在51%—52%，3个电视频道及电影片库的资产估值为3亿美元，交易金额略高于1.5亿美元。根据双方协议，双方将成立一家合资公司，共同运营这3个电视频道及电影片库，以实现增收并盈利"[1]。2010年，中国电影市场增速达64%，对国际资金形成巨大诱惑，外资纷纷选择投资影院，进入中国电影业，比如合资影院管理公司"APEX国际影院投资公司"就是由美国娱乐地产信托公司投资1.5亿美元在上海参与成立的。2011年，APEX国际影院投资公司联合美国娱乐地产信托公司，共同投资建造重庆、柳州、长春等中国内陆城市的电影院。与此同时，日本的角川映画，韩国的希杰和好丽友集团也在中国悄然扩张。由角川映画投资的香港新华集团，与中方合作伙伴成立"华夏新华大地电影院线"。韩国希杰集团已经在中国开设十多家影院，好丽友集团在2010年也进入中国。2012年2月，中美达成电影相关协议，梦工厂动画（DreamWorks Animation SKG, Inc.）在上海成立合资公司"东方梦工厂"，并于8月正式落户上海市徐北区，这是迄今为止最大的中外合作文化交流投资项目；5月，默多克的新闻集团买入博纳影业流通股，同时，大连万达集团和全球排名第二的美国AMC影院公司签署并购协议，万达集团将同时拥有全球排名第二的AMC院线和亚洲排名第一的万达院线，成为全球规模最大的电影院线运营商。彭景曾研究了外资进入我国电影业的三大领域：一是制片领域，通过"分账大片""买断批片""合拍片"以及"境内外资合资机构投制片"的形式进行；二是发行领域，如以博纳为代表的民营电影企业已开始布局海外发行市场，依靠境外产业资本的"搭桥"，将国产影片带入海外电影观众的视野中；三是放映领域，具有海外背景的电影院在国内十强中占了四席，它们是北京耀莱成龙国际影城、深圳嘉禾影城、上海永华电影城、北京UME国际影城。[2]

我国在文化产业的外围行业引进国外投资方面已经具有了相当多的经

---

[1] 郑洁、董昆、陈杰：《文化产业：外资介入变新招》，《河南日报》2011年3月3日第13期。
[2] 参见彭景《民营电影企业的境外产业资本研究》，硕士学位论文，西南大学，2015年。

验。比如在演艺装备行业中，民营企业已经由新生力量成长为主力军，外企凭借技术与资本优势在高端领域与骨干民营企业分享着广阔的市场；改制浪潮下国有企业数量锐减，目前已不足3%。在印刷装备行业中，国外企业在高端领域占据了绝对优势，而民营文化企业与国有文化企业则在中低端领域与国外企业展开竞争。在影视装备行业中，国外企业占据统治地位，国有企业在自主研发等环节发起挑战，而民营企业则专注代理或系统集成。基于以上分析可以看出，文化装备制造业所有制结构变迁的最直接影响因素仍然是产品对市场需求的满足程度。我国文化装备制造业的大部分产品距离国际水平仍有相当差距。在合作、赶超的主题下，在开放的市场中，国资、民资、外资展开了公平竞争态势，形成了充满活力的产业格局。①

中国加入世界贸易组织后，特别是《国务院关于非公有资本进入文化产业的若干决定》颁布后，进入中国的国际文化资本不断增加，中外文化产业交流日趋频繁，并向着文化企业合资和合作方向发展。即便遭受了2008年国际金融危机，中国的文化市场依然是国外文化资本青睐的对象，远远没有国外文化产业受到的冲击严重，因此，外资在中国文化产业的投资进一步增加。中国文化产业通过国际合作方式加快进入国家文化市场，对于政府管理部分，如何加强利用国外文化资本的管理就成为促进中国文化"走出去"的重要环节。

中外文化资本的合作模式，主要是与国外文化实力较强的公司建立合资或合作企业，构筑战略联盟，共担责任风险，共享传播渠道，共享合作成果，从而实现共同发展。

由于文化产业的特殊性，导致对国际文化资本的引进不能像引起其他产业资本一样享有相同的待遇，应当在引进中把握一定的意识形态方向。因此，梳理一下文化产业引进外资的情况，我们必须反思之前文化产业中引进外资的策略是否得当，是否有利于我国文化产业的繁荣。如何在保持文化产业繁荣和主流意识形态不动摇之间保持巧妙的平衡，是我们顺利地引进、合理地吸收并利用国际文化资本必须考虑的课题。

那么如何在民营文化企业中引入外资呢？首先要转化观念，无论政府还是企业，不要在乎本地文化企业的控股权，要更看重让文化产业保持活力和繁荣。美国的文化产业很多都是由跨国公司来运作的，而这些跨国公司的大

---

① 参见张晓明、王家新、章建刚《中国文化产业发展报告2014》，社会科学文献出版社2014年版，第201页。

股东并不是美国企业。依赖跨国公司，美国文化产业实现在全球获利，尽管最终控股公司掌握在其他国家企业手中，但美国在乎的是自己的国家是最大的受益者。哥伦比亚三星（Columbia Tristar）是好莱坞最具实力的电影制片厂，但是大股东却是日本的 Sony 公司；福克斯（Fox）的大股东则是澳大利亚的新闻集团（News Corporation）。在流行音乐产业部门，除了美国的 WEA 公司之外，在美国市场上收益最高的公司有日本的 Sony、荷兰的 Poly Gram、德国的 BMG、英国的 Thorn EMI 公司。美国文化产业中的跨国公司大部分都是非美国企业。[1] 美国利用外资发展文化产业形成了其文化产业运作的国际化特征，每一个环节均由全球最出色的公司完成，极大地增强了其文化产品或服务的市场竞争力。2002 年全球票房冠军《蜘蛛侠》耗资 1.39 亿美元，全球票房收回 8 亿美元，产出是前期投入的 576%。这种收益方式，较之普通商业盈利更为巨大和迅速，从而增强了外国投资者对美国文化产业的投资信心。[2]

"中国资本，世界渠道"是指利用中国的资本收购国外拥有较强市场渠道的企业，从而为我国文化产品在国外占领主渠道打开市场。万达院线收购美国 AMC 院线就是一个经典案例。AMC 这一北美第二大院线、全球第二大院线集团，拥有 347 家影院和 5 千多块银幕，在世界上首次提出多厅概念，在 2013 年被大连万达以 31 亿美元并购，后者一跃成为全球规模最大的电影院线运营公司，在 IMAX 和 3D 屏幕数量上具有了明显优势，享有世界院线份额的 10%。

二 引入外来技术

"中国原创，世界技术"是指中国原创的内容要利用世界顶级的技术走向全球市场，运用高科技带来的视觉、听觉和感觉体验赢得全球消费者的喜爱。2012 年华人文化产业投资基金联合上海东方传媒集团有限公司、上海联和投资有限公司与美国梦工厂动画公司在中国上海合资组建上海东方梦工厂影视技术有限公司是一个典型案例。"东方梦工厂"立足中国，走向世界，引进美国梦工厂的核心制作技术，结合国外创意管理经验，挖掘中华文化传统题材，打造国际水准的原创动画和各类衍生产品，向国外市场发行和推广。

---

[1] 参见程立茹《文化产业金融创新问题研究：国别经验与典型案例》，中央民族大学出版社 2014 年版，第 53 页。

[2] 同上。

我国文化装备制造业与国外的技术差距是全方位的，不仅在某些领域核心技术掌握程度低，或是经验和资金不足，而且在标准和理念等方面也很落后，导致产品的可靠性较差、产品的功能落后、产品技术更新的周期长等突出问题中。由于文化装备制造业不仅是技术密集型、资金密集型也是具有积累性的高新技术产业，还具备文化产业的文化创意特性，因此缩小技术差距与赶超的难度就更大了。

从空间布局与产业格局看，系统集成与自主研发成为文化装备制造业必然的发展选项。在国际合作中，技术落后的国家通常都要经历技术换市场的阶段，沿着"代加工—代理—系统集成—自主研发"的轨迹不断攀升。当前，我国文化装备制造业的国际合作仍停留在初级阶段。许多国外厂商早早进入国内市场，并与许多国内厂商展开以代工为主的合作，但许多企业仅满足于扮演代工或代理的角色，真正具备系统集成能力的国内企业屈指可数，更谈不上自主创新。

未来我国文化装备制造业可系统集成与自主研发并举，在国际合作中寻求自身发展。实践证明，国际合作既是挑战也是机遇，我国一部分文化装备制造企业坚持自主开发与引进消化吸收相结合，逐步由依赖引进技术向自主创新转型，企业自主创新能力不断增强，目前在许多关键领域实现技术突破，其与国外的技术差距不断缩小。为了提升自主创新能力，我国可以深化国际合作，重构分工协作体系，通过参与国际竞争形成良性的发展态势。除了引进吸收外，还可在文化装备领域的贸易中寻求突破，寻找可以打入国际市场的自主知识产权的知名文化装备品牌。同时，通过参股、收购等方式与国外企业展开深度合作，吸收国外优势资本和管理经验，通过投资交易更好地引进先进技术。在这个意义上，曾经的印刷设备龙头高斯国际在2010年被上海电气全资收购的案例值得借鉴。

三 引入外来消费

在经济全球化的推动下，来自不同国家、民族的文化物质不断被选择和吸收，强化后被逐渐规范化、制度化，形成全世界共同的心理特征和行为特征，而一些不符合全球化趋势的文化物质被扬弃并失去意义和价值。由此，全球消费文化越来越趋同，[1] 这为引入外来消费提供了可能性。

---

[1] 参见卢泰宏、刘世雄《区域性差异的消费行为研究：路径与方法》，《中山大学学报》（社会科学版）2004年第2期。

以演艺业的"出口不出国"模式为例。"出口不出国"模式是当今国际演艺业的创新发展模式,首先在国内运作节目,然后通过国际旅游市场吸引国际客户进入国内,从而实现文化产品出口不出国。"出口不出国"模式应用成功的例子是大型涉外旅游演出剧目《时空之旅》,它是由中国对外文化集团公司联合上海文广新闻传媒集团和上海杂技团马戏城制作的。一方面,上海聚集着大量海外白领,吸引国外观众前来观看;另一方面,通过国际旅游市场的运作,将海外客户转移至国内市场。

横店在吸引国外消费方面走在全国前列,目前已发展成为全球最大的影视拍摄基地之一。韩国电影《飞天舞》于1999年在横店成功拍摄,之后国外电影剧组纷纷效仿,包括美国、德国、韩国、奥地利、芬兰、印度、加拿大等电影电视产业发达的国家的影视制作机构入驻横店拍摄,不乏世界级的鸿篇巨制,如美国哥伦比亚电影公司投入巨资拍摄的《生死有命》、美国J.J公司联合中国华谊兄弟影业公司拍摄的《功夫之王》、美国好莱坞巨制《木乃伊3》等。如果说2005年前来横店拍摄的境外剧组绝大多数来自亚洲地区,那么从2006年年初起,欧美剧组则占了上风。横店吸引国外消费的策略主要有:第一,建造丰富齐全场景。依靠强大的工业企业做后盾,横店集团先后投资30多亿元发展影视文化产业,建成了一系列不同历史时期、不同建筑风格的拍摄基地,涵盖中华上下五千年的历史。第二,不断完善配套设施,形成了拍摄一条龙服务,包括道具、服装、器材、群众演员、特约演员、餐饮、住宿,应有尽有。第三,培养一支玩得了设备、制得了舞台、演得了戏的人员队伍,并有统一的组织和管理。横店影视城旗下的制景装修有限公司,已成功为《无极》《满城尽带黄金甲》《生死有命》《功夫之王》等数百部影视片搭建了场景;横店影视城演员公会为剧组提供所需的演职人员。第四,提供人性化的服务,从最初的看景到拍摄,再到影视剧杀青,横店影视城相关部门都安排专职人员协助剧组,在日常生活的各方面给予方便。

第二节 外向式跨界

目前随着我国"走出去"步伐的加快,民营文化企业已经成长为文化"走出去"新的生力军。在中国发达地区和城市,民营文化企业在中国文化"走出去"中所占比例较高,发达国家依然是"走出去"首选地区,而新兴业态类的文化企业"走出去"成为亮点，出口模式呈现多样化。

一 与国内资本的融合

国内文化资本的融合表现在兼并重组过程中，民营企业之间、民营文化企业与国有文化企业进行业务和资本层面的合作。国有文化企业专业经验丰富，民营文化企业资本运作灵活，市场经验丰富，两者相结合能实现优势互补，可打造实力强大的文化集团。在文化产业的跨界融合中，民营文化资本和国有文化资本的关系总体是竞合关系，它们的关系大致可以分为四种，分别是合作关系、捐助与被捐助者的关系、项目承办者与项目管理者的关系、经营管理者与行政管理者的关系。① 所谓合作关系，就是民营文化企业以具体的项目为依托，以资金或者技术参与的方式与政府合作供给文化产品。民营文化企业合作的身份可以多样化，既可以生产者的身份进行合作，也可以提供者的身份合作。所谓捐助与被捐助者的关系，就是民营文化企业以出资的方式参与文化产品的供给。所谓项目承办者与项目管理者的关系，即民营文化企业主办国有文化企业的文化项目，提供文化服务。在大多时候，他们既是出资者，又是具体的管理者，国有文化企业则起到项目总体管理的作用。所谓经营管理者，即民营文化企业以管理者的身份与政府建立关系，以经营管理技术、经验等参与文化服务供给，从而实现自己的角色。

释放国有文化企业拥有的上万亿元国有文化资产存量资源，开放国家垄断市场，将助推中国下一阶段文化产业的增长。国家已经开放一般经营性文化产业领域，也允许民营文化资本以参股的方式与国有文化资本建立混合所有制。然而，长期以来，政府相关部门对于民营资本进入文化产业相当谨慎，对待民营资本进入文化企业心态复杂，既希望凭借民营文化资本与国有文化资本一道将中国文化产业做大做强，以抗衡国际文化资本的侵入，又担心民营资本的进入会影响文化产业的意识形态属性，宁愿民营文化资本有限进入文化产业。

根据中共中央建立混合所有制的方略，我国民营文化资本与国有文化资本的跨界融合主要有三种方式，分别为控股合并，即民营文化企业为了保持业界领导地位，入股国有企业股份；吸收合并，国有文化企业被民营文化企业收购，或民营文化企业被国有文化企业收购；新设合并，即民营文化企业

---

① 参见林敏娟《公共文化服务中民营企业角色类型及制约机制——基于"角色分离"的分析框架》，《电子科技大学学报》（社会科学版）2012年第1期。

与国有文化企业以100%换股方式合并形成新的有限公司。① 我国出版界民营资本和国有资本的融合,大多采取新设合并方式,即由国有出版或发行单位控股、民营策划公司参股合资成立图书公司。

二 与国外资本融合

在与国外资本融合方面,最近几年影视制作率先取得明显的进展。一方面,我国影视企业热衷于国际化;另一方面,众多国际知名传媒集团、影视企业一直在努力尝试用各种方式"渗透"到中国文化市场,与国际接轨联合投资的电影电视拍摄和制作也与日俱增。与国际的投融资合作及资本对接将会是未来中国影视产业面临的关键问题,解决了这一问题,就是解决了中国电影资本的主要环节。②

国际合拍电影和电视剧,是一种兼顾两国观众的文化偏好,而且利于节目的跨国界发行,避免配额限制的一种融资方式。但是合拍片也不是十全十美,还得面对产品融资、不同文化背景下的节目内容的融合、制片后期利益分配和多元文化团队合作等风险。

中国电影合拍片保持着较高的增长率,而且拍摄质量均呈上升趋势。2010年,中外合拍片数量不足全年影片的7%,票房却占到了全国票房的65%,而且《叶问2》和《阿童木》海外票房过亿元,《功夫梦》更是创造了23.63亿元的海外票房。2011年,《金陵十三钗》《新少林寺》《雪花秘扇》《寻龙夺宝》《幸福卡片》等合拍片,均显现出与其他华语片不同的气质。2012年,华谊兄弟在海外发行总收入3.38亿元(9部合拍片),占全年票房发行销售总额的31.7%。乐视影业在海外发行票房总收入1.13亿元(3部合拍片),中影集团在海外发行票房总收入1.11亿元(5部合拍片),占全年票房发行销售总额的10.4%。保利博纳在海外发行票房总收入1.04亿元(4部合拍片),占全年票房发行销售总额的9.78%。银都机构在海外发行票房总收入8637.46万元(4部合拍片),占全年票房发行销售总额的8.09%。通过与美国、德国等国家和香港、台湾地区的电影公司合作,内地公司在项目策划和市场把控方面的不足逐步得到改善。

在"韩流"严重冲击我国原有电视剧出口市场,新加坡、马来西亚等原有国产电视剧海外市场迅速萎缩的情况下,通过合拍片,中国电视剧制作公

---

① 参见李凤亮、宗祖盼《跨界融合:文化产业的创新发展之路》,《天津社会科学》2015年第3期。
② 参见叶朗《中国文化产业年度发展报告(2013)》,北京大学出版社2013年版,第34页。

司也在探寻着拓展海外市场的新路。《猎人笔记之谜》是 2010 年中俄合作拍摄的影片，在俄罗斯全境、独联体国家以及以色列的国家频道 REN－TV 播出时，收视屡创佳绩，导演尤小刚还拿到了俄罗斯欧亚广播电视协会颁发的"重大贡献奖章"。

此外，越来越多的演艺企业、动漫企业、游戏企业以及出版企业通过"联合制作"来参与国际分工，与国际合作伙伴互补短长、共享市场。如 2010 年天津神界漫画公司组织了村人动漫、三剑客动漫、安徽出版集团、时代出版集团、安徽美术出版社、中南出版集团天文动漫传媒有限公司等企业，邀请著名漫画家姚非拉、夏达、张小盒亮相韩国富川动漫节，将 2008、2009 年扶持的原创优秀动漫作品、作者推荐到动漫节上，这说明中国文化"走出去"由个人行为演化为集体行为。

三　自己独立走

我国个别民营文化企业，已经为独立"走出去"做了一些初步的探索，但是中国民营文化产业尚处在生长期，因此有必要讲究"走出去"的策略，注意"走出去"的时间与空间因素，发展"走出去"的优势行业。

（一）保有开放的心态

在全球化和互联网的时代，文化作为一种充满活力、独具影响力和吸引力的资源，形成了越来越大的产业价值，世界各国纷纷于 20 世纪末将文化作为一种经济形态，促使文化由一种"软性力量"过渡为一种"硬性力量"。此外，"走出去"不是一个单向行为，还需要加大国内的开放程度。[①] 因此，发展文化产业，必须从全球着眼，提出明确的定位。在这方面美国发挥了很好的示范作用，值得我国民营文化企业借鉴。

美国将文化产品和服务放在全球化的大背景下，利用自身的经济优势和政治理念影响力，引领全球思想文化和意识形态的潮流，进而构建文化产品输出的全球领导地位。美国文化的全球发展理念还表现为吸取和包容世界各国的优秀文化元素，将这些优秀元素融入美国的文化产品中。融入他国文化元素后，美国文化产品更具有创新性，更易被全球消费者接受。影片《花木兰》和《功夫熊猫》就是典型的案例。熊猫阿宝的美式语言和幽默征服了全球市场，美国化的中国国宝取得巨大成功，《功夫熊猫》第一部和第二部

---

① 参见黄金鲁克《走出去：彰显中华魅力的文化抉择》，《中国教育报》2011 年 11 月 5 日第 3 版。

在全球累计票房已近13亿美元。此外,美国价值观强调的自由、民主理念,对待人类文化遗产及现代艺术上所持有的包容、开放、分享态度,得到世界各国合作者的认同。以百老汇、好莱坞为代表的美国戏剧、电影业无论是题材选择、创作团队还是市场推广都采取全球文化资源优化组合策略。"英雄不问出处",多元文化交融在美国文化产业运营中随处可见。美国文化产业全球化体现为文化贸易的全球化、文化资本的全球化和文化产业运营的全球化,这是一种美国文化的"全球经济学"。

(二) 寻求合适的"走出去"的地区

根据以往中国对海外市场的开拓和文化产品在国际市场上的表现,不同的文化产品在不同的国家和地区的接受度是不同的,因此,民营文化资本在"走出去"时,要根据上述要素,选择不同的跨界融合国家。

中国文化"走出去"要不要确定一个梯度战略呢?所有国家是在中国文化"走出去"战略中都处于同一层级,还是处于不同的层级?中国文化"走出去"应全面推开,但要有所侧重。所谓全面推开,就是指随着中国与世界各国在政治、外交、经济等领域交往的同时,不要忽视文化的交往,因为文化交往是两国交往的高级形式,是最具有影响力、最富有魅力的。中国的利益发展到哪里,中国文化就要传播到哪里。所谓有所侧重,是指在全面推开的时候,要设定"走出去"的梯度。促进文化"走出去"的过程,除了文化内容本身外,还需要消耗很多资源,而资源的特征之一就是有限性,因此,文化"走出去"不可能平均用力。

从空间的角度看,"走出去"可以从两个层次上看,一是"走出去"的国家,二是"走出去"的行业。

选择"走出去"的国家,陈杰提出四种选择原则。第一种选择是依据中国的外交战略优先次序,外交优先的国家也是文化"走出去"优先的国家。第二种选择是依据与中国的地缘关系从周边走向较远处,先易后难。这是因为周边国家往往与我们在历史上文化交往频繁,"走出去"也较为便利,这种地缘距离原则往往也就是文化距离原则。与我国相邻的国家,同属东亚文化圈,文化接近,可以作为我国文化"走出去"首选目的地,非洲、拉美国家则作为我国文化"走出去"的第二级目的地。而我国与欧美等发达国家的文化交流应该放在文化展示、求同存异、增进理解上。[1] 以图书版权贸易为例,我国版权的输出地主要集中在汉文化圈的韩国、日本、新加坡,而版权

---

[1] 苏颖:《我国文化产业发展存在的问题及对策》,《商业文化》2012年第A03期。

引进的来源地主要集中在欧美国家和日本等,这也同时说明我国版权还未完全进入世界主流文化区,仍停留在传统汉文化影响巨大的地区。第三种选择是先走向发达国家再走向发展中国家。第四种选择是从发展中国家开始,再进入发达国家,这是主要考虑到中国与广大的亚非拉国家结有深厚的友谊,文化"走出去"容易受到对象国政府、民众的欢迎。①

不管是哪一种梯度,中国文化"走出去"是一个"长期发展、逐步积累"的过程,必须科学谋划,制定长期规划,有计划、有步骤、重点地开展文化传播和交流。

从"走出去"的行业来看,我国可以优先考虑动画电影电视、图书出版和电影,分别针对不同的国家地区"走出去"。在动画电影电视行业,以韩国和中东为主要输出国家,美欧和日本为潜在输出国家。东南亚与我国文化相近,地理相邻,文化差异相对较小,是我国文化产品的传统市场。② 美国、欧洲和日本是传统的动画产品消费地,观众欣赏动画产品的品位高,这些市场竞争激烈,是世界各国动画产业的必争之地。2008—2011年我国动画电视片对美、欧和日本的出口波动较大,说明我国尚未在这些市场建立稳定的地位。但是从长远看,这些国家是我国动画电视片出口主力市场。例如,对美国市场的电视剧出口额和电视节目出口额都居于我国这两类电视产品出口的首位。中国动画电影的主要出口市场为韩国和中东国家,与动画电视片市场类似。

在图书出版行业,从亚洲开始推进,拓展至欧美。2005—2015年,我国版权输出量增长5.9倍,主要输出地已经从东亚逐渐扩展至欧美。从国家版权局公布的统计数据来看,我国对亚洲主要输出地为韩国、日本、新加坡三国,欧美输出地集中在美国、英国、德国、法国、加拿大、俄罗斯等六国。"十一五"期间,我国对亚洲输出版权7827种,占版权输出总数的46.04%,对欧输出版权5313种,占输出总数的31.25%。"十二五"期间,我国对亚洲版权输出19458种,占版权输出总数的40.27%,略有下降,而对欧美输出版权高达13085种,占版权输出总数的27.07%。这

---

① 陈杰:《中国文化走出去战略"落地"研究——以阿拉伯社会为例》,宁夏人民出版社2013年版,第59页。
② 根据国家版权局公布的2003—2012年统计数据,亚洲地区的输出地主要集中在韩国、日本、新加坡以及我国港澳台地区。10年中,我国对这6个国家或地区的版权输出数量达17420种,占总数的52.92%。转引自中央文化企业国有资产监督管理领导小组办公室、中国社会科学院文化研究中心《中国对外文化贸易报告(2014)》,社会科学文献出版社2014年版,第13页。

说明，我国内地的图书版权输出正从华人核心文化圈向东亚文化圈乃至西方主流文化圈拓展。

在电影行业，寻找合作拍片国家。近年来，尽管中国电影票房快速增长、电影市场急剧膨胀，但依旧难掩国产片输出困难的尴尬局面。自从2002年张艺谋导演的《英雄》创下海外票房销售记录，连续两周蝉联北美票房冠军，中国电影"走出去"的态势曾一度令人惊艳。然而"十二五"期间关于中国电影海外"遇冷"的报道不绝于耳，单从广电总局公布的统计数据来看，这一观点似乎也得到佐证：2015年国产影片在国内的票房高达271.36亿元，而海外销售收入仅为27.7亿元，尚不如《美人鱼》单片取得的票房。由于存在着文化折扣现象，中国民营电影在短时间内难以突破独立"走出去"的困境，因此，可以通过合作拍片提升电影质量，再向国际市场进发。事实上，中国已经在电影合拍片积累了宝贵的经验，仅在2015—2016年，中美合拍的电影就有《侏罗纪世界》《功夫熊猫3》《碟中谍5：神秘国度》《极盗者》《蒸发太平洋》《绝命航班》《铁拳》《卧虎藏龙：青冥宝剑》《最后的巫师猎人》《敢问路在何方》《长城》《绝地逃亡》，部分影片取得不俗的票房收入。

在电视剧行业，实行全球铺开战略。2012年以来，我国一批优质的电视剧在国际上赢得较高声誉。美国主流电视台播放宫廷电视剧《甄嬛传》和《还珠格格》，这两部电视剧在美国的卖价均超过国内首播价，《媳妇的美好时代》在非洲热播，《金太郎的幸福生活》则是受到缅甸观众的欢迎。这些电视剧的热播使国际市场熟悉了中国演员和导演，为日后海外营销奠定良好的基础。个别民营公司在电视剧海外发行方面积累了宝贵经验，比如华策影视的营利模式是将电视剧生产的中心环节交给市场，而重点把握电视剧生产的两个点，一是剧本创作，二是发行；推行"左手发行优势，右手海外资源"战略，在电视剧"走出去"取得不俗的成绩。

（三）寻找"走出去"的时机

民营文化资本国际化行为以市场为导向，经营决策由企业自身决定，符合市场经济的要求，只有这样，民营文化企业才有可能成为国际化的自主主体，国际化的步子才能迈得更顺，走得更远，才能与国际化程度较高的国内外企业博弈。同时，民营文化企业国际化总体上经历了从地摊买卖、专业市场、境外商城、境外投资到跨国经营的演进轨迹，表现为从国内到国外、从低级到高级的渐次演进的一般规律，这为国际化进程的"渐进论"提供了一个以区域为考察对象（有别于以企业为考察对象）的不同视角的实证。①

关照以往民营企业"走出去"的路径,民营文化资本的国际化也需要有一个比较长的时间。林俐从国际化进程和国际化程度两个维度描述了民营企业在不同时期不同的表现。借鉴上述两个维度反观民营文化企业国际化进程,可以形成如下模型(图6-1)。从国际化进程这一维度看,民营文化企业国际化分别经历了对外贸易、吸引外资、境外投资三个阶段。从国际化程度来看,也可以分为三个阶段,分别是国际化初期阶段、国际化发展阶段和国际化深化阶段(图6-1)。

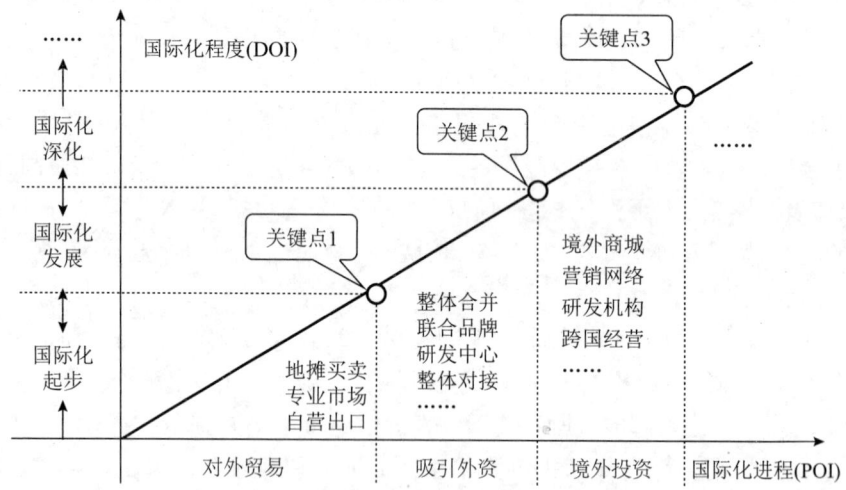

图6-1 民营文化企业国际化进程模型

如果把上述国际化进程的演进模型展开,分析各阶段的影响因子(图6-2),就可以发现,图6-1的关键点1对应着下图的第一阶段,即出口不出国;关键点2对应着下图的第二阶段,即出口出国;关键点3则对应着下图的第三阶段,即更高层次的出口不出国。可以看出文化企业的国际化走的是螺旋式上升的路径,每一次上升似乎回到原位,如第一阶段和第三阶段都是出口不出国,但是第三阶段明显高于第一阶段,无论国际化的量还是质都达到了一个理想水平。

---

① 参见林俐《民营企业国际化进程研究:基于沿海小区域的考察》,浙江大学出版社2012年版,第34页。

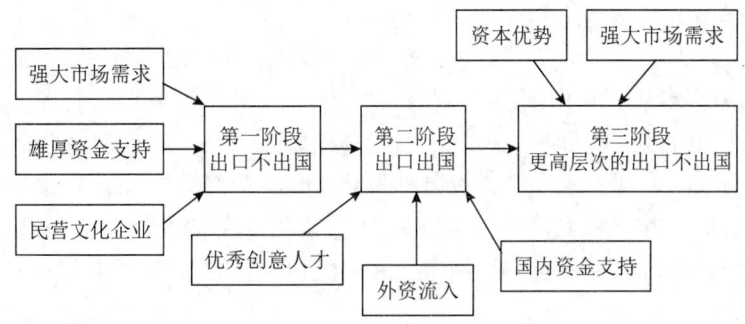

图6-2 文化企业国际化三阶段①

目前,中国本土具有完备公司治理和现代企业制度的民营文化企业尚少,大多数企业还处在第一阶段,那么从第一阶段到第二阶段需要多久呢?任何关乎未来的探讨都需要一个目标、一个基准、一个方向,向着这个方向才能制订长期、中期、短期的执行计划。有不少学者和业界人士提出,中国文化企业未来发展方向应该是"做大做强"。但是这个目标是否具有合理性?如果具有合理性,达成这个目标需要多久?由于行业统计数据缺乏,还无法建立起一个翔实的参照数据体系。鉴于这种情况,胡惠林等人建议将参照目标放到世界范围,寻找一个标杆作最理想状态的假设来尝试找到方向。他们抽取出国外排名靠前的企业,挖掘其成长史,来预测中国文化产业的未来之路:华尔特·迪士尼是2012年度全球财富500强企业排名第249位、文化产业类企业第1名的企业,并且这一排名与全球著名的战略咨询公司罗兰贝格2012年的全球文化企业50大排名吻合。根据罗兰贝格的数据,华特尔·迪士尼2011年年度文化产业业务相关主营收入为380亿美元。如果以第一大的文化上市公司华尔特·迪士尼的经济规模做基准目标的话,中国文化企业尚有很长的路要走——按中国文化企业目前最大规模的企业水准100亿元人民币(最大的文化公司所处的规模水平)和增长最快的速度基准100%(参考华强的128%)来计算,排除其他可变因素的最理想状况下,要到达华尔特·迪士尼当前规模也还要12年。事实上,文化产业行业无法达到年增长率100%。另外,按照行业生命周期规律,成长期增长最快,进入成熟期后增长速度相对放缓。如果以华尔特·迪士尼2011年的营业收入的同比增幅速率7.4%作为中国文化企业的平均年增速目标值的话,达到华尔特·迪士

---

① 余瑾:《北京市文化创意产业竞争力及其文化贸易模式分布》硕士学位论文,对外经济贸易大学,2009年笔者在此文的基础上做了修改。

尼当前规模水准需要 24 年。①

在进行上述计算的基础上，胡惠林认为打造"大集团"不适合中国文化企业的当前现状，它应该是一个中远期目标，在现阶段急功近利地人为制造巨无霸，没有严实的根基，不是市场选择的结果的话，如同空中楼阁，总有一天会倒塌的。现阶段来说，找出每一类分行业每个公司的核心竞争力和阶段性需要集中着力的主营项目，并针对目标和自身情况制定"分步走"战略，对资源进行梳理整合，找到增长壮大的驱动因素才是文化企业今后安身立命之本。

（四）发展"走出去"的优势行业

从 2016 年深圳和上海股市看，我国上市的民营文化企业主要集中在文化创意和设计服务（36 家）、文化用品的生产（33 家）、文化信息传输服务（28 家）等领域，这与全国文化产业的发展相吻合：从产业类型看，"文化休闲娱乐服务业和以'互联网+'为主要形式的文化信息传输服务业发展迅猛，2015 年增速分别达 19.4% 和 16.3%，实现增加值分别为 2044 亿元和 2858 亿元，在文化产业中的比重分别达到 7.5% 和 10.5%；2015 年文化制造业增加值 11053 亿元，比上年增长 8.4%，占 40.6%；文化批发零售业增加值 2542 亿元，增长 6.6%，占 9.3%；文化服务业增加值 13640 亿元，增长 14.1%，占 50.1%"②。

2015 年主营收入最高的企业集中在文化用品的生产、文化创意和设计服务、工艺美术品的生产、文化信息传输服务和新闻出版发行服务等 5 个类别。主营收入最高的 10 家公司是海康威视（253 亿元）、金螳螂（175 亿元）、江河创建（161 亿元）③、豫园商城（159 亿元）、歌尔股份④（137 亿元）、乐视网（130 亿元）、中文传媒（116 亿元）、金洲慈航（99 亿元）、山鹰纸业（97.9 亿元）、华泰股份（94 亿元）。在这 10 家公司中，4 家属于文化用品的生产类别、2 家属于文化创意和设计服务类别、2 家属于工艺美术品的生产类别、1 家属于文化信息传输服务类别、1 家属于新闻出版发行服务类别。广播电视电影服务类企业的主营收入虽然比上述几个类别低，但是成长性好，总营业收入 218.69 亿元，其中万达院线领跑，为 80 亿元。

---

① 参见胡惠林、王婧主编《2013：中国文化产业发展指数报告（CCIDI）》，上海人民出版社 2013 年版，第 200 页。
② 《我国文化产业实现快速增长》，《中国信息报》2016 年 9 月 5 日第 3 版。
③ "江河创建"于 2016 年 4 月 7 日更名为"江河集团"。（股票代码 601886）
④ "歌尔声学"于 2016 年 6 月 15 日更名为"歌尔股份"。

通过分析民营上市公司的市场规模和收益，我国应当以工艺美术品的生产、文化创意和设计服务、文化用品的生产、文化信息传输服务类别的民营企业作为"走出去"的优势企业，其次是成长性较好的文化休闲娱乐服务业。

2016年联合国教科文组织统计研究所发布的报告《文化贸易全球化：文化消费的转变——2004—2013年文化产品与服务的国际流动》，也为中国发展"走出去"的优势企业提供佐证。该报告指出，"中国位居世界文化产品出口国首位。从我国文化进出口产品的构成来看，主要集中在视觉艺术和工艺品，占中国文化产品出口第一位的是金制珠宝和配件，为46%，其次是雕塑和塑料装饰物，占10%，视觉艺术品出口占据半壁江山。在文化和自然遗产产品领域，中国的出口额占该领域出口总额的0.7%，排在全球161个国家和地区的第十位"[①]。表演和庆贺产品出口在2004—2013年的10年间增长了114%。文化产品中CD占了很大比例，书籍和新闻产品的出口额紧随美国、英国和德国。在被少数国家垄断的视听和互动媒体产品领域，中国取得实质性突破，大量电子游戏的出口带动了中国在这一领域占比的上升，2013年中国的该类文化产品已占到世界销售总额的一半。

第三节 民营文化资本跨界的个案分析

作为民营资本最为活跃的省份，浙江省在实施建设文化大省、发展文化产业战略过程中，孕育了一批具有全国甚至世界影响力的民营文化品牌企业，为民营文化资本的跨界融合积累了许多宝贵的经验。浙江民营文化资本跨界形式可以归纳为"旅游+山水实景演出""旅游+影视""动漫+旅游""主题公园+旅游+文化演出""会展+文化产品贸易""华语影视+节展"等几种。

一 旅游+山水实景演出

旅游和山水实景演出的跨界融合，集合了浙江风景如画的自然资源和丰富的民间文化资源，经由高科技打造，将流传在浙江的美丽神话和传说以现代人接受的审美方式加以传播，从而带动浙江文化产业的发展。

---

① 文慧生：《中国已成为文化贸易第一大国》，《科技智囊》2016年第7期。

从产品角度看,"旅游+山水实景演出"主要由以下几部分组成:在地化的文艺演出队伍、相匹配的多功能综合型演出场所、市场化的投资与运行体制等。在对旅游市场进行分析的基础上,作为展现自然景观和人文景观重要手段的旅游演艺,从多重视角演绎当地旅游资源,打造主题旅游品牌形象。从产品的分类看,旅游和山水实景演出的跨界融合可以分为山水实景演出、室内演出、主题公园演出三类。其中《千岛湖·水之灵》《印象西湖》属于依托著名风景区开发的山水实景演出,《西湖之夜》属于剧院式室内演出,大多数浙江的旅游演艺项目属于主题公园演出。主题公园旅游演艺的翘楚当属宋城集团,它是我国最早进入主题公园与旅游演艺行业的公司之一,也是较早上市的、以演艺为主营业务的公司,其在浙江的主要业务板块包括以《宋城千古情》为代表的旅游演艺的主题公园宋城、游乐类主题公园杭州乐园,以《吴越千古情》为代表的旅游演艺烂苹果乐园。宋城集团的旅游休闲综合配套设施齐全,盈利能力较强。由其打造的"千古情"品牌系列是世界上年演出场次最多和观众接待量最大的剧场演出,2013年演出总收入达到26884.45万元,观众达到787万人次。

将"旅游+山水实景演出"实景模式进行市场化推广,取决于四大要素:一是良性的投资机制;二是现代化文化企业管理运行机制;三是切实有效的品牌整合营销机制;四是企业求新求变的经营理念。此外,最近几年浙江省此类文化产业发展模式还在投资主体和管理机制上大胆创新,比如坚持多元化投资主体,有的演艺公司形成混合式的投资结构,《印象西湖》和《印象普陀》均有国有文化资本进入,而《宋城千古情》和横店影视城的旅游演艺则全部由民营企业投资。在管理机制上,几乎所有的演艺项目都启用了现代化的企业管理制度,比如宋城集团实行的是现代股份制度,《印象西湖》和《印象普陀》等演艺项目则是通过专门成立的投资和管理公司进行运营。

在演出项目的创作和研发方面也呈现多样化的态势。"印象西湖""印象普陀""千岛湖水之灵"等以自然风景为演出场所的演艺项目聘请大牌导演加盟制作,其中"印象西湖"和"印象普陀"由"铁三角"导演团队的张艺谋、王潮歌、樊跃联手打造,"千岛湖水之灵"则由央视春晚导演邹友开执导。宋城集团、横店影视城、金海岸的旅游演艺则是走自主研发的道路。在演出团队上,大多数演艺公司都建有自己专业性的表演团队,比如宋城集团建有艺术总团,目前拥有覆盖舞蹈、杂技、模特等艺术形式的400多名演员。为了消除演员后顾之忧,宋城集团还建立演员退休制度。演员一旦退出演出一线，集团负责安排其他岗位。"印象西湖"项目则是按照市场需求设置岗位，以岗位选择演员和确定演员薪资，以有效的人才投资和激励机制、包容性的文化环境，形成了精英演出团队。"印象普陀"则是从当地年轻人中挑选演员，一方面降低了剧团演出成本，另一方面也促进当地就业。金海岸运作的"西湖之夜"演艺项目的演员岗位并不固定，走的是大众参与表演的路线。

从演艺主题来看，融合了本土特色文化和现代科技手段，既深度挖掘民族文化和地方特色文化，又借鉴国内外经典演出的艺术表现手法，使得浙江旅游演艺产品成为全国演艺业的标杆。旅游+山水实景演出项目均依托当地文化资源，但是各有特点："宋城千古情""吴越千古情""西湖之夜""印象西湖"等演出项目深挖杭州本地文化资源，表现长达数千年的吴越文化，观众既可以回望钱王领军创建杭州的历史，也能体会南宋时期杭州的繁荣；既能沉浸在梁山伯与祝英台永恒的爱情中，又能欣赏到丝府茶乡的美丽篇章，深深体会到"最美是江南，最忆是杭州"的精髓。"海天佛国"普陀山造就了"印象普陀"演出项目，向观众展现了普陀厚重的观音文化和海洋文化；深厚的淳安历史文化和千岛湖的形成历史则由全景水舞台剧目"千岛湖·水之灵"展现出来。2007年推出的、历经6次改版的"梦幻太极"成为横店影视城一张亮丽的名片。展示南宋文化的"宋城千古情"不断打磨，每天小修订一次，每年大改版一次，努力满足不同时期不同游客的需求。

旅游市场的繁荣关乎旅游演艺产品的成功，因此浙江大多数旅游演艺项目在开发之初，都认真做好旅游市场调研，选择在知名度高、游客量大的旅游景区打造演出品牌，比如"宋城千古情"依托的就是宋城景区。一旦演艺品牌确立，又带动旅游地的餐饮、住宿、交通、贸易等相关行业。为了保证有充足的客源，浙江省的旅游演艺项目大多与旅行社达成协议，根据市场反应进行演出剧目调整，如"印象西湖""西湖之夜""印象普陀"演艺项目都与当地产生联动，风险共担、利益共享。

二 旅游+影视

世界上不乏由知名影片和电视剧制作地带动旅游业的案例，比如韩国电视剧《太阳的后裔》的播出带动了拍摄地希腊扎金索斯旅游业的繁荣。"旅游+影视"模式最早起源于美国，这种跨界运营模式之所以在全球流行，是因为它不仅具有良好的效果，而且具有较强可复制性和扩散效果。韩国也是运作"影视+旅游模式"的翘楚，受限于该国国土面积和旅游资源，该国观光部门都竭力挖掘风靡全球的韩剧的后续经济价值——几乎每一部热播电视剧的拍摄基地都能成为新的旅游景点。"旅游+影视"模式也在我国文化产业中广泛应用,横店影视城是这一模式应用的典范。

位于浙江省金华市东阳市横店镇的横店影视城,处于江、浙、沪、闽、赣四小时交通旅游经济圈内,原是一个名不见经传的小镇,随着横店影视城影视文化、旅游产品的不断升级开发,从单一"影视基地"向影视主题旅游公园转变。目前已经发展成为集影视旅游、度假、休闲、观光为一体的大型综合性旅游区,以其厚重的文化底蕴和独特的历史场景而被评为国家"5A"级旅游区。

20世纪90年代,横店为配合著名导演谢晋拍摄历史巨片《鸦片战争》而建设影视基地,后来对社会正式开放。自1996年以来,横店集团累计投入30个亿建设13个跨越千年历史时空的拍摄基地。横店一跃成为全球规模最大的影视拍摄基地。这是中国唯一列入"国家级影视产业实验区"的民营企业,同时也被国外称为"中国好莱坞"(表6-1)。

表6-1　　　　2000—2013年横店影视城的跨界融合历程

年　份	主　要　事　件
2000	横店影视城免收场租以吸引海内外剧组,建成两座超大型的现代化摄影棚
2001	成立影视管理中心,首创旅游营销公司,游客量较2000年翻一番;大片《英雄》拍摄
2002	12个影视拍摄基地建成;浦江神丽峡等三个自然风景区得以开发
2003	更名为浙江横店影视城有限公司,成立为业余演员提供就业机会的演员公会,出镜群众演员和特约演员达近70000人次
2004	被授予国家级影视产业发展基地称号,举办"第八届中国国际儿童电影节"和"中国横店影视博览会";电影《无极》拍摄
2005	接待游客300多万人次
2010	华北最大购物品牌商山西同至人购物中心入驻

续表

年份	主要事件
2011	以接待游客841万人次的成绩高居"中国旅游百强景区"排行榜第四位
2012	真人秀节目《游龙戏凤》、第六版《梦幻太极》拍摄;横店影视城个性化纪念邮票发行;接待游客突破1000万大关
2013	秦王宫景区4D乘骑体验项目《龙帝惊临》和明清宫苑景区大型歌舞秀《紫禁大典》上演;摩天轮亮相

由发展工业起步的横店集团,在做大做强电气电子和医药化工两大工业产业基础上,培育影视旅游类文化产业。从筹建南粤广州街拍摄《鸦片战争》起步,到全面进军影视产业,横店集团已经逐渐从单一提供影视拍摄基地,发展到自主投入影视制作和电影院线发行的大型文化产业集团。横店集团被国家授予首个影视产业实验区,高达360多家企业入驻,拍摄的影视剧多达700部,是中国影视要素最集中、影视拍摄成本最低的影视基地。在发展历程中,横店集团成功实现了三跳。①

第一跳为从工业向服务业转型。20世纪70年代,横店集团起步于乡镇企业。当乡镇企业繁荣之时,他们大胆挺进磁材料领域。在取得丰厚利润后,他们开始考虑由第二产业向第三产业转型,由农村向城市的转型等重大企业决策。"南粤广州街"影视拍摄基地的建设揭开了横店集团转型的序幕。这一为香港回归献礼的《鸦片战争》拍摄基地不仅为当地提供了爱国主义教育场地,而且引发了社会的高度关注,众多的群众演员和影视拍摄纷纷入驻该基地。由一部影片产生的连锁效应,树立了横店集团打造"旅游+影视"的模式的信心,包括秦王宫、清明上河图、明清宫苑、梦幻谷、大智禅寺、明清民居博览城等影视拍摄基地一一建成。

第二跳为多方开发服务业品种。从2000年起,浙江横店影视城相继建成以秦王宫为代表的六家跨历史时空、跨地域特色的影视拍摄基地和景点,10家星级酒店和5家与影视拍摄相关的管理服务公司等,提供影视和旅游服

---

① 参见聂晓民、曾毓琳《横店影视产业"三级跳" 多方开发服务业品种》,《中国文化报》2013年6月29日第3版。

务岗位 4400 个。从 2004 年起，横店的殊荣就接踵而至——首个国家级影视产业实验区、中国十大影视拍摄基地、浙江省文化产业示范基地、国家 5A 级旅游景区，吸引包括华谊兄弟、光线传媒、保利博纳、香港唐人电影等在内的国内外 400 多家知名影视机构入驻，逐步走出了基地免费拍摄、产业链带来效益的路子。而影视机构的入驻，又带动该集团从影视拍摄基地向影视旅游主题公园转变，横店开发出集影视元素、科技元素、快乐互动元素三位一体的"秀"产品。

第三跳为精细营销的战术制胜。在国内市场以"统分结合"和"一城一策"作为横店集团精细营销指导思想。所谓"一城一策"就是根据客源市场推出对应价格的旅游产品，所谓"统分结合"就是发挥各景区与公司整体两方面的积极性，实行营销业绩与效益挂钩的方式，激发各子单位的活力。横店影视城的营销半径也从金华境内 100 公里拓展至以华东六省一市为主，以华南、西南地区和海外市场为辅的 2000 多公里。在国际市场则以"打造国际化横店"为发展战略，累计 1200 余部影视剧在此拍摄。

三 动漫 + 旅游

浙江省是中国动漫产业较为发达的省份，动漫与旅游跨界融合已经发展成熟。主要的形式有购物式动漫旅游、展馆动漫旅游和节会式动漫旅游三种。

购物式动漫旅游，即在以动漫产品及动漫衍生品为主要商品形成的一定规模的商业密集地区进行的购物式旅游形式。购物式动漫旅游形成的条件一般包括优越的区位条件、发达的地区经济、丰富的动漫商品以及浓厚的动漫娱乐氛围。以杭州市为例，"2016 年前三季度，杭州动漫游戏企业实现营业收入 45.33 亿元，同比增长 13%，利润总额达 20.75 亿元，同比增长 14%，上缴税金近 2.75 亿元，同比增长 30%"[1]。特别是中国国际动漫节定期在杭州的举办，确立了杭州作为全国"动漫之都"的地位，也为促进杭州"动漫 + 旅游"发展模式的生成。在这一模式下，又发展出动漫旅游购物、展馆动漫旅游和节会式动漫旅游等跨界支模式。动漫旅游购物旨在面向 20 岁左右、来自外地到杭州参加动漫展会的青少年群体，以杭州市中山北路动漫商业街地区和宋城主题公园为主要游览地，以购物休闲娱乐为主要目的，适当添加其他杭州当地旅游景点。

---

[1] 《综述 2016 年杭州动漫游戏产业发展十大亮点》，《杭州日报》2016 年 12 月 29 日第 4 版。

展馆动漫旅游是一种以参观动漫产品和动漫衍生产品展馆为旅游目的跨界运营模式。展馆需要具备展陈设计精美、展示内容丰富、经营管理良好等基本条件。杭州推出的认识动漫一日游就是典型的展馆式旅游，设置杭州乐园、白马湖动漫广场会展中心、杭州高新软件园等三个旅游场馆，面向来自外地及本地的8—15岁学龄期少年儿童群体，通过乐园游玩向孩子们展现动漫的制作过程，达到娱乐放松、认知教学的目的，有较强的趣味性和启蒙性。

节会式动漫旅游是通过以"中国国际动漫节"为主的节会活动，带动当地的旅游业和动漫产业的共同发展，并通过该平台促进动漫和旅游产业融合的一种旅游形式。节会式动漫旅游形成需要具备以下条件：一是举办地的区位优势明显，二是有丰富的展会内容，三是有规模较大的参与群体。

四 主题公园+旅游+文化演出

最早起源于荷兰的主题公园旅游是一种现代旅游方式，已在整个世界遍地开花，它的出现为旅游资源匮乏的地区提供了发展旅游产业的机会。比如新西兰将地貌与电影《指环王》魔法世界联系起来，建成一个大型的主题公园，吸引大量的游客前来旅游。"公园观光+旅游+文艺演出"的形式是主题公园旅游模式中比较受欢迎的一种，典型的如美国迪士尼乐园，文艺演出已成为其点睛之笔。

以"建筑为形，文化为魂"为经营理念的杭州宋城是中国人气最旺的主题公园之一，年接待游客超过600万人次。宋河东街、土豪家族、胭脂巷、非来巷、美食街、市井街六大主题街区分布在其中，大宋博文化体验馆、七十二行老作坊等具有悠久历史的体验场所和高科技体验区给游客提供了多元体验。"宋城千古情"是杭州宋城演艺秀的精华，此外，《惊天烈焰》《王员外家抛绣球》《穿越快闪秀》《大咖秀之南美争霸》《岳飞点兵》《风月美人》等演艺秀，都给游客带来了非凡的游览体验。园区内一年四季活动不断：新春大庙会、火把节、泼水节、万神节等。经过将近20年的打造，宋城已成为演艺宋城、科技宋城、文化宋城，是名副其实的老中青皆宜的强大主题公园。置身宋城，恍如隔世。

五 会展+文化产品贸易

义乌地处浙江中部，市域面积1105.46平方公里，本地户籍人口74万，登记流动人口数为159.5万。改革开放以来，义乌坚持和深化"兴商建市"

发展战略，走出了一条富有自身特色的科学发展之路。义乌被列为全国18个改革开放典型地区之一，2011年经国务院批准设立义乌为国际贸易综合改革试点，是浙江省第一个国家级综合改革试点，也是我国第十个综合配套改革试验区。依托市场优势，义乌会展经济发展迅猛，2004年被誉为"中国最具潜力的会展城市"①。2009年义乌市文化产业生产销售总值已超过1000亿元，其中核心类文化产品总值达200多亿元，拥有生产经营单位1万余家，从业人员30万名，形成了以印刷包装、文教体育、框画工艺、年画挂历、玩具、娱乐活动六大优势产品为主导的特色产业群。②

2006年首届中国义乌文化产品交易博览会被人们戏称为"草根文博会"，然而两年之后却被评为"中国最具影响力的文化行业品牌展会"。随着互联网交易的发展，义乌文博会成为国家文化部、浙江省人民政府主办，浙江省文化厅和义乌市人民政府共同承办的唯一针对文体行业的国家级展会。经过多年的发展，义乌文博会成功搭建起文化产品交易（出口）、文化产业展示、文化信息交流、文化项目合作的重要平台，被列入文化部"十二五"期间重点扶持的品牌展会之一。

自第9届起，义乌文博会新增中国国际贸易促进委员会为主办单位，并正式更名为中国文化产品交易会。"市场化、专业化、国际化"的办展思路，"出新意、出亮点、有特色"的办展策略，已将中国文化产品交易会打造为中国文化产业国际贸易的"风向标"、中国文化产品交易平台、中外文化交流窗口、促进文化产品结构调整和创新的重要载体，从而促进文化产业发展和中华文化"走出去"③。

六 华语影视+节展

作为电视剧行业的龙头老大，华策影视股份有限公司探索出一条"华语影视+节展"的跨界融合之路，即在参加全球各大影展的同时，还与各类电视节组委会举办各种推广活动，侧重品牌论坛的打造，创新系统营销，促进华语影视节目在海外的影响力。

华策影视股份有限公司每年参加包括美国国际电视节、香港国际影视展、法国戛纳电视节、迪拜电视节、南非电视节等在内的国际节展近20场。

---

① 参见户国良、李江岩《义乌被评为最具潜力会展城市》，《人民日报海外版》2004年4月5日第3版。
② 参见楼丽君《义乌文博会谱写新篇章》，《文体用品与科技》2011年第3期。
③ 参见《义乌文交会：文博会转型升级示范样本》，2014年4月23日，新华网。

海外市场发行团队通过展节，及时把华策的影视产品传播出去，对任何一个小国家或者地区的买卖都不放过。华策影视股份有限公司成功地拓展了波多黎各、毛里求斯等市场虽小，但是极具上升空间的新市场。针对不同的地域，华策影视股份有限公司在跨界营销中坚持因地制宜的原则，采取不同的营销模式——在成熟的亚洲市场，一般直接与播出媒体接洽合作；在具有市场开拓性质的阿联酋等中东国家、南美洲国家和非洲国家，华策影视股份有限公司则通过与当地具有实力的战略合作伙伴进行合作，培育新型市场。

华策影视股份有限公司还举办以"中国影视艺术创新峰会"为代表的高端行业会议，掌握全球影视传播动态，整合国际资源，展示公司品牌。如2012年3月在香港影展期间，华策影视股份有限公司举办了"华策影响中国、华流改变世界"的华语影视节目国际化新趋势主题论坛。国家新闻出版广电总局、各大电视台领导、全球买家以及业内同行和专业人士一百多人参加了论坛，成为当年香港电视节备受瞩目的盛事。2012年6月，在上海电视节上，华策影视股份有限公司针对国内电视剧产量猛增的情况，策划了以"电视产业发展新趋势"为主题的白玉兰论坛，邀请海内外顶级影视专家就影视产业升级、海外市场拓展等重大问题进行了深入探讨。在2013年香港的影视展上，华策影视股份有限公司带着数十部都市励志偶像剧、伦理剧、市场热门精品剧亮相，展示了当今中国影视业的最高水平。为了形成联动效应，华策还举办了名为"品味东方文化创赢全球市场"的论坛，得到了国家新闻出版广电总局国际合作司、国际总公司的领导和专家的关注，海内外影视界专家相聚一堂，共同探讨影视剧的发展方向以及未来国际合作模式等热点问题，为推动华语影视剧走向世界，传播优秀中华文化开辟道路。

第七章 民营文化资本跨界宏观管理

民营文化资本的跨界使民营文化产业具有多种优势，如产品创新速度快，人群覆盖范围广，市场空间潜力巨大，但同时存在市场拓展艰难、融资困难、技术风险高等问题。培育发展民营文化产业中的新兴行业，发挥市场配置资源的基础性作用，充分调动企业主体积极性，需要政府着力创新文化管理体制，综合运用经济手段，为民营资本有序进入文化产业、保障民营文化产业的健康发展提供支持。傅才武和陈庚提出中国文化体制改革的主要推动力是政府、市场和文化机构三大主体之间的权利关系以及由此带动的利益关系重构。① 如果从产业管理的角度来看，这三大主体关系分别对应着文化产业的宏观管理、中观管理和微观管理。其中文化产业的宏观管理主要指通过文化体制和文化政策制定，对文化产业进行宏观调控和指导，它涉及政府、市场和文化机构这三大主体之间的关系。通过对文化产业政策变迁的分析可以窥见，"文化组织与政府行政部门之间的关系，表现为文化组织与政党、政府主管部门之间的纵向结构；文化组织与社会市场系统的关系，表现为文化组织与社会市场经济组织之间的横向结构；文化组织与组织内部成员之间的关系，表现为组织内部的功能结构"②。政府与市场的关系则表现为政府如何通过市场手段，提升文化机构的运营能力，属于中观层次上的管理。市场和文化机构的关系，则表现为文化机构如何通过市场实现版权价值的增值，属于微观层次上的管理。

---

① 参见傅才武、陈庚《三十年来的中国文化体制改革进程：一个宏观分析框架》，《福建论坛》（人文社会科学版）2009年第2期。
② 朱旭光：《文化改革发展论：文化建设的冷热思考》，中国广播电视出版社2013年版，第57页。

第一节 国内文化产业政策的演变

文化产业政策起源于文化习惯和规则,该概念的形成和提出较晚,且比实践滞后得多。在我国,政策和文化政策概念于近代由日本传入,到 20 世纪 80 年代,才开始政策科学和文化政策的研究。文化产业政策是"建立在商品生产和市场经济的基础上,以促进产业发展和文化繁荣为目的,由政府制定的,综合运用经济、法律、行政等手段,为引导、规范、推动文化产业的形成、发展、可持续发展而采取的特定的文化政策和产业政策的总和"①。它反映文化产业发展的价值取向、指导思想和制度,对文化产业的发展方向与整体格局有着决定性的影响。实行不断完善的、积极的文化产业政策,对于促进文化产业健康发展有着重要意义。

一 文化产业政策的作用

文化作为一个战略要素纳入国家和国际发展政策,首次在联合国教科文组织颁布的《保护和促进文化表现形式多样性公约》中得到强调。之后该组织在另一个文件《文化政策促进发展行动计划》进一步明确文化产业政策的功能——接近文化、提高大众交流质量、发展独立公共媒介、促进创造性工作、促进传统文化机制现代化、加强民族文化生产、保护国家的文化出口。目前这两个文件已经成为世界各国制定文化产业政策的重要依据。

文化产业政策的内容涵盖面比较广,既包括促进文化产业结构优化和升级的产业结构性政策,又包括文化产业组织和发展的相关政策,此外文化产业的市场准入及退出政策、投融资政策等也是文化产业政策中不可分割的一部分。从广义上讲,促进文化产业发展的法律法规也是产业政策的一部分。

虽然文化产业政策概念的界定非常庞杂,但是政策制定主体、作用对象客体以及制定目的方面是每一个国家制定文化产业政策时无法回避的。比如我国文化产业政策强调国家、政府在政策中的主体性,以及文化产业政策在政府管理和产业发展中的工具性作用。

---

① 江凌:《近十年中国文化产业政策的基本类型分析》,《江南大学学报》(人文社会科学版) 2012 年第 1 期。

二　国家文化产业政策演变

虽然"文化产业政策"这一概念首次正式提出是在《中共中央关于制定国民经济和社会发展第十个五年计划的建议》中，但是我国文化产业政策的实践却有着比较长的历史。按照杨吉华的分期，我国文化产业政策的演变可以分为三个阶段。1978—1992年是我国文化产业兴起的阶段，尚无明确的文化产业政策意识；1993—2002年是我国有意识地运用"产业政策"规范文化产业发展的阶段；2003年至今是我国文化产业战略地位确立时期，以鼓励政策为基调。[①] 蔡尚伟则将党的十六大作为文化产业政策的分水岭，认为我国产业政策在党的十六大之前，可以分为三个时期，即文化市场酝酿期（1978—1987年）、文化市场全面推进期（1988—1998年）、文化产业合法性建构期（1998—2002年）；党的十六大之后可以分为三个时期，分别是文化产业提速发展期（2003—2004年）、扎实助推期（2005—2008年）和纵深发展期（2009年至今）。从党的十六大以来，历经十多年的推进，我国形成了比较系统的文化产业政策。[②] 根据江凌的分析，我国的文化产业政策覆盖到十个方面：文化产业合法性和战略性地位政策；培育和规范文化市场政策；鼓励多种资本并存的文化产业市场准入政策；优化文化产业组织政策；推进文化体制改革、促进文化产业发展政策；支持文化产业发展的经济政策；促进各区域协调发展的文化产业区域布局政策；文化产业指标体系与统计政策；加强文化产业人才培养和学科建设政策；促进文化产业发展的对外政策。[③] 从时间维度来看，"在十六大之前，我国的文化产业政策主要侧重于文化的意识形态属性，对文化的商品属性和市场考量基本缺乏。十六大以后，尤其是十七大以来，文化产品的商品属性和文化产业市场逻辑开始得到重视，初步构建了有中国特色的文化产业政策体系"[④]。

如果进行笼统的归纳，国家层面的政策可以分为纲领性文件（表7-1）、国家各部门配套指导性文件（表7-2）、宏观财政文件（表7-3）和对外交

[①] 参见杨吉华《改革开放以来我国文化产业政策实践的回顾与反思》，《上海行政学院学报》2006年第6期。
[②] 参见蔡尚伟、何鹏程《回眸与展望：中国文化产业政策的创新演化》，《成都大学学报》（社会科学版）2010年第2期。
[③] 参见江凌《近十年中国文化产业政策的基本类型分析》，《江南大学学报》（人文社会科学版）2012年第1期。
[④] 李思屈等：《中国文化产业政策研究》，浙江大学出版社2012年版，第9页。

流指导政策（表7-4）。此外，地方政府还依据国家政策制定了地方文化产业相关政策。

表7-1　　　　　　　　中国文化产业主要的纲领性政策

文 件 名	文 号
《国务院关于支持文化事业发展若干经济政策的通知》	2000 年
《国务院关于鼓励、支持和引导个体私营等非公有制经济发展的若干意见》	2005 年
《国务院关于非公有资本进入文化产业的若干决定》	2005 年
《关于文化领域引进外资的若干意见》	2005 年
《关于鼓励发展民营文艺表演团体的意见》	2005 年
《关于进一步支持文化事业发展的若干经济政策的通知》	2006 年
《国家"十一五"时期文化发展规划纲要》	2006 年
《国务院关于加快发展服务业的若干意见》	2007 年
《文化产品和服务出口指导目录》①	2007 年
《国务院办公厅关于加快发展服务业若干政策措施的实施意见》	2008 年
《国务院办公厅关于搞活流通扩大消费的意见》	2008 年
《国务院关于进一步促进中小企业发展的若干意见》	2009 年
《文化部文化产业投资指导目录》	2009 年
《文化部关于加快文化产业发展的指导意见》	2009 年

① 该文件于 2012 年 2 月 1 日废止。

续 表

文 件 名	文 号
《文化产业振兴规划》	2009 年
《国务院关于鼓励和引导民间投资健康发展的若干意见》	2010 年
《中共中央关于深化文化体制改革推动社会主义文化大发展大繁荣若干重大问题的决定》	2011 年
《文化产品和服务出口指导目录》	2012 年
《关于大力支持小微文化企业发展的实施意见》	2014 年
《关于推动特色文化产业发展的指导意见》	2014 年
《国家"十三五"时期文化发展改革规划纲要》	2017 年

表 7-2　　　　　　　　中国文化产业主要的配套指导性政策

文 件 名	文 号
《文化部关于支持和促进文化产业发展的若干意见》	2003 年
《文化部关于鼓励、支持和引导非公有制经济发展文化产业的意见》	2004 年
《文化部关于制定〈文化部文化产业投资指导目录〉的公告》	2009 年
《文化部关于加快文化产业发展的指导意见》	2009 年
《商务部等十部门关于进一步推进国家文化出口重点企业和项目目录相关工作的指导意见》	2010 年
《商务部关于鼓励和引导民间资本进入商贸流通领域的实施意见》	2012 年
《新闻出版总署关于支持民间资本参与出版经营活动的实施细则》	2010 年

表 7-3　　　　　　　　中国文化产业主要宏观金融政策

文　件　名	文　号
《关于文化体制改革试点中支持文化产业发展若干税收政策问题的通知》	2005 年
《关于推动我国动漫产业发展的若干意见》	2006 年
《关于部分货物适用增值税低税率和简易征收办法征收增值税政策的通知》	2009 年
《关于金融支持文化出口的指导意见》	2009 年
《关于金融支持文化产业振兴和发展繁荣的指导意见》	2010 年
《文化部关于推进文化企业境内上市有关工作的通知》	2011 年
《文化部、中国工商银行关于贯彻落实支持文化产业发展战略合作协议的通知》	2010 年
《文化产业发展专项资金管理暂行办法》	2012 年
《广电总局关于鼓励和引导民间资本投资广播影视产业的实施意见》	2012 年
《关于保险业支持文化产业发展有关工作的通知》	2010 年
《国务院办公厅关于印发文化体制改革中经营性文化事业单位转制为企业和进一步支持文化企业发展两个规定的通知》	2014 年
《关于支持电影发展若干经济政策的通知》	2014 年
《关于推广运用政府和社会资本合作模式有关问题的通知》	2014 年
《关于深入推进文化金融合作的意见》	2014 年

表 7-4　　　　　　　　中国对外文化交流主要指导政策

文 件 名	文 号
《文化部关于促进商业演出展览文化产品出口的通知》	2004 年
《关于进一步加强和改进文化产品和服务出口工作的意见》	2005 年
《关于进一步加强和改进文化产品和服务出口工作的意见》	2005 年
《关于鼓励和支持文化产品和服务出口的若干政策》	2006 年
《国务院关于加快发展对外文化贸易的意见》	2014 年

如果把跨界作为考察政策的维度，那么我国针对跨地区、跨行业和跨所有制的政策分布如下（表 7-5、表 7-6 和表 7-7）：

表 7-5　　　　　　　　　　主要的跨地区政策

政策名称	发布时间	主 要 内 容
《国家广播电影电视总局关于广播影视"走出去工程"的实施细则（试行）》	2001 年	为进一步加大广播影视产品和服务出口，广电总局大力实施"中国优秀影视剧海外推广工程"，采取合资合拍、节目交流、以进带出等多种方式，扩大国际市场份额
《中外合作音像制品分销企业管理办法》	2002 年	扩大对外文化交流和经济合作，加强对中外合作音像制品分销企业的管理
《外商投资电影院暂行规定》	2004 年	为适应改革开放的需要，吸收境外资金、引进先进技术和设备，促进我国电影业的繁荣发展
《文化部关于支持和促进文化产业发展的若干意见》	2003 年	提出实施"走出去"的发展战略

续 表

政策名称	发布时间	主要内容
《电影片进出境洗印、后期制作审批管理办法》	2004年	规范在中国境内摄制的国产电影片(含中外合拍片)底片、样片在中国境外进行洗印、后期制作,或在中国境外摄制的电影底片、样片和电影片拷贝在中国境内进行洗印加工等制作等活动
《中外合作摄制电影片管理规定》	2004年	繁荣电影创作生产,维护中外合作摄制电影片的制片者及相关人员的合法权益,促进中外电影交流
《中外合资、合作广播电视节目制作经营企业管理暂行规定》	2004年	促进中国广播电视节目制作产业发展,规范对中外合资、合作广播电视节目制作经营企业的管理
《〈外商投资电影院暂行规定〉的补充规定》	2005年	对外商投资电影院暂行规定的补充规定
《关于鼓励和支持文化产品和服务出口的若干政策》	2007年	鼓励和支持文化企业"走出去"
《文化产业振兴规划》	2009年	重点推进文化创意、影视制作、出版发行、印刷复制、广告、演艺娱乐、文化会展、数字内容和动漫等行业
《关于金融支持文化出口的指导意见》	2009年	要求中国进出口银行各分支机构积极与地方商务、文化、广电、出版等部门加强信息沟通和项目推荐,加大对重点文化企业和项目的支持力度

续 表

政策名称	发布时间	主要内容
《新闻出版总署关于支持民间资本参与出版经营活动的实施细则》	2012年	支持民间资本参与"走出去"出版经营,从事图书、报纸、期刊、音像制品、电子出版物等出版产品的出口业务,到境外建社建站、办报办刊、开厂开店等出版发行业务;支持民间资本投资成立版权代理等中介机构,开展版权贸易业务
《藏羌彝文化产业走廊总体规划》	2014年	发展文化旅游、演艺娱乐、工艺美术、文化创意等新兴业态,优化空间布局,加强文化产品生产
《国务院关于加快发展对外文化贸易的意见》	2014年	完善服务保障,享受海关便捷通关措施,减少对文化出口的行政审批事项,加强相关知识产权保护等
《关于推动特色文化产业发展的指导意见》	2014年	重点支持具有地域特色和民族风情的民族工艺品创意设计、文化旅游开发、演艺剧目制作、特色文化资源向现代文化产品转化和特色文化品牌推广,支持丝绸之路文化产业带、藏羌彝文化产业走廊建设
《国务院关于推广中国(上海)自由贸易试验区可复制改革试点经验的通知》	2015年	允许外资企业从事游戏行业

表7-6　　　　　　　　　　　主要的跨行业政策

政策名称	发布时间	主要内容
《广播影视知识产权战略实施意见》	2010年	加强高清电视、移动多媒体广播电视、下一代传输网络、数字电影等重点领域的技术标准制定工作
《中共中央关于深化文化体制改革、推动社会主义文化大发展大繁荣若干重大问题的决定》	2011年	形成公有制为主体、多种所有制共同发展的文化产业格局。加快发展文化产业，必须毫不动摇地支持和壮大国有或国有控股文化企业，毫不动摇地鼓励和引导各种非公有制文化企业健康发展。要培育一批核心竞争力文化企业
《文化部"十二五"时期文化产业倍增计划》	2012年	提出了促进文化产业跨界融合，使国民经济的文化附加值得到快速提升的任务
《中国共产党第十八次全国代表大会报告》	2012年	促进文化和科技融合发展新型文化产业的规模化、集约化、专业化水平
《中共中央关于全面深化改革若干重大问题的决定》	2013年	进一步明确提出"鼓励金融资本、社会资本、文化资源相结合"的要求，将文化金融合作纳入了全面深化改革的总体格局
《政府工作报告》	2014年	促进文化创意和设计服务与相关产业融合发展
《关于深入推进文化金融合作的意见》	2014年	从认识推进文化金融合作重要意义、创新文化金融体制机制、创新文化金融产品及服务、加强组织实施与配套保障等方面提出深入推进文化金融合作的要求

续 表

政策名称	发布时间	主要内容
《国务院关于推进文化创意和设计服务与相关产业融合发展的若干意见》	2014 年	到 2020 年,文化创意和设计服务的先导产业作用更加强化,与相关产业全方位、深层次、宽领域的融合发展格局基本建立,相关产业文化含量显著提升,培养一批高素质人才,培育一批具有核心竞争力的企业,形成一批拥有自主知识产权的产品,打造一批具有国际影响力的品牌,建设一批特色鲜明的融合发展城市、集聚区和新型城镇
《关于推动传统出版和新兴出版融合发展的指导意见》	2015 年	财政通过安排中央文化产业发展专项资金、国家出版基金等方式,对列入新闻出版改革发展项目库的融合发展项目和涉及出版融合发展的出版项目给予重点支持
《国务院关于积极推进"互联网+"行动的指导意见》	2015 年	推动互联网由消费领域向生产领域拓展,加速提升产业发展水平,增强各行业创新能力,构筑经济社会发展新优势和新动能
《三网融合推广方案》	2015 年	将广电、电信业务双向进入扩大到全国范围;网络承载和技术创新能力进一步提升;融合业务和网络产业加快发展;科学有效监管体制基本建立;安全保障能力显著提高;信息消费快速增长

表7-7　　　　　　　　　　　主要的跨所有制政策

政策名称	发布时间	主 要 内 容
《国务院办公厅关于文化体制改革试点中支持文化产业发展和经营性文化事业单位转制为企业的两个规定的通知》	2003年	鼓励、支持、引导社会资本以股份制、民营等形式，兴办影视制作、放映、演艺、娱乐、会展、中介服务等文化企业，并享受同国有文化企业同等待遇
《文化体制改革试点中支持文化产业发展的规定（试行）》、《文化体制改革试点中经营性文化事业单位转制为企业的规定（试行）》	2003年	鼓励、支持、引导社会资本以股份制、民营等形式，兴办影视制作、放映、演艺、娱乐、发行、会展、中介服务等文化企业，并享受同国有文化企业同等待遇。鼓励兴办高新技术文化产业，鼓励、引导社会资本投资于高新技术文化产业。党报、党刊、电台、电视台等重要新闻媒体经营部分剥离转制为企业，在确保国家绝对控股的前提下，允许吸收社会资本；国有发行集团、转制为企业的科技类报刊和出版单位，在原国有投资主体控股的前提下，允许吸收国内其他社会资本投资；广播电视传输网络公司在广电系统国有资本控股的前提下，经批准可吸收国有资本和民营资本
《关于鼓励、支持和引导非公有制经济发展文化产业的意见》	2004年	进一步放宽市场准入，允许非公有制经济进入法律法规未禁止进入的文化产业领域；大力营造非公有制经济发展文化产业的良好政策环境和市场环境；打破所有制界限，打破地区封锁和部门封锁，坚持非公有制企业与国有、集体文化企业同等待遇
《关于深化文化体制改革的若干意见》	2005年	大力推进文化领域所有制结构调整，鼓励和支持非公有资本以多种形式进入政策许可的文化产业领域，逐步形成以公有制为主体、多种所有制共同发展的文化产业格局

续表

政策名称	发布时间	主要内容
《国务院关于非公有资本进入文化产业的若干决定》	2005年	对非公有资本进入文化产业,分为了鼓励、限制和禁止三种情况。鼓励和支持民营资本参与一些领域的国有文化单位股份制改造,对于民营资本所占股份做了限制,对于不允许民营资本进入的新闻媒体和新闻宣传业务等领域,作了明确规定
《关于加强文化产品进口管理的办法》	2005年	对外资和非公有资本进入文化产业的领域和禁止进入的领域作了详细的规定
《关于文化领域引进外资的若干意见》	2005年	对外资和非公有资本进入文化产业的领域和禁止进入的领域作了详细的规定
《国家"十一五"时期文化发展规划纲要》	2006年	认真落实《国务院关于非公有资本进入文化产业的若干决定》,创造良好的政策环境和平等机会,加强和改进服务,鼓励支持非公有经济进入政策许可的文化产业领域,支持非公有制文化企业的发展
《文化产业振兴规划》	2009年	提出要降低准入门槛,积极吸收社会资本和外资进入政策允许的文化产业领域,形成以公有制为主体、多种所有制共同发展的文化产业格局
《文化部关于鼓励和引导民间资本进入文化领域的实施意见》	2012年	充分认识促进民间资本进入文化领域的重要意义;鼓励民间资本参与国有文艺院团转企改制;鼓励民间资本参与公共文化服务体系建设;鼓励民间资本投资文化产业发展;鼓励民间资本投入非物质文化遗产传承保护;鼓励民间资本积极参与对外文化交流和文化贸易;为民间资本进入文化领域创造良好的发展环境;加强对民间资本进入文化领域的指导和规范管理

续表

政策名称	发布时间	主 要 内 容
《新闻出版总署关于支持民间资本参与出版经营活动的实施细则》	2012 年	充分调动民间资本参与文化建设,降低民营企业准入门槛
《广电总局关于鼓励和引导民间资本投资广播影视产业的实施意见》	2012 年	促进出版行业和广播电视行业的科学发展,推动社会主义文化大发展大繁荣
《关于做好政府向社会力量购买公共文化服务工作的意见》	2015 年	明确社会力量参与公共文化服务的领域
《关于在公共服务领域推广政府和社会资本合作模式的指导意见》	2015 年	鼓励采用 PPP 模式,吸引社会资本参与文化等公共服务领域

文化产业政策正如硬币的两面,既有保护、促进产业发展的功能,也有管制、规训产业实践的效果。相比改革开放前的文化政策,我国目前推行的文化产业政策总体方向与实际效果是积极的。[①] 但是还存在一系列问题,如政策制定主体分散、政策权威性不强、政策实施的有效性较差、政策支持产业的力度不够等,都需要通过进一步改革来完善。

三 地方文化产业政策演化:以浙江为例

浙江作为民营经济大省,具有发展民营文化产业得天独厚的优势,因此浙江省政府在政策环境上提供了有效的扶持与优质服务。浙江省政府将文化产业发展提升到促进"文化大发展大繁荣"的高度。早在 2005 年,浙江省委就通过关于加快建设文化大省的决定,重点实施文明素质工程、文化精品工程、文化研究工程、文化保护工程、文化产业促进工程、文化阵地工程、

[①] 单世联:《论文化观念与文化生产》,新星出版社 2014 年版,第 34 页。

文化传播工程、文化人才工程八项工程。2008年和2011年，浙江省委先后通过了《浙江省推动文化大发展大繁荣纲要（2008—2012）》和《中共浙江省委关于认真贯彻十七届六中全会精神大力推进文化强省建设的决定》。作为全国首批文化体制改革综合试点省，经过10多年的探索和实践，浙江省已成为全国文化体制改革的先进地区，文化综合发展指数位列全国第3位。浙江省根据本省实际，制定了一些专门的政策，这些政策主要分为宏观指导政策和相关产业政策。

近几年，浙江省文化产业的宏观指导政策主要包括在《浙江省文化产业发展"十三五"规划》（2016年颁布）、《关于加快把文化产业打造成为万亿级产业的意见》（2017年颁布）两个文件中。根据《浙江省文化产业发展"十三五"规划》，浙江省在"十三五"期间将构筑"一核三极三板块"的文化产业发展格局，推进形成以杭州为中枢的文化产业核心，宁波市、温州市、金华市为节点的区域文化产业增长极，以及浙中北文化内容生产与创意设计板块、浙东沿海沿湾文化产品智造板块、浙西南历史经典与文化旅游板块，引导特色优势产业集聚，带动湖州、嘉兴、绍兴、衢州、舟山、台州、丽水等城市协同发展。根据《关于加快把文化产业打造成为万亿级产业的意见》，到2020年，力争全省文化及相关特色产业总产出达到1.6万亿元，增加值近5000亿元，占GDP比重达8%以上，基本建成全国文化内容生产先导区、文化产业融合发展示范区和文化产业新业态引领区。浙江将实施影视演艺产业发展计划、数字内容产业打造计划、文化创意设计产业提升计划、文化新兴业态促进计划、工艺美术产业升级计划、文化制造业转型计划、文化旅游融合发展计划、文化体育产业推进计划八大重点产业计划，从深化文化体制改革、实施重大产业项目、引导提升文化消费、全面推动文化走出去、打造文化产业服务和交易平台、加大人才培养和引进六个方面强化产业发展支撑，从加强组织领导、健全工作机制等五个方面加强政策制度保障。

浙江省相关文化产业政策可以细分为七大类，分别是税收优惠类、专项资金类、产业导向类、评定认定类、人才团队类、投资融资类和园区配套类。

浙江省下发的税收优惠类的文件最多，税收优惠主要涉及所得税、增值税和营业税，以支持浙江省具有良好成长性的骨干文化企业、创新创意类新兴文化企业或承担公共文化服务职能惠及广大消费者的文化企业等。

专项资金类政策主要是政府财政部门为了扶持文化产业发展，大致分为综合类和单项类两类。综合类主要是从中央到县（市、区）的文化产业专项资金，以项目为主，通过专项申报评定，采取项目补助、贷款贴息和以奖代补等形式予以支持。单项类是专门支持单个门类的，比如对电影、电视、动漫等文化项目实行专项资助。

产业导向类政策是浙江政府支持产业发展的重要方式。与国家层面的《国家文化产业振兴规划》《文化改革发展规划纲要》等配套，浙江省出台了《浙江省文化创意产业发展规划》《浙江省文化产业项目投资指南》等，提出了文化产业的发展方向、重点领域和产业布局等。非公有资本进入文化产业方面，浙江省主要依据《国务院关于非公有资本进入文化产业的若干决定》，对允许非公有资本进入的领域、提供的服务、股本结构以及可享受待遇作出了明确规定。2009年，浙江省颁布了《浙江省人民政府办公厅关于加快发展民营文艺表演团体的意见》，提出了鼓励兴办民营文艺表演团体、积极引导民营文艺表演团体、加快对民营文化表演团体的服务力度、完善民营文艺表演团体的演出审批制度、改善民营文艺表演团体的排练演出场所、支持民营文艺表演团体开展文化交流、加强对民营文艺表演的投入等措施。

评定认定类政策主要指浙江省政府对项目、企业和园区等进行评定认定，给予荣誉并直接补贴或给予相关优惠政策。与国家层面的"全国文化体制改革先进企业""国家文化产业示范基地""中国文化企业30强"评选相承接，浙江省有"浙江省文化产业示范基地""122工程"中"百家重点培育文化企业"和"二十强文化产业园区"评选。对于国家和省级认定的"高新企业"都会给予资金的资助、奖励或税收优惠。

浙江省对人才与研发团队在产业或企业发展中的作用给予高度重视，通过对人才和研发团队的评选，以资金补助、定向培养、职务晋升、税收优惠以及鼓励智力资本入股等方式予以支持，促进产业或企业的发展。比如浙江省宣传系统"五个一批"人才、浙江省重点文化产业创新团队等的评选，还有浙江省级工艺美术大师等其他门类的人才评选等。这些人才和研发团队对所在单位的发展都起到了积极作用。

为了配合中宣部等九部委专门出台的《关于金融支持文化产业振兴和发展繁荣的指导意见》，浙江省委宣传部还与浙江省工商银行签订了战略合作协议，力图在信贷融资上突出重点，创新金融产品与服务，扶持有实力的骨干文化企业和文化产业园区的发展，支持成长性好的中小微文化企业，加大金融支持文化产业发展力度。浙江省尝试通过知识产权如电视剧播映权和资金流量大的文化产业项目的质押、抵押，解决部分文化企业融资贷款难的问题。由于产业门类的不同，各类文化产业园区，既能集中相应的文化产业发展政策，又可争取一些原来工业园区、开发区的优惠政策。浙江省出台园区配套类文件，为入驻企业提供税收优惠、房租减免、吸引人才、投资融资、项目扶持以及公共服务等多方位服务。

第二节 国外文化产业强国管理经验

当前，各国文化产业经济管理呈现多样化态势，特别在西方，文化产业管理可谓是多强逐鹿。美国文化产业管理特点为"无为而治"，英国文化产业管理则可用"一臂之距"形容，法国的文化产业管理则是中央集权制。即便是与我国同处东亚文化圈的日本和韩国也在文化产业管理中各具特色。各国文化产业管理不尽相同，源于各国不同的文化产业发展模式。概括而言，可以分为国家推动模式、市场发展模式和混合发展模式。

根据霍步刚的分析，国家推动模式指的是，"在促进文化产业发展的诸要素中，国家战略以及相关的政策措施是最重要的资源，是矛盾的主要方面。在国家战略的主导下，国家文化产业领域实现了要素汇聚和力量裂变，走上了快速发展的轨道。这一模式体现为，政府在文化产业发展过程中全面介入，市场体制尽管起到了重要的作用，但在文化产业发展过程中不具有决定性的影响，国家通过政府行政力量如政策、法律、税收、公共财政等强有力的手段推动文化产业发展"[1]。采用国家推动模式的国家主要有日本和韩国。

市场发展模式是指市场在配置文化资源中起到基础性作用，政府几乎不介入文化产业的运作，这是一种与国家推动模式截然相反的模式。政府在文化产业发展中所起的作用仅仅局限在提供少量公共资助和宏观政策调控，而且这些宏观政策仅起辅助作用，政府与文化企业保持着一定距离。文化产业的发展由包括生产商、销售商、运营商在内的文化市场主体主导。

混合型发展模式介于上述两种模式之间，政府和市场都对文化产业发展具有影响，两者的影响并非平分秋色，而是在不同时期不同阶段，在某一文化产业具体行业有所侧重。德国、法国是世界上采用混合型发展模式的典型国家。

---

[1] 霍步刚：《国外文化产业发展比较研究》，博士学位论文，东北财经大学，2009年。

一 英美的文化产业管理

英美是世界上文化产业最为发达的国家,由于具备较为完备的市场经济体制和完善的法律体系,因此文化产业管理的宏观环境较好,政府的角色和定位限于宏观调控领域,无须过多介入具体的文化产业管理,政府所做的事情是发挥行业中介组织的重要作用。[①]

(一) 英国的文化产业管理

英国政府采取"一臂之距"的管理原则,这是一种以分权管理国家文化产业的思路。"臂距"原则要求政府与企业保持一定距离,由中介机构作为政府连接企业的纽带。中介机构与政府的关系是平起平坐,而非隶属关系。"臂距原则"确保政府不直接管理文化艺术机构或企业,政府与文化企业既保持一定联系,又保持一定距离,营造了英国文化创意产业宽松发展的外部环境。

政策保护是英国促进本国文化创意产业发展的另一个重要手段。以英国影视业为例,其法律保护主要体现在两个方面:一是电视配额,要求电视台留出一定黄金时段给欧洲电视节目;二是电影及其赞助的法律。1985年电影法案规定,购买英国电影的机构可以享受减税政策。依据"销售和出租退还"协定,如果电影版权销售给英国购买者,当出租的版权还给电影制片商时,英国购买者可以根据购买价格获得12%的税收减免。

英国政府认为自身有责任营造一个文化创意产业发展的优越市场环境,而这有赖于文化产业相关法律的健全。对文化创意产业而言,知识产权保护是其发展的核心动力。英国政府出台了一系列相关的法律法规,制定了一整套文化产业政策,从法律和政策两方面为文化创意产业保驾护航。20世纪50—90年代,《设计法》《彩票法》《广播电视法》《电影法》和《著作权法》等鼓励创新的法律、法规相继颁布,创造了公平竞争的市场环境。英国致力于通过完善的文化法规和稳定的文化产业促进政策确保文化市场的持续繁荣与稳定。

在政府政策方面,英国以主管创意产业的英国文化、媒体和体育部为核心,对创意企业实施跨部门的持续扶持政策,如《英国艺术组织的戏剧政策》。这些政策主要涉及对文化创意企业减免税、知识产权保护、海外市场开拓、教育与技能培训等方面。

[①] 参见霍步刚《国外文化产业发展比较研究》,博士学位论文,东北财经大学,2009年。

英国政府为文化产业发展提供政府拨款、准政府组织资助、基金会资助等多元融资渠道,相继建立包括政府、银行、行业基金与创意产业在内的融资网络。公共资金和私人投资是英国创意产业两种基本融资形式。前者主要来源于"国家科学与艺术基金会、英国电影协会、艺术协会和高校孵化基金、贸工部在地区发展局下设立的创意产业特殊基金、西北地区发展基金及伦敦种子基金、西北地区种子基金、早期成长风险基金、政府设立的高科技基金和苏格兰企业发展基金等"①。英国还有独特的文化产业融资方式——国家彩票基金。作为英国准政府机构,上述基金会扶持、引导和规范着英国文化产业的发展。政府与文化基金会是支持和协同的关系——政府直接的财政拨款和间接的税收减免为文化基金会提供经费支持,通过它们对个体艺术家和文化机构进行资助。英国私人资金也为创意产业发展提供了重要资金支持。英国政府鼓励私人投资文化产业,在法律和政策上都给予特殊的优惠。

(二)美国的文化产业管理

一贯奉行自由市场和自由贸易的美国,强调在文化产业管理中减少政府干预,强调市场调节作用。美国对文化产业的态度就是绝对向市场要效益,因此,美国不设立管理文化产业发展的文化部。美国将文化产业与其他产业部门同等对待,虽然政府不直接参与管理文化,但是发挥着引导、服务等辅助作用。其实政府充分放权、"不干预"本身就是一种政策,即美国施行的是主要依靠市场调节的一种文化产业政策,此产业政策为文化产业发展提供了自由的空间。

在文化产业宏观管理上,美国的经验体现在以下方面。

第一,保障自由的法制精神和健全的法律体系。美国的文化产业立法体现两个精神。一是通过立法限定政府干预文化产业的权力。美国的《独立宣言》和《宪法》均强调自由精神,其核心价值是保障人民的基本权利与利益,约束国家的权力。为了贯彻这一精神,美国在文化产业上采取了"无为而治"的治理理念。政府不干预文化,更不会去办文化。"无为而治"是美国政府文化产业发展的执政原则,严密的知识产权保护体系是美国文化产业发展的法治保证。

美国没有成文的文化产业法,但是在许多法律条文中能够找到文化产业的相关条款。从美国宪法第一修正案,到《联邦税法》《国家艺术及人文事

---

① 康芸:《文化创意产业风险投资机制研究》,博士学位论文,中国人民大学,2011年。

业基金法》《反电子盗版法》《数字千年版权法》等，其文化立法体制逐渐完善。美国《国家艺术及人文事业基金法》保证了国家每年拿出相当比例的资金投入文化艺术，承担对文化艺术业资助任务的还有国家艺术基金会、国家人文基金会和博物馆学会等中介组织，州和市政府以及联邦政府某些部门也提供文化资助。虽然美国政府对文化产业的直接投入少，但是由于社会、企业的大力资助，美国在文化产业的投入每年可达60亿美元。

美国对文化产业项目资助、文化内容管制、文化产业分类和文化产业商业化均有相关法律保障。如《国家艺术及人文事业基金法》保证对非营利性文化项目的资助；《电信法案》要求放松对文化内容管制，使包括新闻在内的文化产品的生产和经营服从市场规律，成为市场经济中的一部分；《数字千年版权法》对网络媒体内容的侵权行为做出系统的规定，有效保护软件、音乐作品生产者的利益。《版权法》历经46次调整和完善，将个人著作权保护期从死后50年延长至死后70年，公司版权保护期从75年延长到95年。

在放权机制下，美国文化产业在跨界融合方面的管理有以下特点。首先，以内容为核心，产生了各细分文化产业相互融合和延伸的趋势。一方面是内容产业之间的扩展，如电影、电视、文化娱乐、广告、新闻出版、广播电视等多个传统文化产业相互融合，协同发展；另一方面是产业链的拓展，如传统文化产业拓展延伸至旅游业，博物馆业，包括公园、动植物园、自然保护区在内的园林业，体育业乃至摄影及扩印业，多样业态相互融合，共生共长。美国各文化细分产业相互关联、相互融通、相互支撑、环环相扣，形成文化产业链条的业态。① 其次，产业运营与资本运营融合。美国的文化产业与制造业、金融业密切融合，实现了文化产业集群和规模化经营，并形成了一批大型文化跨国公司。以电影为例，美国已经形成技术观感与价值观并重、国内与全球统筹的好莱坞电影模式，通过电影产品在全球范围的输出渗透美国价值观。美国文化价值输出强调文化品牌进入消费者的日常生活。美国企业敏锐的市场触角和庞大的营销体系将有形文化产品带到全球，让美国文化理念根植于国际社会。好莱坞的大制作电影、FOX的电视新闻、ESPN的美国职业篮球赛、《时代》杂志封面、牛仔裤风格等都是美国文化的品牌标志。

---

① 参见程立茹《文化产业金融创新问题研究：国别经验与典型案例》，中央民族大学出版社2014年版，第46页。

二 德法的文化产业管理

在德国和法国的文化产业政策管理中，市场和行政这两种力量都起重要作用，但是，市场和行政这两种力量的比对在德国和法国表现得不尽相同。

（一）德国的文化产业管理

相对欧美其他发达国家而言，德国在文化产业的管理上相对集权，对广播电视业和会展业的介入较多。作为一个成熟发达的市场经济国家，在国家的法律框架下，不管是吃"皇粮"还是自谋生路，文化产业的经营和管理，首先是按照企业模式来进行。[1] 因此，德国的文化产业管理的总体特征为"宏观控制+社会市场经济"，一方面反对自由放任市场配置文化资源和资本；另一方面也反对国家对文化产业进行过度管制。在处理国家和市场的关系上，德国遵循的基本原则是国家尽量少干预，但需要国家干预时不手软。在中央政府和地方政府管理方式上，采取"集权"和"分权"并重。"集权"是指中央政府和地方政府居于文化管理中的主导地位，"分权"是指中央政府把某些文化管理责任移交给地方政府。[2]

德国的媒体管理制度的独特之处就在于公共媒体，尤其是公共广播电视具有广泛的影响力。德国没有具体的国家层面的新闻立法，1949年制定的《基本法》第5条是现行媒介体制的宪法基础，其具体内容是："任何人都有权以言论、文字、图像等方式自由地表达和传播自己的观点，并通过可普遍接近的来源自由地获得信息。保障广播电视和电影的出版自由和报道自由。"媒体的公共职能和约束管理，主要由各州的法律来具体明确、保障，并组织、管理具体事务，主要是防止单一媒体的垄断。[3] 总体而言，德国对媒体的管理形式上"松"，实质上却是成熟并井然有序。

文化产业已经成为德国的第三大支柱产业，但是德国政府却没有一个专门部门来负责管理这一产业，这是因为德国已经形成多方扶持的产业政策。直到2008年德国联邦政府才成立"文化与创意经济行动组"，由联邦

---

[1] 参见中共中央宣传部文化体制改革和发展办公室、中共中央宣传部干部局编《德国文化产业概观》，中华书局2010年版，第5页。
[2] 参见 Rob Burns, Wilfried Van der Will. German Cultural Policy: An Overview, Vol. 9, No. 2, 2003.
[3] 参见中共中央宣传部文化体制改革和发展办公室、中共中央宣传部干部局编《德国文化产业概观》，中华书局2010年版，第5页。

政府文化媒体事务专员与经济和技术部负责运作,通过举办研讨会等活动,搭建政界与文化产业从业人员交流的平台。在探讨经济如何进一步转型升级中,德国联邦政府已尝试通过设立专项基金和奖项扶持本土文化与创意经济。①

(二) 法国的文化产业管理

在文化产业的发展理念上,法国非常重视国家对文化产业发展的领导权,这是因为他们担心随着全球化的发展,文化产业中的本土文化元素将会被其他外来民族文化元素替代,政府有责任应对文化侵略,政府必须进行有效的扶持和干预。

法国政府对文化事业及相关产业的政策支持,首先体现在财政支持上,主要形式有以下三种。第一种是中央政府为国家文化机构、团体以及与国家有合同关系的文化团体直接提供赞助、补助和奖金。主要扶持的行业有新闻、文学、艺术、音乐、电视、电影等,近几年呈20%的增长速度。第二种是地方财政支持,以财政预算的形式给予文化产业项目支持,比如法国西部拉罗歇尔电影节,政府资助的资金约占到总预算资金的66%。第三种是减税政策,支持文化事业的企业可享受3%左右的税收优惠。

法国文化主管行政机构是法国文化和通信部,有文化遗产总司、艺术创新总司、媒体和文化产业总司和总秘书处四大管理部门,它们向地方派驻代表,对全国的文化事业统一实行直接管理。对于重点文化设施、重点文化团体和重点艺术院校这些在全国有影响力的文化机构,法国政府采取直接管理方式,将其纳入直属文化单位,国家任命机构领导,政府负责经费拨款,政府官员组成理事会成员,重要决定需报文化和通讯部审批。

通过合同管理、集权管理、财政划拨和文化立法,法国政府对全国文化活动进行直接管理和指导。戴高乐以来的历届政府通过向地方派驻代表的办法,统一对全国的文化事业实行集权管理,这一体制被证明为非常有效。法国政府向各个地区派出大区文化局局长、文化顾问和专业技术人员。这三类人员在文化局长的领导和协调下,按文化和通信部的统一部署开展本专业的工作。法国政府直接管理的文化事业单位均可得到政府多达60%的财政支持。法国还通过《企业参与文化赞助税收法》《文化赞助税制》《共同赞助法》对文化赞助的机构提供一整套税收减免。

---

① 参见中共中央宣传部文化体制改革和发展办公室、中共中央宣传部干部局编《德国文化产业概观》,中华书局2010年版,第7页。

三 日韩的文化产业管理

与英美国家相反,日本和韩国在文化产业管理中强调政府的主体作用,即政府将文化产业事务上升到国家战略的层面,通过多方位的政府举措来强力推动文化产业发展。

(一)日本的文化产业管理

1979年1月,时任首相大平正芳在施政演说中最早提出"从经济中心时代过渡到了文化中心时代",并召集了政府、学校、企业和机构的上百名专家成立"文化时代研究小组",研讨日本文化的未来,从此揭开了日本文化立国的序幕。日本文化产业政策演变贯穿于各任首相执政期(表7-8)。

表7-8　　　　　　　　　　日本文化产业政策演变

时代	执政首相	主要贡献
1970年代	大平正芳	提出"文化立国"
1980年代	大平正芳	发表报告书《文化的时代》,提出向重视文化建设和地方分权转变、振兴地方文化建设和加强国际文化交流等发展策略
1980年代	中曾根康弘	首次提出"文化大国"的概念,将发展文化产业纳入国家战略目标
1990年代	桥本龙太郎	确立"文化立国"战略。通过知识产权内容产品的创造,带动社会经济的全面发展,提升国家形象,打造国家软实力
21世纪初	安倍晋三	颁布日本文化产业发展纲领性文件《日本文化产业战略》

进入21世纪后,日本发现,"文化立国"战略的实施关键在于能否为内容产业创造一个有利的法制环境,于是,日本开始推进"知识产权立国"战略。2002年,时任首相小泉纯一郎强调日本已进入从"工业社会"向"知

识社会"转变的大改革时期，并提出"知识产权改革"。2002年7月3日，日本政府的知识产权战略会议发表《知识产权战略大纲》，将"知识产权立国"确定为日本国家战略。2002年11月27日，日本国会通过政府制定的《知识产权基本法》，为"知识产权立国"战略提供了法律制度基础。2003年7月8日，根据《知识产权战略大纲》和《知识产权基本法》，日本知识产权战略本部公布了《有关知识产权创造保护及其利用的推进计划》。该计划包含知识产权创造、保护、利用，发展多媒体内容产业，人才培养和提高国民意识等具体措施。

日本十分重视与文化产业相适应的知识产权法律制度的完善。日本文化产业的政策和法律，很好地平衡了基础与发展之间的关系。《文化财产保护法》是日本最早制定的一部有关文化产业的法律，该法律成型于1950年，当时就将非物质文化遗产保护置于国家法律规定的高度，领先于世界其他文化产业大国，这种文化自觉在当时世界范围都是领先的。1970年5月6日颁布的《著作权法》也经历20多次修改不断完善。1995年颁布的《科学技术基本法》、1999年颁布的《产业活力再造特别措施法》、2000年颁布的《形成高度信息通信网络社会基本法》（以下简称《IT基本法》或《信息技术基本法》）也与知识产权保护相关。21世纪初，日本相继或出台或修订了一系列法律，如《著作权管理法》（2001年实施）、《传统工艺品产业振兴法》（2001年修订）、《知识财产基本法》（2002年颁布）、《关于促进创造、保护及应用文化产业的法律案》（2004年颁布）、《观光立国基本法》（2007年修订），《文化艺术振兴基本法》（2007年颁布）。日本还于2005年设立知识产权高级法院，提升了知识产权侵权案件审理的权威性和速度。除了直接与文化产业相关的法律法规外，日本的《民商法》《教育基本法》都有文化产品保护的内容。日本非常重视法律法规的可操作性，一部法律颁布后，通常都要出台具体的配套政策措施，并对这些政策进行直接指导。

在日本，几乎每个文化行业都有严密的行业协会（表7-9），它们负责制定行业规则，维护行业协会会员利益，并对行业数据统计负责。日本文化行业协会非常活跃，在一定程度上延伸了政府的职能，即对日本文化产品进行审查。

表7-9 日本文化产业各行业管理机构①

产品类型	发售、发行、播放等	制片（权利所有人）	制作（制作公司）	承担部分制作的制作公司、个人创作者	其他
电影	日本映像软件协会	日本电影制片者联盟	日本电影制作者协会	日本电影导演协会	电影产业振兴机构（VIPO）；日本映像国际振兴协会；电影产业团体联合会
电视节目	日本民间放送联盟	全日本电视节目制片者联盟			VIPO
漫画				日本漫画家协会；漫画日本	
动画		日本动画片协会		日本动画片协会	VIPO
音乐	日本唱片协会	音乐出版社协会		音乐	
游戏	计算机娱乐软件协会；网络游戏论坛				

（二）韩国的文化管理

韩国与文化产业强国美国和日本实力悬殊，但是就是这样一个文化产业的小角色，在亚洲金融危机之后，在几乎白手起家的情况下迅速崛起，成为不可忽视的力量。韩国在当今世界文化产业最重要的动画、漫画、游戏产业中，与美国、日本形成三足鼎立之势。韩国文化观光部下属游戏产业开发院于2011年发行的《2011年韩国游戏白皮书》称，2010年韩国游戏市场的规

---

① 根据日本贸易振兴机构《日本文化产业介绍报告（2007年3月）整理》而成。参见 http://www.jetro.go.jp/china/market/trend/index.html/japanesecontentindustry.pdf。

模为 7 兆 4312 亿韩元（约合 404 亿人民币），相比前一年（6 兆 5806 亿韩元）增加 12.9%。其中，网络游戏的市场规模为 4 兆 7637 亿韩元（约合 260 亿人民币），占整个游戏市场的 64.3%。韩国游戏的对外出口依旧保持快速的增长势头。2010 年韩国游戏的对外出口额为 16 亿 610 万美元，相比前一年增长 29.4%，而进口相比前一年减少 27%，为 2 亿 4235 万美元。

韩国文化产业取得的惊人成就，得益于 20 世纪 90 年代的"文化立国"战略以及相关政策。韩国的传统制造业在亚洲金融危机中受到重创，急需寻找新的经济增长点，"文化立国"发展战略就是在此背景下提出的。时任总统金大中上任伊始就宣布高新技术和文化产业是 21 世纪韩国的立国之本，为此，韩国政府在政策、税收、配套措施方面对文化产业各行业提供极大支持，尤其在游戏产业上投入巨资。1999 年设立游戏综合支援中心，标志着韩国游戏产业振兴政策正式推行；之后又制定完备的文化立国的发展战略与相应的法规体系，提供政策支持。20 世纪 90 年代陆续出台了《国民政府的新文化政策》《文化产业发展五年计划》《创新企业培育特别法》，通过了《文化产业促进法》，修订了《文化艺术振兴基本法》《影像振兴基本法》《著作权法》《电影振兴法》《演出法》《广播法》《唱片录像带暨游戏制品法》。21 世纪发布了《21 世纪文化产业的设想》《文化韩国 21 世纪设想》。

2000 年，韩国文化事业财政预算首次突破国家总预算的 1%，此后预算比例不断加大。韩国政府还通过设立文艺振兴基金、文化产业振兴基金、信息化促进基金、广播发展基金、电影振兴基金、出版基金等专项基金，有效地缓解了文化产业研发和海外推广的资金问题。韩国对包括中小企业在内的创新企业实行两年内免除各种税务调查和 75% 不动产取得税、5 年内免除财产税和综合土地税、6 年内免除 50% 所得税的优惠政策；长期提供低息贷款、税收减少和免除的优惠政策给数字游戏、动漫等重点企业，免除进驻文化产业园企业的基础环境发展费用。

我国不少学者以国外文化政策为借鉴，提出我国文化产业政策制定的策略，比如李宁在比较分析了以自由主义为特征的美国文化产业政策和以国家安全为主旨的法—加文化产业政策后，提出中国文化产业政策应走"中间道路"，在防御中创新。① 江凌在对美国、英国、日本、韩国、欧盟等主要国家的文化产业政策和中国文化产业政策的分析上，认为美国模式和法—加模

---

① 参见李宁《自由市场还是"文化例外"：美国与法—加文化产业政策比较及其对中国的启示》，《世界经济与政治论坛》2006 年第 5 期。

式的分野在于欧洲和美国不同的经济体系，因此我国在借鉴时要因地制宜。①还有部分学者提出我国文化产业需要政府起足够的引导作用，通过宏观调控和协调，将更多资源引入文化产业领域。

上述发达国家文化产业政策给我国的启示是，要充分发挥政府在文化产业发展中的重要作用。最重要的是为民营企业创造公平、公正、公开的市场环境。"随着文化产业的快速发展和相关政策的积极扶持，各类资本对文化产业的投资一直保持很高热情，但在公共资源享有、政府规划引导等方面还存在一定障碍。"② 无论是市场自由度较高的欧美国家，还是政府干涉程度较高的日本和韩国，虽然在管理的具体方式上有很大的不同，但政府在文化产业的发展中发挥了不可替代的作用则是不容置疑的，政府的干预在一定程度上有效推动了文化产业的快速发展。

第三节　中国民营文化产业政策建议

文化产业宏观管理与其他产业的管理有所不同，这一差异根本上缘于文化产品和其他物质产品的差异。兼有文化属性和商品属性的文化商品，在一定程度上体现了国家意志，反映意识形态的基本要求，因此世界各国对于文化政策的制定都要审时度势，依据国情制定相应的政策，体现对本国文化的保护的对外来文化进入本土的约束。

考林·霍斯金斯等人在其所著的《全球电视和电影——产业经济导论》一书中分析了文化商品和普通商品的差异，指出代表性的文化产品电视和电影所具有的特点，该书被认为是目前对于文化产业的经济学特点分析和论证的最有学术性的著述之一。他们认为，文化产品的生产目的是满足人们的文化需要。文化产品的生产内容依赖的是文化素材，因此镶嵌在文化产品中的民族情感和国家价值观、社会理想等都会对文化产品的消费者施加一定影响，呈现出三种特性：文化折扣（cultural discount）、共同消费品（joint-consumption goods）和外部利益（external benefits）。"文化折扣"是指由于存在着文化背景差异，文化产品输出到其他国家时不被其他受众理解或认同而导致价值减低的现象。跨境交易后电视节目或电影的"文化折扣"的产生

---

① 参见江凌《中外文化产业政策基本特征比较》，《福建论坛》（人文社会科学版）2010年第12期。
② 《专家热议文化改革》，《人民日报海外版》2014年11月13日第3版。

是因为进口市场的观赏者通常难以认同其中描述的内容。此外语言的差异也是导致文化折扣产生的重要因素,因为配音、字幕、口音难易程度会干扰观众欣赏。"共同消费"指的是观众观看一个节目或者一部电影,产品不会被消耗或者因他人观看而减损。在一个既定的市场上每增加一个消费者对产品的成本没有影响,文化产品消费的民众越多,商品的价值就会越大。"外部利益"可以理解为消费者消费文化产品过程的正面边际效应。①

文化产业主体性并不妨碍对文化产业主要的属性——产业属性的理解,因而,脱离文化市场对文化产业发展道路的讨论是徒劳,毕竟市场是制约文化产业发展的最基本要素。在世界上任何一个国家发展文化产业,都要面对两个不完全的客体,"一个是不完全的自由主义市场,一个是不完全透明的政府"②。文化产业正是身处在上述两者编织的网络中,两者构成了文化产业发展的合力和宏观背景。

一 制定价值取向与战略定位统一的产业政策

产业政策的价值取向对于文化产业至关重要,因为"最终指导经济的还是经济深植于内的文化价值体系,经济政策作为一种手段可以是有效的,但只有在构塑它的文化价值体制内,它才合理"③。然而,许多文化产业报告显示,文化政策和文化体制是制约我国民营文化产业政策的主要因素。我国政府行为综合竞争力仅在世界14个主要国家文化产业国际竞争力排行榜中排名第13位,在文化政策的"透明度""健全性"和"科学性"上得分最低。④

中国文化产业是政策性较强的产业,只有通过文化体制改革,才能使文化产业战略定位与价值取向更加吻合。反过来,文化产业发展的现实也促使文化产业政策作出调整,即根据目前文化产业政策与文化产业发展互动情况作局部的或者整体的改变。"十二五"期间,我国的文化产业在量的积累上发生了一定程度的质变。以电视节目为例,国内综艺节目制作方实现了由买到卖的华丽转身,而在几年前,国内的综艺节目几乎全都是购买国外节目的

---

① 参见[加拿大]考林·霍斯金斯、斯图亚特·麦克法蒂耶、亚当·费恩《全球电视和电影——产业经济学导论》,刘丰海、张慧宇译,新华出版社2004年版,第35页。
② 霍步刚:《国外文化产业发展比较研究》,博士学位论文,东北财经大学,2009年。
③ [美]丹尼尔·贝尔:《资本主义文化矛盾》,严蓓雯译,江苏人民出版社2007年版,1978年再版前言。
④ 参见朱春阳《我国影视产业"走出去工程"10年的绩效反思》,《新闻大学》2012年第2期。

版权。我国文化产业体制改革也要顺应这种变化,围绕中国制造向中国创造做文章,支持自主创新。以政府为主导的文化投资带来寻租风险、信息不对称、逆向选择等弊病,未来文化产业的发展要依靠市场,发挥社会资本更积极的作用。我国文化产业的发展曾经一度被文化地产绑架,抑制了内容、形象和商业模式等文化产业发展核心要素的作用,因此无论从政策层面还是从产业角度,都要从资源依赖型逐渐向内容创新型发展。中国对文化产品的消费热情往往体现在商业价值而非文化价值上,可谓消费文化胜于文化消费,因此有必要在政策调整中涉及转化消费理念的内容。我国在促进文化"走出去"过程中,付出了高昂的经济和社会代价。事实证明,只有符合市场规律,文化才能真正走出去,才能走得稳,因此政策制定中要体现符合文化贸易升级要求的内容。

魏鹏举指出,我国未来文化产业政策调整的五大方向,分别是由改革改制向改革创新转型;投资由政府投资向社会投资转型;增长模式由资源模式向内容模式转型;消费方式由消费文化到文化消费转型;文化贸易由文化"走出去"到文化贸易升级。[①]

顺应以上五大转变,我国还需要适时调整配套政策措施。金元浦等人提出我国需要做的具体工作有四点:第一,根据2012年《文化及相关产业分类》框架,调整《文化产品和服务出口指导目录》(以下简称《指导目录》);第二,根据文化贸易实际情况制定和调整《国家文化出口重点企业目录》及《国家文化出口重点项目目录》,并对入选《企业目录》和《项目目录》的标准重新修改,改变目前基本上以出口总量为基准的入选标准,兼顾成长性、技术先进性、国际化程度、可持续性、市场发展潜力等评价要素;第三,统一标准,加强数据的申报与统计;第四,创新协调机制,优化文化贸易的政策支持体系,集中支持一些特大型的文化企业跨国发展。[②]

二 发挥市场在文化资源配置中的主导作用

中国文化产业的快速发展主要得益于国家产业利好政策。固然,在文化市场开放度不高的状况下,文化产业发展进程应当由国家力量主导,但是一味依靠国家政策提供的优厚条件文化企业容易产生惰性。从2002—2016年,我国文化产业增加值年均增长率达15%以上,而高速增长是由产业政策带来

---

① 参见魏鹏举《未来文化产业与政策的互动趋势》,《中国文化报》2014年10月21日第3版。
② 参见张晓明、王家新、章建刚《中国文化产业发展报告(2014)》,社会科学文献出版社2014年版,第14页。

的。文化产业获得产业政策红利的同时，也面临着各种各样的问题，最突出的问题是行政手段配置资源带来的各种后遗症：行政手段强化了行业性和区域性壁垒，导致文化资源的流动不畅、价格扭曲；文化市场结构不合理，文化主体在开放度高的文化市场过度竞争，而在开放不足市场则竞争不足等。对此，张晓明等人建议将发展的支撑和动力源由政府转向市场，并将发展的速度降下来，将发展重点转向转型升级。在转型中，最重要的是厘清市场和政府的关系，发挥市场在资源配置中的基础作用，使文化产业发展回归常态。①

胡惠林等人在《2013：中国文化产业发展指数报告（CCIDI）》中分析了2006—2011年中国文化产业发展综合指数，指出文化产业政策时效递减性效应开始显现，积极发挥市场在资源配置中的作用压力增大。面对政策红利进一步递减，如何通过进一步释放文化体制改革带来的改革红利，有效释放市场潜能，避免由于经济结构转型和深度调整可能造成的类似2008—2009年文化产业的持续下滑态势，成为我国文化产业发展面临的较大挑战。②

"当今我国文化产业发展的最大短板是原创不足，主要原因是市场没有在内容原创环节对资源配置起决定性作用。文化产业的本质是内容产业，内容原创的核心是新思想的生产和提供，而分散化的市场资源配置比较适合激发思想观念的创新"③。历史经验证明，靠行政手段引发人们对创新观点的讨论和交流，不能激发文化的创造力，只能导致"思想僵化"。只有依靠市场机制推动创新观念的竞争，才能形成"百花齐放，百家争鸣"的良好局面，也有助于形成国有经济、外资、民营个体经济和其他多种经济主体相互竞争、共同发展的局面。

市场发育是一个长期的过程，既涉及基本制度的建立，又触及很多人的利益，因此我国文化产业政策将经历一个长时间的发展过程才能与市场机制形成一定张力。如果张力适当，可以使产业政策有效推动市场开放，并为产业发展提供源源不断的动力；如果张力过大或者过小，则会导致产业脱离市场规律，成为政府自娱自乐的工具。因此，应着重从以下几方面处理市场与

---

① 参见张晓明、王家新、章建刚《中国文化产业发展报告（2014）》，社会科学文献出版社2014年版，第3页。
② 参见胡惠林、王婧《2013中国文化产业发展指数报告》，上海人民出版社2013年版，第107—108页。
③ 参见张晓明、王家新、章建刚主编《中国文化产业发展报告（2014）》，社会科学文献出版社2014年版，第4页。

政府的关系：第一，进一步消除影响统一市场建立的行业壁垒、部门垄断等因素；第二，加快公司制、股份制改造，促进多种所有制文化资本公平竞争、自主发展格局的形成；第三，打破行政管辖壁垒和区域流通壁垒，推动文化资本跨地区、跨行业、跨所有制流动与重组。①

三 调整市场与政府的关系

我国文化体制改革进入深水区，改革的重点是调节市场与政府的关系，首先需要从理论上确定政府在文化产业政策制定和实施过程中的作用，划清政府权力的边界，明确政府可采用的调节手段。根据政府干预型产业政策理论，市场与政府处在复杂和互动的关系中，既非对立也非替代。世界银行1997年发布的《变革世界中的政府》也支持上述理论，并指出市场与政府是相辅相成的关系。在为市场建立适宜的制度基础方面，政府的不可或缺，表现在"政府为现代市场的存在与有效运行提供合适的制度框架，包括界定并保护财产权利，保证公正契约得以执行，维护法律与秩序，提供标准货币，提供负有限责任的公司制度安排，规定破产程序，保障资本市场的长期稳定及有效运转等等"②。政府在提供制度框架的同时，其权力也应当受到束缚，而保证市场的自由和开放性是限制政府权力的最佳途径。

针对中国文化产业中存在的问题，笔者认为应该采用以增进与扩展市场为取向的产业政策调整市场与政府的关系。所谓"增进与扩展市场"是指政府必须提供市场赖以有效运转的制度框架，政府应当不断完善市场体制和拓展市场作用范围，并以此增进市场协调功能，实现市场的动态效率。③ 在文化产业发展初期，由于文化体制不健全，容易导致市场在协调与促进文化发展的失灵的情况，许多发展中国家文化产业发展的事例也印证了这一点。于是许多经济学家主张发展中国家政府应当采取直接干预文化市场或者采用替代市场推进文化产业发展。然而，随着文化产业在国民经济中比重的增加，如果过度依赖政策和政府，则容易出现文化产业增加值提升缓慢、文化资源配置效率降低、政府调节手段失灵等现象，最终还得依赖文化市场体系的建

---

① 参见张晓明、王家新、章建刚主编《中国文化产业发展报告（2014）》，社会科学文献出版社2014年版，第29页。
② 李晓萍、江飞涛：《干预市场抑或增进与扩展市场——产业政策研究述评及理论重构的初步尝试》，《2011年产业组织前沿问题国际研讨会会议论文集》2011年6月。
③ 参见江飞涛、李晓萍《中国产业政策取向应做重大调整》，《东方早报·上海经济评论》2012年11月13日第4版。

立和不断完善才能彻底解决问题。然而，文化市场体系的建立与完善又是一个渐进和演化的过程，相互联系的、互补的制度通过彼此适应性学习，才能逐渐成为有效的制度框架。在这个过程中，文化产业政策所具有的高度弹性使其可以成为推动市场制度演进的重要工具。应当通过文化产业政策的制定、实施和调整，发现与市场自发秩序相一致的制度，并将其作为正式法律确立并扩散。

在采用增进与扩展市场型文化产业政策时要注意以下几方面的内容：第一，从文化产业层面放松政府对文化微观经济主体的直接干预和管制，给广大的文化企业进入、退出的自由和机会，逐步完善文化市场制度，提高市场协调文化产业主体的效率；第二，健全和完善知识产权制度，加强知识产权的保护，加强文化产业技术创新的激励机制；第三，制定和实施促进文化中介机构健康发展的相应政策与制度，提高文化市场主体自主协调能力。

第八章 民营文化资本跨界中观管理

民营文化资本跨界的中观管理包括两个方面的内容，一是区域性民营文化产业的发展与协调问题；二是民营文化产业各行业的管理与协调发展问题。第一方面内容，既包括在世界范围内的区域文化产业的发展与协调问题，还包括在某一国家范围内的区域文化产业的发展与协调问题。第二方面内容则针对文化产业各行业的管理与协调发展，是本章研究的重点。

第一节 民营文化资本的分类管理

一 分类管理的内涵

文化生产和物质生产有相同之处也有不同之处，相同之处是都有生产、消费这两个环节，而文化生产的独特之处在于创作和传播等两个环节。在创作—生产—传播—消费这四个环节中，创作是文化生产的起点，创作既包括通常意义上所说的艺术创作，也包括学术创作，创作的成果是作品。有些作品直接作为产品经过传播转化为商品，而有的则会经过生产环节才能转化为产品，借助传播环节供人们消费。

我国的文化产业包括多个门类，在企业运作层面，不同门类的文化产业的形态、生产组织、作业方法以及文化企业面对的市场环境都不尽相同，因而文化产业应当根据不同门类、产业条件和发展环境进行精细化管理，制定各有特色和符合个别产业发展路径的政策。

表 8-1　　　　　　　　　　文化产业各类别的特质[①]

产业类别	创作	制造/生产	传播/展示	消费
出版	个体创作者主导	小成本投入	中高成本传播	小/大众市场
音乐	个体、中小企业主导	小成本投入	中高成本传播	小/大众市场
电影	集团、中小型制片主导	小/高成本投入 技术含量高	高成本传播	大众市场
设计	个体、中小企业主导	小/高成本投入 技术含量高	中高成本传播	小/大众市场
画廊	中小企业主导	小成本投入	小成本传播	小众市场
表演艺术	中小型戏团主导	小/高成本投入	小成本传播	小/大众市场

由表 8-1 可以看出，不同的文化产业类别，其创作、生产、传播和消费的特质不同。出版虽然是小成本投入，但是所需时间可能较长；电影正好相反，其成本投入趋势是越走越高，此外还需要扩散力强的传播渠道进行市场推广。音乐和画廊等艺术性较重的创作活动虽然投入成本较低，但是创作所需要的时间较长，音乐和画廊的推广策略也不尽相同，音乐走的是中高成本的传播，画廊则是小成本的传播。在不同的国家，文化产业各门类也不相同，美国好莱坞电影基本上走的是由市场参与者主导的路线，政府仅限于保障知识产权、推动版权贸易等活动，其余的活动均由市场运作；而法国和韩国政府则通过多项政策措施扶持电影业，不过施政的重点仍在于打开海外市场。

美国在分类管理上有它独特的做法。美国政府建立了包括世界 230 个国家和地区的 120 个行业信息的国际贸易数据库，专门为文化产业提供指导和

[①] 转引自祁述裕《中国文化产业发展前沿——十二五展望》，社会科学文献出版社 2011 年版，第 30 页。

信息咨询；美国商务部还组织专家通过出口热线对出口企业提供专业问题咨询；此外，为了推进10亿美元以上的政府文化交流项目，美国还成立国际交流培训管理小组；为了传播美国文化价值观，广播理事会组织多个电台用多种语言向全球广播文化节目。[①]

根据文化部外联局和北京大学文化产业研究院共同编著的《中国对外文化贸易年度报告（2014）》，我国的文化产业各门类在国际上的表现是不均衡的，各有特点，因此有必要在文化贸易上根据我国各类别的优势、劣势实施分类管理（表8-2）。

表8-2　　中国文化产业各门类"走出去"的SWOT分析

行业	优　势	弱　势	机　遇	威　胁
演艺娱乐业	杂技、武术等动作技巧类，以及戏曲和民族风情的歌舞，从传统的劳务输出和项目参演，已经发展为整台剧目的输出、中外合制、剧院收购项目驻演等多种模式	版权输出不足，剧目创新、贸易融资和保险、演出经纪等方面的不足	中国文化年等文化交流活动为演艺产业的贸易提供了重要的展示平台	文化折扣，重点项目的推介与品牌建设
新闻出版业	版贸逆差逐步改善	美国、台湾地区和香港地区是我国图书、音像制品和电子出版物的重要出口目的地	民营出版机构的积极性	政府在贸易平台建设、海外市场调研、品牌企业和知名作家营销等方面着力，优化资源配置，给予出版企业更大的支持

[①] 参见程立茹《文化产业金融创新问题研究：国别经验与典型案例》，中央民族大学出版社2014年版，第47页。

续表

行业	优势	弱势	机遇	威胁
电影产业	国产电影在海外销售数量上升，部分影片创下北美最好成绩	华语片在北美的势头依旧整体低迷	文化折扣相对较低的东南亚和日韩市场比较容易接受华语影片，拥有全球规模最大的电影院线运营商	华语片国际认可度有待提高
电视产业	纪录片出口优势明显	国际市场空间尚小	电视剧在部分海外市场被接受	中国电视剧在欧美影响依然有限；日韩市场设有审查壁垒，进入难度很大；东南亚市场被"韩流"所侵蚀；非洲市场虽有开拓空间，但是风险较大，尚处尝试阶段
动漫产业	出口逐年增加	总体的规模依然较小，动漫产品的出口价格普遍较低	动漫产品的出口在逐年增加，个别产品成绩斐然	日本、美国等对手非常强大
游戏产业	海外市场保持快速增长，出口企业持续增加，出口题材日渐多元	原创产品不多	中国游戏企业"抱团出海"开始有实质性进展，出口领军企业完美世界为网络游戏产品进出口而打造的完美世界海外进出口平台（PWIE）正式推出	完美世界等一批中国自主研发网络游戏、全球拓展的企业，已经从单纯地依靠海外代理的出口初级阶段、成立海外子公司的第二阶段，进入尝试整合全球知识产权，直接面向全球开发产品的全新阶段

续　表

行业	优势	弱势	机遇	威胁
艺术品产业	国际贸易额大幅提升	占国际市场总成交额比例不高	出口目的地主要集中在日本、(中国)香港、欧美等发达国家和地区	中国的艺术品市场目前还是以国内市场为主导，离世界艺术品贸易中心还有很大差距，同时也存在赋税过高阻碍国际化发展、行业规范不健全、急需建立征信制度、缺乏专业艺术品国际贸易服务等亟待解决的问题

二　非均衡策略

我国民营文化产业发展水平总体进步与马太效应兼存。总体而言，各地文化产业保持连续多年快速发展，而文化产业发展规模在各省的分布却很不均衡。根据《中国省市文化产业发展指数报告（2015）》数据显示，除了四川是西部省份以外，综合指数前十名的其他省市全部集中在东部，北京综合指数连续四年保持第一，广东、上海、浙江和江苏处于前五位，河北和河南居于前十。

我国国际文化贸易和服务也存在着不均衡的状况，并且每一个国家对于中国文化产品和服务的需求不同。我国文化贸易与服务集中在广告、市场调研和民意调查服务，其出口比重始终大于版权及相关服务、音像及相关服务，具备一定的国际竞争力，且高于中国创意服务整体国际竞争力。2001年广告、市场调研和民意调查服务出口比重最低，但也达到66.8%，到2012年其出口比重高达80.2%，是我国第一大文化出口服务；版权及相关服务出口比重2001年达到最大值26.5%，2006年为最小值11.4%；音像及相关服务在三类文化服务出口比重最低，虽然2008年达到最大值13.1%，但2013年出口比重下降到2.1%。

无论从国内文化产业出发，还是从国际文化产业着眼，管理都要走因地制宜和非均衡战略，在这方面日本的做法值得我们借鉴。2010年6月日本经

第八章 民营文化资本跨界中观管理 261

济产业省发布的《面向文化产业立国——将文化产业作为21世纪的主打产业》白皮书系统地分析了日本文化产业在全球不同国家的竞争优势和劣势，以及各个国家市场对日本文化产业的战略重要性。通过分析，日本确定了在各个国家发展文化产品或服务的优先次序（图8-1）。例如，时尚产品以中国市场为主，媒体创意以西欧及美国市场为主，饮食文化以西欧、韩国和美国市场为主。白皮书还按照各国对日本文化的接纳程度，预测2020年前后日本文化产品在各个潜在市场所占规模以及竞争优势，指出日本文化产品出口市场主要在亚洲和欧美（图8-2）。

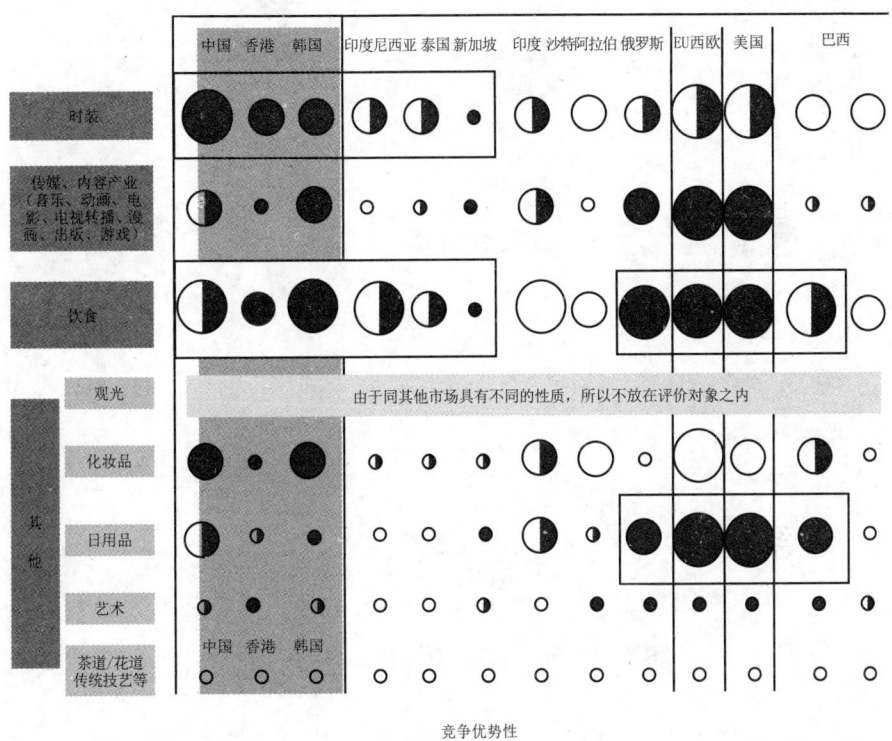

图 8-1　日本文化产业主打目标市场[1]

---

[1] 按不同国家、不同领域整理。资料来源：日本经济产业省《面向文化产业立国——将文化产业作为21世纪的主打产业》白皮书，第15页。

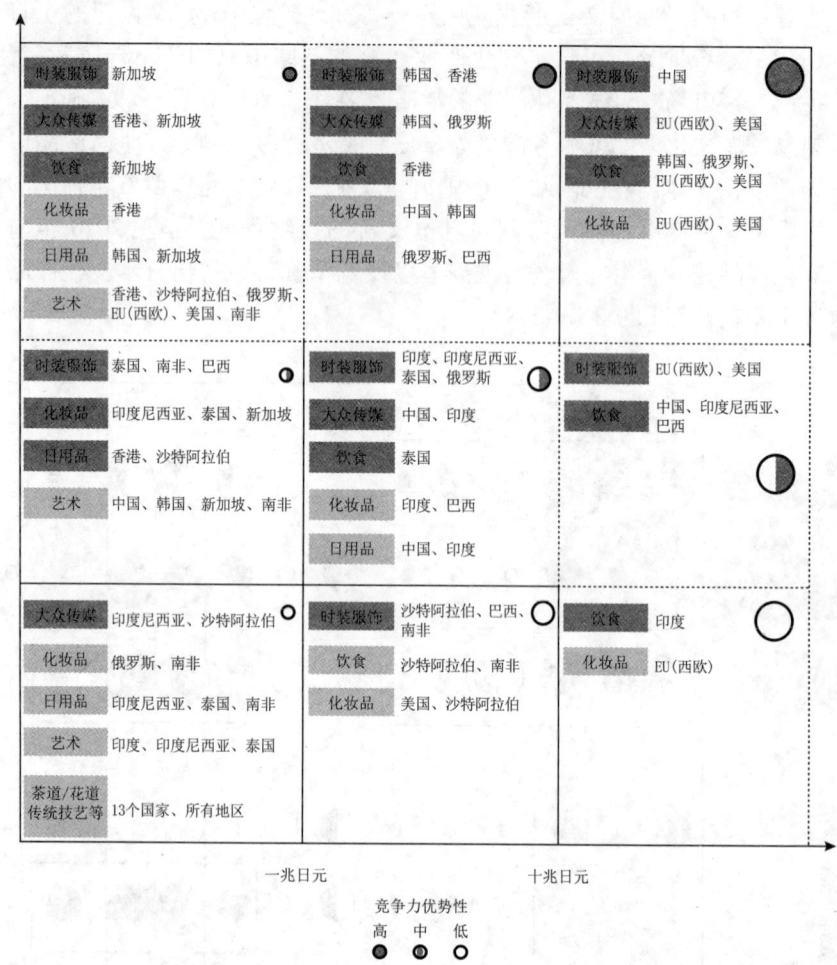

图 8-2　日本文化产业的重点目标市场①

韩国的情况与日本大抵一致。由于本身的文化市场规模有限，韩国一直在寻找适合韩国文化产品拓展的国际市场。在地域布局上，韩国将中国和日本定位为占领全球市场的初始台阶。在文化产品出口目标国的分配上，亚洲国家以影视、音乐为主，后继推出游戏、动画等产品，欧美国家主要推销游戏、动画产品。由明星和卡通人物形象帮助提升韩国国家形象，促进韩国文化经济贸易的发展。

---

① 由于"观光"市场同其他市场具有不同的性质，所以不放在评价对象之内。

另一个可供借鉴的例子是英国。虽然英国国土面积小，但是由于不同民族的区隔导致文化产业呈现地域性特征，英格兰、威尔士、苏格兰和北爱尔兰四个地区的文化产业发展状况差异比较大，英国在制定文化创意产业发展战略时充分考虑了这种地区差异，发挥上述地区在历史和自然文化资源上的独特优势，打造当地文化创意特色，从而形成当地文化创意品牌。例如，电影节、时装节、设计节、游戏节构成了伦敦的文化产业基础，以艺术、演艺、电影、时装、设计、数字传媒和音乐等文化产业，引领世界大都市创意风向。牛津城则凭借英国历史最悠久的牛津大学影响力，挖掘文化旅游资源，并取得巨大成功，随即将这一发展模式移植到剑桥。利物浦是披头士摇滚乐队诞生地，目前已经成为英国集音乐、艺术、博物馆、足球队于一体的"创新之城"。苏格兰高原北部的尼斯湖，则利用水怪神话深度开发文化产业。位于英格兰中部埃文河畔的斯特拉福特小镇，则凭借大文豪莎士比亚的感召力，成为英国著名的旅游胜地。

国外非均衡管理给我们的启示是，要确定我国哪些文化产业门类是优先发展的。另外，一旦确定优先发展的行业，就在这一优先发展的行业实施倾斜政策。

鉴于我国文化贸易和服务在全球竞争中呈现出行业差异特征，王爽等人提出我国应走非均衡管理的具体建议：第一，要挖掘中国传统文化的内在价值，使其符合国外消费者的审美需求，以多种产品形式推进中国文化产业走出去。第二，中国应当适度控制短期内文化产品与服务进口，为缩小我国与西方文化产业大国的文化贸易与服务逆差留出足够的时间，进一步平衡文化产品进口和出口。第三，建立与国际统计相一致的文化贸易和服务统计数据库，做到分类细致、数字准确，为文化贸易与服务的研究提供便利条件。第四，要将当代中国充满活力的元素与传统文化元素融合在一起，减少文化产品"走出去"遭遇的文化折扣。第五，国家要对文化产品出口企业进行扶持，尤其是给那些具有国际影响力的文化企业提供强有力的政策支持。第六，加强文化贸易与服务专业人才的培养，提升他们的整体素质。①

---

① 参见王爽、邢国繁、张曙霄《中国文化服务贸易结构及竞争力实证研究》，《商业研究》2014年第6期。

第二节 民营文化产业链管理

一 文化产业链的内涵与外延

与物质再生产不同，创作、生产、传播和消费四个环节组成了文化再生产流程。著作权人创意的成果，通过物质载体的生产，将其转化为文化产品，并通过传播、展览等手段，进入流通领域，到达消费者手中。精神产品形态的演化，是从作品到文化产品，再到文化商品。文化商品被人们消费的同时，也为下一步再生产作品打下基础。文化再生产就是在这种循环中反复进行的，体现出文化再生产各类别的关联性和继起性。文化创作生产环节、文化传播环节、文化生产环节各自发挥着不同的作用。

在文化创作生产环节，不管文化作品的载体或媒介如何发生变化，内容生产是文化再生产的本质，这不会发生改变。传播环节一头连接着生产，一头连接着消费，没有传播，文化产品的价值很难在消费者的消费行为中得以体现，有学者甚至将文化产业中的传播环节比喻为"催化剂"，它包括出版物发行、广播电视传输、电影院线和演出院线等。传播的最终目的是通过信息的传递，使得受众接受产品信息并形成认同，进而进入消费/参与环节。现代社会文化终端愈加多元化、便捷化，文化业态更迭加快，不断催生文化传播新渠道。文化生产环节存在于各类别文化再生产，既有文化产品生产，还有服务文化企业、辅助文化企业的再生产，它们协同一体，共同促进文化传播。典型的文化生产服务有印刷复制、软件开发、文化产权交易、经纪代理、评估鉴定、投资咨询、金融担保，均在优化生产要素配置中起重要作用。[①]

上述三个环节对应着文化产业的核心层，而外围层是生产性文化服务业、文化装备制造业和文化终端制造业（图 8 - 3）。其中文化装备制造业和文化终端制造业是实现文化和科技融合的主要行业。印刷复制、广播电视、电影和演艺等行业的专用设备以及油墨、纸张等专用材料的制造包括在文化装备制造业中；传统的电视机、录放机银幕、乐器等文化终端和手机、数码

[①] 参见张晓明、王家新、章建刚《中国文化产业发展报告（2014）》，社会科学文献出版社 2014 年版，第 13 页。

产品、电子书包等视听新终端的制造均属于文化终端制造业。

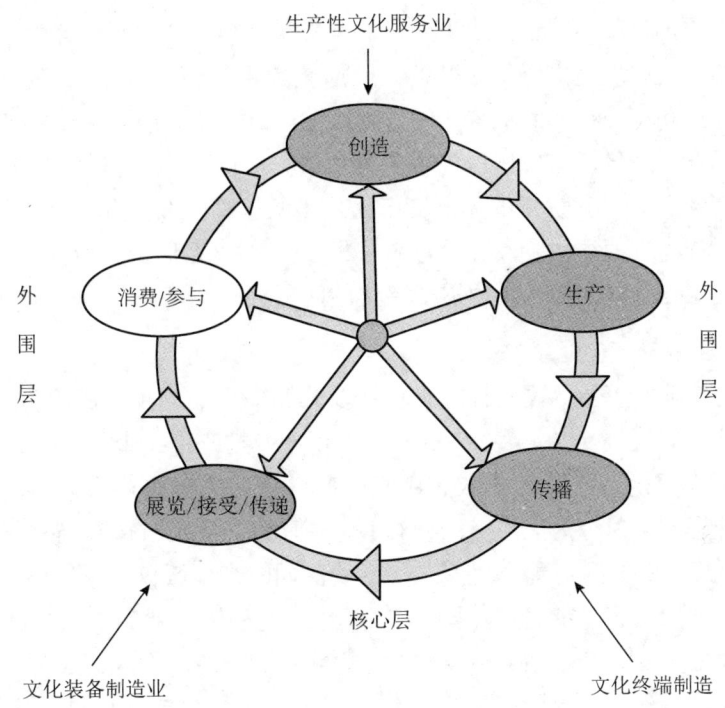

图 8-3 文化产业链各要素的关系

在文化产业链中,创意能否得到投资人的认知、认可和认购,能否被文化产品生产者接受,包含着创意的文化产品能否被消费者接纳,能否吸引媒体人的眼球并进入传播渠道,能否通过版权运营扩展创意的文化价值和经济价值,无疑是创意能否发展为良性前行的产品系列的关键因素,而这一切均离不开完整高效的产业链条。

目前,我国文化管理部门分布在文化部、新闻出版广电总局、工业和信息化部和国家旅游局四个政府部门,这种管理格局与长期以来形成的官办合一体制相结合,造成政策信息流通不畅、行业间割裂现象严重,行业垄断和地区封锁现象严重,不利于中国文化市场整体体系的形成。显然,如何有效整合资源,形成完整高效的产业链条,将创意产业对经济发展的升级效应、经济增长效应、产业的关联效应、就业效应充分挖掘出来,将是未来中国文化产业发展的关键。

二 无形资产管理

与物质再生产不同,文化再生产的本质是内容生产,而内容生产起决定性作用的是具有原创价值的新思想,它属于无形资产的范畴。伴随现代产业中文化经济和符号经济的双重转向,无形资产成为文化产业主要资产的表现形式。无形资产价值实现过程包括"确权""估权"和"易权"三个阶段。其中"确权"即文化资源的无形资产化或知识产权化阶段,"估权"即文化产业无形资产价值评估阶段,"易权"即文化产业无形资产价值交易阶段。这些都是文化金融和艺术授权需要关注的问题。①

(一) 无形资产

文化产业投资指的是设计文化产业及其相关产业的投融资活动。《中国文化产业发展报告(2014)》一书则将文化产业投资进一步定义为"通过资本投入形成固定资产及著作权、版权、商标权等无形资产投入的过程"②。文化产业资产可以分为无形资产和有形资产两种。无形资产是指文化内容生产过程的资金投入,以能够生产最终消费品同时产生版权、著作权、商标权等无形资产为标准。在这个领域中,电影、电视剧、新闻、图书、演艺剧目、艺术品、工艺美术品、网络游戏等内容产品的资本投入,都可以看作文化内容生产投资。有形资产又可以分为三类,分别为产品生产性固定资产、传播渠道固定资产和生产性文化服务领域固定资产。产品生产性固定资产投资是指用于生产物质化的文化产品、文化装备和文化消费终端的固定资产投资,包括了印刷设备、电视节目制作设备和终端、电影制作设备、文化用品、工艺美术品等领域的固定资产投资;传播渠道固定资产投资是指用于文化传播的固定资产投资,包括电影院、演出剧场、电视台、出版物发行平台、艺术品拍卖场所、书店、网络游戏平台、数字出版平台、互联网信息平台、数字文化素材库、游艺厅、网吧、主题乐园等;生产性文化服务领域固定资产投资主要包括广告、设计等文化产业服务其他产业领域中的固定资产投资,基本上对应国家统计局《文化及相关产业分类(2012)》中文化创意和设计服务业的第1、第3和第4的分类细项。

文化内容生产中产生版权、商标权、软件著作权等无形资产的过程符合

---

① 参见向勇《文化产业导论》,北京大学出版社2015年版,第13页。
② 张晓明、王家新、章建刚:《中国文化产业发展报告(2014)》,社会科学文献出版社2014年版,第44页。

国民经济对投资是货币转化为资本过程的定义，应纳入国民经济投资的范畴之中。在这个领域中，电影、电视剧、新闻、图书、演艺剧目、艺术品、工艺美术品、网络游戏等内容产品的资本投入，都可以看作文化内容生产投资。

2013年8月，美国对其经济统计方法做出的修订也验证了上述分析的合理性。根据联合国最新修订的第五版国民账户体系（SNA），美国修订了经济统计方法。美国在GDP的新算法中，固定投资增加了企业、政府和非营利机构的研发费用支出，有关娱乐、文学及艺术原创支出，电影、长期电视节目、图书、录音等支出。这些新指标的纳入将影响GDP、GNP和GDI等经济数据。

因此，在评估民营文化企业总资本投入时，也应当把无形资产内容列入其中。

那么文化产业中哪些投资行为属于无形资产投资行为呢？刘德良等人经过分析，认为下面一些投资行为属于无形资产投资行为（表8-3）：

表8-3　　　　　　　　　　文化产业无形资产投资行为[①]

细分领域	文化产业特殊的无形资产投资行为
图书出版	出版社向作者支付版税或稿费以获取出版权的行为
电影、电视剧、电视节目	制作企业购买小说改编权、剧本、节目创意策划并组织创作团队拍摄生产出影视剧和电视节目的行为，影视剧和电视节目既是消费产品，又是版权资产
演艺剧目	制作企业购买小说、影视等改编权或演艺剧本或自行创作并组织排练成演艺剧目的行为，演艺剧目既是消费产品，也是版权资产
网络文学	文学网站向作者支付签约费、稿费或其他费用以获取文学作品并获得文化作品版权运营权的行为
数字出版发行	数字出版运营企业向出版社购买数字出版的版权或者采取分账形式获得版权并通过数字传播渠道获得收入的行为

[①] 转引自张晓明、王家新、章建刚《中国文化产业发展报告（2014）》，社会科学文献出版社2014年版，第44页。

续表

细分领域	文化产业特殊的无形资产投资行为
影视节目信息传输	电视台、视频网站、数字电视、IPTV、互联网等运营商向制作企业购买版权的行为
制作成信息传输软件	信息传输、内容产品制作等过程中开发软件并取得著作权的行为
数字信息库	开发集成文化元素、作品、文化产品的数字信息库的行为
艺术品	艺术品经营公司向创作者提供报酬以获取艺术品或组织艺术品展览的行为
音像制品出版	音像制品出版企业购买版权的行为
文化用品生产	生产企业购买设计方案、商标授权、版权授权的行为
网络游戏开发	网游企业通过策划、程序开发等开发网络游戏的行为

(二) 无形资产的投资特点

从历年文化投资趋势来看，文化艺术服务和文化休闲娱乐服务行业的固定资产投资，主要由政府职能主导的文化公共产品投资拉动。文化产业投资的热点行业为文化地产和文化旅游投资，这些投资中产业资本的投资比重大，且增长迅速，而文化资源资本、文化资产资本的投入比重小，甚至还没有收到社会的广泛重视和认可。特别是文化资产投资，属于无形资产投资，与产业资本的对接渠道、手段比较缺乏，投资经验积累也较少，导致投资规模的增加相对于固定资产投资较为迟滞。

随着文化体制改革的推进，一些文化企业必然要兼并重组、做大做强。以前是行政化配置，现在改制成股份制企业，改制成功与否就体现在股权价值和版权价值的变现程度上。但是无形资产的价值评估是我国文化产业主体在投资、融资、兼并重组、上市中面临的最大难题。为此，《文化企业无形资产评估指导意见》出台，并于2016年7月1日起施行。这一指导意见明确无形资产评估的必要性，指出无形资产受到政治导向、文化创作生产和服务、受众反应、社会影响、内部制度和队伍建设等因素的影响；注重无形资产与有形资产评估的差异性，以及不同的文化企业中无形资产评估各不相同的特征；注重无形资产评估的实操性，典型的案例可以用来指导无形资产的评估。

（三）无形资产评估方法

无形资产的价值评估，是指"按照一定的估价标准，采用适当的评估方法，通过分析各种相关因素的影响，计算确定无形资产在某一评估基准日现时价值的工作"[1]。传统上无形资产的评估方法可归纳为三种，即重置成本法、收益法和市场法。[2] 现代评估方法有评等法、现金流量折现法、权利金节省法、经验法、拍卖法、选择权法、多元回归法、层次分析法和德尔菲法（表8-4）。

表8-4　　　　　　　　　无形资产评估方法

评估方法		定义	特点与适用条件	适用评估范围
传统评估方法	重置成本法	根据该无形资产形成时所耗费的成本，并考虑其在未来时期内获益能力，折现相加得出其价值的计算方法	避免人们的主观随意性，该法涉及开发者或持有者的合理收益、功能性贬值和经济性贬值	管理信息系统 渠道、人力、内控程序 顾客关系
	收益法	通过估算资产的未来预期收益并折算成现值，借以确定被评估的资产价格的一种常用评估方法	评估对象能在未来相当长的时间内取得一定收益；能用货币衡量评估对象的未来收益和评估对象的所有者所承担的风险。收益法的三大参数是可见预期收益额、未来收益期、折现率	专利与专门技术 商标与品牌 著作权 产品软件 顾客关系 特许权 商誉
	市场法	根据无形资产替代品的市场最低价计算评估对象的无形资产现时价值的方法	比较能体现无形资产的实际价格，因为在充分的市场条件下经过充分的市场竞争，市场价格一般能反映出商品的真实价格	商誉 专利与专门技术 商标与品牌 著作权 产品软件 管理信息系统

---

[1] 谢耘耕：《传媒无形资本运营探析》，《新闻界》2005年第2期。
[2] 参见王雪野《国际文化资本运营》，中国传媒大学出版社2008年版，第56页。

续 表

评估方法		定 义	特点与适用条件	适用评估范围
现代评估方法	评等法	将知识产权、竞争性知识产权及其市场状况加以分析,找出关键影响因素予以排序评等,使其成一矩阵,再将两者加以结合,计算权利金或收益的方法	易于对投资人或股东说明为何该知识产权有如此价值,同时企业本身也可借由评等结果来对其内部未来的研发作重点决策与管理,以增加所拥有的知识产权之未来价值或减少其开发上的风险	知识产权
	现金流量折现法	对企业未来的现金流量及其风险进行预期,然后选择合理的折现率,将未来的现金流量折合成现值的方法	预期企业未来存续期各年度的现金流量;要找到一个合理的公允的折现率,折现率的大小取决于取得的未来现金流量的风险,风险越大,要求的折现率就越高,反之则低	专利与专门技术 商标与品牌 著作权 产品软件
	权利金节省法	将拥有知识产权后所节省的权利金支出视为知识产权的价值,是一种间接收益评估法	同收益法	专利与专门技术 商标与品牌 著作权 产品软件 顾客关系 特许权 商誉
	经验法	通过错误尝试来发现问题与解决问题的评估方法	适用于无法量化评估的情形	所有选项

续　表

评估方法		定　义	特点与适用条件	适用评估范围
现代评估方法	拍卖法	以公开竞价的方式,将特定的物品或财产权利转让给最高应价者的买卖方式,是一个集体(拍卖群体)决定价格及其分配的过程	渴望获得理想价格的情形下使用	知识产权
	选择权法	为无形资产所有者和购买者提供一种权利,在到期日时以事先约定好的价格买或卖一定数量标的资产,但这种选择不是义务的,持有者可以放弃该权利而选择不履行买进或卖出行为,以损失权利金作为补偿	在不确定因素比较多的情形下使用	知识产权
	多元回归法	综合多种变量预测结果的方法	影响评估的变量较多的情况下使用	所有选项
	层次分析法	对各类因素进行层次化的分析的方法	适用于同时进行定量和定性分析	所有选项
	德尔菲法	多次反复调查专家意见的方法	需要专业化程度高的评估项目,且评估时间宽松	所有选项

考虑到文化产业的特殊性,除了上表几种主要评估方法外,还应辅以下三种措施。

第一,建设版权交易平台。文化产业链的管理,首先要注意文化影响产业链的关键要素：资金。国家要完善文化产业投融资体系，建立文化产品评估、交易体系。在这一体系中，对于文化企业的版权评估和交易是重要一环。文化版权（产权）交易是以诚信为核心的，因此，文化版权（产权）交易平台品牌建设要以诚信建设为重点，以创新产品研发为中心，以市场为导向，与"接地气"优势资本对接，促进版权业的创新沉淀和交易增值。

第二，完善知识产权价值评估制度。一方面评估组人员确定要做到合理。评估组人员构成要具有多样性，包括商标、专利、著作权领域专家学者，文化产业领域业界代表，资产评估师、律师、会计师；另一方面，评估人员确定后要建立严格的责任制度。另外要建立贷款风险补偿基金，风险补偿基金应由政府部门专项拨款，降低下放贷款的银行所承担的风险。对提供知识产权质押贷款的银行给予一定的风险补偿，在确认贷款无法偿还或者全部回收时，弥补银行的部分损失。

第三，建立信用评级体系。目前，商业银行对文化创意产业的信用评级仍然使用一般企业的评级标准，并没有体现中小型文化创意企业的高创新性、高成长性的特点。因此，当建立一套体现文化创意企业特点的指标以涵盖信用评级体系时，要将以下因素考虑进去，即适合中小型文化创意企业特点的信用信息征集系统、评定结果发布制度及失信惩戒机制、商业银行与中小型文化创意企业的信息交流平台。

三　文化资本的投融资管理

造成投融资不畅的原因有很多，最重要的一点是金融机构偏向为大型企业提供贷款，对中小民营文化企业的信誉度、偿还能力存有疑虑，更倾向于他们以有形资产作为担保物获得银行贷款。另一方面，以文化企业所特有的密集知识产权申请贷款，存在价值难以评估、无法取得质押等现实困难。由于中小文化企业是中国文化产业的主体，如果不给他们解决融资困难的问题，那么就意味着无法保障文化产业的投融资环境。

学者对民营文化企业的投融资难作了不少研究，比如欧阳坚在对文化产业的特点进行分析的基础上，指出该产业是高风险与高收益并存的产业，具有高收入弹性，投资聚集性，资源需求潜力巨大，市场前景广，一次投入、一次研发构成可多次转化，进入门槛低，吸纳劳动力强等特点，正是这些特点导致文化企业难以融到资本。[1] 马树华指出，文化产业融资难的根本原因

---

[1] 参见欧阳坚《文化产业政策与文化产业发展研究》，中国经济出版社2011年版，第233页。

在于该产业被金融业双重边缘化了：一方面是文化产业发展的特殊性决定了它与建立在工商业基础上的金融体系之间存在着不兼容，这使得整个文化产业被金融业边缘化；另一方面是由于我国文化产业尚处于发展初期，产业内部企业规模结构因市场分割而偏小，小微型企业的广泛分布导致金融业因规模偏好将其边缘化。[1] 李华成认为文化产业投资的商业风险相对较大，投资受政策影响更大。[2] 多位学者认为我国文化产业融资难问题的成因可以从几方面分析。吴鹤、于晓红、徐芳奕认为，在文化产业层面，存在企业轻固定资产重无形资产、收益不可预见性高、企业内部管理不规范、企业对资本市场不了解等原因；在外部融资环境层面，存在准入门槛高、缺乏针对性的金融产品、能享受扶持的企业数量少等原因；文化产业和金融业无法很好地对接。[3] 程立茹指出，文化产业融资难的原因可以从企业因素、环境因素两方面分析。就企业因素而言，文化企业贷款规模经济性不强，文化企业贷款存在缺乏抵押品问题，文化产业业务种类复杂、融资风险增大，文化企业管理水平低，文化版权价值评估困难，文化产品收益不可预见性高和风险较大是主要的影响要素。环境因素则包括产业格局妨碍文化企业融资、资本市场准入门槛过高、金融机构自身市场化程度有限等方面。[4] 茅于轼认为，民营企业融资难的根本原因是中国金融市场没有完全开放，金融市场一直由国家垄断，民营企业很难进入，这是民营企业融资难的一个很重要原因。[5] 厉以宁认为民营企业没有建制的财务账目、抵押物不足是造成融资难的主要原因。此外，我国县及县以下的金融网点少，有限的商业银行缺乏相应的贷款激励机制也是影响民营企业贷款的主要原因。单忠东认为中小企业融资的相关制度应当由政府和银行共同完善，制定向中小企业倾斜的融资政策，建立符合他们需要的投融资机构，这样才能确保中小企业融资通道畅通。

（一）保障私募股权

现存的融资渠道中，可以有效地为民营文化企业提供资金支持的渠道之

---

[1] 参见马树华《双重边缘化状态下的文化产业融资难问题解析》，《中国海洋大学学报》（社会科学版）2013年第2期。
[2] 参见李华成《欧美文化产业投融资制度及其对我国的启示》，《科技进步与对策》2012年第7期。
[3] 参见吴鹤、于晓红、徐芳奕《解决我国文化产业融资难问题的策略》，《经济纵横》2013年第1期。
[4] 参见程立茹《文化产业金融创新问题研究：国别经验与典型案例》，中央民族大学出版社2014年版，第26—28页。
[5] 参见茅于轼《民间融资——改进资金使用效率的渠道》，《今日科苑》2010年第15期。

一是私募股权。所谓"私募股权",是指以私募方式募集资金,长期投资于企业股权或者项目权益的集合投资形式。私募股权的融资来源比较广泛,包括富有的个人、杠杆收购基金、保险公司、风险基金等。私募股权具有的高风险与高回报的特性与文化产业的运作规律相似度比较高,私募股权受到包括美国在内的西方电影运营者的青睐。以美国好莱坞为例,作为世界电影产业的发源地的好莱坞,六大制片商拍摄的影片一半资金由私募股权投资供给。

私募股权在我国率先被民营影视企业所使用,这是因为私募股权与电影项目契合度高,加之私募基金的投资周期与一部电影的运作周期比较吻合。此外,私募股份基金的好处还在于不同于投资单个电影项目的游资,它会对影片全程进行监督,帮助制片、发行、推广等部门合理调配资金,避免资金的滥用。加之电影私募股权基金的管理者都是复合型人才,不仅具有相当丰富的电影从业经验,而且拥有金融背景,善于运用合理的投资方式和恰当的金融工具规避电影项目中的风险,保障电影稳定的投产和回报。因此,政府应通过制定相关法律,规范民间资本的法律地位、权益保护、退出机制等核心问题,明确私募股权人的投资资格准入标准,降低政策的不确定性导致的投资风险成本,增加文化产业对民间资本的吸引力。

(二) 宏观调控产业投资

宏观调控产业投资机制,是指国家运用财政杠杆,调节经济运行,同其他调控机制配合实现预期调控目标的过程。宏观调控具有直接调控和间接调控的两重性,既包括间接调控的经济手段,也包括直接调控的行政手段和法律手段,调控作用广泛。

宏观调控产业投资的经济手段是国家通过财政分配和再分配活动改变物质利益关系,以此来引导投资行为的一种间接调控手段,主要包括国家税收、国家预算、国家信用和财政补贴等。

国家税收的调控是国家运用税收杠杆调节投资方向或投资需求,从而调整产业结构或控制投资规模的方式,主要通过税种、税目、税率、减免税等实现投资调控目标。其中,资源税用来促进文化资源的合理开发和利用;投资方向税用来促进产业结构优化;土地税用来调节文化产业对土地的需求,提高土地的利用率;减免税有助于弱势文化产业的发展和引进外资等。

国家预算的调控的作用主要集中在对文化产业投资规模的调控和投资结构的调控。其中对投资规模的调控,是通过国家预算收支总规模的变动来调节投资总量,根据投资规模的过大或者过小,削减或者增加国家预算内投资，提高投资有效率；对投资结构的调控，是政府通过变动预算支出结构，调节投资在文化产业各部门的分配比例关系，投资比例的变动可以反映出国家支持或者限制哪些部门发展。

国家信用调控是指国家按照有偿的原则筹集和供应财政资金，通过信用形式筹集的资金，大都投向微观经济效益不高而宏观经济效益好的项目上的一种形式。

财政补贴是国家为了某种特定的需要，将一部分财政收入直接转移给特定的经济部门、经济组织或居民的分配形式，包括生产性补贴和消费性补贴两种基本形式。

行政和法律手段是宏观调控产业投资的直接手段，可以直接对投资主体设置行为规范，违犯者要依据有关的法律法规受到制裁。

政府应通过相关政策法规，有效地调控投资市场，重视对文化创意产业中的民营企业的扶持和激励，从内容创作与内容经营主体激励不足的根源出发，着力解决政府和民间投资资金拥堵和分布不均衡的状况。首先，政府基金不要奢求增值，应立足于保值的投资项目，向民营文化企业倾斜，为有潜力的民营文化企业提供非营利性的资金支持。其次，政府应政策性地引导民间基金转向创业投资，打通民营文化企业创业阶段的投资渠道。

（三）完善融资担保制度

在担保业务中，融资担保是最主要的品种之一。融资担保是指担保人为被担保人向融资受益人提供的本息偿还担保。它是随着商业信用、金融信用的发展需要和担保对象的融资需求而产生的一种信用中介行为。信用担保机构通过介入包括银行在内的金融机构、企业和个人等资金出借方与资金需求方，作为第三方保证人为债务方提供信用担保。融资方式主要包括借款、发行有价证券、透支、延期付款及银行给予的授信额度等。

应完善融资担保体系。尽快制定面向民营中小型文化企业的信用担保机构的管理办法，明确监管主体、贷款方的入门条件和收费标准，以及民营中小型文化企业防范风险和补充资金的机制。建设由政府出资的融资担保中心和由企业互助联系的担保机构，与商业性担保公司和专项担保基金四个层面协同组成民营中小型文化企业融资担保服务体系。

应建立健全再担保体系。再担保体系是构建和完善信用担保体系，建立信用担保风险分散和代偿补偿的一种机制，可以有效地解决中小型文化企业融资难问题。建立健全再担保体系的一种有效措施就是设立信用担保公司，再担保公司应该对中小型文化企业的项目按照通过补贴、受托贷款贴息，实现代偿补偿的原则，积极开展再担保服务。同时还可以开展创新性担保、短期资金运作等业务，开展与国内外相关机构的广泛合作，探索与有实力的开发性金融机构和商业金融机构进行战略合作，同时积极探索向文化产业银行的转型，进一步完善文化企业的担保体系。

对于民营文化企业，除了利用已有的平台外，还应该考虑创新投融资机制。利用民间投资，也可以成立文化企业融资担保机构，为缺乏担保信用的民营文化企业提供信用保证，使企业得以从金融机构获得贷款。融资担保机构不但可以增加民营文化企业的信用，使企业更加容易得到银行的贷款，还可以从政府那里享受再担保补贴和担保业务补助支持。文化企业不仅确实地得到了资金支持，还能间接享受政府给予的贴息扶持政策。

（四）建立融资租赁机制

由于具有操作便捷、资金使用灵活、审批程序简单等融资优势，在美、日等国家，融资租赁已经成为仅次于银行业的第二大融资主体。随着文化产业迎来发展的黄金时代，知识产权融资租赁业也得以产生。2014年9月，由北京文资办发起成立了国内首家文化融资租赁公司——北京市文化科技融资租赁股份有限公司（以下简称"北京市文科租赁"），标志着融资租赁的触角首次伸入文化产业。成立之初，北京市文科租赁与中国建设银行北京分行等9家银行签订了200亿元授信额度的合作协议；四达时代集团、爱奇艺、趣游科技等17家文化企业成为北京市文科租赁的第一批合作伙伴。目前，北京市文科租赁已针对广播影视、动漫、游戏、文艺演出、新闻出版、广告等文化细分行业建立起了18种融资租赁经营模式，业务也在不断扩展。

虽然知识产权融资租赁是以精神产品进行融资的，但是昂贵的版权融资租赁，与物资设备的融资租赁有类似性。版权通过卖给文化融资租赁公司补充文化企业的资金流，再由融资租赁公司以租赁方式将版权返还给文化企业。这种做法不仅有助于文化企业通过版权筹措基金，也提高了版权变现的效率。

在融资租赁模式上，北京市文科租赁采用"直租"和"售后回租"的双重模式。"直租"是直接购买文化企业所需的生产资料，通过收取租金的方式为文化企业提供相应服务，减轻文化企业的成本投入。"售后回租"，则是在文化企业购买完所需生产资料后，由文化融资租赁公司买入再回租给文化企业，文化企业只需支付一定的租金，便可获得生产资料的使用权。

知识产权融资租赁发展至今,已经有多个成功的实践案例。2014年9月,四达时代集团以2016—2018年欧洲五大足球联赛、2016年欧锦赛及2018年世界杯预选赛等赛事在非洲地区电视转播权作为标的物,向北京市文科租赁融资1.068亿美元,为企业的业务拓展提供资金保障。2015年4月,北京华夏乐章文化传播有限公司以《纳斯尔丁·阿凡提》和《冰川奇缘》两部音乐剧版权为标的物,通过融资租赁方式从北京市文科租赁获得500万元资金,成为国内首笔以版权为标的物,通过融资租赁形式获得融资的案例。

但是知识产权融资租赁有诸多难点。一是版权确权难。由于文化版权的结构非常复杂,要做到100%的确权是非常困难的。如一般电影所涉及的版权往往被多层次分割,如电影的版权由电影制片人享有,编剧、导演、摄影有权依照与制片人签订的合同获得报酬。此外,电影中的剧本、音乐等可以单独使用的作品的作者有权单独行使其著作权。二是版权价值评估难。文化版权的价值受市场环境、时间、观众喜好等因素影响较大,加之我国版权交易中心的版权交易并不活跃,透明程度低,所有内外因都造成评估版权价值的难度极大。三是知识产权的变现难。文化版权除了书画作品、陶瓷等艺术品版权外,流动性较弱,往往不能快速变现。四是文化融资租赁的增信难。目前,文化融资租赁的主要增信措施有母公司连带责任担保、融资公司反担保、公司法人代表无限连带责任担保、保证金等方式。但由于中小文化企业不规范的财务制度及总资产规模较小,以上增信措施往往难以满足融资租赁公司的风险控制要求。

(五)众筹项目管理

2015年国务院下发《关于加快构建大众创业万众创新支撑平台的指导意见》,提出要建立"众创、众包、众扶、众筹"的"四众"支撑体系,明确"以众筹促融资",让众筹成为我国多层次资本市场的重要组成部分和国家双创战略的重要支撑。目前文化产业的众筹涵盖了文创作品预售众筹、影视众筹、出版众筹、新闻众筹、游戏众筹等多个细分领域,每一细分领域的众筹依据标的物的属性特点已各自衍生出不同的众筹方案和回报体系。新元文智—中国文化产业投融资数据平台的数据显示:2016年1—11月,全国文化类众筹融资事件为2022起,募集金额达到113739.86万元。2014—2016年11月,全国文化产业众筹融资事件共发生5133起,募集金额达218835.56万元。

众筹是一种融资模式,更适合文化创意产业,这是因为文化类项目具有创新性强、成功难以复制和收入难以预估的特点；受众迭代和公众文化消费口味的快速变化，文化传媒类项目从立项、生产到变现面临着巨大的市场风险；由于文化产品负载的意识形态属性，在内容审查和播出、上线、公映环节还存在政策风险。这些来自主客观的风险，不是能通过某一家机构的投融资可以化解的。"筹、投、贷"集于一身的众筹融资，一方面可以探测受众的偏好程度、引入项目所需的外部资源；另一方面可以分散项目早期的投资风险，帮助文化产品的催化与孵化。

众筹具有以下特性：第一，以契约将利益体的回报关联起来，强化和激发了众筹中的强关系和弱关系，特别是弱关系，通过利益的承诺，转化为与强关系一致的目标。依靠现代传播技术，这种微金融领域的创新重塑了当代社会联结机制，激活了闲散社会资源。第二，"筹、投、贷"一体化运作有助于解决文化传媒企业融资的核心痛点。通过众筹平台的检验，风投对项目可以有更为理性、全面的判断，也有利于后续融资环节的安排。待后期产品完善或模式成熟，需要下游开发或规模化扩张时，银行信贷资金再介入其中，这与银行系统自身的风险偏好和风控体系也比较一致。

第三节 民营文化资本投融资个案分析

华谊兄弟传媒股份有限公司成立于2004年，注册资本为1.26亿元，是中国最大的民营影视企业。公司是由华谊兄弟传媒有限公司（原浙江华谊兄弟影视文化有限公司）依法整体变更、发起设立的股份有限公司，主要从事电影的制作、发行及衍生业务，电视剧的制作、发行及衍生业务，艺人经纪及相关服务业务，唱片、娱乐营销等业务，是国内唯一一家将电影、电视和艺人经纪三大业务集于一身的民营文化企业。

与其他类型的公司不同，华谊兄弟传媒股份有限公司主营业务是具有高风险的影视产业。影视产业基本上不需要多少固定资产，企业的核心竞争力就是导演和演员，其他设备和人员都可以租用。另外，作为一种高度市场化的产业类型，影视业要实现制片、发行和放映三大环节良性的循环运转，在人力、物力和财力等方面对各种资源的投入都有较高的要求，尤其是作为电影产业链条上不可或缺的制片融资环节。因此，对资本良好的运营就成为一部电影成功的前提和必要条件。

在影视制作和营销中，存在着一对矛盾：一方面，影视业是一个风险性极高的行业，"具有经济外部性大、无形资产比重大、消费形式内容化、流通过程技术化和法制化等特点"[1]；另一方面，一部电影还需要做好减少成本、扩大收益和控制风险等工作。这要求电影的运营者不仅要具有极高的艺术鉴赏水准，还应具备融资能力，大力拓宽融资渠道，创新融资机制，为影视产业化的拓展注入新鲜血液。

华谊兄弟在融资方面走在中国民营文化企业的前列，他们敢于尝试新事物，学习消化能力强，商业直觉准，成功实现了融资的两大跳跃，第一跳跃是行业内融资，第二跳跃是社会化融资。

一　行业内融资

华谊兄弟的行业内融资方式主要有银行信贷融资、合拍影片融资、版权预售融资和植入广告融资。

（一）银行信贷融资

一部成功的影片带来的回报是非常丰厚的。但是，在投资方资金量有限的情况下，往往不得不从各种渠道获得投资资金。这部分投资资金在承担影片风险的同时，也分享了较高的投资回报。引入较低成本的银行贷款资金，对提高影视投资方自身资金的收益率无疑有很大帮助。但是，电影投资项目由于其风险大，难以预测现金流，银行往往拒绝发放贷款。

但是文化企业要进行生产或扩大再生产，一般都离不开银行的信贷支持。这是因为银行信贷不仅可以减少融资成本，提高资本使用率，同时还在一定程度上避免股本融资中过多股东对电影制作的过分干预。银行贷款主要分为两种，第一种是抵押贷款，就是文化企业将实物作为抵押品从银行贷款。对于那些具有历史积累的影业公司，片库可以作为抵押品由银行进行价值评估并确定是否可以放贷。第二种是质押贷款，即制片公司将影片未来的发行、放映版权通过第三方担保，抵押给银行，获得银行贷款。银行信贷不仅可以为影视公司提供大量资金，而且对其后期营销推广、资本核算与风险控制能力等方面作用明显。然而，无论是哪种贷款方式，都需要制片公司具有雄厚的创收实力。

2004年，华谊兄弟影业投资有限公司和香港寰亚电影公司共同投资拍摄《夜宴》，以版权抵押的方式获得深圳发展银行5000万元贷款，成为我国首个成功向银行得到贷款的民营文化企业。这一贷款融资不仅为新画面带来充

---

[1] 李忠：《中国电影产业投融资机制问题研究》，硕士学位论文，长安大学，2008年。

足的制作资金，国际大型银行的参与也为该片的商业推广和收益带来很大帮助。投资2000万美元的《夜宴》，2006年在亚洲的版权预售就收回一半以上的投资成本，向国外的版权预售也超出预期。2006年，冯小刚执导的《集结号》获得招商银行5000万元贷款；2009年，华谊兄弟获得中国工商银行北京分行的1.2亿元贷款，主要用于《追影》《风声》《狄仁杰》和《唐山大地震》四部电影的摄制与发行。在中国工商银行贷款成功之后，招商银行、广州发展银行、北京银行等银行纷纷向华谊兄弟放贷，为华谊兄弟的电影产品注入充足的资金。2009年，华谊兄弟和保利博纳各自从工商银行募得贷款，成为中国国有大型商业银行首次介入民营文化产业的标志性事件。

（二）合拍影片融资

合拍影片也是华谊兄弟降低投资风险、提高资金运作效率的有效手段。华谊兄弟通过合拍影片模式，不仅降低了自身的资金投入比例，而且合拍方往往还能够提供非常有价值的帮助。华谊兄弟与哥伦比亚（亚洲）电影工作室合拍《大腕》一片时，合作方对影片开拓海外发行市场起到了积极作用。此外，华谊兄弟还与索尼—哥伦比亚公司合拍了《功夫》和《可可西里》，与香港英皇合拍《情癫大圣》，与香港寰亚合拍了《天下无贼》《夜宴》。《墨攻》则采取了亚洲地区四个发行公司联合投资、各自发行各地区电影的方法。启动合拍机制，不仅降低了华谊兄弟在每部影片上的投入，也有助于影片在合资方所在地的发行。

（三）版权预售融资

影视版权是影视集团重要的无形资产，具有流动性差、变现时间长，更新换代速度较快等特点，在影片投入制作或发行上映之前，华谊兄弟出售发行权、放映权，收取定金或"保底发行金"，从国内外发行公司和放映公司募得大量资金，加快资金流转和回笼，甚至预售合同都能成为华谊兄弟的融资担保。有时一部影片通过预售金就能收回影片60%的制作费用。电影《大腕》通过海外版权预售，获得了不菲的版权收入。《墨攻》则拓展了日本、韩国、港台等市场。《赤壁》在还未开拍就完成80%的海外版权预售，其中高达1亿多元人民币的版权预售是针对日本市场，创下华语电影在日本预售最高版权收入纪录。2008年，华谊兄弟就尚在制作中的影片《梅兰芳》，与日本和韩国签订销售协议，创下了当时中国本土电影海外版权销售的价格新高。华谊兄弟通过其资金运作和版权管理，获得银行的融资，为其他文化企业通过无形资产获得融资树立了榜样。

(四) 植入广告融资

在国际影坛上，植入式广告早已被制片商运用得娴熟无比，通用汽车、雪佛兰汽车、eBay、Yahoo 搜索、Visa 卡和诺基亚手机等广告在大片《变形金刚》中的植入，带来了高达 4000 多万美元的收入。华谊兄弟也不例外，在植入式广告的运用上日益娴熟。摩托罗拉、诺基亚、淘宝网、中国移动通信等广告曾植入《大腕》《手机》《天下无贼》等影片，为华谊兄弟带来不菲的收入。其中 2003 年影片《手机》植入摩托罗拉手机广告，收入 700 万元，广告与电影在片中的结合堪称"天衣无缝"，使诺基亚等全球竞争对手竞相效仿；2004 年影片《天下无贼》一片植入广告高达 4000 万元；2008 年的《非诚勿扰》中植入广告达 20 多个，吸纳了 8000 万元的制作经费；2013 年《私人订制》更是吸金 8000 万元。目前，华谊兄弟的收入来源已经走出单靠票房的被动局面，收入来源多元化，票房仅占其收入的 30% 左右。

二　社会化融资

华谊兄弟传媒股份有限公司采用的社会化融资方式主要有私募股权基金和股票上市发行两种。

(一) 私募股权基金

华谊兄弟借鉴好莱坞融资经验和学习先进的金融运作模式，在影片拍摄中积极引入风险私募股权基金。由于华谊兄弟在电影界有着极高的声誉，中国有很多电影投资公司愿意与华谊这样的大牌影视制作公司进行战略合作，华谊兄弟在这方面取得了可喜的成绩。

2000 年 3 月，华谊兄弟在拉赞助的过程中遇到太合集团，得到了第一笔商业投资。太合集团出资 2500 万元，将公司变更名为"华谊兄弟太合影视投资有限公司"，太合集团与王中军、王中磊兄弟分别持有 50% 股份。太合集团对华谊兄弟广告公司增资扩股的前提是王氏兄弟能确保其获利，并在适当时机回购其股权，使其获利退出。2001 年，太合控股 5% 的股份被王氏兄弟回购，这样王氏兄弟占有 55% 的股权。利用太合集团的 2500 万元，华谊兄弟的原始积累在很短时间完成。仅用了 4 年时间，华谊兄弟就占据了国内票房的 35%，出品的影片数量占内地总量的 13%。[1]

2004 年年底，TOM 集团向华谊兄弟投资 1000 万美元，其中一半用于华

---

[1] 参见张洁颖《境外资本进入中国传媒市场的方式及其影响研究》，硕士学位论文，中央财经大学，2010 年。

谊兄弟 27%股权的购买，另一半认购华谊兄弟年利率 6%的可转债。为了防止华谊兄弟丧失控股权，华谊兄弟以溢价 3 倍的金额，共计 7500 万元使太合集团获得 300%的回报，并以此为条件回购太合集团手中 45%的股份。待太合集团全线退出后，华谊兄弟迅速成立了"华谊兄弟传媒集团"，之后将集团 27%的股权转让给 TOM 集团，同时向太合定向发行可转债。几乎在同时，持有集团 73%股权的王氏兄弟引进"信中利"这家风险投资机构，以 70 万美元卖给"信中利" 3%的股权。在这轮私募中，王氏兄弟获得 1070 万美元的资金，减去购买太合集团股份花去的 7500 万元，他们还盈余 1300 多万元。而他们的控股权由原来的 55%上升至 70%，在集团的地位更加稳固。

2005 年 12 月，华谊兄弟瞄中了马云掌控下的中国雅虎为其私募对象。这一轮私募最终商定的结果是：TOM 集团 20%的股权被王氏兄弟和马云联合以 1600 万美元接手，其中中国雅虎占 15%、王氏兄弟占 5%，至此，TOM 集团只剩下 7%的股份。几乎在同一时段，王氏兄弟回购"信中利"手上 2%的股权。经过这轮私募，王氏兄弟的股权由 70%上升至 77%。

2007 年，华谊兄弟展开第三轮私募。由分众传媒联合其他投资者向华谊兄弟注资 2000 万美元。江南春等分众传媒高管及鲁伟鼎等浙系"大腕"联合认购华谊传媒 24.9%的股权；TOM 集团转让其剩余 7%的股权给江南春、马云、虞锋三人，以较前次售股溢价近 80%、多达 437.5 万美元的价格全线退出，回报率高达 127.5%。王中军之所以引入分众传媒，主要是看好分众传媒的资深媒体行业整合的经验和分众传媒在纳斯达克获得外国投资者的认可。华谊兄弟与分众传媒的联手，可以解除华谊兄弟下一步在海外上市时投资者的疑虑。

(二) 上市融资

上市融资是中国影视企业的最佳融资构想。王中军曾表示将上市作为融资的首选项。与其他融资渠道相比，上市融资更加透明，构架社会化，更具有开放性。通过向社会公募资金，达到充分的市场化运作，既可以在短时间内融得大量资金，同时也意味着投资者有更多的机会分享影视业所带来的红利。

在上市之前，华谊兄弟建立了严格的财务制度，引进财务审计制度，健全预算制度。2008 年 2 月 1 日，华谊兄弟董事会审议通过了公司《增加发行股本的议案》；2 月 23 日召开临时股东大会，审议通过公司《增加发行股本的议案》，同意增加注册资本人民币 2592 万元，由自然人投资入股，认购公司普通股股份2592万股，面值为1元，认购价格为每股3元。2008年2月23日，参与增资的62名自然人、原股东与华谊传媒签订《增资协议》，同意公司10008万元的注册资本增加到1.26亿元，以每股3元的价格认缴，金额共计7776万元。通过前期的审计和谋划，华谊兄弟以优惠价格吸引旗下的明星、导演及管理团队入股，与他们签订了《股权转让协议》及《补充协议》，将其所持有的91%的股份转让给18位自然人。

2009年，华谊兄弟传媒股份有限公司经过证监会创业板发行审核委员会通过，成为我国首家公开发行股票的娱乐公司，同年10月在国内创业板成功上市。华谊兄弟上市一举募集12亿元的资金，超过6.2亿元的目标值5.8亿元。根据上市公司公告，华谊兄弟年投产电影6部，电视剧640集。此外，华谊兄弟借上市投资一流水准的影院6家，将编剧、导演、制作、市场营销、院线发行、影院放映贯穿为一个完整的生产链，开展影视、音乐、经纪人、新媒体等多种业务。

第九章　民营文化资本跨界微观管理

民营文化资本跨界微观管理主要指的是作为经济主体的民营文化企业，通过一系列管理措施，实现版权价值的增值。微观管理主要包括版权信息管理、版权风险防范和版权相关利益者动态管理三个方面。

第一节　版权信息管理

随着中国文化"走出去"战略的不断推进，我国与国外的版权贸易逆差逐渐缩小，2005年这个数字是1∶7.2，2009年为1∶3.3，2010年缩小至1∶2.9，2012年为1∶1.9，2015年更是缩小至1∶1.57。仅在2012年4月的伦敦书展上，作为主宾国的中国"走出去"版权项目就超过了450项。

作为版权输出主体的出版社，集文化导航者、外交官、中介人、市场销售员及推销人等多种角色于一身，不仅要洞察国内和国际出版市场动态，还要整合出版社内外的多种信息资源。因此，对大量的版权交易信息的管理就显得尤为重要。从组织传播学的角度看，版权输出是出版社通过国内外的版权信息的一系列协同活动，使版权价值在国际市场得以实现的行为。其中组织内传播关涉出版社内部、出版社与出版行政管理部门版权信息的沟通，从管理学的角度来看是版权信息的内部管理；组织外传播则涉及出版社对国外市场的调研，与国外出版社就版权事宜的沟通，为版权信息的外部管理。无论是组织内传播还是组织外传播，只有实现充分和谐的交流，才能增强出版社在静态和动态条件下对纷繁复杂的版权信息的处理能力，从而达到经济（economical）、高效（efficient）和实效（effective）的最佳效果。国有文化企业在版权信息的管理方面取得了不少成效，值得民营文化企业借鉴。

一　组织外版权信息的管理

版权信息的查询和收集是信息管理的前提。亚当斯指出，对外部信息的管理首先要找出的两类信息，"一类是运作信息，帮助组织日常决策，一类是可能发生并且一旦发生就可能对组织产生影响的不可预知事件"[1]。这两类信息的获取一方面靠平时的积累和捕捉，另一方面通过各种各样的书展获得。比如，浙江教育出版社通过多年来对孔子学院信息的追踪，预测到汉语学习书籍在未来国际市场的良好前景，2010年将《中国书法艺术和硬笔书法指导》打造成为对外汉语教学用书。该书介绍了中国书法简史，附有部分常用汉字的书写指导，出版后即被罗马尼亚孔子学院选为教材。众多孔子学院院长也对这本教材表示了浓厚的兴趣，出版社及时推出了斯瓦希里语版、希腊语版，并与肯尼亚内罗毕大学出版社也达成合作出版意向。[2]

组织外信息管理是中国图书成功"走出去"的前提，民营文化企业福建省网龙计算机网络信息技术有限公司是国家文化产业示范基地，主营在线教育出版物。2015年，该企业及时捕捉海外教科书出版的变化，比如，日本东京书籍核心产品是中小学教科书，伴随着教育制度改革和教育资源全媒体化，其业务由纸质教科书的出版发行，拓展到教育视频制作与软件开发、网络物流服务和日语鉴定等。了解到日本教育出版的新变化，网龙决定依托其在政策、资金、专业技术人才等方面的优势，与其开展两个方面的合作：在产品层面，双方同意将101教育PPT、101同学派等网龙优质资源与东京书籍教科书优质资源结合，展开研发工作；在虚拟现实层面，网龙借助福建省给予VR基地的政策、资金、专业技术人才等方面的支持，与东京书籍共同打造适应日本教育市场的虚拟现实出版物。

浙江少儿出版社近几年之所以在版权输出上取得骄人的成绩，与该社深入国际市场进行阅读群体的调研分不开。早在几年前，浙江少儿出版社就在广泛开展问卷调查，调查对象主要包括两个群体：一是在浙江大学的留学生及在华居住的外国人，主要集中于刚刚告别童年的学生；二是参加博洛尼亚书展、法兰克福书展和北京国际图书博览会的国外少儿出版同行、国外少儿图书的小读者和他们的家长。通过分析问卷，发现影响少儿类图书走出去的

---

[1] J. S. Adams, "Interorganizational Processes and Organization Boundary Activities", *Research in Organizational Behavior*, No. 2, 1980.

[2] 参见李国瑾《对我国出版业"走出去"的思考》，《中国新闻出版报》2011年8月23日第4版。

重要因素有内容因素、装帧设计因素、品牌树立与推广因素、翻译因素、渠道因素。因此，根据这些信息，出版社采取了以下策略：其一，充分利用浙江少儿出版社的品牌优势，量身打造适合海外图文书市场的图书。2005年以来，该社汇聚全国一流的儿童文学作者和插图画家，专为欧美童书市场设计制作了一套《绘本中国故事》丛书，全方位展示中国神话、童话、成语、历史等，绘画包容中西艺术特点，契合欧美儿童的阅读习惯。其二，重视博洛尼亚儿童书展这一世界最大的儿童出版物版权贸易市场。自2007年起，浙江少儿出版社就独立在博洛尼亚书展上设立展台，有效地扩大了该社在国际少儿出版界的影响力，达成了众多版权贸易合同和意向。其三，积极探索合作出版新领域。2007年，由中国和芬兰儿童头脑风暴智力开发活动成果汇集而成的《创造力——孩子成长的第一要素》一书，同时在两国发行，目前该书已出版英语和芬兰语两种外语版本。其四，从中国国际动漫节寻找动漫图书版权贸易突破口，如出售了古装动漫片《秦时明月》的电视播放权和DVD版权，语种涉及俄语、西班牙语、葡萄牙语、意大利语、法语、罗马尼亚语、波兰语等多个语种。

除了从环境中寻找、搜集信息，出版社做版权贸易的编辑还需要向出版社之外的环境发布信息。浙江出版联合集团定期整理向海外输出版权的书目，并附上中英文简介，在《中国书目》（英文版）登载。在2012年伦敦书展前，集团就汇集了一本英文版的书目简介的册子，供版权贸易谈判时使用。

再以迪士尼影片《花木兰》为例。这部影片的题材来源于中国传统文学《木兰诗》，如何让这个极具中国传统色彩的形象符合现代普遍化的审美情趣，是摆在编剧面前的一道难题。追寻自我、肯定自我的现代女性价值观，显然与原著中宣扬的仁、义、礼、智、信等观念矛盾，也与原著传达的女性地位低下的信息相悖。于是，影片对这部作品原有的传统审美进行了整改，去掉了上述内容，注入了迪士尼的"触及心灵、非凡欢乐"品牌观念，将原著中传统本分、实行孝道的花木兰改造成活泼、好奇的女性形象。显然这样的形象反转有悖于故事的逻辑，于是电影做出了这样的演绎：花木兰不安分的性格不符合中国传统贤妻良母标准，在以贤妻良母为标准衡量女性的传统中，花木兰败下阵，对自己的存在产生怀疑。替父从军恰恰是证明自己的存在。如此一来，原著中传达的"孝道"主题就被迪士尼改造为女性自我意识觉醒、自我肯定的现代主题，结局也套用了迪士尼一贯的套路——功德圆满。这样的改编，使得一个小人物的成功理念跨越国界，拨动观众心弦。

二 组织内版权信息的管理

内部版权信息的管理主要关涉疏通出版社内部版权信息沟通渠道，其目的主要是挖掘具有版权销售潜力的选题。管理方式主要有两种，其一是垂直传播信息的管理，其二是水平传播信息的管理。

浙江古籍出版社《中国印刷史》英文版版权的输出，从版权信息管理的角度来看，就是成功地利用版权信息垂直传播的管理方式。2006年浙江古籍出版社隆重推出的修订版的《中国印刷史》，是一部由张秀明撰写的、全面详尽和系统地论述中国印刷术发展史的专著，由美国著名学者钱存训作序。作者张秀明早年在厦门大学求学期间主修国文，那时便对西洋版本目录产生了浓厚兴趣。1931年应袁同礼馆长之邀到北京图书馆工作，在翻阅宋版书355种基础上，写出《宋版书经眼录》和《宋刻工名录》两书。张秀明翻阅《永乐大典》残本、各类地方志、日文和西文版本的目录学书籍、名人诗文集和笔记小说数十年，为其深入研究中国印刷史奠定了坚实的基础。1952年撰写的《中国印刷术的发明及其对亚洲各国的影响》一文，在中国印本书籍展览会上获得学术界好评；之后以此文为蓝本，成《中国印刷术的发明及其影响》一书，1958年由人民出版社出版，1960年由广山秀则译为日文出版。张秀明的著述对雕版印刷术、活字印刷术发明和传播见解独到，其成果被海内外学术界广为引用。

在2008年上报中国图书对外推广计划重点推荐项目时，基于对作者写作背景及相关著作在海内外的影响力等相关信息的考察，浙江古籍出版社认为《中国印刷史》这本学术力作如能在以英文出版，必将引起国外学术界、出版界对中国印刷史的关注。该社与美国海马出版公司签订合作出版协议，选定浙江理工大学等单位5位教师将该书翻译成英文。经过一年半的努力，该书在2009年法兰克福国际书展上全球首发，受到了诸多印刷专家的关注，古登堡印刷博物馆馆长本茨在仪式上说："展示并研究来自中国的世界最古老的印刷术，对我们非常重要。因为过去我们对中国印刷术所知甚少。"[1]之后，浙江古籍出版社又与英国剑桥大学出版社合作出版在英国发行的《中国印刷史》。

抓住《中国印刷史》英文版图书在国际书展成功的契机，浙江出版联合

---

[1] 张菁、郑启航：《〈中国印刷史〉英文版在法兰克福书展全球首发》，neus.21/cn.com/gundong/roll/2009/10/17/6982892.shtml。

集团旗下的浙江人民美术出版社在 2000 年出版的《简明中国印刷史图》的基础上，与美国海马出版公司合作推出了 A Concise Illustrated History of Chinese Printing 一书，并于 2010 年在国际图书市场面世。几乎在同期，该社将 2006 年出版的《凝固之美——三门石窗艺术的文化品读》一书，成功申报 2009 年国务院新闻办与国家新闻出版总署中国图书推广计划，由法国东方书局译成法文出版。该书共 2 万余字，700 多幅图片，全面介绍了几何纹、铜钱纹、一根藤纹、花草纹等多种三门石窗的形状特征，充分展示三门石窗的起源和传承、制作流程、特制工具和工艺特点，是一本地方性民俗专著，在中国作为主宾国的法兰克福书展上受到好评。2012 年该社又一次与美国海马出版公司合作，推出了印刷精美的英文版 Beauty of Stone Windows: A Cultural Interpretation of Stone Windows of Sanmen。

三　组织内外版权信息互动管理

亚当斯认为"组织界限沟通"是一种基础性的界限活动，从组织外获取输入信息，经过组织处理后再向外部进行输出。沟通者一方面要明了组织的外部环境，另一方面要明确组织现状，扮演好沟通者的角色。但在沟通的过程中，一旦内外需求相互矛盾，他们就需要扮演调和者的角色。[1]

近几年来，浙江出版联合集团在版权信息管理方面就很好地利用了亚当斯的"组织界限沟通"的原则。2012 年浙江出版联合集团与英国奥斯特大学出版社的成功合作，就是组织内外沟通信息的典型案例。2011 年该集团签署了与浙江传媒学院的战略合作协议后，得知浙江传媒学院在英国奥斯特大学成立孔子学院这一消息，立即提出整合三方资源，就图书出版发行、汉语教材建设以及两国文化交流等方面的合作签署了协议——浙江出版联合集团、浙江传媒学院为奥斯特大学中文图书馆的建设提供各种帮助；浙江出版联合集团在北爱尔兰设立中国书店或中国图书销售专柜，为北爱尔兰读者提供更多的中国图书和中国文化产品。在 2012 年伦敦书展期间，浙江出版联合集团向奥斯特大学首批捐赠图书 2500 册。书展期间，浙江出版联合集团总裁童健了解到英国儿童对诸如嫦娥奔月、大禹治水等中国的神话故事感兴趣，表示浙江出版联合集团和奥斯特大学出版社将在近期合作出版关于中国古典文化题材的英语图书。

---

[1] 参见 J. S. Adams, "Interorganizational Processes and Organization Boundary Activities", *Research in Organizational Behavior*, No. 2, 1980。

2005年出版的《狼图腾》一书，之所以能够创造出覆盖了英文、法文、意大利语等30种语言文字、跨越110个国家和地区骄人的版权贸易业绩，与其组织内外信息互动管理不无关系。《狼图腾》责任编辑、长江出版集团北京图书中心总编辑安波舜当时接到《狼图腾》书稿时，敏锐地感觉到这本讲述了狼性、人与动物、人与自然以及民族文化的冲突的图书，形式和内容完美结合，适合做版权输出。这本书从内容而言，关注人类的普世价值；从形式而言，书名以读者熟知的载体"狼"传播具有中国特色而带有神秘感的文化。出版社将涉及版权贸易的四大要素做得环环相扣，在发行策略上，以最快的速度出版该书，短期内240万的发行量引发国内外市场的追捧——2005年8月30日，英国企鹅出版公司以10万美元预付款、10%的版税率与长江文艺出版社签署合约，买下《狼图腾》一书的全球英文版权；兰登出版集团于2005年法兰克福书展上，重金购得《狼图腾》的德文版版权；法国Bourain出版社于2008年1月出版《狼图腾》法文版。[①] 在宣传手段上，邀请熟悉中国文化和英语的人撰写书评，争取刊登在西方世界的主流报刊上，邀请英文译者、美国汉学家葛浩文先生出席图书的新闻发布会，此外还推出网络发布电视短片等。高度重视翻译质量，聘请了美国著名汉学家葛浩文先生担任英文版的翻译。在与国外出版机构的合作上，选定有出版中国经典图书经验的企鹅出版集团。由于抓准了上述四大组织内外信息互动环节，有效实现了组织内外信息的联动，使得《狼图腾》一书一举成为国内版权输出的经典案例。这本书的成功输出，为后来积聚力量将其改编成剧本，进而拍成电影，并在国际大型电影节上获奖奠定了坚实的基础。不仅图书版权输出取得成果，而且电影的版权输出也取得了佳绩。

通过上述经典案例的分析，我们可以发现，出版社组织内外信息互动管理共通的策略主要有三点：第一，中国版权"走出去"，需要进行充分的版权贸易信息的调研，如跟踪国际版权贸易市场动态、了解国外读者阅读消费习惯，只有以此为前提，方有可能打造出适合国际市场销售的版权产品。第二，中国版权"走出去"，需要培育实体营销市场，逐步实现由买方市场向卖方市场的过渡。尽管目前我国多数出版企业尚无足够的财力建构独立的海外营销网络，但是也要通过与国际图书销售企业或文化公司的实物贸易合作，特别是与全球性、区域性的大型连锁书店的合作，找到国际实物营销渠道，促进和推动产品的出口。此外还要开拓网络书店等新型出版物销售渠

[①] 参见陈燕主编《中国图书"走出去"成功案例选》，外文出版社2011年版。

道。第三，在队伍建设方面做好"走出去"工作。目前，大多数出版社缺乏外向型的版权贸易经营管理人才，这已成为制约我国版权"走出去"的一大瓶颈。因此，要通过各种途径培养能够沟通组织内外信息的版权人才，必要时成立国际部负责版权输出相关事务。

第二节 版权风险防范

一 版权价值流

文化产业作为知识密集型的产业，具有超强的产业渗透性，通过跨界运营，可以改善产业需求模式，优化产业结构，调整要素组成。因此，打破产业界的各门类的界限，对于促进不同文化行业，以及文化行业与其他行业的联系，整合各类资源，延伸文化产业链，有着重要的意义。

联合国教科文组织在定义文化产业时就认识到它的特征所在："结合创作、生产与商业的内容，同时这内容本质上是具有无形资产与文化概念的特性，并获得知识产权的保护，而以产品或服务的形式来呈现。"[1] 文化产业作为知识密集型的产业，其价值体现在版权的流转上。版权价值的体现，关键在版权价值的流转频次，版权跨界运营的目的也就是保障版权价值的流转速度加快。那么版权价值的流动到底有什么规律呢？在促进版权流动过程中需要规避和防范哪些风险呢？

文化相关产业划分为核心版权产业、相互依存版权产业、部分版权产业和非专用支持产业四类，其主要依据是版权价值在各产业中所起的作用。从版权跨界运营的路径上看，可分为水平方向和垂直方向两种。实现水平方向的版权价值流动的方式主要有同产业同行业的版权跨界运营、同产业不同行业的版权跨界运营两种。垂直方向的主要是不同产业间的版权跨界运营。

（一）水平方向的版权价值流

同产业同行业的版权跨界运营、同产业不同行业的版权跨界运营，是版权价值在水平方向增值的两种主要类型。在同产业同行业的版权跨界运营中，最为常见的是版权贸易。版权贸易主要有版权输出、版权输入和版权合作三种形式。

---

[1] 王晶：《台湾文化产业发展及对大陆的启示》，《理论界》2011 年第 11 期。

我国属于版权贸易逆差国，缩小版权贸易逆差、加大我国版权输出的力度是我国"十三五"期间实现版权价值增值、促进中国文化"走出去"的主要奋斗目标之一。

成功的版权输出，是促进版权价值流转、增值的有效途径。例如，于丹的《论语心得》自2007年在中国大陆出版以来，版权价值拓展到繁体中文、韩、日、英、法、德、意、西、葡、希、匈、挪威、瑞典、捷克等19个语种，实现了26个版本、34万册、全球英文版预付金10万英镑的惊人纪录。①

成功的版权输出，从宏观而言，取决于国内和国外两个市场。比如《狼图腾》之所以能大规模进入英文主流文化市场，版权几乎覆盖了所有主要语种，与长江文艺出版社把握了国内、国际两个市场，使之发生联动效益这一做法分不开。长江文艺出版社以最快的速度营销，抢占国内市场。自2005年4月中文版发行以来，《狼图腾》不仅在图书市场上占得先机，而且在邻接权的售卖上也大显身手。截至2008年，图书共计发行240万册，曾连续17个月位列全国文艺类图书发行排行榜的前三名，电视改编权和影视版权也成功售出。《狼图腾》在国内市场上的热销增加了它的商业价值，使得出版社在版权输出谈判中赢得了筹码。2005年8月30日，英国企鹅出版公司以10万美元预付款、10%的版税率与长江文艺出版社签署合约，买下《狼图腾》一书的全球英文版权；兰登出版集团于2005年的法兰克福书展上，重金购得《狼图腾》的德文版版权；法国Bourain出版社于2008年1月出版《狼图腾》法文版；签约语种为24种。②

就微观而言，成功的版权输出取决于出版社与作者签署出版合同的条件。因为作者与出版社通过签署合同结为一个"风险共同体"③。合同既为双方实现各自的经济利益树立了共同的目标，也有利于维持作者作品的版权输出和传播。一般而言，出版社与作者在签署出版合同时要关注以下基本条款，即"授权期间为作品版权保护有效期、出版社独家出版发行、作品销售地区不受限制、作品版本种类与印刷册数不受限制、授权出版社拥有作品的

---

① 参见马莹《于丹〈论语心得〉版权贸易结硕果》，http://www.dajianet.com/news/2012/0418/185693.shtml。
② 参见安波舜《当我独自面对世界——〈狼图腾〉版权输出过程》，《出版参考》2006年第25期。
③ 参见［德］彼得拉·克里斯蒂娜·哈特《版权贸易实务指南》，宋含露等译，上海人民出版社2009年版，第12页。

所有附属版权、授权出版社有权授予作品的其他语种翻译出版权"①。

同产业不同行业的版权跨界运营是另一类版权价值流的水平运动方式，目前已形成较为稳定的形式运作模式和平台运作模式。

所谓形式运作模式，即同一版权以不同的版本形式呈现。比如《杜拉拉升职记》这一作品被誉为白领女性的职场宝典，最初是以图书的形式呈现的。随着图书的热销，该作品版权价值流向了电视剧、话剧、电影、广播剧，"杜拉拉"在不同的形式的作品中大发异彩。再如《武林外传》的版权价值流，随着电视剧的热播，向网络游戏、动画连续喜剧、话剧、贺岁电影、动画电影、动漫人偶剧、歌舞剧、邮政产品、漫画书、玩具、文具等形式运动。

平台运作模式，就是指依赖某一平台，实现版权价值的多方位流向。比如，借助电视台这一平台，热播的电视剧《亮剑》诞生了李幼斌版、黄志忠版的《亮剑》。借助于网络，盛大文学就同一文学内容，采用实体出版、无线阅读、影视、动漫、游戏等不同形式的无缝对接，成功地售出《庆余年》《二十五岁清醒的沉沦》《鬼吹灯》《元微宫词》四部网络小说的话剧和影视改编权。

(二) 垂直方向的版权价值流

版权价值的垂直方向的流动主要存在于不同产业间。垂直方向的流动可分为自上而下和自下而上两种。如果我们把较为核心的版权产业或行业定位为"上"的话，那么自上而下的版权价值流则是较为核心的版权产业或行业流向较为边缘的产业或行业，反之则是自下而上的版权价值流。

自上而下的版权价值流运动的例子很多，如广东电视台珠江频道与腾讯娱乐、搜狐娱乐、新浪娱乐、大洋网、优酷网、酷6网、广州日报手机报以及广州地铁电视等建立了广泛的、多层次的经营与合作关系，共享版权内容资源。再如，中华网、中国移动联合著名音乐唱片公司百代，实现音乐版权从唱片公司经由网络流向手机运营商，既实现三家利益共赢，又实现了音乐增值业务。又如中国联通集团与华纳音乐合作，在联通的手机网络上提供华纳的正版音乐试听、发送、设置炫铃和收费下载等服务。这样运营商、服务提供商和内容提供商就组成了新型产业链，不仅保障了音乐著作权人的版权利益，还缩短了产业链的中间环节，降低了运营成本。

---

① 参见［德］彼得拉·克里斯蒂娜·哈特《版权贸易实务指南》，宋含露等译，上海人民出版社2009年版，第13页。

杂志《淘宝天下》则是自下而上的版权价值流运动的代表。这本立志改变中国老百姓的消费方式、生活方式、就业方式的杂志，其版权价值的源泉就是拥有1.4亿的淘宝用户的淘宝网。淘宝网上的财富经、时尚流和生活风，300万网店的消费动态，人群的消费脉搏都为《淘宝天下》提供了源源不断的内容。杂志对这些信息进行整合，开发出"淘物、淘人、淘天下"三大板块，开办了"淘客厅""TAO视觉（大片）""淘布斯排行榜""500元购物计划""TAO女郎""败家子"等时尚热点栏目。这样，《淘宝天下》就实现了版权价值从互联网虚拟社区流入真实社区。

另一个版权价值自下而上运动的例子是美国百老汇的《大河之舞》。原本只是一幕开发爱尔兰民族踢踏舞资源的七分钟舞剧，在1994年的欧洲电视歌唱比赛首演获得成功后，制作人莫亚·多何第、主演麦克·弗莱利与著名作曲家比尔·惠南以及名导约翰·麦根合作，在版权价值开发上下足功夫，不仅充实了原始版本的构架，而且加入了西班牙的佛朗明哥舞、俄罗斯的芭蕾舞及美国纽约风格的爵士踢踏舞等要素，推出了精彩绝伦的歌舞作品《大河之舞》(River Dance)，被誉为当代最具爱尔兰民族风格的经典音乐剧。该剧在世界各地巡回演出，不仅创造了居高不下的票房纪录，更让生成于民间的、默默无闻的爱尔兰舞在现代社会复活。一个被遗忘的舞蹈因一群热爱它的艺术家而走向了广阔的世界，成为人们津津乐道的"只有民族的才是世界的"典范。《大河之舞》成功的主要原因，在我们看来，是将爱尔兰民族舞蹈踢踏舞的价值与现代人的审美观有机地结合了起来，换言之，就是将版权价值中的特殊性和普遍性结合起来，将其纳入现代文化产业运营的价值链中，这样一个具有民族色彩的舞蹈，才具有了走向世界的市场。近几年我国也从民间版权作品开发出不少"走出去"的项目，其中不乏成功的，如"印象云南"，但是更多的并未取得预想的成绩。一个重要的原因是在版权资源自下而上的开发中忽略了版权价值中普世性的因素。

二　版权价值流动中的风险

版权价值在横向或纵向的流动中，会受到自身所特有因素的影响，这使得版权增值过程充满各种风险。

首先，文化产品的消费者的高不确定性导致版权价值在实现时存在着高风险，因为文化产品的消费者具有消费偏好不确定性和消费习惯的反复无常，其中性别、种族、民族、阶层、年龄等变量影响着消费者的偏好，如果根据这些变量尚能测算其消费行为的话，那么，消费者的炫耀性或者差异性消费是文化产品生产者无法进行把握的。因此常常会出现这样的现象：一家文化企业即便使出浑身解数，不断增加营销费用，也难以保障红极一时的文化产品能够不被消费者唾弃。此外，在现实生活中，受制于市场，文化产品的创意者很少能得到高度的自主权，且文化产品需要多个个体或者组织集体合作完成，造成人们很难精确评估和判断文化产品在市场上的价值。

其次，文化产业高投产成本与低复制成本的特性导致其具有被"抄袭"的风险。例如，音乐的制作成本高昂，词曲创作、录制、混音与编曲都需要耗费时间与人力，但"原版"的复制品成本极低，在互联网上甚至为零。但是就是这个特点使得版权价值在流动中陷入两难境地——制作成本高要求通过延长版权价值链分担成本，但是在分担成本时的产品扩散中又面临着被侵权的可能。

再次，版权价值在实现中存在着"市场失灵"的风险。从理论上讲，即便版权法保护版权人的经济利益，保障作品通过售卖方式进入市场，但是无法避免"市场失灵"的情况，这是因为作为智力成果的作品，兼有"非竞争性"和"非排他性"的特征。其中"非竞争性"是指一个人对某一产品的享用并未剥夺其他人享用该产品的数量和质量，这可能导致作品利用不足，因为作品一旦发布则很难控制其使用与传播，要识别谁未付费或阻止搭便车者使用作品是相当困难的。"非排他性"是指产品一旦被制造出来并向公众发布，则不可能阻止未支付生产成本的个人消费该产品，可能导致版权人的创作回报降低，甚至无法收回其创作投入。尽管从理论上讲，版权法采取各种措施防止搭便车者侵犯公共产品的风险，但是在现实生活中，要防止搭便车者侵犯版权人权益则可能付出过高的成本，导致版权人无法维权，因此，"市场失灵"现象依然存在。

据此，版权价值流动中会面临着一系列的风险：第一，消费者的不确定性对应着对文化产品销售定位的风险；第二，版权作品的创作者的自治性差导致版权价值运营不顺畅的风险；第三，版权作品的高成本投入和低成本复制对应着被非合理复制的风险；第四，版权价值在实现过程中的市场失灵对应着文化产品市场化程度和深度降低的风险，从而增加文化企业运营的风险。

三　版权风险管理

毋庸置疑，无论版权价值的水平流向还是垂直流向，其目的都是实现版权价值最大化，使其产生更多的经济效益。然而我们不能一味地关注版权价值的流动频次和方向，以及其可能产生的价值，还要注意在版权价值流动前规避和防范各种风险。无论国内还是国外都有版权价值运营的诸多教训和经验。

App Store 是苹果公司建立的一个新型的版权商业流通平台，借助高效的销售功能和艺术化的用户体验，按照版权作品的下载使用次数在版权作品提供商和流通平台之间进行合理、可信的利益分配，不仅为数以亿计的内容和软件提供了流通渠道，而且为版权人提供了巨大的发行分销渠道和分账收入来源。然而，由于版权审核管理不严等方面的原因，App Store 这一版权价值运作平台频频成为侵权内容滋生的温床，在华侵权诉讼纠纷不断。

作为国内网络文学领域的领跑者，盛大文学很重视防范版权风险：定期公布在盛大文学旗下网站"起点中文网"或其子站"起点女生网"进行登载并享有独家信息网络传播权的作品清单，任何未经盛大文学许可或授权、通过互联网部分或者全部传播清单作品内容的行为均属于侵权行为，盛大文学保留追究法律责任的权利。对后期已购买上述文学作品的非独家信息网络传播权者，盛大文学要求其严格遵守合同中约定的登载平台、登载范围和授权时间，将任何超范围使用行为被视为侵权。此外，倚重专业化的版权追踪系统和遍及全国律师事务所，盛大文学根据各类侵权行为的情节严重程度，依法启动相关行政、民事和刑事程序，最大限度地维护公司的合法权利。盛大文学曾投入大量精力先后对盗版侵权网站或主体，如"百度文库""万松中文网""悠悠书盟""小说520"和"吾爱中文网"等发起诉讼，最大限度地保护知识产权和作者的合法权益。仅 2011 年，盛大文学协助破获网络盗版侵权刑事案件 4 起，民事维权案 40 余起，协助司法机关封停盗版小说网站 89 家，扣押涉案服务器硬盘 60 余块。

具体而言，规避和防范风险通常可采用以下策略。

第一，梳理法律问题，理清上下游法律关系。一方面，对涉及他人作品的权利，要取得授权；另一方面，针对自身权利，不仅要通过直接成为权利人或者通过合同约定获得法律的认可，而且要维护好包括著作权、邻接权和合同获取权利在内的自身权利。

第二，健全版权价值流动链。具体操作策略是，确定版权地位，保证版权运营者在源头的控制力，健全作品登记和合同登记制度；加强版权资源内部管理，将版权资源适当分为主营型版权和防御型版权，因地制宜开发版权价值。建立作品库和合同库，构建版权价值拓展体系；积极进行创意策划，开创版权运营新思路；组建专业的法律团队，做好版权的维护工作。在这方面，华谊兄弟做得相当出色，形成了影视剧制作、影视产品发行与艺人经纪一体化的体系。影视经纪公司不仅提供签约演艺人员的演出机会，而且还承担发掘和培养影视人才的任务。经纪人和演员的互助互利保障电影的拍摄和上映，特别是艺人的加盟所带来的市场感召力降低了华谊兄弟电影上映的不确定风险。

第三，制定近期和长远版权价值开发规划。一方面夯实已有版权资源的权利归属；另一方面预测未来资源的权利归属，实现现实和未来的版权价值资源的互动。

第四，通过大量生产以提高得失比，平衡失败产品与热销产品。文化企业通过过量生产的手段，使失败产品与畅销产品相互抵消。以好莱坞电影为例，精选剧本拍摄电影，10部影片选自一万多个剧本，而且并不确保每部电影都赚钱，只要十部电影加起来盈利就算成功的市场运营。①

第五，通过集中、整合与品牌管理等方式实现企业化经营。文化企业通过水平整合、垂直整合、国际化、多部门及多媒体整合等经营手段，促进企业形态的大型化，控制产业环节，从而降低风险。其中，水平整合就是并购其他事业相近的企业，如一家报纸企业兼并其他的报纸企业。垂直整合是产业链上下游的整合，或向下发展，如电影制片公司并购发行公司；或向上发展，如网络游戏运营公司并购研发公司。国际化整合，即并购或与国际公司合作。多部门及多媒体整合，即整合相关领域，便于交叉宣传和协同发展。

第六，通过渠道控制、广告限制刊发等版权保护手段制造资源的稀缺性。文化企业通过拥有的发行渠道及终端平台，控制文化商品发行的时间节点，掌握文化商品可供取得的便利程度，通过广告控制，针对市场分析进行有效的广告投放，从而影响销售利润。

第七，通过版权保护，禁止或有偿使用版权。例如，北京万达文化产业集团公司将旗下院线、剧场和文化旅游板块全部整合，并涉足上游的影视制片和音乐制作。万达通过发行放映渠道的全球控制，大大降低了文化产品的市场风险。

第八，通过明星制、类型化和系列化等手段制造品牌效应。明星制就是利用明星的号召力来宣传产品，从而降低风险。类型化就是通过细分市场降低风险。如电影中的类型片，有惊悚片、动画片、喜剧片等等，产品的类型

---

① 参见向勇《文化产业导论》，北京大学出版社2015年版，第67页。

化是一种细分的策略，每个产品针对特定的消费人群进行营销推广，可以降低产品的风险。系列化就是通过系列化的口碑累积和品牌塑造降低风险，如好莱坞电影《加勒比海盗》系列、《变形金刚》系列等。

第九，平衡创意与管理，注重发挥创意管理者的综合能力。在文化产业领域，存在艺术的创作者和严密的市场营销者之间的矛盾，创意管理者需要对两者进行协调，既保证作品的内涵，又保证市场的需求。一方面，通过建立既松又紧的组织氛围，约束符号创意者的浪漫情怀，赋予其创意性自主权，摆脱经验型的品质保障模式；另一方面，又要在财务、发行、市场、渠道等环节采取严密的管控手段，评估风险，控制风险。

第三节　版权利益动态管理

数字技术的飞速发展，导致版权管理中的新问题层出不穷。一方面，技术的进步使得作品复制门槛降低，复制件的质量与原件几乎一模一样，如果不加以限制，任由人们自由复制传播的话，则会损害版权所有者的利益；另一方面，数字技术在出版中的应用，也使得个人使用更容易被追踪、控制和收费，在一定程度上抑制个人使用者的权益。可见，在数字化背景下，版权所有者和个人使用者权益构成了数字化背景下版权冲突与管理的两极。如何在数字化背景下协调两者的关系，成为版权理论研究中的焦点问题。目前学界对此形成了两种截然相反的观点。第一种观点是站在版权所有者一方，认为技术对作品的控制是非常必要的，将技术应用于作品接触控制和价格区分中，使用者必须依据使用类型支付一定的费用才能享用作品。第二种观点则是站在个人使用者的角度，指责技术措施对作品使用的控制凌驾于版权之上。持有第二种观点的学者认为，防复制技术措施在版权管理中形成了福柯所言的"全景敞式监狱"，大大方便了版权所有者监视、记录个人使用者在私人领域使用作品的行为，在限制个人使用者使用作品的同时，也侵犯了个人使用者的隐私权等基本人权，[1] 并且损害了私人复制所具备的言论自由价值。[2]

---

[1] 参见 J. E. Cohen, "Comment: Copyright's Public – Private Distinction", *Case Western Reserve Law Review*, 2005。

[2] 参见 R. Tushnet, "Copy This Essay: How Fair Use Doctrine Harms Free Speech and How Copying Serves It", *Social Science Electronic Publishing*, Vol. 114, No. 3, 2004。

在版权管理实践中，我国现行法律对版权所有者与个人使用者的态度是大不相同的，即支持版权所有者的权益保护，强调通过技术措施对版权进行强保护。然而，从长期来看，过度的版权强保护则会挤压个人使用者的合法使用的空间。因此，有必要回归到版权法制定的原初动因，重新审视版权所有者和个人使用者在版权保护中的关系，找到数字化环境下协调版权所有者和个人使用者的协调机制。

一　以公共性为目的的版权保护

周林曾经以问题形式引发我们对版权所有者与个人使用者在版权保护中角色的思考："假设有这样一个小社会，只有三个人，一位作者、一位出版者和一位读者。当作者创作完成一部作品之后，他是否享有著作权？……回答只能是，没有意义。因为那部作品没有被出版，没有被阅读，版权对那位作者来说价值是零。假设在作品创作完成之后再加入一个人——出版者，著作权有意义吗？回答仍然是，没有意义。因为没有人去购买、去阅读那部作品。……只有在作者、出版者、读者同时存在，大家都参与到作品的创作、传播与阅读过程时，版权才真正有意义。"[①] 国外学者也认为，"版权是作者、出版商和读者共同的权利"[②]。由此可见，版权人和个人使用者是版权保护中的一体两面，缺一不可。

版权法制定的初衷是通过赋予权利人有效期限的独占权以保障作品的公共性，促进使用者创造出新知识。公共性这一崇高目标的确立蕴含着版权法对版权人与使用者关系处理的大前提和原则，由此版权法规定了两者的边界：版权人"享有开发作品的独占权，并排除他人对作品的擅自进行开发，版权人有权决定是否对其作品进行商业开发，以及何时以何种方式进行开发"[③]。使用者的权利在于发挥作品的享用功能，而非进行财产性的开发，这样的做法"旨在激励创造革新与成果传播扩散之间实现平衡"[④]。

1709年世界上第一部版权法《安妮法》制定的宗旨是"授予版权人或

[①] 周林:《著作权不仅仅是"作者之权"》,《中国版权》2003年第5期。
[②] L. R. Patterson and S. W. Lindberg, *The Nature of Copyright*. Athens: The University of Georgia Press, 1991, p. 195.
[③] M. Wendler, B. Tremml and B. Buecker, *Key Aspects of German Business Law*, Springer Berlin Heidelberg, 2006.
[④] F. Lévêque and Y. Ménière, *The Economic of Patents and Copyright*, Berkeley: The Berkeley Electronic Press, 2004, p. 5.

稿件购买人于法定期间占有复制书籍以鼓励学习"。美国的第一部版权法，在序言中也声明本法"是为了鼓励学习"。我国《著作权法》的最终目标在于促进社会的发展与进步，对版权人利益的保护成为实现这一目标的手段。可见，各国版权法的目的均为促进使用者学习、知识传播以及社会进步，赋予权利人一定期限的独占权正是实现这一目标的手段。换言之，版权法不仅犒劳版权人的劳动，更重要的是通过保证版权人的酬劳而让使用者和社会普遍受益。

二 数字化背景下版权公共性的"沦落"

数字技术的出现使既有版权法所设置的公共性的目标受到极大挑战。首先，既有的版权法通过权利人获得排他性的权利以解决公共产品的制度安排，常常是失效的，因为权利人即便"有意制造资源的稀缺性以提高对创新的回报"①，也难以实现对版权完全的操控。但是在数字环境下，作品的首次销售不复存在，版权人完全有可能通过技术措施和反规避规则对版权实现完全的控制。通过技术手段使数字内容具有排他性，迫使人们必须付费方能使用作品。通过技术手段阻止未授权使用作品，不仅便利而且廉价，能有效地克服"市场失灵"的问题。既然"市场失灵"是私人复制等合法使用的前提，那么这个前提的丧失，意味着私人复制也应当排除在法律保护之外。然而问题是，版权人利用技术手段为作品提供更为完善保护的同时，却遏制了使用者享用作品的自由，因为数字技术是把双刃剑，一方面，版权人不仅能够监控、追踪和限制在线读者阅读、观看和收听的内容；另一方面，版权人可以同步检测使用者的消费行为，消费者的每一次网上点击都被记录形成大数据，对这些数据的挖掘和利用又成为版权人进一步获得作品潜在商业利益的资源。"技术对版权的控制扩展到使用者利用作品的方方面面：不仅拷贝音乐在电脑上播放、截取电影片段为教学所用等行为受限，而且技术还阻碍生产竞争产品、压制言论、限制首次销售原则及分裂市场，甚至限制那些早已进入公有领域的访问，从而增大了公共接触信息的社会成本。"② 此外，原有的个人使用法定"免责区"变得不复存在，不仅首次销售原则不适用于互联网，而且个人使用也被排斥在新闻网络传播权的合理使用情形之外。换言之，个人使用者沦为被支配者，技术

---

① M. A. Lemley, "Property, Intellectual Property, and Free Riding", *Social Science Electronic Publshing Journal*, Vol. 82, No. 4, 2016.

② 郑重：《数字版权法视野下的个人使用问题研究》，中国法制出版社2013年版，第58页。

措施和反规避法律规则成为工具,帮助版权人支配使用者对作品的使用行为。但是我们知道,版权法的宗旨"不在于为了作者利益而授权作者,而是通过授权作者以利于使用者和整个社会"①。而通过技术手段进行的滴水不漏的版权保护则与作为版权法崇高目标的公众性相悖。

其次,数字技术介入下的版权绝对排他性,危害作品创作的平等性。我们知道,版权法通过赋予作者独占性的权利以获得回报来鼓励作者继续创作,提供更多的作品。但是即便是版权人进行的后续创作,也得依靠两种生产资料,一是前人的版权作品,二是人力资源。就前者而言,任何一个作品的创作都需要以消费前人作品的思想、观念和方法为基础,进而产生新作品。对创作者而言,他希望版权作品合理使用的空间增大,因为"每个作者既是后来作者可能想从中借用材料的前作者,而且他本身也是后来的作者。当其处于前一角色时,他希望为其所创作的作品提供最大化的著作权保护,但当其处于后一角色时,他又偏好于对他人在以往所创作作品的保护最小化"②。然而,从我国现行的法律对信息传播权的规定来看,其对使用者进行了强排斥——既不允许个人合理使用,也不允许出于个人使用目的而规避技术措施。就后者而言,人力资源是创作者智力、体力、教育程度、收入等多要素的组合,均直接地或间接地受益于前人版权作品。如果版权作品的合理使用受到强版权保护的排斥,创作者所享用的学习空间就会缩小,进而放缓作品的创作速度。此外,技术对作品的强保护可能导致创作者的分化。因为作品的获取必须是在强制下进行的,因此,较之于贫穷者,富裕人更容易获得作品的接近权(access right),也更有可能创作出作品,这样导致了创作上的穷者越穷,富者越富的情形,有悖于作品创作的公平性原则,也不利于社会整体的文化发展。

最后,在以分享为标志的互联网文化下,以混搭和混合为特征的新型作品形式得以出现。如果说由《黑色专辑》(Black Album)和《白色专辑》(White Album)融合而形成的摇滚说唱专辑《灰色专辑》(Gray Album)尚能让人理解的话,那么维基百科、百度百科这种全民协作式的百科全书创作则一改人们心目中"高、大、上"的百科全书的形象,进而改

---

① J. P. Liu, "Copyright Law's Theory of the Consumer", Ssrn Electronic Journal, Vol. 44, No. 2, 2003.
② [美] 威廉·M. 兰德斯、理查德·A. 波斯纳:《知识产权法的经济结构》,金海军译,北京大学出版社 2005 年版,第 88 页。

变了对作品创作的看法。劳伦斯·莱斯格将其形象地称作"混合文化"①，它模糊了传统意义上的版权人和使用者的界限，内容混杂了多人的劳动——我中有你、你中有我，很难确定版权作品的所属者具体是谁。现有版权法尚无空间容纳这一作品突变文化，也无法按照传统的做法通过给付版权人报酬促进作品进入公共领域，因为在数字环境下，这些作品收入公共空间后才有作品参与者获得报酬的诉求，或者根本没有获得报酬的诉求，这正好与传统意义上的版权运作路径相反。这样，公共性仅仅具有工具理性而非价值理性。

综上所述，在数字化背景下，由版权使用者通过首次销售原则和合法使用让渡于版权人的公共性之合法性正在沦陷，而由积极的使用者和具有创作潜力的使用者推动下的新的公共性正在成长。如果继续沿用现有版权法限制使用者的法规，将有碍人类文化的进步。

三 数字化背景下版权保护的动态管理机制

为了作品公共性的获得，现行版权法在处理版权人和使用者关系时采取"一边倒"的态度，满足版权人的诉求，在保护范围上大大扩张了。比如延长保护期限、增加专有权利、缩短和限制合理使用期限、视创作挪用为抄袭，从而使版权所有者从法律和技术两方面牢牢控制了版权作品的享用。我国保护著作权的法律更是极力保障版权人的权益。在我国由于盗版猖獗，为了破解这一难题，我国倾向于支持通过技术措施对版权进行强保护，不惜以牺牲使用者合理使用版权权益打击盗版，导致的后果如同倒洗澡水把孩子一起倒掉一般。当版权人权利无限扩张之时，使用者的权益则遭遇到前所未有的危机。

（一）动态管理的理论前提

按照经济学关于静态效率和动态效率关系原理可知，通过绝对控制及防止浪费来实现的静态效率，长期来看则可能产生动态无效率。短期内版权保护水平提高固然能够提升版权人的收益，但是这个保护水平过高时，则容易使创作者产生"坐地收租"心理，反而不能激励其创作的热情，同时也会为后继创作者设置障碍。我国版权法将版权保护视为实现维护公共利益这一终极目标的手段，由于个人使用是获取所有知识、培养创作所需的人力资源的

---

① 参见 R. Koman, *Remixing Culture: An Interview with Lawrence Lessig*. http://archive.oreilly.com/pub/a/policy/2005/02/24/lessig.html。

必由之路，也对创造过程作出重要贡献，从鼓励创作、维护公共利益这一版权法最终目标角度看，在版权保护过程中不应忽视对使用者利益的兼顾，在数字化环境下需要对版权保护做动态调整。

在数字化环境下，作品的流通速度加快，版权人和使用者之间的互动频繁，这为动态调整两者关系提供了可能。这种互动可以分为两种情形，第一种情形是版权人与被动的使用者之间的互动，第二种情形是版权人与积极的使用者之间的互动。所谓被动的使用者，是指只消费作品但不产生新作品的使用者。他们通过阅听行为获得感官的愉悦，并分享这种愉悦，或者直接转发作品，这种现象引发人们对版权人的关注，从而形成了有利于版权人的口碑效益。换句话说，赋予了版权人一定的社会资本，且这种社会资本具有转化为经济资本的势能。

所谓积极的使用者，是积极消费作品、参与作品的再创作的版权使用者，他们创作的目的不在于形成新的作品或者获得经济回报，而是兴趣爱好使然。我国有学者认为，积极的消费者体现了自治表达、相互交流和自我发展的特点，将有助于版权制度的进步和民主文化的发展。这样，就存在着版权人、积极使用者和未来版权人的关系的不停流动——今天的版权人有可能变成明天的使用者，今天的版权使用者有可能成为明天的版权人，这种变化使得我们就不得不认真面对版权保护的动态诉求："每一个作者既是后来作者可能想从中借用材料的一个以前的作者，而且他本身也是提供最大化的著作权保护，但当其处于后一角色时，他又偏向于对他人在以往所创作的保护最小化。"[1] 正因为存在着上述情形，在某一次静态分配中利益受损的一方可能在未来的其他分配中得到充分补偿，即"由于版权限制版权人被剥夺而减少的那部分经济利益，可以由版权人的作品被他人使用时得到补偿。反之亦然，后续的作者或潜在的作者借用前人的版权作品，减少表达成本而促进更多作品创作。丰富的版权作品有助于将版权作品所产生的社会福利放大，从而增加每一个利益相关者在版权分配中的收益"[2]。

由此可见，无论是消极还是积极的使用者，其消费行为不仅为自己也为他人创作提供基础材料，培养了新作品的作者，使用者的消费行为本身具备了生产性的特质。从这个意义上讲，版权人和使用者地位是平等的，这为调

---

[1] 郑重：《数字版权法视野下的个人使用问题研究》，中国法制出版社2013年版，第27页。
[2] 同上书，第199—200页。

整两者关系并促进两者达成共识提供了可能性。

（二）动态管理基本原则

既然版权人的经济收益来源于两个方面，一是个人作品精神价值通过有形的载体得以传播并在使用者中获得认同从而得到经济收益；二是使用者对其作品的认可和追捧，为了获得个体精神享受从而通过购买获得该作品的使用权。上述两者的结合使得作品由精神价值过渡到经济价值。而使用者对作品甚至作者的认可和追捧又会产生边际效益——为作者后续作品的售卖提供了保障。因此，版权人个人创造和使用者对版权人作品的认识是版权人获得经济收益的不可或缺的两个方面。既然版权财产权离不开使用者，那么在以分享为特征的互联网时代，版权人要推进自己作品在市场上的认可程度，有必要使作品尽可能在最短时间内接近使用者。而要做到这一切，则需要版权人让渡个人的某些权益。

我们知道，从作品诞生之日起，作者就享有精神权利和财产权利，精神权利是伴随版权人始终的，无论其身故与否，都不存在转让的问题。真正给版权人带来经济收益是财产权利，而财产权则是有时间期限的，过了一定的保护期，作品便进入公共领域。版权人为了使作品接近使用者需要在让渡期内的财产权利的某些权利或者全部权利，以这部分权利在一定时间期限内的让渡为自己在使用者中获得名气，即社会资本，进而为日后社会资本转变为经济资本做好铺垫。但是需要确保的是，版权人的精神权利和财产权利不容侵犯，这是动态管理的基本原则。

（三）动态管理模式

从我国版权人与使用者的动态调整的实践来看，一些版权企业已经做出了比较好的示范。比如，一些刊登网络文学的网站，对网站上传的作品实行部分开放供读者体验，而在读者读得兴致盎然时戛然而止，实行收费阅读。如果网络文学的版权运营是一种比较粗放的动态调整模式的话，那么民营文化公司灿星与浙江卫视联合制作的《中国好声音》和《中国新歌声》的版权人和使用者的动态调整模式就上了一个档次。作为在国内观众中美誉度极高的音乐类选秀节目，其将播出期间所有的版权作品授权QQ音乐播放，QQ音乐则为该节目提供吸引听众的平台，免费分享参赛选手的歌曲。QQ音乐针对差异化的听众，提供流畅品质、标准品质、高品质和无损品质四种制式，供使用者收听或下载时选择。如果想无偿享受歌曲，只能在流畅品质、标准品质两种制式中享受；如果想享受高品质或无损品质的歌曲，则需要付费。当节目的歌曲经过一段时间被听众熟知后，则需要付费收听，无论采用哪种制式。除此之外，QQ音乐还与微信无缝对接，方便听众在这个中国最大的社交平台上分享歌曲和收听感受，极大地扩大了节目和参赛歌手的知名度。一旦版权人获得丰厚的社会资本，之后版权的运营就不一定限制在音乐这一特定版权领域，而是可以开展版权的跨界，实现版权价值在版权产业的核心层、外围层和相关层的流动，使得版权人获得更为多元的版权收益。除此之外，版权人还会获得版权之外的收益，比如由作品点击率带来的广告收益等。

由于精神权利和财产权利暂时分离的版权运营是在数字化背景下出现的新现象，其运作模式仍然在探索中。从目前来看，比较成熟的模式大约有三种：低品质制式内容在线免费阅读/视听、低品质制式内容免费下载阅读/视听、部分内容在线免费阅读/视听。其中低品质制式内容在线免费阅读/视听、低品质制式内容免费下载阅读/视听适合使用者费时比较短的内容，如歌曲、MV、广播短剧等。部分内容在线免费阅读/视听适合内容密集度高的网络出版，google图书和国内外学术论文数据库使用的就是该种模式。但是，上述这些调整模式远远不能满足数字化时代不断增长的版权使用者合理使用的需求，仍需要探索增加其他模式。

（四）动态管理要义

动态管理与之前的版权关系的调整不同之处在于"动态"二字。由于要根据时间、地点和情境的变化而调整版权所有者和使用者的关系，因此可能造成一些不确定性，导致动态管理中的风险。为了防范这些风险，动态管理中需要处理版权所有者、使用者、版权管理者可能遇到的问题。

就版权所有者而言，既然在数字化时代个人版权经济利益倚重使用者，这就要求版权人提升作品创作的含金量，不能拿使用者的阅读/视听品味开涮。这一点与我国政府最近提倡的增强出版业的"供给侧"是密切相关的。目前我国图书市场中的畅销书至少有1/3来自引进版图书，国内图书同质化现象明显，单纯从"需求侧"刺激读者消费已经显得力不从心，必须着力于将当下作品生产的"粗放型"的方式转变为"精耕细作"的可持续发展模式；将对作品的量化考核转变为对作品的质性评价，从对作品发展速度的追求转变为对作品发展深度的思索，从而在根本上保障更多优秀的作品走近读者，免遭成为明日黄花的厄运。

就使用者而言，数字化时代带来使用作品福音的同时，也对使用者的个人素养提出更高的要求，这要求使用者在使用作品时不能利欲熏心，将作品的合理使用当作通向个人非法致富的铺路石，玩饮鸩止渴的游戏；个人创作作品时，要尊重他人劳动，不抄袭他人作品，引用他人作品要规范；尊重版权人的个人要求，比如当版权人提出作品未经许可不得转载时，使用者转载须征得版权人的同意。

就版权管理者而言，版权人和使用者关系动态调整应着重做好下面三方面的工作：第一，规定个人合理使用的情形，进一步厘清合理使用和盗版的差异；第二，确定信息网络传播权中个人使用权的覆盖范围；第三，允许信息网络中出于个人使用之目的可采取规避技术措施条款的存在。然而这个工作的开展仍有很多理论和现实困难，有待于版权研究者和版权法规制定者破解。

结　语

　　中国民营文化资本的跨界是随着中国文化产业的快速发展而产生的一种产业现象，研究该文化产业现象，对于重新认识民营文化资本的地位和作用，构建有中国特色的文化产业学具有积极的意义。

　　研究民营文化资本的跨界，逻辑起点在对"民营文化资本"这一概念的界定上。本书通过剥茧抽丝般的分析，在"文化资本"这一关键概念与经典的文化资本概念做了异同比较基础上，规定了本书文化资本的内涵，并结合文化产业兼具文化属性和产业属性的特点，将文化资本的内涵做了四个层次的区分，从低到高分别是文化产业资本、文化资源资本、文化资产资本、文化象征资本。其中文化产业资本是民营文化产业发展的原始驱动力；文化资源资本则是民营文化资源打造本土化文化产业特色不可替代的资本；文化资产资本是有别于非文化产业的主要标志，主要体现为智力创作的成果，以无形资产作为其主要的存在形式，如版权、专利、商标等，也是民营文化资本与国有文化资本和国际文化资本进行竞争的关键所在，是民营文化产业核心竞争力的最重要的一个指标；文化象征资本是上述三个资本发展到高级阶段的表现形态，具有抽象性特征，是文化服务与贸易赖以成立的基础。

　　对民营文化资本的跨界研究要基于一定的视角，本书选择空间经济学的视角对三种类型的民营文化资本的跨界进行探析，分别是所有制跨界、版权跨界和地域跨界。其中，所有制跨界是三种跨界的基础，正是文化资本所有制的变革推动了所有制的跨界，同时也为版权跨界和地域跨界做了基础性的准备。如果说所有制跨界涉及的是文化资本的产权所属的跨界的话，那么版权跨界则是从文化产业本身的层次构成入手，探讨版权在各层次间的流动。地域跨界则是所有制跨界和版权跨界最高实现形式，只有所有制跨界和版权跨界发展到一定水平，中国民营文化资本逐步壮大时，才有可能实现跨国界的流动。

　　民营文化资本作为中国特有的一种文化经济现象，其演化是随着中国改革开放,特别是文化体制改革的推进逐步展开的,经历了起步、探索、鼓励和促进四个阶段。民营文化资本与国际文化资本、国有文化资本的矛盾运动推动了民营文化资本的累积和壮大。而民营文化资本之所以能够壮大,既有外部因素的促进,也有内在因素的推动。本书通过对民营文化资本内在因素的 SWOT 分析和外在因素的 PEST 分析,比较全面地论证了民营文化资本所有制跨界、版权跨界和地域跨界的合理性。

民营文化资本实现三大跨界的前提是不断增长的民营文化资本,而民营文化资本在壮大过程中形成了集聚现象。本书基于文化产业园区、国家文化产业示范基地和上市民营企业的分布,全面展示了中国文化资本集聚现象,接着从实践与理论对接的角度提炼出中国民营文化资本的集聚的拓展性钻石模型,并以万达集团的地产集群和文化产业集群为个案,从学理上分析了民营文化资本集聚独特的演进规律。民营文化资本的集聚的结果是形成溢出效应,由核心到外围、由点到面,从国内向国外拓展。从民营文化资本四个层次在民营文化产业的演进过程来看,文化产业资本的作用主要表现在民营文化产业的启动阶段,起到原始推动力的作用;文化产业资本加文化资源资本是民营文化产业拓展阶段的主要特征;文化产业资本与文化资源资本的合力推动了文化资产资本的形成,民营文化产业进入升级阶段;而上述三者的合力形成的文化象征资本则是民营文化企业软实力的集中表现,构成了国家软实力最重要的一个组成部分。至此民营文化产业进入高级阶段,完成一个大循环。当第一个循环完成后,又为推动下一个循环做了铺垫(图 0′-1)。

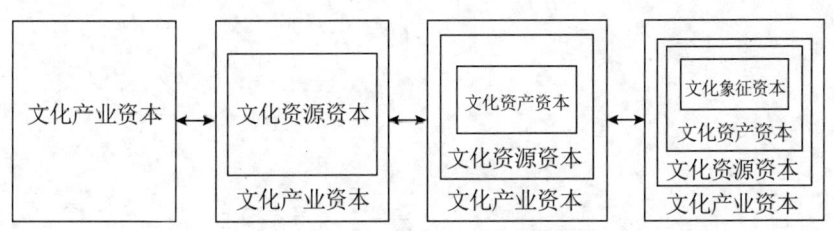

图 0′-1　民营文化资本的演化

民营文化资本跨界的进路主要有两条,一条是内涵式的跨界,包括引入外来投资、引入外来技术、引入外来消费等;另一条是外向式的跨界,包括与国内外资本的融合、独立跨界等。浙江省民营文化企业创新了诸多跨界路径,成为中国民营文化资本跨界的典范。

中国民营文化资本跨界的主要推动力是政府、市场和文化机构三大主体之间的权利关系以及由此带动的利益关系重构,这三大主体分别对应着文化产业的宏观管理、中观管理和微观管理。其中文化产业的宏观管理主要指通过文化体制和文化政策制定，对文化产业进行宏观调控和指导，它涉及政府、市场和文化机构这三大主体之间的关系；文化产业的中观管理则表现为政府通过市场手段，提升文化机构的运营能力；文化产业的微观管理针对的是市场和文化机构的关系，表现为文化机构如何通过市场运作，实现版权价值的增值。

本书的贡献体现在以下三方面：第一，对民营文化资本做了界定，并对民营文化资本的构成要素做了四个层次的分析，从低到高分别是文化产业资本、文化资源资本、文化资产资本、文化象征资本；第二，在民营文化资本与国有文化资本、国际文化资本的矛盾运动中对跨界做出界定，并提出了跨界的几种模式；第三，从空间和时间双重维度提出了民营文化企业跨界的进路。

由于国内对于民营文化资本的跨界研究刚刚起步，国家相关的民营文化企业统计数据缺失，使得本研究不可避免地存在一些问题，比如，对于民营文化资本的三种跨界的联系的研究还有待深入，尤其是对三种跨界的相关因素相互作用的理论分析尚显薄弱，有待在今后的研究中进一步深化。

图表附录

图0-1 民营文化资本跨界研究文献梳理的逻辑框架
图0-2 民营文化资本四个层次的区隔
图0-3 研究思路

表1-1 民营文化资本和国际文化资本政策支持力度对比
表1-2 中国文化艺术业投资情况比较
表1-3 2004—2016年民营和国有文化资本固定投资占比
表1-4 2004—2016年国有、民营文化资本在文化产业各层的分布
表1-5 三种文化资本的竞争优、劣势及在文化产业中的分布
图1-1 2004—2015年我国外资投入项目数量
图1-2 2004—2015年我国文化产业实际使用外资情况
图1-3 2004—2015年文化产业外资在华总投入所占比重
图1-4 2004—2015年民营与国有文化资本固定投入比较

表2-1 文化及相关产业分类
表2-2 2010—2015年中国版权引进与版权输出比较
表2-3 文化产业和服务贸易目录
图2-1 联合国教科文组织的文化统计框架涵盖的文化领域
图2-2 联合国教科文组织的文化统计框架涵盖的相关领域
图2-3 国际化网络中的企业类型及对应文化贸易模式

表3-1 投资方式与体制改革部分要素出现的频次和比重
表3-2 投资方式各政策要素在各类政策中的频次和比重
图3-1 民营文化企业自组织驱动力结构
图3-2 2004—2015年年度文化产业增加值

图 4-1　2016 年全国居民人均消费支出及其构成
图 4-2　VR 影响下的产业链

表 5-1　中国省市文化产业发展指数（2016）得分及排名情况
表 5-2　产业园数量与当地 GDP 的相关度
表 5-3　产业园数量与当地常住人口的相关度
表 5-4　产业园数量与当地人均 GDP 的相关度
表 5-5　民营文化及相关产业上市公司空间分布
表 5-6　民营文化及相关上市公司行业分布情况
表 5-7　2016 年前三个季度九大股票净资产收益率
表 5-8　民营文化企业产业资本在不同成长阶段来源
图 5-1　文化产业园区在各行政省、市、自治区的数量分布
图 5-2　2016 年前三个季度九大股票基本每股收益
图 5-3　1992—2016 年民营文化企业上市时间分布
图 5-4　波特的钻石模型
图 5-5　民营文化产业集群竞争力钻石模型
图 5-6　万达地产集群与文化产业集群跨界演化示意

表 6-1　2000—2013 年横店影视城的跨界融合历程
图 6-1　民营文化企业国际化进程模型
图 6-2　文化企业国际化三阶段

表 7-1　中国文化产业主要的纲领性政策
表 7-2　中国文化产业主要的配套指导性政策
表 7-3　中国文化产业主要宏观金融政策
表 7-4　中国对外文化交流主要指导政策
表 7-5　主要的跨地区政策
表 7-6　主要的跨行业政策
表 7-7　主要的跨所有制政策
表 7-8　日本文化产业政策演变
表 7-9　日本文化产业各行业管理机构

表 8-1　文化产业各类别的特质

表8-2 中国文化产业各门类"走出去"的SWOT分析
表8-3 文化产业无形资产投资行为
表8-4 无形资产评估方法
图8-1 日本文化产业主打目标市场
图8-2 日本文化产业的重点目标市场
图8-3 文化产业链各要素的关系

图0'-1 民营文化资本的演化

参考文献

中文文献

（一）报告类

冯兴元、何广文等：《中国民营企业生存环境报告2012》，中国经济出版社2013年版。

张庆宗、郭熙煌：《中国对外文化传播及其影响报告（2013）》，社会科学文献出版社2014年版。

胡惠林、王婧：《2013：中国文化产业发展指数报告（CCIDI）》，上海人民出版社2014年版。

彭翊主编：《中国文化消费发展指数报告（2016）》，人民出版社2016年版。

彭翊主编：《中国省市文化产业发展指数报告》，中国人民大学出版社2015年版。

王钦敏主编：《中国民营经济发展报告（2013—2014）》，社会科学文献出版社2014年版。

王亚南等：《中国文化消费需求景气评价报告（2015）》，社会科学文献出版社2015年版。

张立主编：《2014—2015年中国数字出版产业年度报告》，中国书籍出版社2015年版。

中央文化企业国有资产监督管理领导小组办公室、中国社会科学院文化研究中心：《中国对外文化贸易报告（2014）》，社会科学文献出版社2014年版。

中国外文局：《中国国家形象全球调查报告2016—2017》。

《中华人民共和国2014年国民经济和社会发展统计公报》。

中华人民共和国文化部对外文化联络局（港澳台办）、北京大学文化产业研究院：《中国对外文化贸易年度报告（2014）》，北京大学出版社2014

年版。

叶朗：《中国文化产业年度发展报告（2013）》，北京大学出版社 2013 年版。

张向东、谭云明：《中国传媒投资发展报告（2015）》，社会科学文献出版社 2015 年版。

张晓明、王家新、章建刚：《中国文化产业发展报告（2014）》，社会科学文献出版社 2014 年版。

臧志彭、解学芳：《中国文化及相关产业上市公司研究报告（2011—2013）》，知识产权出版社 2015 年版。

（二）论著

［德］乌·贝克等：《全球化与政治》，中央编译出版社 2000 年版。

［美］丹尼尔·贝尔：《资本主义文化矛盾》，严蓓雯译，江苏人民出版社 2007 年版。

北京大学社会学人类学研究所编：《东亚社会研究》，北京大学出版社 1993 年版。

陈忱主编：《中国民族文化产业的现状与未来：走出去战略》，国际文化出版社 2006 年版。

陈杰：《中国文化走出去战略"落地"研究：以阿拉伯社会为例》，宁夏人民出版社 2013 年版。

陈明淑、王元京：《民营经济：发展的新机制、新动力和新机遇》，云南人民出版社 2004 年版。

程恩富：《文化经济学通论》，上海财经大学出版社 1999 年版。

程立茹：《文化产业金融创新问题研究：国别经验与典型案例》，中央民族大学出版社 2014 年版。

费孝通：《乡土中国》，生活·读书·新知三联书店 2013 年版。

胡惠林：《文化产业发展与国家安全》，广东人民出版社 2005 年版。

［英］迈克尔·吉本斯等：《知识生产的新模式：当代社会科学与研究的动力学》，陈洪捷、沈文钦译，北京大学出版社 2011 年版。

［英］约翰·齐曼：《元科学导论》，刘珺珺、张平等译，湖南人民出版社 1988 年版。

［德］彼得拉·克里斯蒂娜·哈特：《版权贸易实务指南》，宋含露等译，上海人民出版社 2009 年版。

［加拿大］考林·霍斯金斯、斯图亚特·迈克法蒂耶、亚当·费恩：《全球电视和电影——产业经济学导论》，刘丰海、张慧宇译，新华出版社2004年版。

［美］威廉·M. 兰德斯、理查德·A. 波斯纳：《知识产权法的经济结构》，金海军译，北京大学出版社2005年版。

李清均：《空间生产结构优化问题研究》，经济管理出版社2011年版。

李思屈等：《中国文化产业政策研究》，浙江大学出版社2012年版。

厉无畏：《创意产业导论》，学林出版社2006年版。

梁琦：《产业集聚论》，商务印书馆2004年版。

林俐：《民营企业国际化进程研究——基于沿海小区域的考察》，浙江大学出版社2012年版。

林拓、李惠斌、薛晓源：《世界文化工业发展前沿报告》，社会科学文献出版社2004年版。

林炎旦：《文化创意产业理论与实务》，台湾师大书苑有限公司2011年版。

刘立云：《中国"嵌入型"文化产业集群发展研究》，社会科学文献出版社2014年版。

柳斌杰：《中国版权相关产业的经济贡献》，中国书籍出版社2010年版。

［美］曼昆：《经济学原理》，梁小民、梁砾译，北京大学出版社2009年版。

［美］米尔斯：《社会学想象力》，陈强、张永强译，生活·读书·新知三联书店2005年版。

［美］约翰·奈斯比特：《亚洲大趋势》，马久玲译，广东经济出版社1997年版。

欧阳坚：《文化产业政策与文化产业发展研究》，中国经济出版社2011年版。

［美］迈克尔·波特：《国家竞争优势》，李明轩、邱如美译，华夏出版社2002年版。

祁述裕：《中国文化产业发展前沿——"十二五"展望》，社会科学文献出版社2011年版。

［日］青木昌彦：《比较制度分析》，周黎安译，上海远东出版社2001年版。

［美］罗兰·罗伯森：《全球化——社会理论与全球文化》，梁光严译，

上海人民出版社 2000 年版。

单世联：《论文化观念与文化生产》，新星出版社 2014 年版。

上海市哲学社会科学规划办公室编：《文化产业的发展和管理》，学林出版社 2001 年版。

陶国相：《科学发展观与新时期文化建设》，人民出版社 2008 年版。

王婧：《重塑文化产业空间关系》，上海人民出版社 2015 年版。

王辑慈等：《创新的空间——企业集群与区域发展》，北京大学出版社 2001 年版。

王雪野：《国际文化资本运营》，中国传媒大学出版社 2008 年版。

魏江、向永胜等：《文化根植性与产业集群发展》，科学出版社 2014 年版。

薛晓源、曹荣湘主编：《全球化与文化资本》，社会科学文献出版社 2005 年版。

颜海、苏娴、熊晓亮：《文化产业概论》，北京大学出版社 2014 年版。

杨国桢：《明清土地契约文书研究》，人民出版社 1988 年版。

曾菊新：《空间经济：系统与结构》，武汉出版社 1996 年版。

赵建国等：《中国文化产业国际竞争战略》，清华大学出版社 2013 年版。

张仁汉：《浙江区域文化产业发展战略研究》，光明日报出版社 2014 年版。

张云伟：《跨界产业集群之间合作网络研究——以上海张江与台湾新竹 IC 产业为例》，经济科学出版社 2016 年版。

郑重：《数字版权法视野下的个人使用问题研究》，中国法制出版社 2013 年版。

中共中央宣传部文化体制改革和发展办公室、中共中央宣传部干部局：《德国文化产业概观》，中华书局 2010 年版。

朱旭光：《文化改革发展论：文化建设的冷热思考》，中国广播电视出版社 2013 年版。

（三）论文

鲍红：《竞争与合作——国有出版社与民营出版公司资本合作》，《出版发行研究》2010 年第 9 期。

蔡尚伟、何鹏程：《回眸与展望：中国文化产业政策的创新演化》，《成都大学学报》（社会科学版）2010 年第 2 期。

蔡尚伟、王理:《开启中国文化产业国际化时代》,《西南民族大学学报》(人文社会科学版)2010年第5期。

曹俊哲:《虚拟财产犯罪数额认定问题研究》,硕士学位论文,上海社会科学院,2013年。

蔡雯、黄金:《规制变革:媒介融合发展的必要前提——对世界多国媒介管理现状的比较与思考》,《国际新闻界》2007年第3期。

常晔:《金融支持文化产业发展问题研究》,《经济研究导刊》2009年第12期。

陈立旭:《当代中国文化产业发展历程审视》,《中共宁波市委党校学报》2003年第3期。

陈清华:《文化创意产业知识溢出效应研究》,《南京社会科学》2010年第5期。

陈秀山、李逸飞、左言庆:《论狭义与广义的空间经济学》,《区域经济评论》2015年第4期。

迟莹、齐晓安:《发达国家文化产业"走出去"模式及启示》,《税务与经济》2014年第6期。

褚劲风:《国外创意产业集聚的理论视角与研究系谱》,《世界地理研究》2009年第1期。

崔波:《版权跨界运营模式应用评析》,《经济论坛》2012年第4期。

戴钰:《文化产业空间集聚研究》,博士学位论文,武汉理工大学,2012年。

邓丽姝:《文化创意产业的高端化发展》,《湖北社会科学》2010年第7期。

范建华:《带状发展:"十三五"中国文化产业发展新趋势》,《云南师范大学学报》(哲学社会科学版)2015年第3期。

方英、魏婷、虞海侠:《中日韩文化创意产品贸易竞争关系的实证分析》,《亚太经济》2012年第2期。

傅才武、陈庚:《三十年来的中国文化体制改革进程:一个宏观分析框架》,《福建论坛》(人文社会科学版)2009年第2期。

高福安、刘荣、刘亮:《网络与通信技术对公共文化服务的影响》,《现代传播·中国传媒大学学报》2012年第6期。

郭新茹、顾江、朱文静:《中日韩文化贸易模式的变迁:从互补到竞争》,《经济问题探索》2010年第5期。

和军、刘洋:《积极推动民营企业与国有垄断企业融合发展的混合所有制经济》,《辽宁经济》2010年第4期。

魏后凯、贺灿飞、王新:《外商在华直接投资动机与区位因素分析——对秦皇岛市外商直接投资的实证研究》,《经济研究》2001年第2期。

胡彬:《创意产业价值创造的内在机理与政策导向》,《中国工业经济》2007年第5期。

胡正荣、柯妍:《媒介融合背景下的电视新媒体所有权变化及其对文化创意产业的启示》,《电视研究》2010年第6期。

黄弘毅:《我国文化产业立法研究》,硕士学位论文,湖南大学,2013年。

董俊平:《国际文化产业发展趋势浅析》,《政治瞭望》2005年第9期。

黄永兴、徐鹏:《经济地理、新经济地理、产业政策与文化产业集聚:基于省级空间面板模型的分析》,《经济经纬》2011年第6期。

黄志坚等:《创新文化走出去的模式》,《时事报告》2010年第2期。

霍步刚:《国外文化产业发展比较研究》,博士学位论文,东北财经大学,2009年。

江飞涛、李晓萍:《直接干预市场与限制竞争:中国产业政策的取向与根本缺陷》,《中国工业经济》2010年第9期。

江凌:《近十年中国文化产业政策的基本类型分析》,《江南大学学报》(人文社会科学版)2012年第1期。

江凌:《中外文化产业政策基本特征比较》,《福建论坛》(人文社会科学版)2010年第12期。

姜长宝:《区域特色的文化产业集聚——以河南省南阳市为例》,《经营与管理》2009年第3期。

金灿荣:《从"中国威胁论"到"中国责任论"——中国国际舆论环境的变化与应对》,《绿叶》2009年第5期。

金惠红:《民营企业信息需求及获取途径分析》,《企业经济》2010年第6期。

靳涛:《集体主义文化维系下的柔性组织与模糊契约——浙江民营企业发展的自组织模式揭示》,《中国工业经济》2003年第11期。

蓝庆新、郑学党、韩晶:《我国文化产业国际竞争力比较及提升策略——基于2011年横截面数据的分析》,《财贸经济》2012年第8期。

雷宏振、潘龙梅:《中国文化产业空间集聚特征研究》,《东岳论丛》

2011年第8期。

梁琦、刘俊厚:《产业区位生命周期理论研究》,《南京大学学报》(哲学·人文科学·社会科学版)2003年第5期。

李凤亮、宗祖盼:《跨界融合:文化产业的创新发展之路》,《天津社会科学》2015年第3期。

李凤亮、宗祖盼:《科技背景下文化产业业态裂变与跨界融合》,《学术研究》2015年第1期。

李华成:《欧美文化产业投融资制度及其对我国的启示》,《科技进步与对策》2012年第7期。

李江帆:《文化产业:范围、前景与互动效应》,《经济理论与经济管理》2003年第4期。

李宁:《"自由市场"还是"文化例外":美国与法—加文化产业政策比较及其对中国的启示》,《世界经济与政治论坛》2006年第5期。

李义杰:《文化创意产业集聚的传播学机制和动因》,《当代传播》2011年第2期。

厉无畏:《创意产业与经济发展方式转变》,《社会科学研究》2012年第6期。

林敏娟:《公共文化服务中民营企业角色类型及制约机制——基于"角色分离"的分析框架》,《电子科技大学学报》(社会科学版)2012年第1期。

刘锋:《中国文化"走出去":为什么?如何"走"?》,《民主》2011年第7期。

刘蔚:《文化产业集群的形成机理研究》,硕士学位论文,暨南大学,2007年。

柳斌杰:《混合所有制:国有民营共同书写文化强国新篇章》,《出版参考》2014年第13期。

柳斌杰:《大力发展民营书业,加快建设出版强国》,《出版参考》2016年第5期。

卢泰宏、刘世雄:《区域性差异的消费行为研究:路径与方法》,《中山大学学报》(社会科学版)2004年第2期。

马洪波、孙凌宇:《"一带一路"战略构想为区域合作发展带来新机遇》,《人民日报》2014年7月22日第7版。

马树华:《双重边缘化状态下的文化产业融资难问题解析》,《中国海洋大学学报》（社会科学版）2013 年第 2 期。

马相武：《2007：中国文化走出去》，《艺术评论》2007 年第 1 期。

茅于轼：《民间融资——改进资金使用效率的渠道》，《今日科苑》2010 年第 15 期。

欧秋源：《产业开放对我国文化产业国际竞争力的影响研究》，硕士学位论文，湖南大学，2014 年。

潘瑾等：《创意产业集群的知识溢出探析》，《科学管理研究》2007 年第 4 期。

彭锋：《文化产业与模式二知识》，《新美术》2013 年第 11 期。

彭景：《民营电影企业的境外产业资本研究》，硕士学位论文，西南大学，2015 年。

钱滔：《地方政府、制度变迁与民营经济发展——比较历史制度分析的视角》，博士学位论文，浙江大学，2005 年。

邵培仁、王昀：《基于"一带一路"世界主义想象的中国传媒进路》，《编辑之友》2017 年第 1 期。

史晋川：《温州模式的历史制度分析——从人格化交易与非人格化交易视角的观察》，《浙江社会科学》2004 年第 2 期。

史征：《民营资本准入文化产业领域的规制变革——以改革开放后我国民营图书业发展为例》，《学术论坛》2010 年第 12 期。

宋湘宁：《商业生态系统视角下的文化产业成长模式研究》，博士学位论文，武汉大学，2011 年。

滕祥河、牟文琴：《新常态下文化创意产业内涵与外延再思考：一个文献综述》，《广西经济管理干部学院学报》2015 年第 3 期。

王海文、李渡石：《我国网络游戏文化服务贸易发展模式创新研究》，《国际服务贸易评论》2013 年第 7 辑。

王俊豪：《特许投标理论及其应用》，《数量经济技术经济研究》2003 年第 1 期。

王爽、邢国繁、张曙霄：《中国文化服务贸易结构及竞争力实证研究》，《商业研究》2014 年第 6 期。

文艳霞：《跨界融合：传统纸媒的电商之路》，《出版发行研究》2015 年第 1 期。

魏鹏举：《全球化的本土振兴——文化创意产业与内生经济增长研究》，博士后报告，中国人民大学，2006 年。

邬关荣、肖鑫：《基于价值链的企业文化贸易模式——以万事利集团为例》，《浙江经济》2014年第4期。

吴鹤、于晓红、徐芳奕：《解决我国文化产业融资难问题的策略》，《经济纵横》2013年第1期。

吴彤：《市场与计划：自组织与他组织》，《内蒙古大学学报》（哲学社会科学版）1995年第3期。

吴延兵：《中国哪种所有制类型企业最具创新性?》，《世界经济》2012年第6期。

吴赟：《论出版经济学研究的逻辑起点——出版产品的经济特质分析》，《出版科学》2010年第1期。

解学芳、臧志彭：《科技创新协同下的创意产业发展机理研究》，《山西财经大学学报》2007年第9期。

熊建练、吴茜、任英华：《文化产业空间集聚特征与动态规律的实证分析》，《统计与决策》2016年第19期。

徐康宁、陈奇：《外商直接投资在产业集群形成中的作用》，《现代经济探讨》2003年第12期。

徐蕾：《当代中国民营资本的特点和地位及其政治诉求》，《长安大学学报》（社会科学版）2012年第1期。

徐云鹏：《标尺竞争理论述评》，《河南财政税务高等专科学校学报》2010年第4期。

杨吉华：《改革开放以来我国文化产业政策实践的回顾与反思》，《上海行政学院学报》2006年第6期。

杨轶清：《低"人口素质"与高经济增长》，《人口研究》2015年第3期。

殷凤：《中国服务贸易比较优势测度及其稳定性分析》，《财贸经济》2010年第6期。

喻国明、李慧娟：《大数据时代传媒业的转型进路——试析定制内容、众包生产与跨界融合的实践模式》，《现代传播·中国传媒大学学报》2014年第12期。

余瑾：《北京市文化创意产业竞争力及其文化贸易模式研究》，硕士学位论文，对外经济贸易大学，2009年。

袁海：《中国省域文化产业集聚影响因素实证分析》，《经济经纬》2010年第3期。

张辉锋、宋颖颖：《电影版权评估指标体系新探》，《青年记者》2011年第5期。

张先国：《以"新闻+服务"打开跨界融合的新兴市场——湖北日报传媒集团融合发展的实践与思考》，《新闻与写作》2014年第10期。

张筱：《制度环境、民营企业家资本与企业战略选择》，硕士学位论文，华南理工大学，2014年。

张炜：《FDI对中国制度变迁的影响机制分析》，博士学位论文，南开大学，2013年。

张为付、黄晶、周长富：《南京市文化产业与工业制造业互动关系研究》，《南京财经大学学报》2008年第1期。

张阳红：《民营高科技企业自主创新动力系统研究》，博士学位论文，哈尔滨工程大学，2012年。

张铮、熊澄宇：《媒介整合的未来——以电子出版为例》，《河南社会科学》2007年第4期。

张朝霞：《经济集聚视角下中国文化产业的发展机制分析》，《统计与决策》2016年第8期。

赵星：《我国文化产业集聚的动力机制研究》，博士学位论文，南京师范大学，2014年。

郑良泽：《我国文化产业发展阶段划分初探》，《辽宁行政学院学报》2012年第8期。

周锦：《产业融合视角下文化产业与制造业的融合发展》，《现代经济探讨》2014年第11期。

周林：《著作权不仅仅是"作者之权"》，《中国版权》2003年第5期。

朱郢：《浅谈如何破解文化产业融资难题》，《法制与经济》2013年第2期。

朱春阳：《中国文化"走出去"为何困难重重？——以文化产业国际贸易政策为视角的考察》，《中国文化产业评论》2012年第2期。

朱诗娥、杨汝岱：《长三角与珠三角对外贸易发展模式的比较研究》，《中国高等学校学术文摘·经济学》2004年第2期。

朱文静、顾江：《我国文化贸易结构与贸易竞争力的实证分析》，《湖北经济学院学报》2010年第2期。

外文文献

J. S. Adams, "Interorganizational Processes and Organization Boundary Activities", *Research in Organizational Behavior*, No. 2, 1980.

V. Balloni and D. Iacobucci, "Cambiamenti in atto Nell'Organizzazione Dell", *Industria Marchigiana Economia e Marche*, Vol. 16, No. 1, 1997.

K. Bassett, R. Griffiths and I. Smith, "Cultural Industries, Cultural Clusters and the City: The Example of Natural History Film – Making in Bristol", *Geoforum*, Vol. 33, No. 2, 2002.

E. M. Bergman, "Cluster Life – Cycles: An Emerging Synthesis", in C. Karlsson (Ed.), Handbooks of Research on Clusters Series. Edward Elgar Publishing, Northampton, MA, 2008.

R. Burns and W. Will, "German Cultural Policy: An Overview", *International Journal of Cultural Policy*, Vol. 9, No. 2, 2003.

S. Chari, "The Agrarian Origins of the Knitwear Industrial Cluster in Tiruppur, India", *World Development*, Vol. 28, No. 3, 2000.

C. Chaminade, "Cultural Clusters, Global – Local Linkages and Spillovers: Theoretical and Empirical Insights from an Exploratory Study of Toronto's Film Cluster", *Industry & Innovation*, Vol. 14, No. 4, 2007.

S. K. Clerides, S. Lach and J. R. Tybout, "Is Learning by Exporting Important? Micro – Dynamic Evidence from Colombia, Mexico, and Morocco", *Quarterly Journal of Economics*, Vol. 113, No. 3, 1998.

G. Dinmore, "The Rivals: Washington's Sway in Asia is Challenged by China", *Financial Times*, March 18, 2005.

J. E. Cohen, "Comment: Copyright's Public – Private Distinction", *Case Western Reserve Law Review*, 2005.

R. Dore, "Technological Self – reliance: Sturdy Ideal or Self – serving Rhetoric", *Technological Capability in the Third World*, Palgrave Macmillan UK, 1984.

K. M. Eisenhardt, "Building Theories from Case Study Research", *Academy of Management Review*, Vol. 14, No. 4, 1998.

European Commission, Regional Cluster in Europe, 2002.

A. Y. H. Fung and J. N. Erni, "Cultural Clusters and Cultural Industries in China", *Inter – Asia Cultural Studies*, Vol. 14, No. 4, 2015.

R. Gandia, "The Digital Revolution and Convergence in the Video Game and Animation Industries: Effects on the Strategic Organization of the Innovation Process", *International Journal of Arts Management*, Vol. 15, No. 2, 2013.

D. Greenaway and R. Kneller, "Firm Heterogeneity, Exporting and Foreign Direct Investment", *The Economic Journal*, Vol. 117, No. 517, 2007.

D. Greenaway and R. Kneller, "Exporting, Productivity and Agglomeration", *European Economic Review*, Vol. 52, No. 5, 2008.

D. Greenaway, N. Sousa and K. Wakelin, "Do Domestic Firms Learn to Export from Multinationals?" *European Journal of Political Economy*, Vol. 20, No. 4, 2004.

J. Haleblian and S. Finkelstein, "The Influence of Organizational Acquisition Experience on Acquisition Performance: A Behavioral Learning Perspective", *Administrative Science Quarterly*, Vol. 44, No. 1, 1999.

O. Hart, A. Shleifer and R. W. Vishny, "The Proper Scope of Government: Theory and an Application to Prisons", *Quarterly Journal of Economics*, Vol. 112, No. 4, 1996.

J. Hicks, *A Theory of Economic History*, Oxford: Clarendon Press, 1969.

S. Hotho and K. Champion, "Small Businesses in the New Creative Industries: Innovation as a People Management Challenge", *Management Decision*, Vol. 49, No. 1, 2011.

M. C. Jensen and W. H. Meckling, "Theory of the Firm: Managerial Behavior, Agency Costs and Ownership Structure", *Social Science Electronic Publishing*, Vol. 3, No. 4, 1979.

J. Johanson and L. G. Mattsson, *Internationalisation in Industrial Systems—A Network Approach. Knowledge, Networks and Power*, Palgrave Macmillan UK, 2015.

W. Keller, "Knowledge Spillovers at the World's Technology Frontier", *Social Science Electronic Publishing*, 2001.

R. Koman, Remixing Culture: An Interview with Lawrence Lessig. http://archive.oreilly.com/pub/a/policy/2005/02/24/lessig.html.

T. B. Lawrence and N. Phillips, "Understanding the Cultural Industries", *Journal of Management Inquiry*, Vol. 11, No. 4, 2002.

P. Lawton, "Berle and Means, Corporate Governance and the Chinese Family Firm", *Social Science Electronic Publishing*, Vol. 111, 2010.

M. A. Lemley, "Property, Intellectual Property, and Free Riding", *Social Science Electronic Publishing*, Vol. 82, No. 4, 2016.

F. Lévêque and Y. Ménière, *The Economic of Patents and Copyright*, Berkeley: The Berkeley Electronic Press, 2004.

J. L. Lin, *Lessons of China's Transition from a Planned Economy to a Market Economy*, The Chinese University of Hong Kong Press, 1996.

J. P. Liu, "Copyright Law's Theory of the Consumer?" *Ssrn Electronic Journal*? Vol. 44, No. 2, 2003.

T. Lum, W. M. Morrison, and B. Vaughn, "China's 'Soft Power' in Southeast Asia", *CRS Report for Congress*, January 4, 2008.

P. Maskell and A. Malmberg, "Localised Learning and Industrial Competitiveness", *Cambridge Journal of Economics*, Vol. 23, No. 2, 1999.

D. Mccormick, "African Enterprise Clusters and Industrialization: Theory and Reality", *World Development*, Vol. 27, No. 9 1999.

J. Mcmillan, and B. Naughton, "How to Reform a Planned Economy: Lessons from China", *Oxford Review of Economic Policy*, Vol. 8, No. 1, 1992.

F. Montanari and L. Mizzau, "The Influence of Embeddedness and Social Mechanisms on Organizational Performance in the Music Industry: The Case of Mescal Music", *International Journal of Arts Management*, Vol. 10, No. 1, 2007.

S. C. Myers and N. S. Majlaf, "Corporate Financing and Investment Decisions When Firms Have Information that Investors Do Not Have", *Journal of Financial Economics*, Vol. 13, No. 2, 1984.

Tsutomu Nakano. A Paradox of Embeddedness: Social Network Analysis of a Japanese Industrial District, Ph. D. Dissertation, Department of Sociology, Columbia University, USA, 2002.

M. Nathan and N. Lee, "Cultural Diversity, Innovation, and Entrepreneurship: Firm - Level Evidence from London", *Economic Geography*, Vol. 89, No. 4, 2013.

J. S. Nye, *Soft Power: The Means to Success in World Politics*, New York: Public Affairs, 2004.

T. Paris, L. Patrick and M. David, "Technological change at the Heart of the

Creative Process: Insights from the Videogame Industry", *International Journal of Arts Management*, Vol. 15, No. 2, 2013.

L. R. Patterson and S. W. Lindberg, *The Nature of Copyright*, Athens: The University of Georgia Press, 1991.

D. H. Perkins, "Reforming China's Economic System", *Management World*, Vol. 26, No. 2, 1988.

A. M. Pettigrew, "Longitudinal Field Research on Change: Theory and Practice", *Organization Science*, Vol. 1, No. 3, 1990.

M. E. Porter, "Clusters and Competition: New Agendas for Companies, Governments and Institutions", *On Competition*, 1998.

D. Power, "Cultural Industries in Sweden: An Assessment of Their Place in the Swedish Economy", *Economic Geography*, Vol. 78, No. 2, 2002.

S. A. Rosenfeld, "Bringing Business Clusters into the Mainstream of Economic Development", *European Planning Studies*, Vol. 5, No. 1, 1997.

H. Schmitz, "Collective Efficiency and Increasing Returns", *Cambridge Journal of Economics*, Vol. 23, No. 4, 1999.

A. J. Scott, "The Cultural Economy of Cities", *International Journal of Urban & Regional Research*, Vol. 21, No. 2, 1997.

A. J. Scott, "Entrepreneurship, Innovation and Industrial Development: Geography and the Creative Field Revisited", *Small Business Economics*, Vol. 26, No. 1, 2006.

A. J. Scott, "Capitalism and Urbanization in a New Key? The Cognitive – Cultural Dimension", *Social Forces*, Vol. 85, No. 4, 2007.

A. Shleifer, "State versus Private Ownership", Nber Working Papers, Vol. 12, No. 4, 1998.

R. Stam, "Cultural Studies and Race", in T. Miller (ed.), A Companion to Cultural Studies, Blackwell Publishing Ltd, Malden, Massachusetts, USA, 2001.

R. Tushnet, "Copy This Essay: How Fair Use Doctrine Harms Free Speech and How Copying Serves it", Social Science Electronic Publishing, Vol. 114, No. 3, 2004.

P. Very and D. M. Schweiger, "The Acquisition Process as a Learning Process: Evidence from a Study of Critical Problems and Solutions in Domestic and

Cross – Border Deals", Journal of World Business, Vol. 36, No. 1, 2001.

J. Wang, "Industrial Clusters in China: The Low Road versus the High Road in Cluster Development", Nis. apctt. org, 2007.

L. S. Welch and R. K. Luostarinen, "Inward – Outward Connections in Internationalization", Journal of International Marketing, Vol. 1, No. 1, 1993.

H. Weeds, "Superstars and the Long Tail: The Impact of Technology on Market Sstructure in Media Industries", Information Economics and Policy, Vol. 24, No. 1, 2012.

D. Wheeler and A. Mody, "International Investment Location Decisions: the Case of U. S. firms", Journal of International Economics, Vol. 33, No. 1 – 2, 1992.

M. Wendler, B. Buecker and B. Tremml, Key Aspects of German Business Law, Springer Berlin Heidelberg, 2006.